NIGHTWING

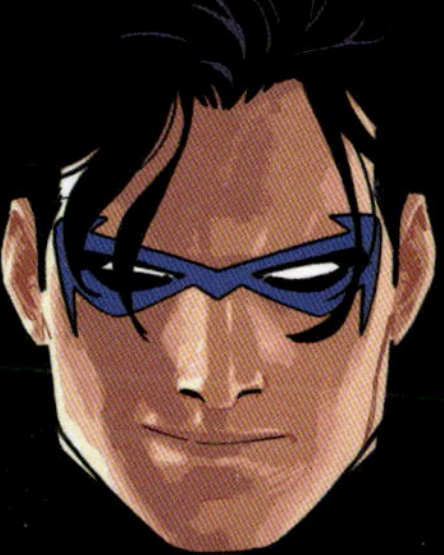

BAND 5
BLOCKBUSTERS ERBE

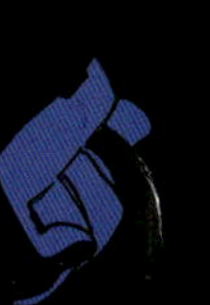

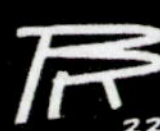

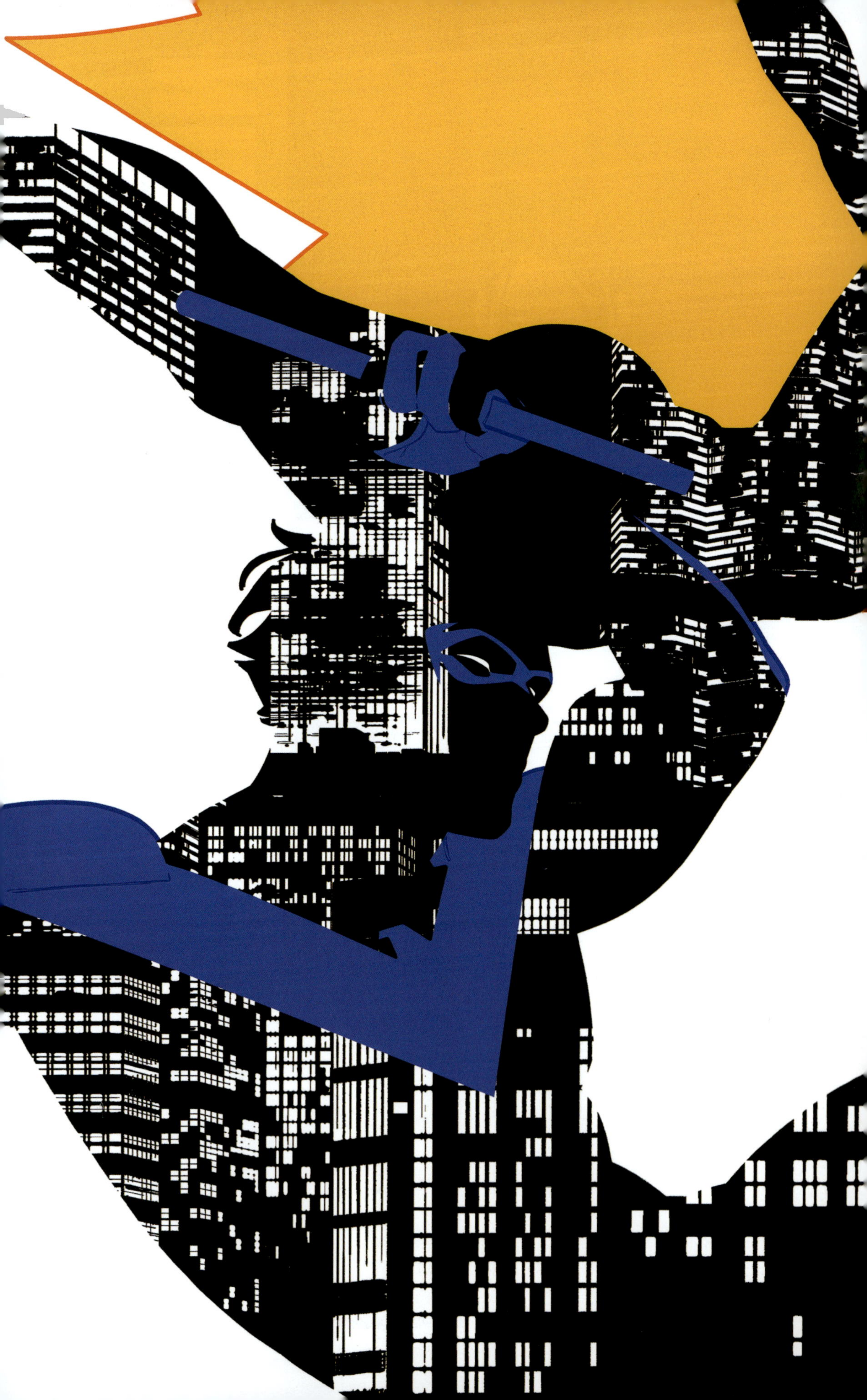

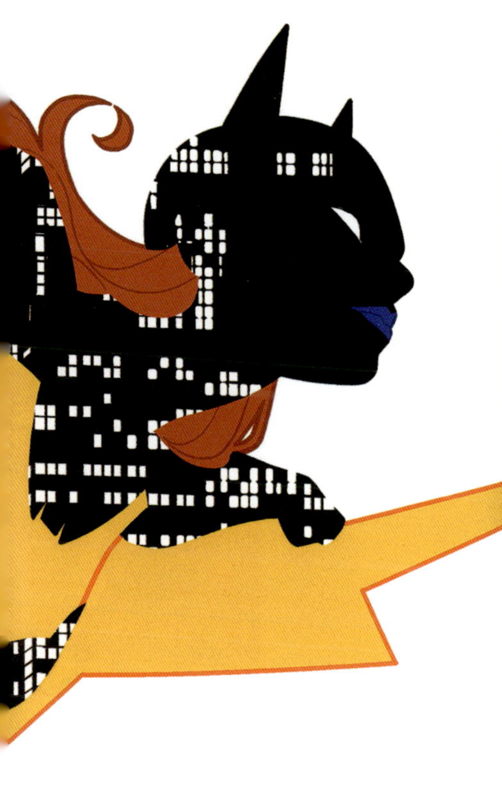

BESCHWINGTER BESCHÜTZER

Dick Grayson wurde als Sohn einer Familie von Zirkusartisten geboren. Deren Ermordung ging vor Jahren auf das Konto des Gangsters **Tony Zucco**. Daraufhin nahm **Bruce Wayne** den Waisenjungen bei sich auf und machte ihn zum ersten **Robin** an **Batmans** Seite. Außerdem führte Dick die Nachwuchshelden der **Teen Titans** an. Später entwickelte er sich zum Helden **Nightwing** weiter, und aus den Teen Titans wurden die erwachsenen **Titans**. Derzeit kümmern sich Bestsellerautor **Tom Taylor**, Top-Zeichner **Bruno Redondo** und andere um Nightwings aktuelle Soloserie, die von Fans und Kritikern gelobt wird, mit dem **Eisner Award** als beste fortlaufende Serie ausgezeichnet wurde und in diesem Band einen besonderen Meilenstein feiert: Die aktuelle Inkarnation von NIGHTWING brachte es in den USA nämlich just auf 100 US-Hefte, und das zelebriert man mit einer entsprechend spektakulären Nummer, die das Herz dieses Bandes darstellt. Dazu finden sich mit **Scott McDaniel**, **Rick Leonardi**, **Eddy Barrows**, **Javier Fernandez** und **Mikel Janín** sogar Zeichner mehrerer Generationen ein, die über die Jahre hinweg dabei geholfen haben, Dicks Saga zu gestalten. In der ist zuletzt u. a. das passiert: Nachdem **KGBeast** ihm in den Kopf geschossen hatte, verlor Dick sein Gedächtnis, was seine Persönlichkeit veränderte und ihn zum Taxifahrer **Ric Grayson** machte, ehe er wieder zu seinem alten Selbst zurückfand. Dann wurde sein Ziehvater **Alfred Pennyworth** ermordet, der sein Vermögen Dick vererbte. Dieser will nun das Geld dazu nutzen, **Blüdhaven** zu einer besseren Stadt zu machen. Zudem kam Nightwing endlich mit **Barbara Gordon** alias **Batgirl** alias **Oracle** fix zusammen, und gemeinsam wachen sie nun über Blüdhaven. Obendrein freundete er sich mit **Supermans** Sohn **Jon** sowie Bürgermeisterin **Melinda Zucco** an. Obwohl letztere die Tochter vom Mörder seiner Eltern ist, kommen die beiden gut miteinander aus, Melinda kennt sogar Nightwings wahre Identität, und im Kampf gegen die Korruption arbeiten sie oft zusammen. Im letzten Band besiegte unser Held dann den Super-Gangsterboss **Roland Desmond** alias **Blockbuster**. Unterdessen hat es der Serienkiller **Heartless** auf Nightwing abgesehen …

Christian Endres

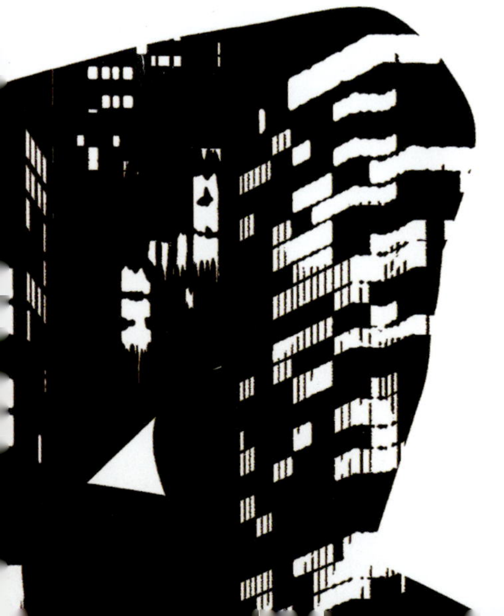

MACHTVAKUUM
Kapitel 1
Power Vacuum, Part 1
Nightwing 97
Dezember 2022

MACHTVAKUUM
Kapitel 2: Ein zauberhafter Fan
A Nite to Remember
Nightwing 98
Januar 2023

MACHTVAKUUM
Kapitel 3
Power Vacuum, Part 3
Nightwing 99
Februar 2023

MACHTVAKUUM
Kapitel 4: Der Sprung
Power Vacuum, Part 4: The Leap
Nightwing 100
März 2023

OHNE TITEL
Untitled

DAS ÜBERRASCHUNGSDATE
Night Out

DIE LEKTION
The Lesson
Nightwing 2022 Annual 1
Januar 2023

TOM TAYLOR
JAY KRISTOFF
C. S. PACAT
Story

BRUNO REDONDO
GERALDO BORGES
DANIELE DI NICUOLO
EDUARDO PANSICA
INAKI MIRANDA
SCOTT McDANIEL
RICK LEONARDI
EDDY BARROWS
JAVIER FERNANDEZ
MIKEL JANÍN
Zeichnungen

GERALDO BORGES
CAIO FILIPE
DANIELE DI NICUOLO
JÚLIO FERREIRA
INAKI MIRANDA
KARL STORY
EBER FERREIRA
JOE PRADO
RICK LEONARDI
Tusche

ADRIANO LUCAS
Farben

CAROLIN HIDALGO
Übersetzung

SYMMACEO
Lettering

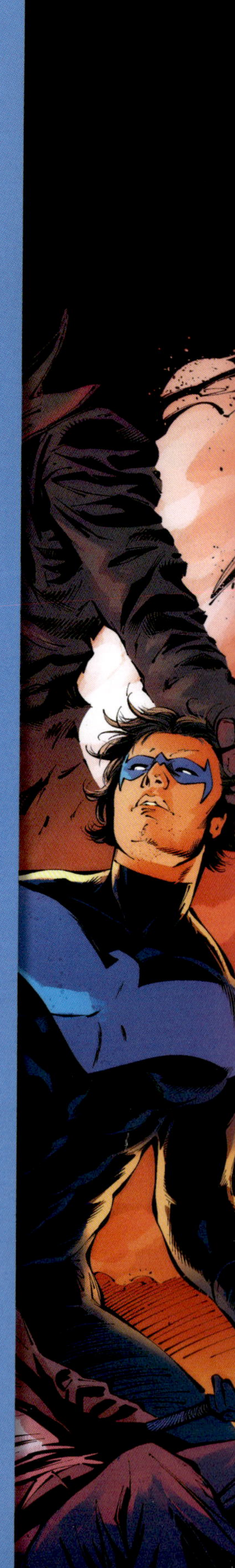

Nightwing geschaffen von **Marv Wolfman** und **George Pérez**.

Batman geschaffen von **Bob Kane** mit **Bill Finger**.

Superman geschaffen von **Jerry Siegel** und **Joe Shuster**.
Mit besonderer Genehmigung der **Jerry Siegel**-Familie.

NIGHTWING erscheint bei **PANINI COMICS**, Schloßstraße 76, D-70176 Stuttgart. Druck: Chinchio Industria Grafica S.r.l. Pressevertrieb: Stella Distribution GmbH, D-22297 Hamburg. Direkt-Abos auf **www.paninicomics.de**. Anzeigenverkauf: BLAUFEUER VERLAGSVERTRETUNGEN GmbH, info@blaufeuer.com. Es gelten die Anzeigenpreise gemäß der Mediadaten 2023. Geschäftsführer **Hermann Paul**, Publishing Director Europe **Marco M. Lupoi**, Finanzen/Logistik **Felix Bauer**, Marketing Director **Holger Wiest**, Marketing **Thorsten Kleinheinz**, Vertrieb **Alexander Bubenheimer**, PR/Presse **Steffen Volkmer**, Publishing Manager **Lisa Pancaldi**, Redaktion **Tommaso Caretti**, **Carlo Del Grande**, **Christian Endres**, **Christian Grass**, **Gunther Nickel**, **Ilaria Tavoni**, **Monika Trost**, **Daniela Uhlmann**, Übersetzung **Carolin Hidalgo**, Proofreading **Tomislav Subasic**, Lettering **Stella Cassinese (Symmaceo)**, grafische Gestaltung **Rudy Remitti**, **Nicola Spano**, Art Director **Alessandro Gucciardo**, Redaktion Panini Comics **Annalisa Califano**, **Beatrice Doti**, Prepress **Francesca Aiello**, **Andrea Bisi**, Repro/Packager **Alessandro Nalli** (coordinator), **Anna Boselli**, **Mario Da Rin Zanco**, **Valentina Esposito**, **Luca Ficarelli**, **Linda Leporati**. Cover von **Bruno Redondo**, *Nightwing* 100.

Digitale Ausgaben:
ISBN 978-3-7569-0338-2 (.pdf) / ISBN 978-3-7569-0336-8 (.epub) / ISBN 978-3-7569-0337-5 (.mobi)

Bibliografische Information der Deutschen Nationalbibliothek
Die Deutsche Nationalbibliothek verzeichnet diese Publikation in der Deutschen Nationalbibliografie; detaillierte bibliografische Daten sind im Internet über dnb.d-nb.de abrufbar.

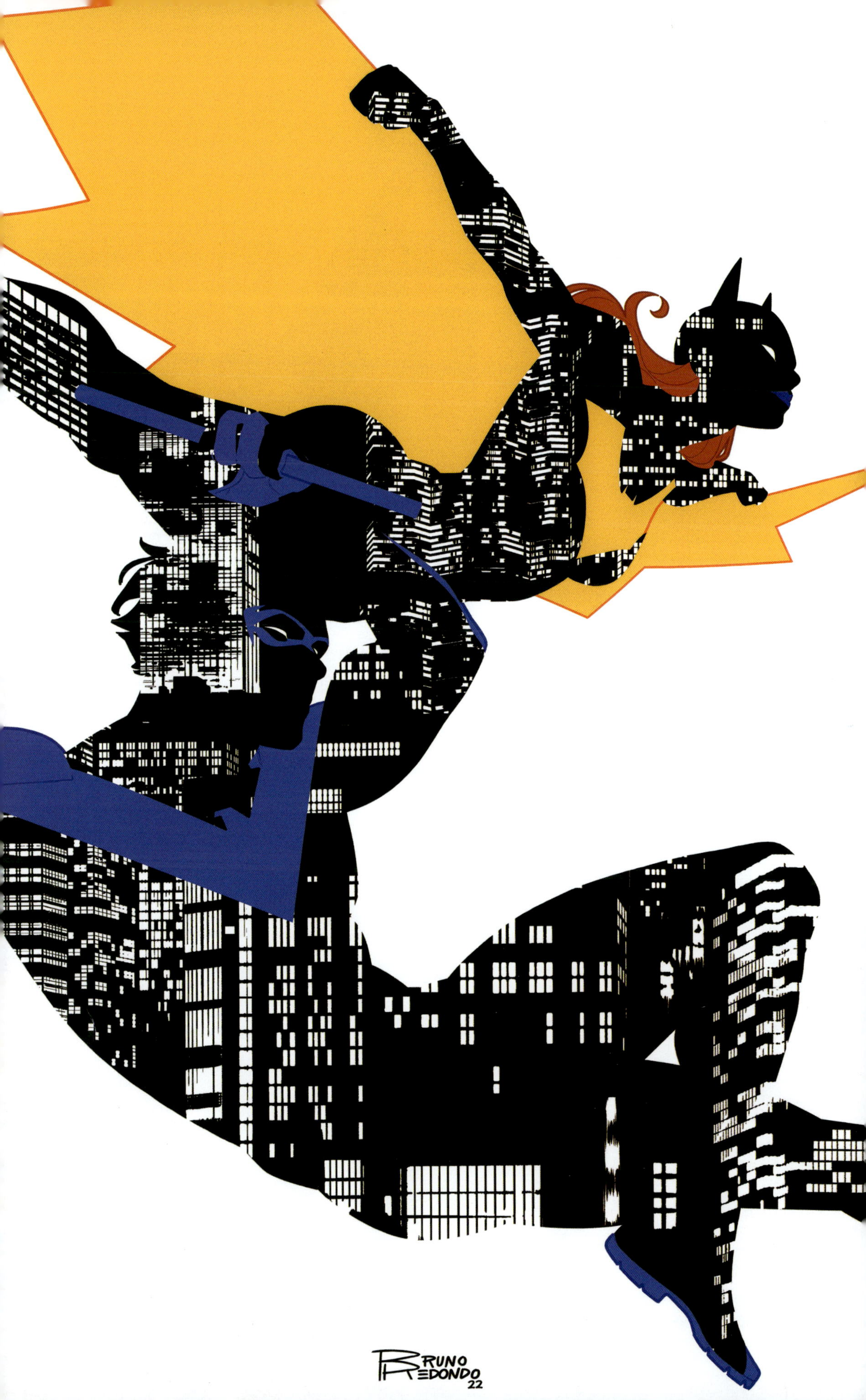
BRUNO REDONDO 22

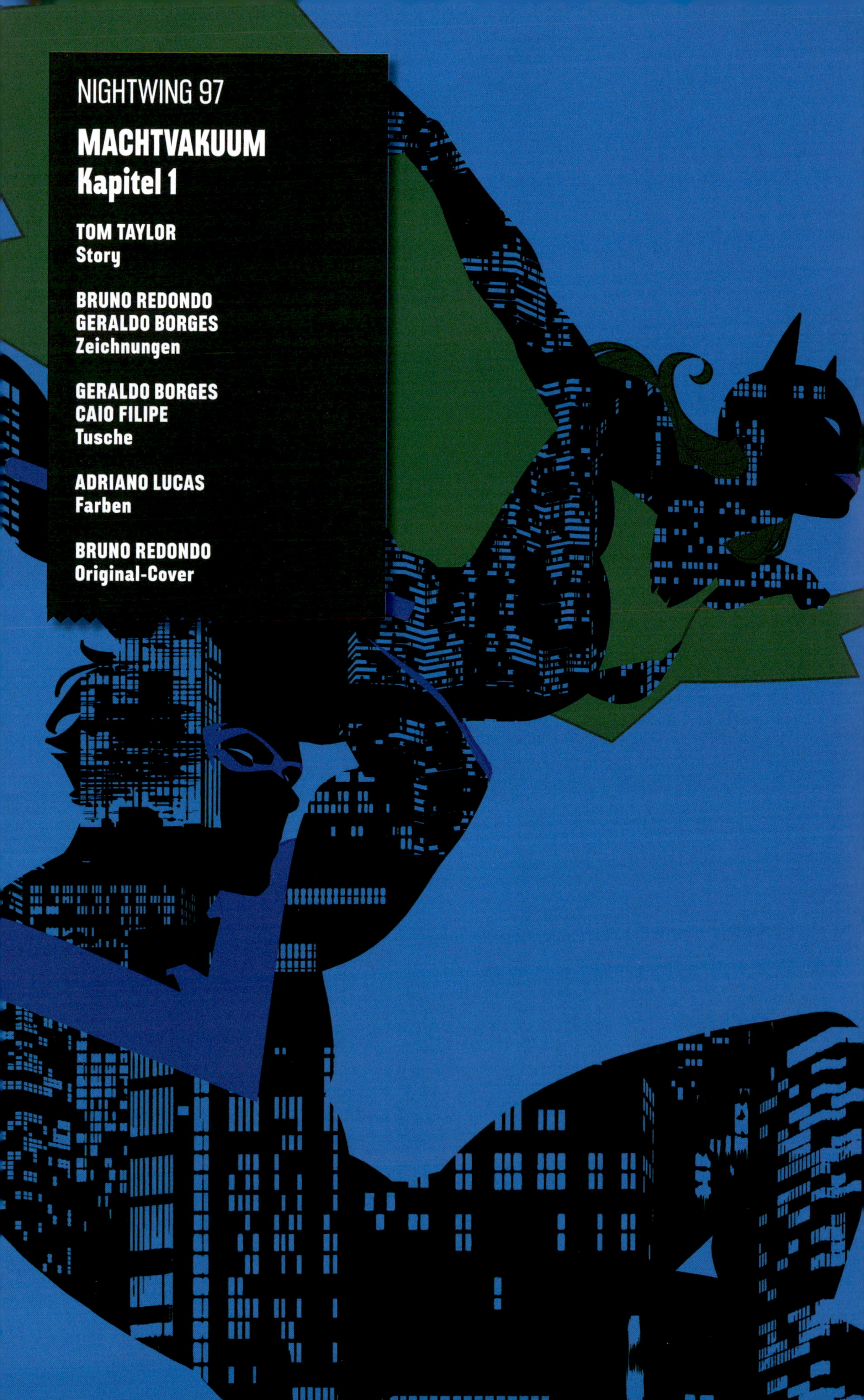
NIGHTWING 97
MACHTVAKUUM
Kapitel 1
TOM TAYLOR
Story
BRUNO REDONDO
GERALDO BORGES
Zeichnungen
GERALDO BORGES
CAIO FILIPE
Tusche
ADRIANO LUCAS
Farben
BRUNO REDONDO
Original-Cover

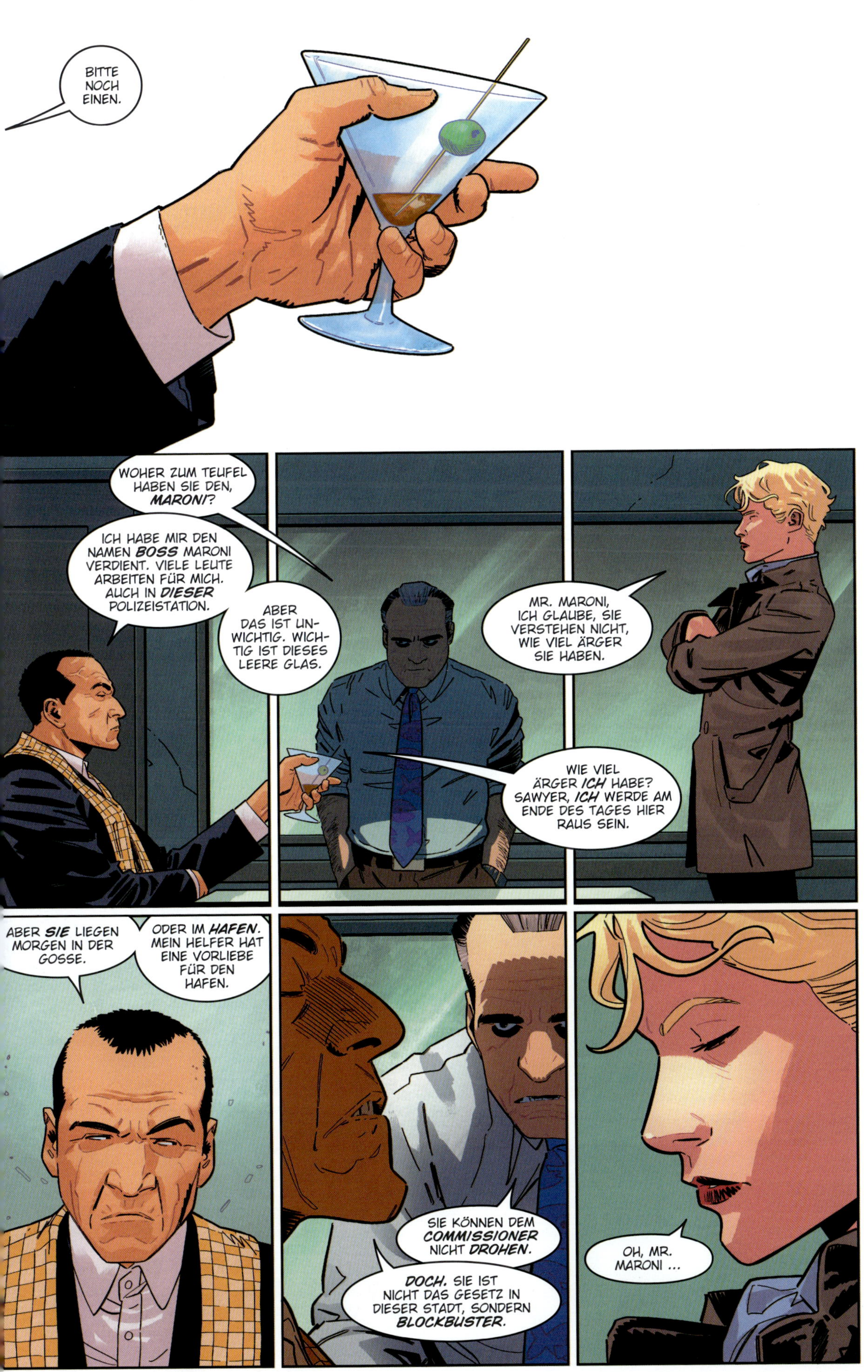
BITTE NOCH EINEN.
WOHER ZUM TEUFEL HABEN SIE DEN, MARONI?
ICH HABE MIR DEN NAMEN BOSS MARONI VERDIENT. VIELE LEUTE ARBEITEN FÜR MICH. AUCH IN DIESER POLIZEISTATION.
ABER DAS IST UNWICHTIG. WICHTIG IST DIESES LEERE GLAS.
MR. MARONI, ICH GLAUBE, SIE VERSTEHEN NICHT, WIE VIEL ÄRGER SIE HABEN.
WIE VIEL ÄRGER ICH HABE? SAWYER, ICH WERDE AM ENDE DES TAGES HIER RAUS SEIN.
ABER SIE LIEGEN MORGEN IN DER GOSSE.
ODER IM HAFEN. MEIN HELFER HAT EINE VORLIEBE FÜR DEN HAFEN.
SIE KÖNNEN DEM COMMISSIONER NICHT DROHEN.
DOCH. SIE IST NICHT DAS GESETZ IN DIESER STADT, SONDERN BLOCKBUSTER.
OH, MR. MARONI ...

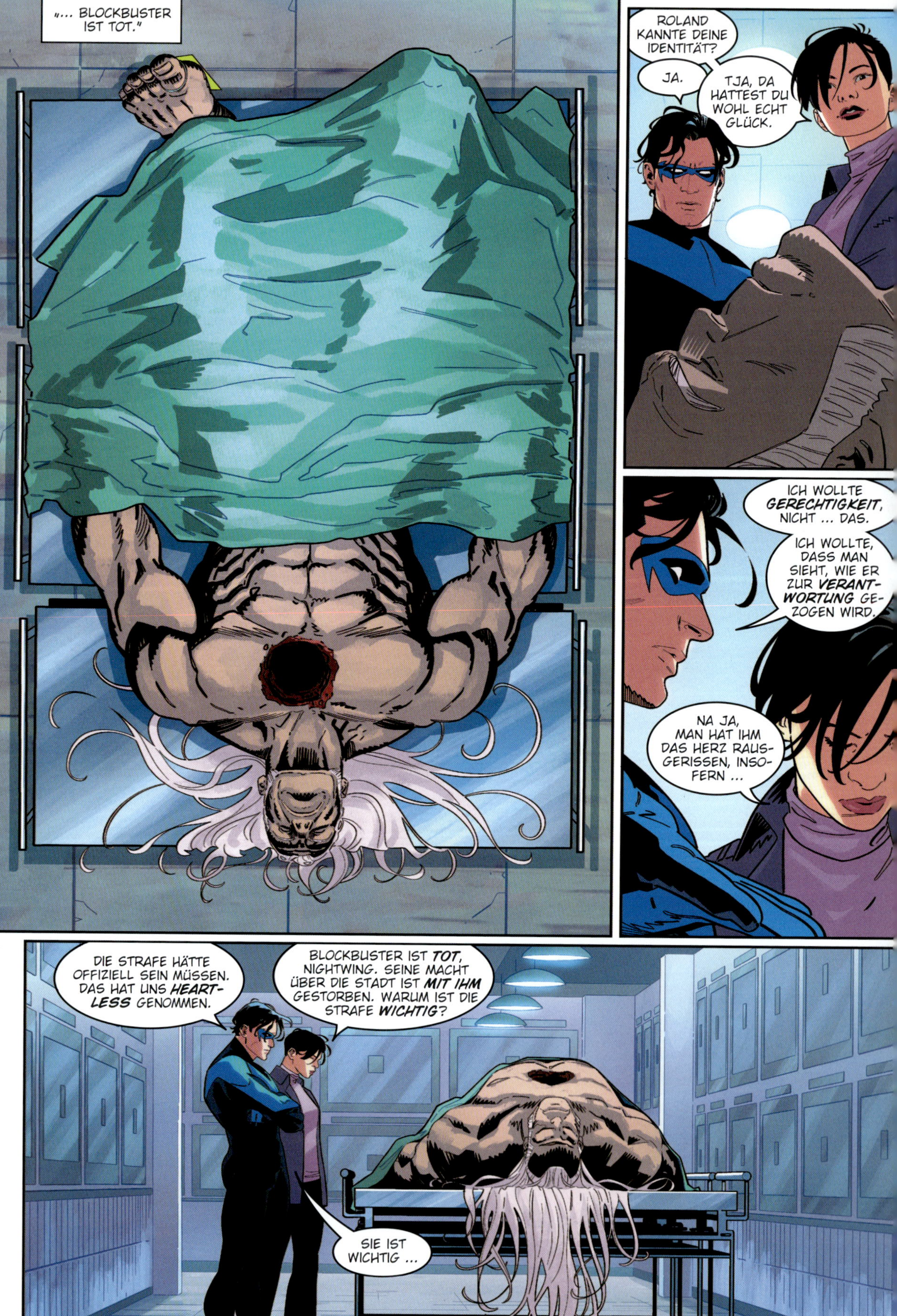
„... BLOCKBUSTER IST TOT."
ROLAND KANNTE DEINE IDENTITÄT?
JA.
TJA, DA HATTEST DU WOHL ECHT GLÜCK.
ICH WOLLTE **GERECHTIGKEIT**, NICHT ... DAS.
ICH WOLLTE, DASS MAN SIEHT, WIE ER ZUR **VERANTWORTUNG** GEZOGEN WIRD.
NA JA, MAN HAT IHM DAS HERZ RAUSGERISSEN, INSOFERN ...
DIE STRAFE HÄTTE OFFIZIELL SEIN MÜSSEN. DAS HAT UNS **HEARTLESS** GENOMMEN.
BLOCKBUSTER IST **TOT**, NIGHTWING. SEINE MACHT ÜBER DIE STADT IST **MIT IHM** GESTORBEN. WARUM IST DIE STRAFE **WICHTIG**?
SIE IST WICHTIG ...

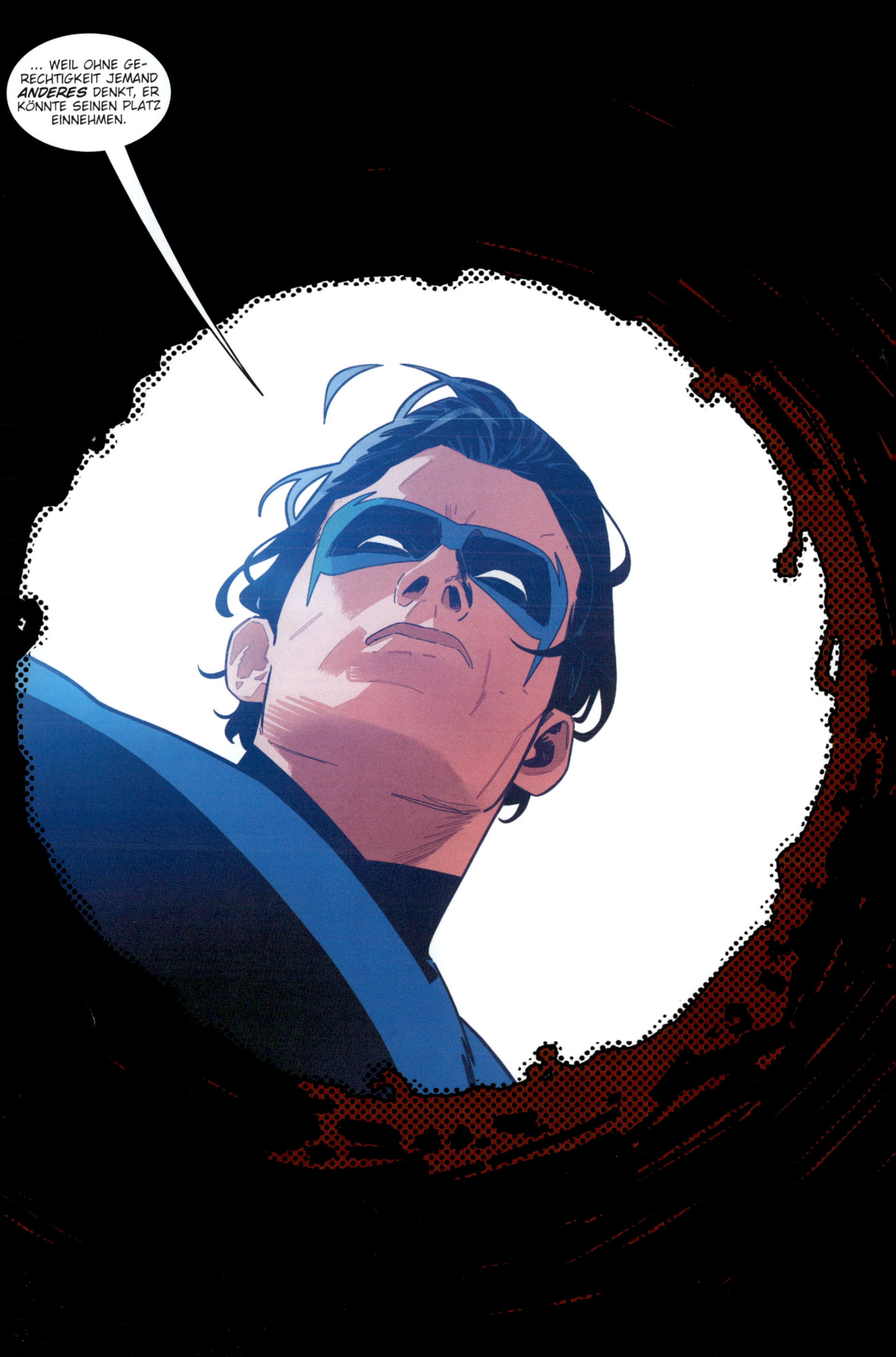
... WEIL OHNE GE-RECHTIGKEIT JEMAND ANDERES DENKT, ER KÖNNTE SEINEN PLATZ EINNEHMEN.

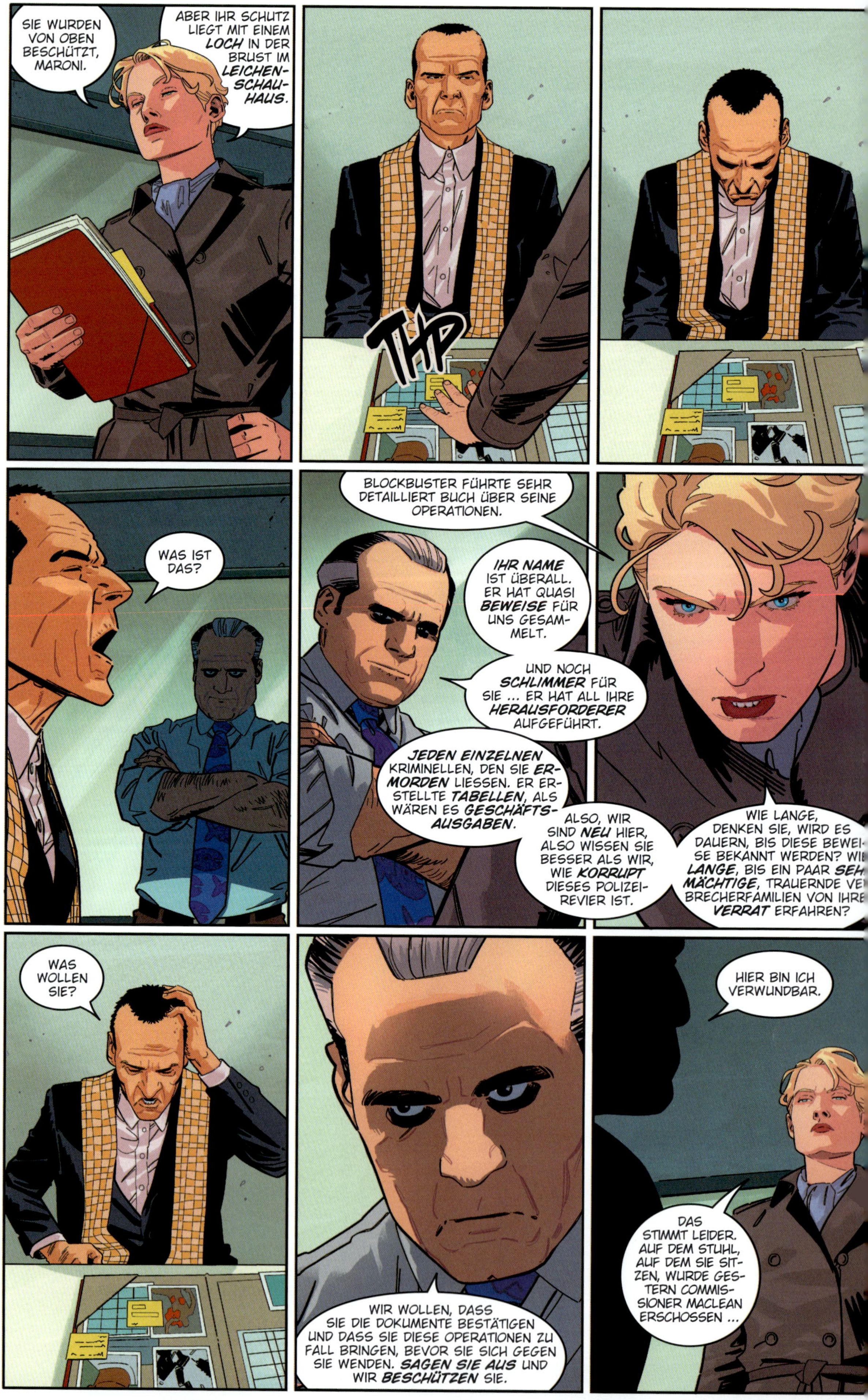

SIE WURDEN VON OBEN BESCHÜTZT, MARONI.
ABER IHR SCHUTZ LIEGT MIT EINEM **LOCH** IN DER BRUST IM **LEICHENSCHAUHAUS**.
THP
WAS IST DAS?
BLOCKBUSTER FÜHRTE SEHR DETAILLIERT BUCH ÜBER SEINE OPERATIONEN.
IHR NAME IST ÜBERALL. ER HAT QUASI **BEWEISE** FÜR UNS GESAMMELT.
UND NOCH **SCHLIMMER** FÜR SIE … ER HAT ALL IHRE **HERAUSFORDERER** AUFGEFÜHRT.
JEDEN EINZELNEN KRIMINELLEN, DEN SIE **ERMORDEN** LIESSEN. ER ERSTELLTE **TABELLEN**, ALS WÄREN ES **GESCHÄFTSAUSGABEN**.
ALSO, WIR SIND **NEU** HIER, ALSO WISSEN SIE BESSER ALS WIR, WIE **KORRUPT** DIESES POLIZEIREVIER IST.
WIE LANGE, DENKEN SIE, WIRD ES DAUERN, BIS DIESE BEWEISE BEKANNT WERDEN? WI **LANGE**, BIS EIN PAAR **SEH MÄCHTIGE**, TRAUERNDE VE BRECHERFAMILIEN VON IHRE **VERRAT** ERFAHREN?

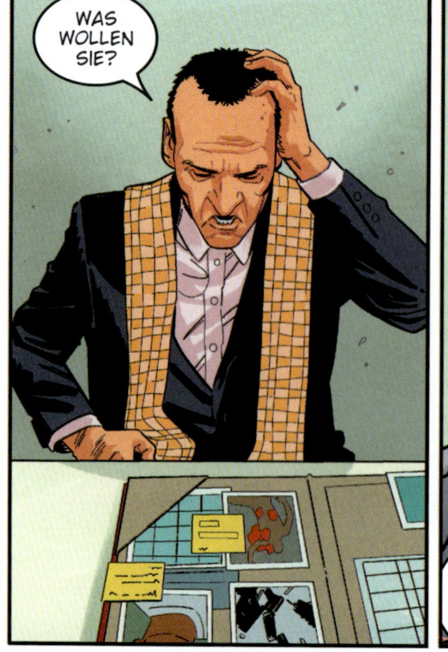

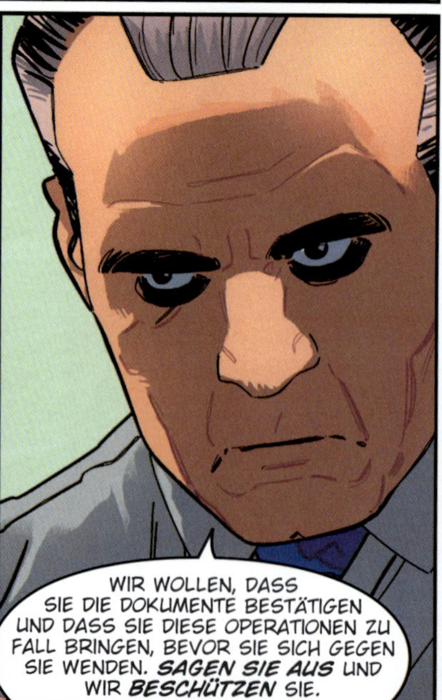

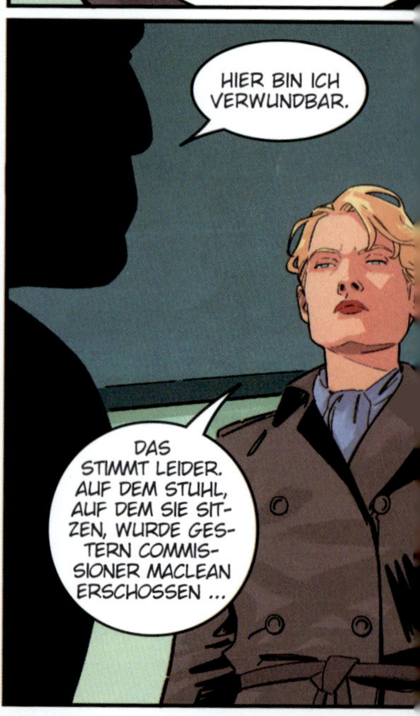

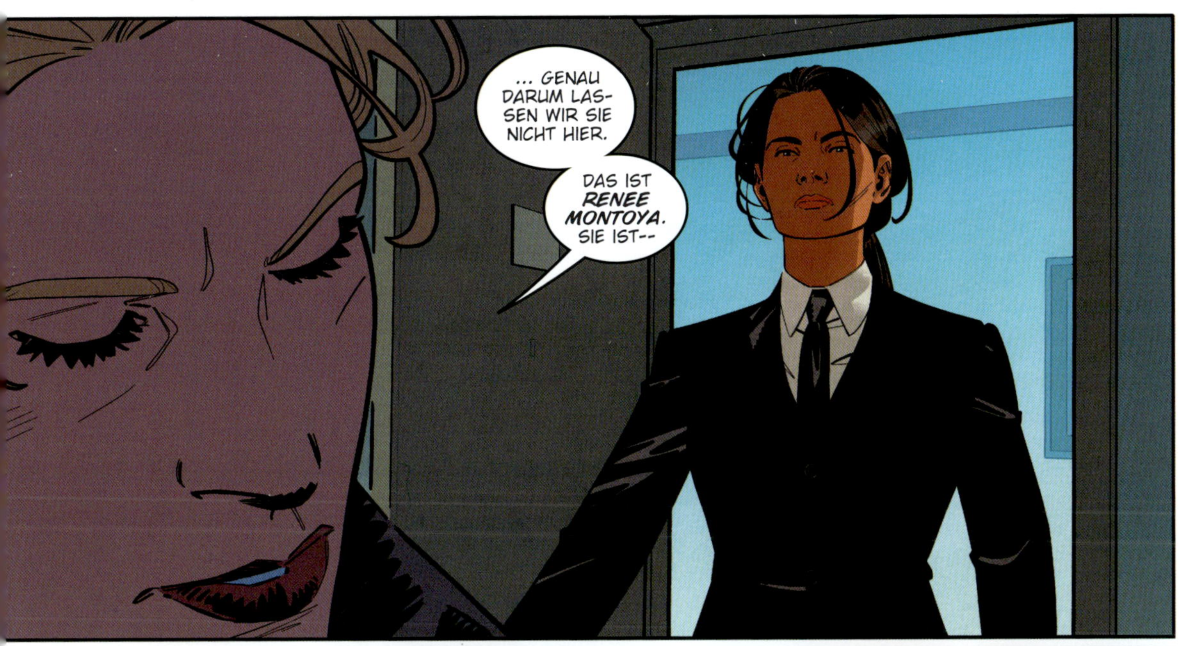
... GENAU DARUM LASSEN WIR SIE NICHT HIER.
DAS IST RENEE MONTOYA. SIE IST--

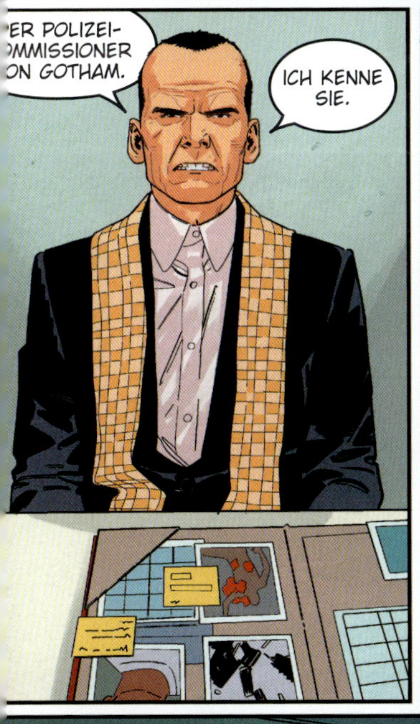
ER POLIZEI-OMMISSIONER ON GOTHAM.
ICH KENNE SIE.

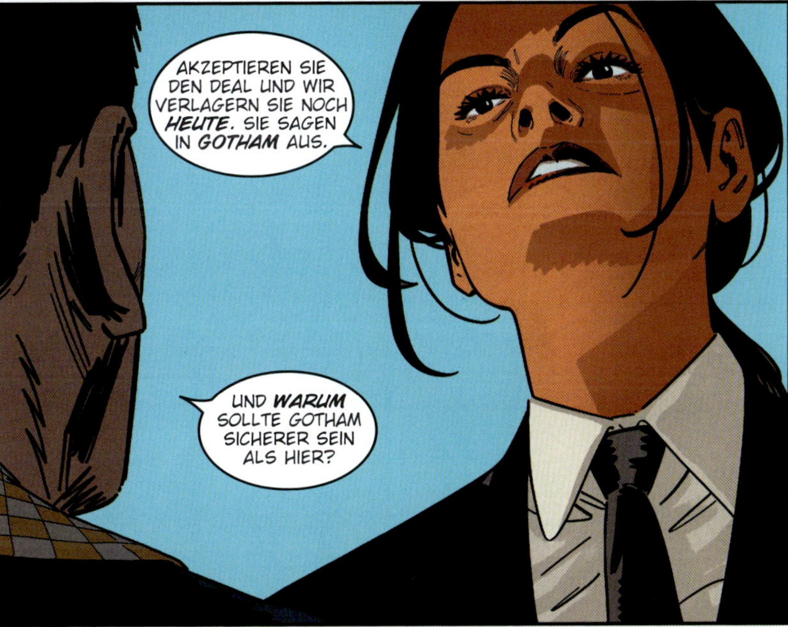
AKZEPTIEREN SIE DEN DEAL UND WIR VERLAGERN SIE NOCH HEUTE. SIE SAGEN IN GOTHAM AUS.
UND WARUM SOLLTE GOTHAM SICHERER SEIN ALS HIER?

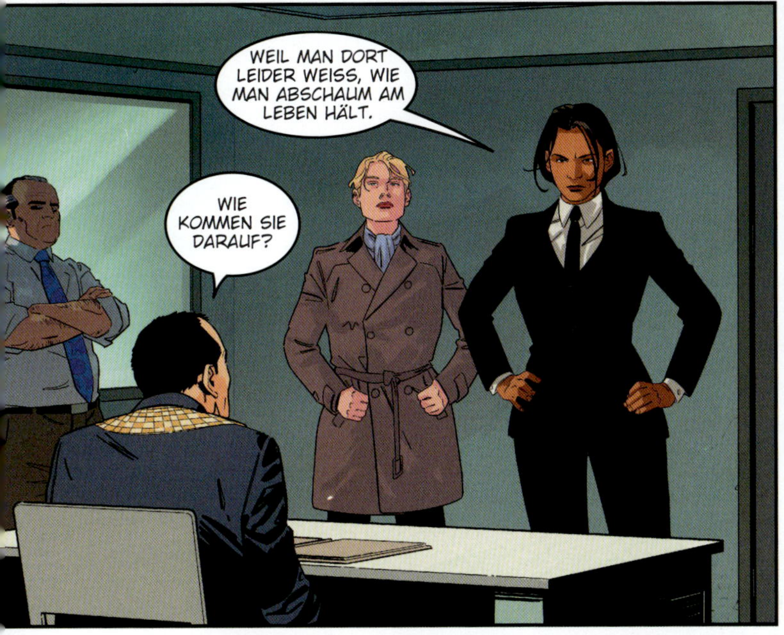
WEIL MAN DORT LEIDER WEISS, WIE MAN ABSCHAUM AM LEBEN HÄLT.
WIE KOMMEN SIE DARAUF?

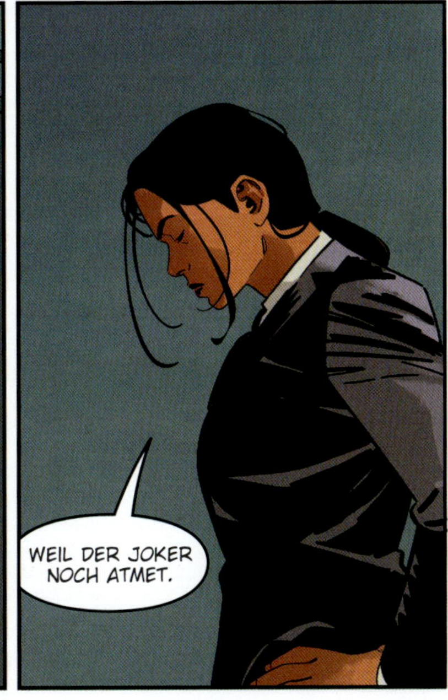
WEIL DER JOKER NOCH ATMET.

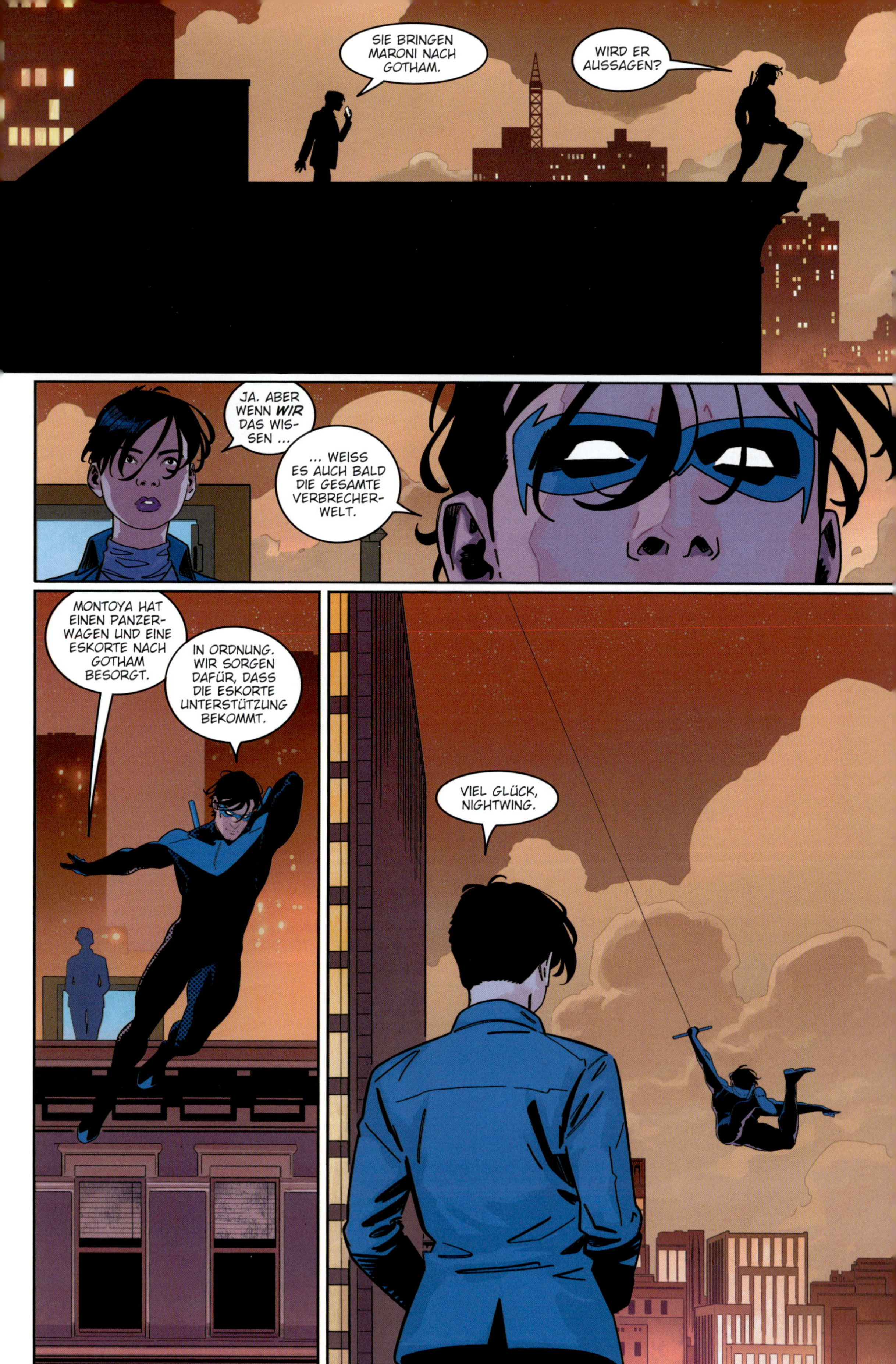
SIE BRINGEN MARONI NACH GOTHAM.
WIRD ER AUSSAGEN?
JA. ABER WENN WIR DAS WISSEN ...
... WEISS ES AUCH BALD DIE GESAMTE VERBRECHERWELT.
MONTOYA HAT EINEN PANZERWAGEN UND EINE ESKORTE NACH GOTHAM BESORGT.
IN ORDNUNG. WIR SORGEN DAFÜR, DASS DIE ESKORTE UNTERSTÜTZUNG BEKOMMT.
VIEL GLÜCK, NIGHTWING.

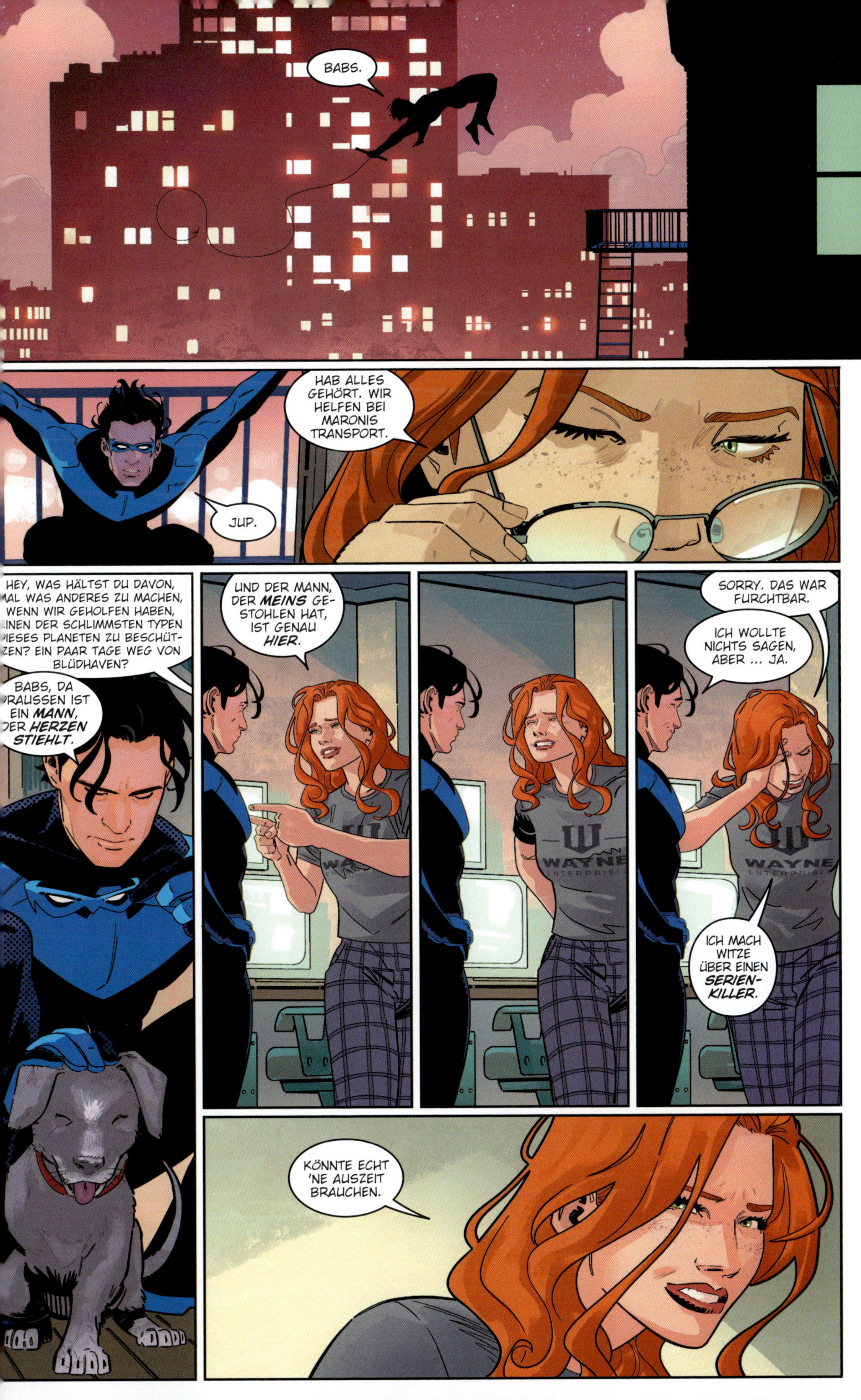
BABS.
HAB ALLES GEHÖRT. WIR HELFEN BEI MARONIS TRANSPORT.
JUP.
HEY, WAS HÄLTST DU DAVON, MAL WAS ANDERES ZU MACHEN, WENN WIR GEHOLFEN HABEN, EINEN DER SCHLIMMSTEN TYPEN DIESES PLANETEN ZU BESCHÜTZEN? EIN PAAR TAGE WEG VON BLÜDHAVEN?
BABS, DA DRAUSSEN IST EIN MANN, DER HERZEN STIEHLT.
UND DER MANN, DER MEINS GESTOHLEN HAT, IST GENAU HIER.
SORRY. DAS WAR FURCHTBAR.
ICH WOLLTE NICHTS SAGEN, ABER ... JA.
ICH MACH WITZE ÜBER EINEN SERIENKILLER.
KÖNNTE ECHT 'NE AUSZEIT BRAUCHEN.

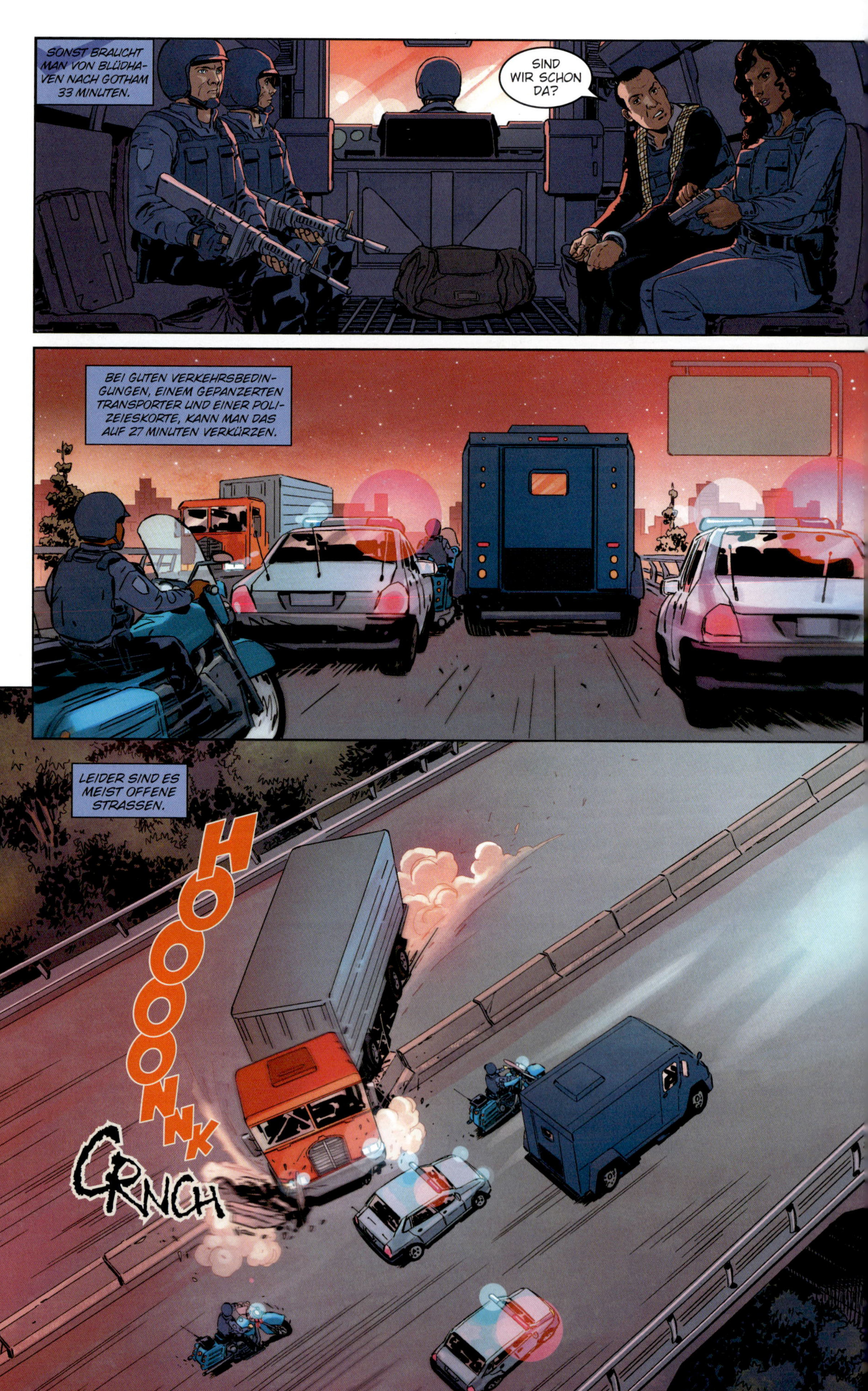
SONST BRAUCHT MAN VON BLÜDHAVEN NACH GOTHAM 33 MINUTEN.
SIND WIR SCHON DA?
BEI GUTEN VERKEHRSBEDINGUNGEN, EINEM GEPANZERTEN TRANSPORTER UND EINER POLIZEIESKORTE, KANN MAN DAS AUF 27 MINUTEN VERKÜRZEN.
LEIDER SIND ES MEIST OFFENE STRASSEN.
HOOOOOONNK
CRNCH

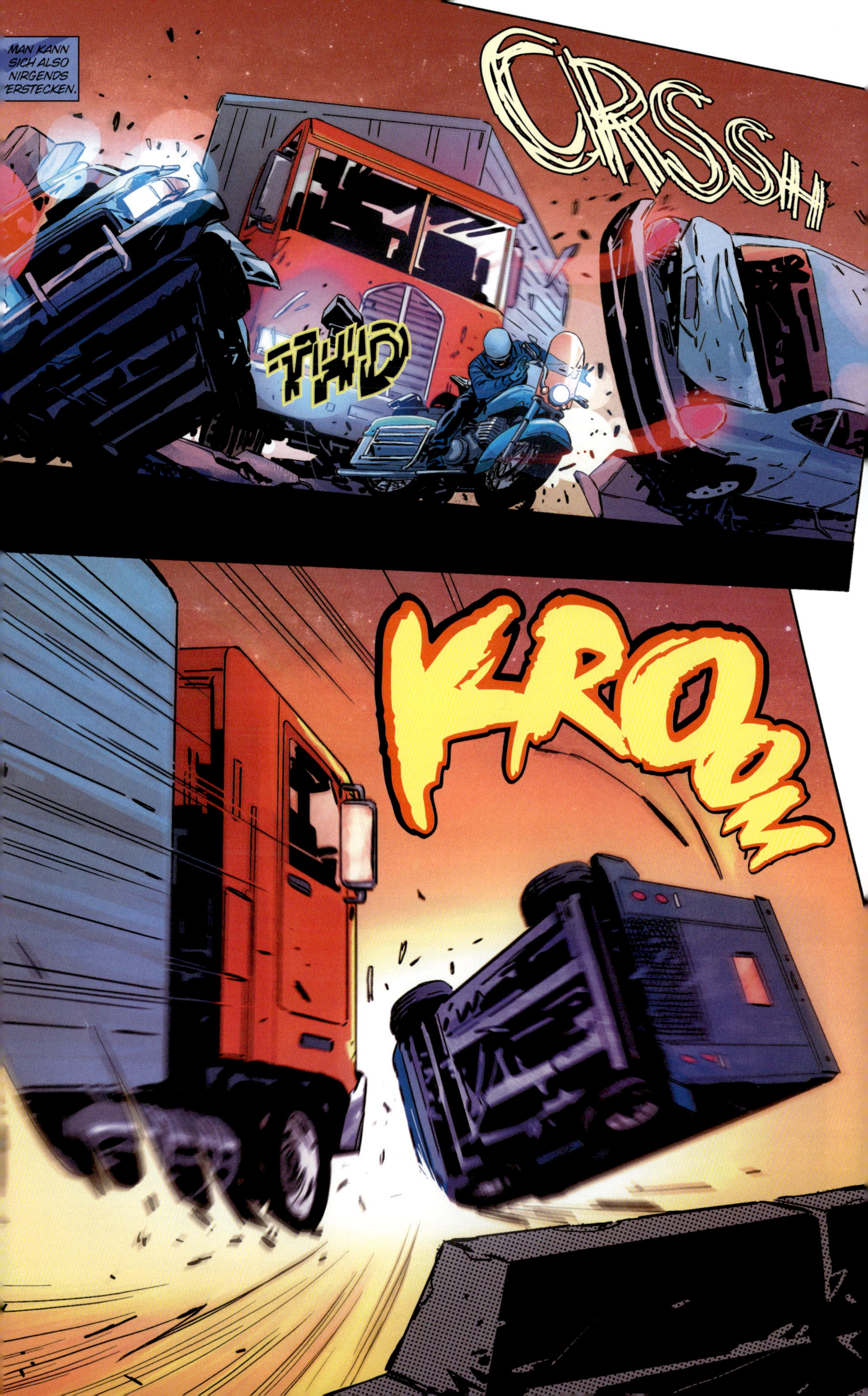
MAN KANN
SICH ALSO
NIRGENDS
ERSTECKEN.
CRSSH
THUD
KROOM

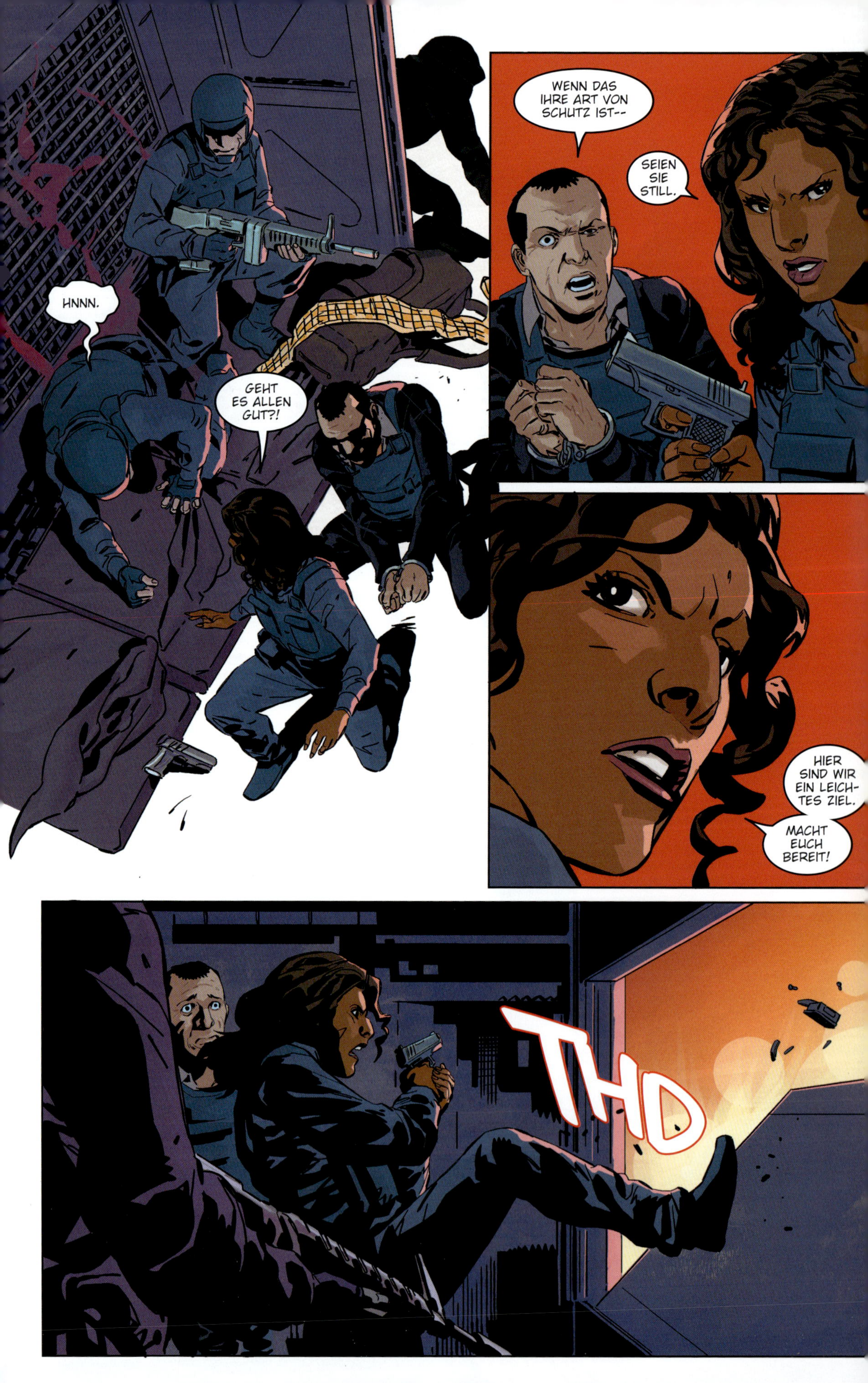

HNNN.

GEHT ES ALLEN GUT?!

WENN DAS IHRE ART VON SCHUTZ IST--

SEIEN SIE STILL.

HIER SIND WIR EIN LEICH-TES ZIEL.

MACHT EUCH BEREIT!

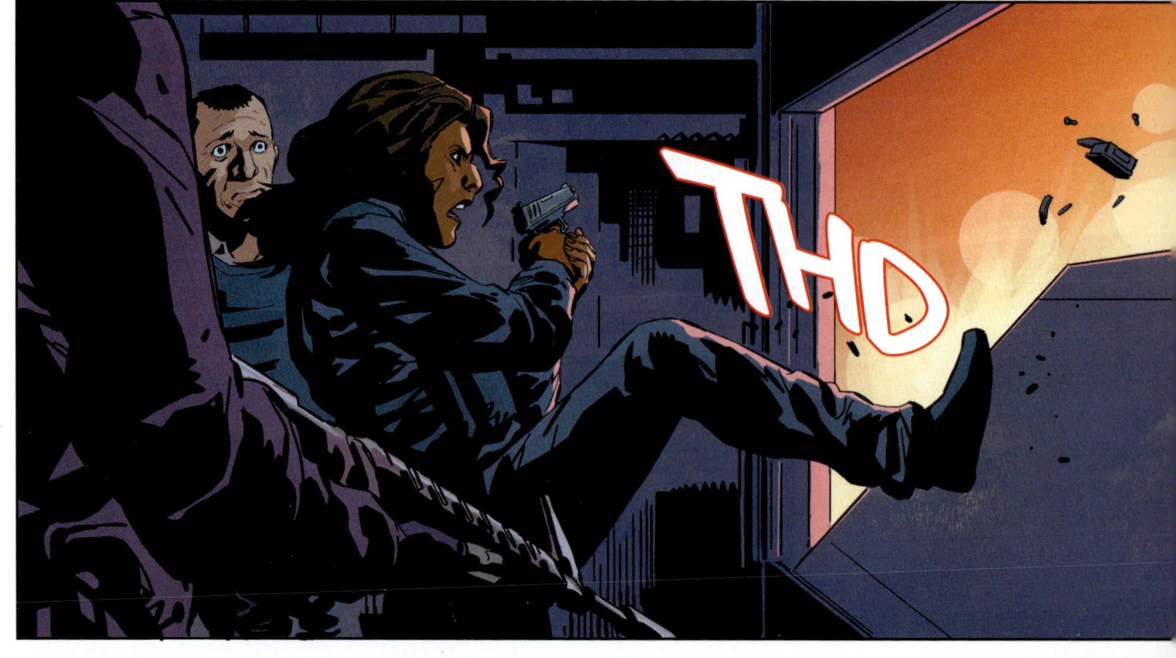

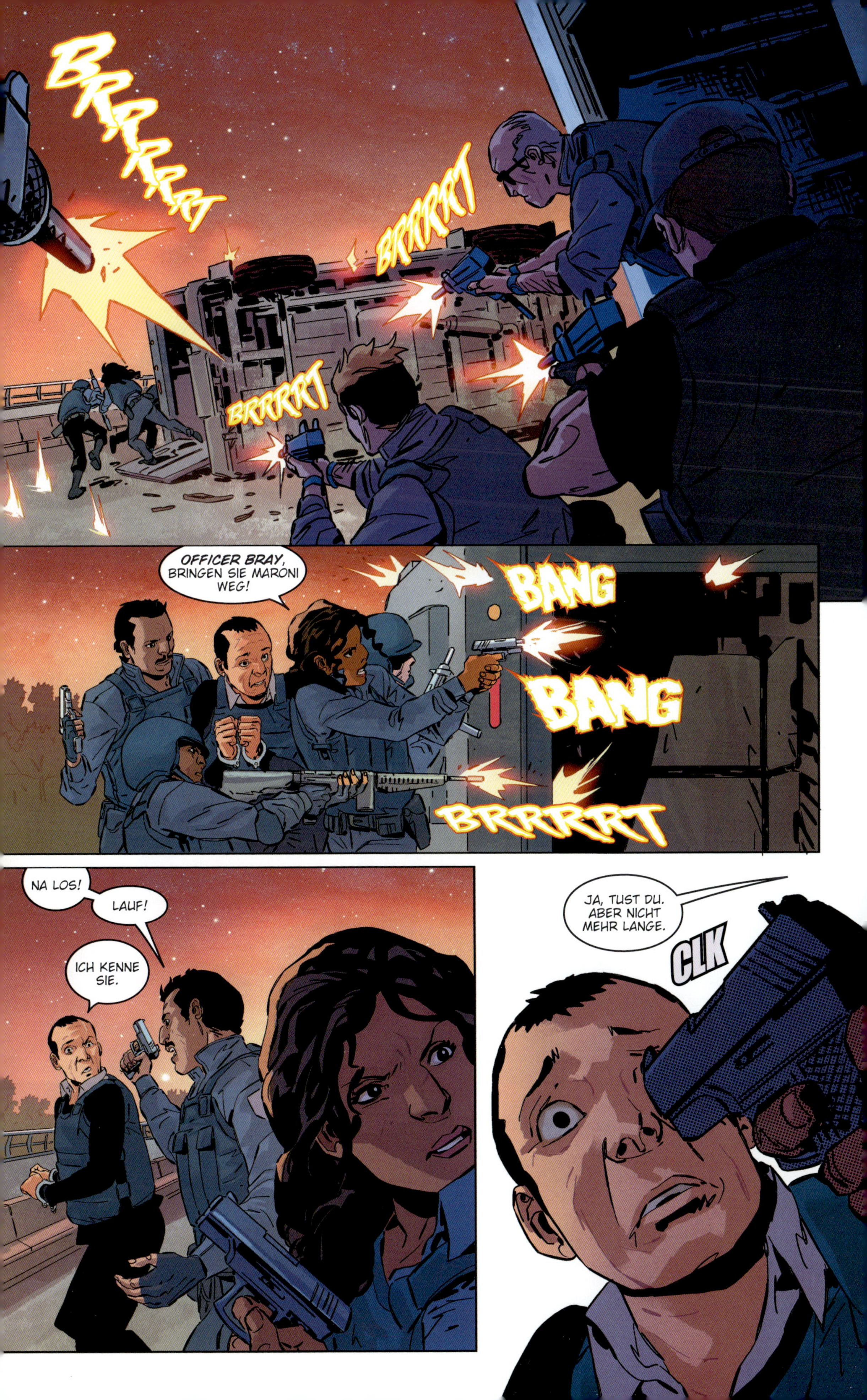

BRRRRRT
BRRRRRT
BRRRRT

OFFICER BRAY, BRINGEN SIE MARONI WEG!
BANG
BANG
BRRRRRT

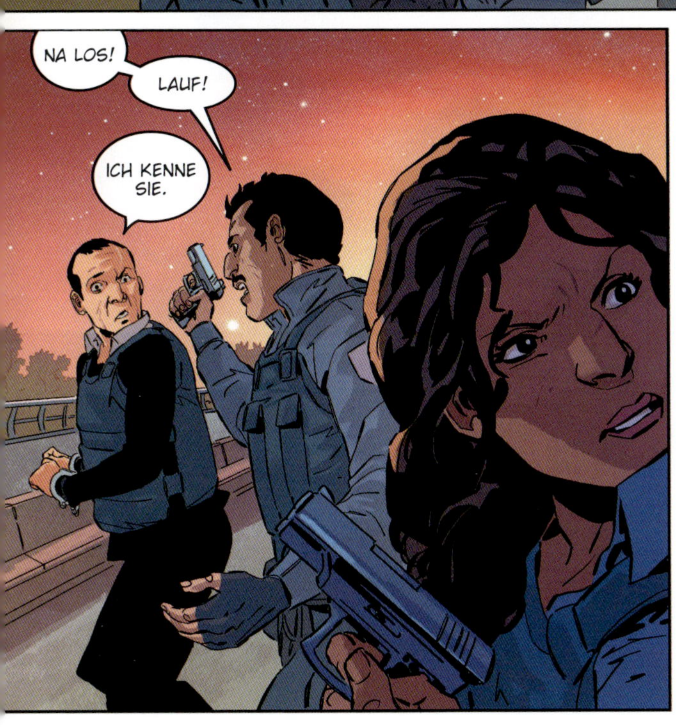

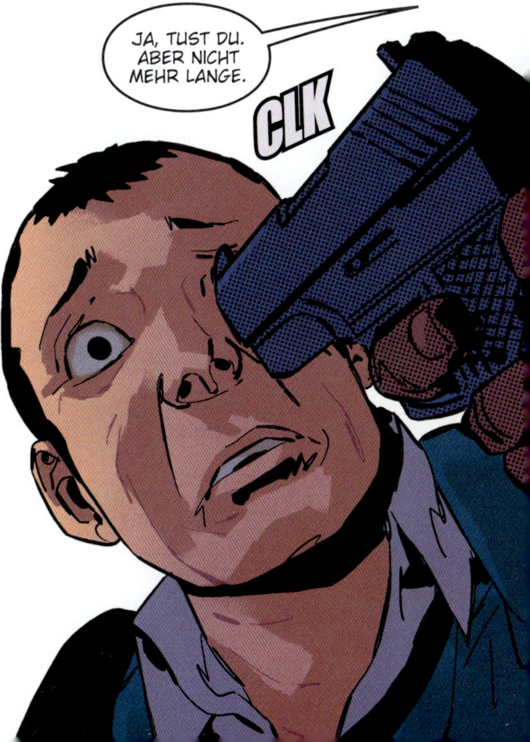

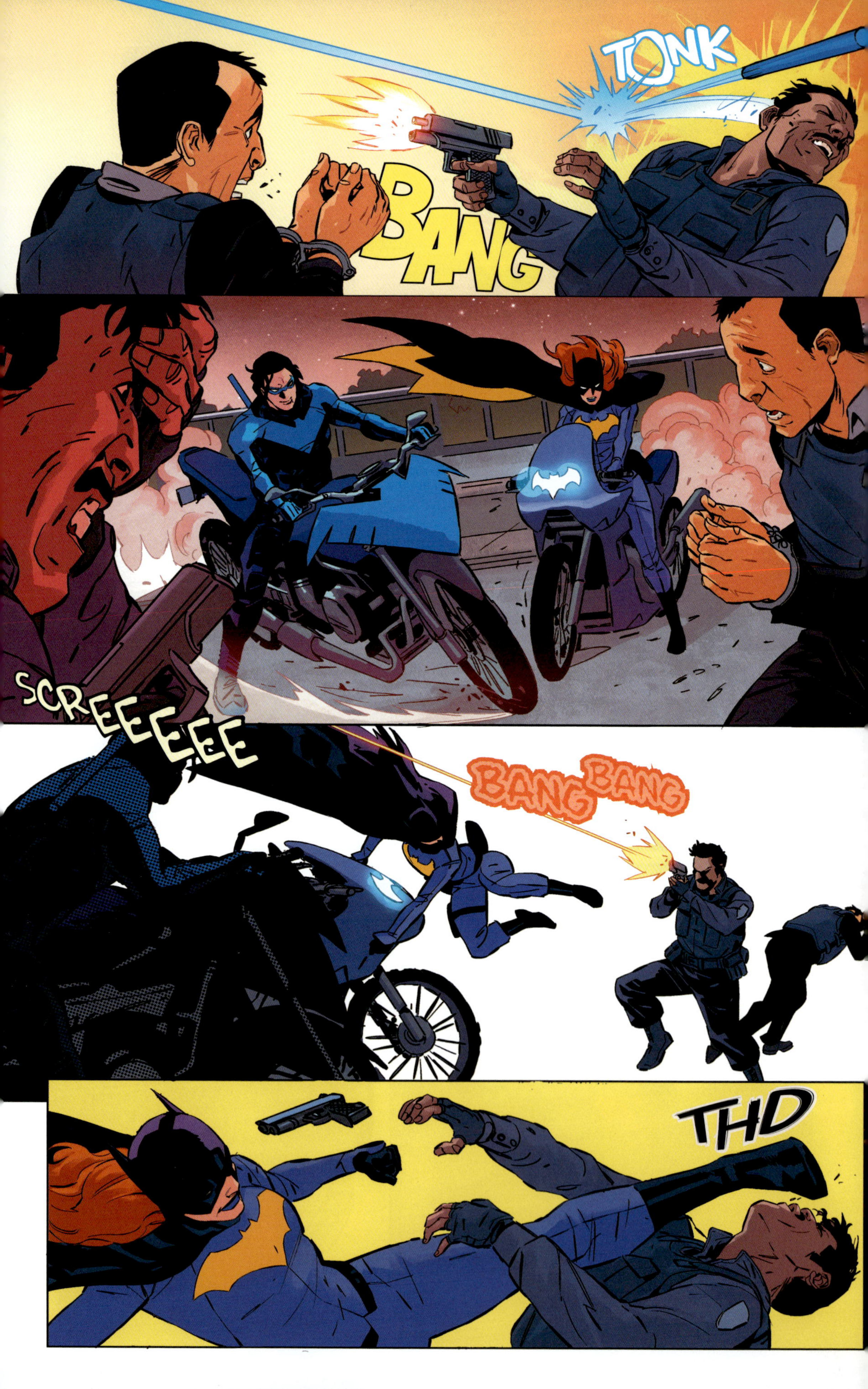
TONK
BANG
SCREEEEEEE
BANG BANG
THD

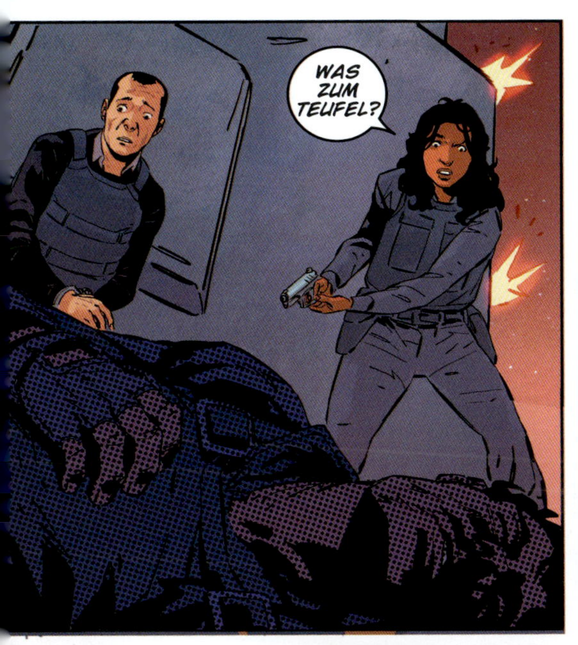
WAS ZUM TEUFEL?

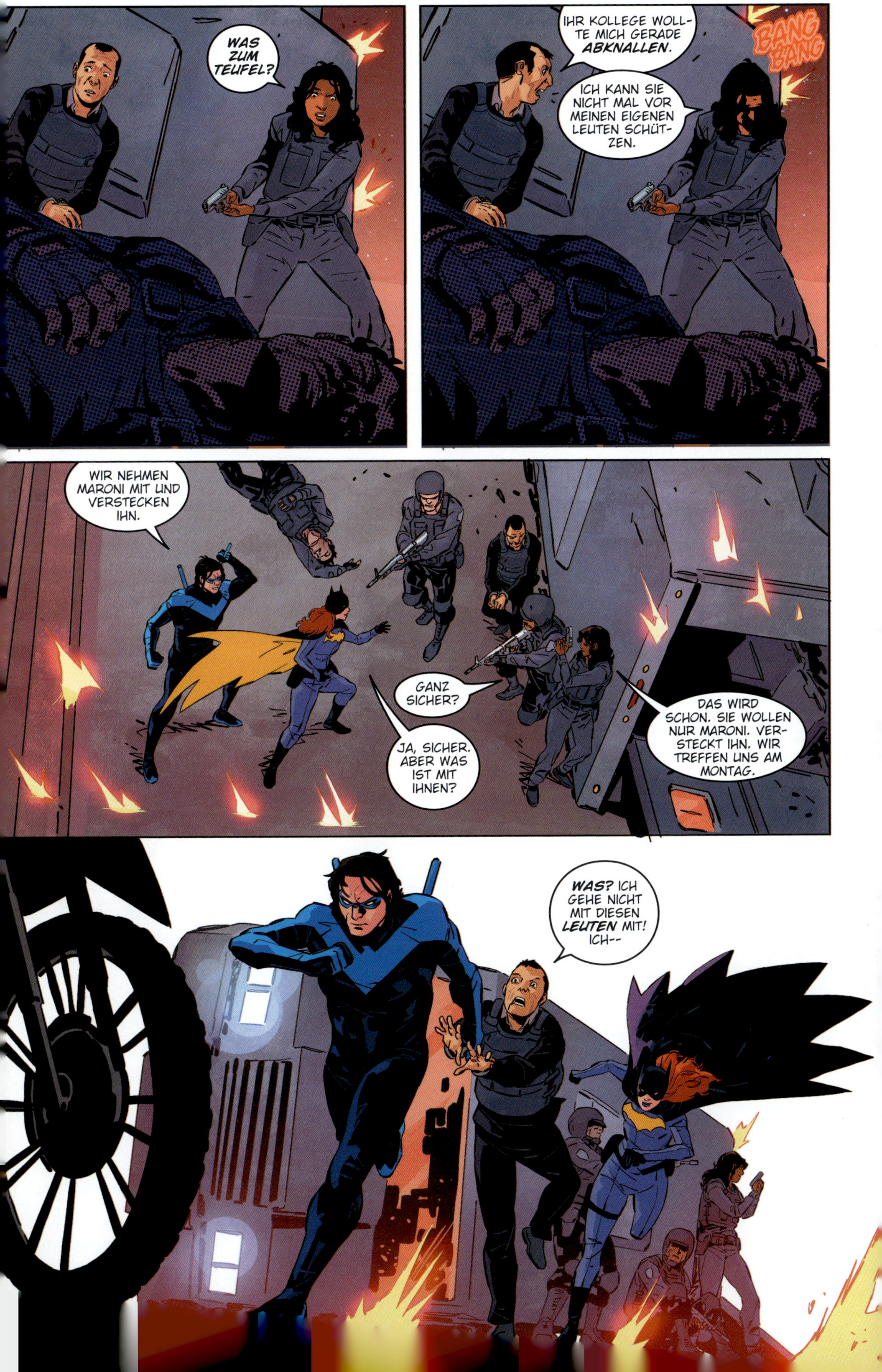

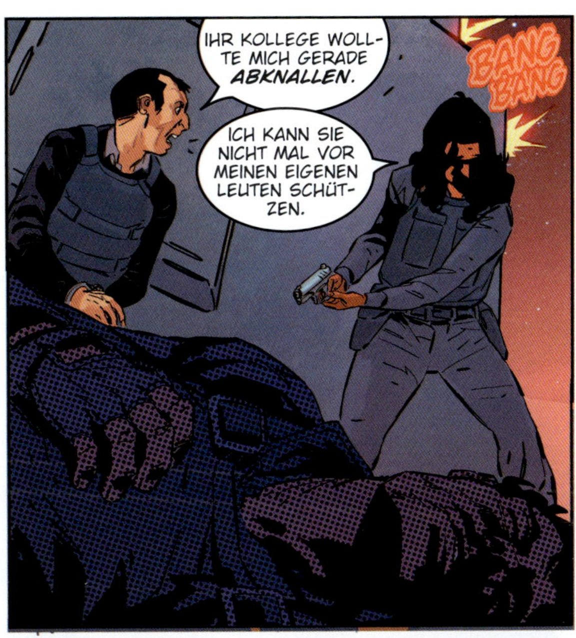
BANG BANG
IHR KOLLEGE WOLLTE MICH GERADE ABKNALLEN.
ICH KANN SIE NICHT MAL VOR MEINEN EIGENEN LEUTEN SCHÜTZEN.

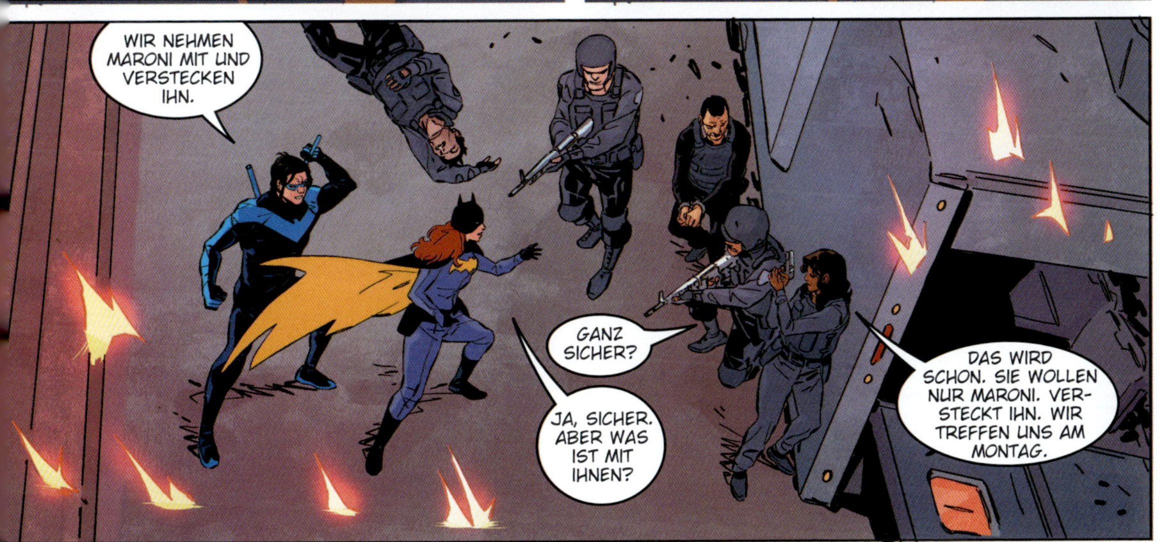
WIR NEHMEN MARONI MIT UND VERSTECKEN IHN.
GANZ SICHER?
JA, SICHER. ABER WAS IST MIT IHNEN?
DAS WIRD SCHON. SIE WOLLEN NUR MARONI. VERSTECKT IHN. WIR TREFFEN UNS AM MONTAG.

WAS? ICH GEHE NICHT MIT DIESEN LEUTEN MIT! ICH--

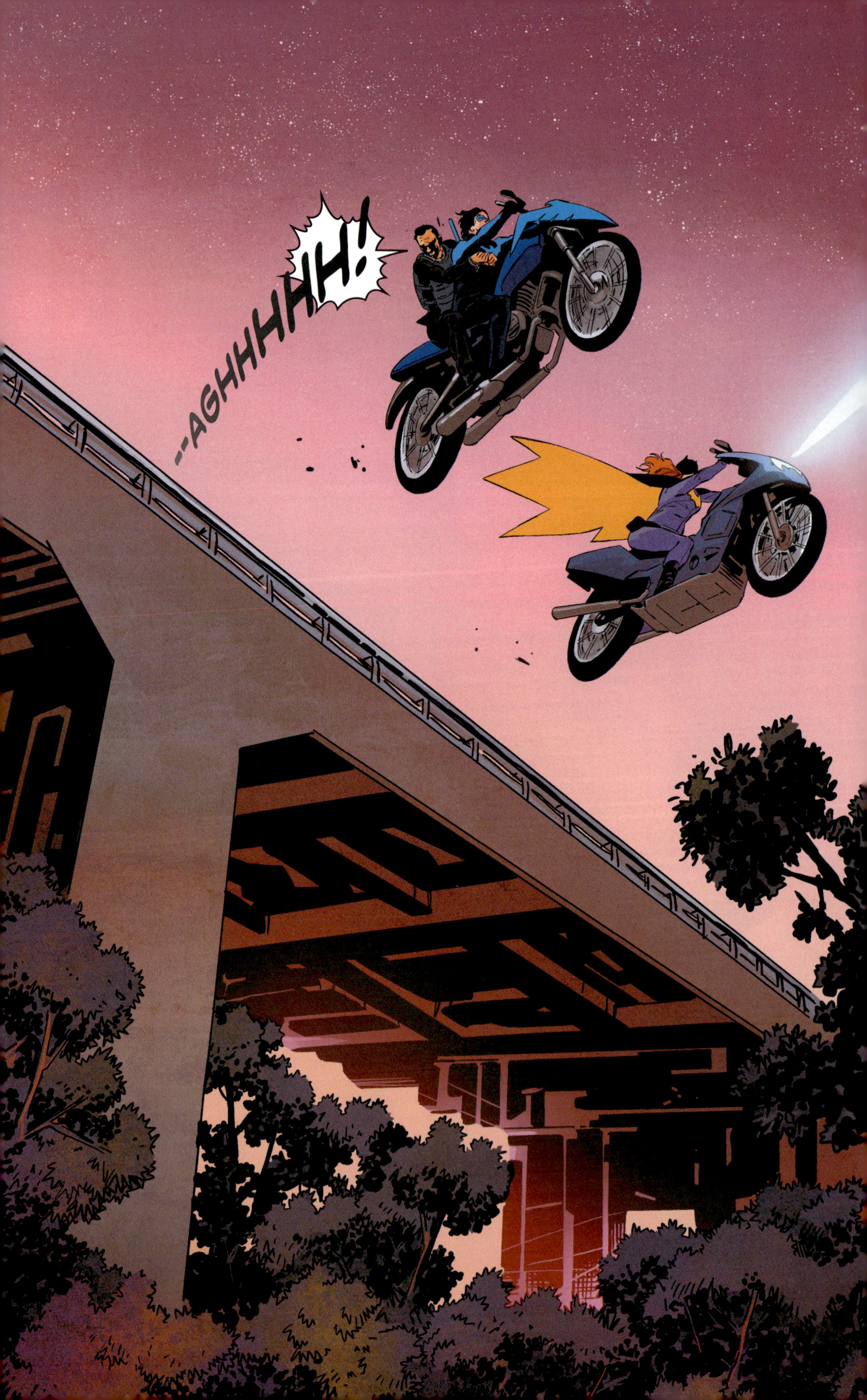
--AGHHHHHH!

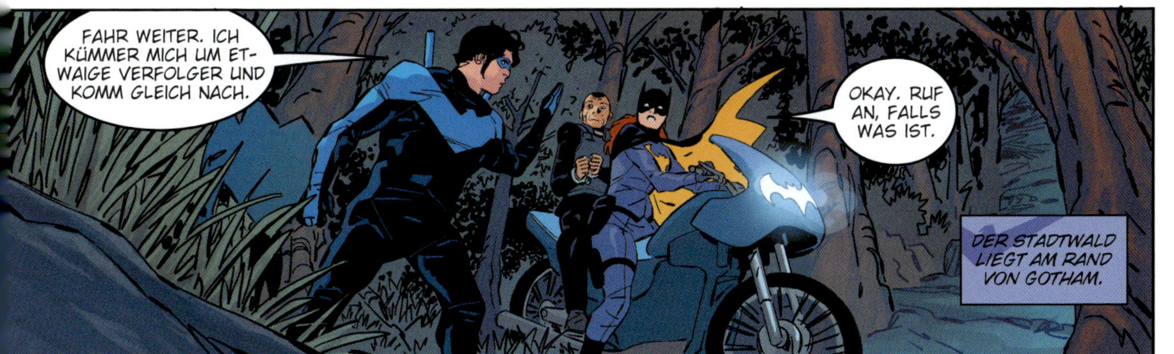
FAHR WEITER. ICH KÜMMER MICH UM ETWAIGE VERFOLGER UND KOMM GLEICH NACH.
OKAY. RUF AN, FALLS WAS IST.
DER STADTWALD LIEGT AM RAND VON GOTHAM.

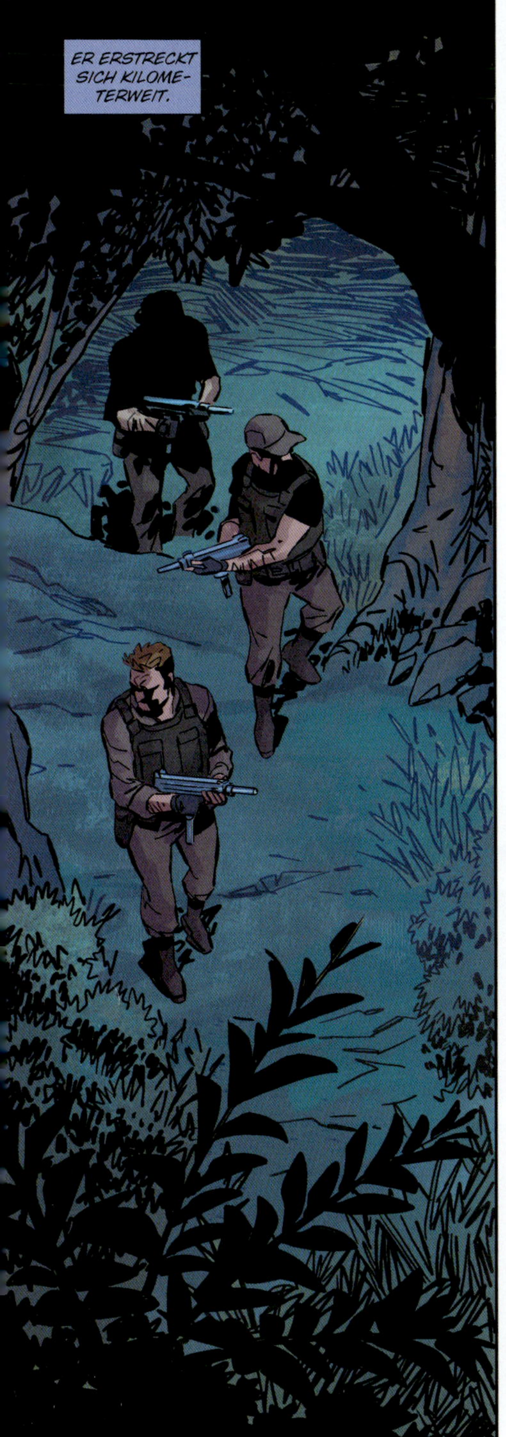
ER ERSTRECKT SICH KILOMETERWEIT.

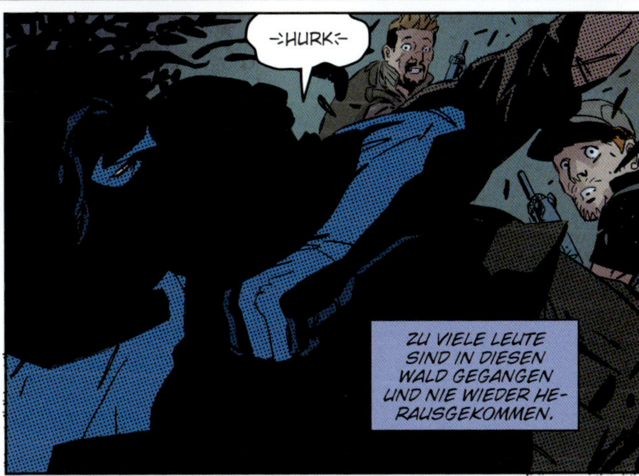
-HURK-
ZU VIELE LEUTE SIND IN DIESEN WALD GEGANGEN UND NIE WIEDER HERAUSGEKOMMEN.

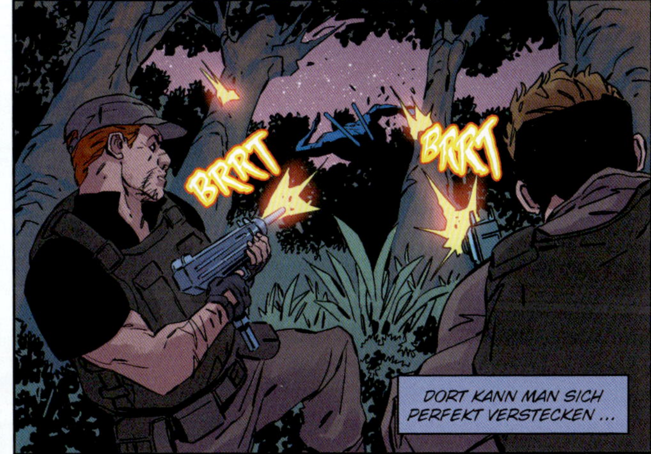
BRRT
BRRT
DORT KANN MAN SICH PERFEKT VERSTECKEN ...

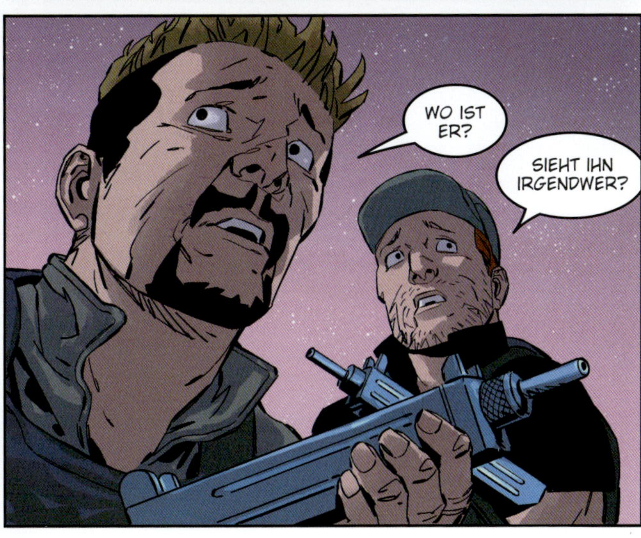
WO IST ER?
SIEHT IHN IRGENDWER?

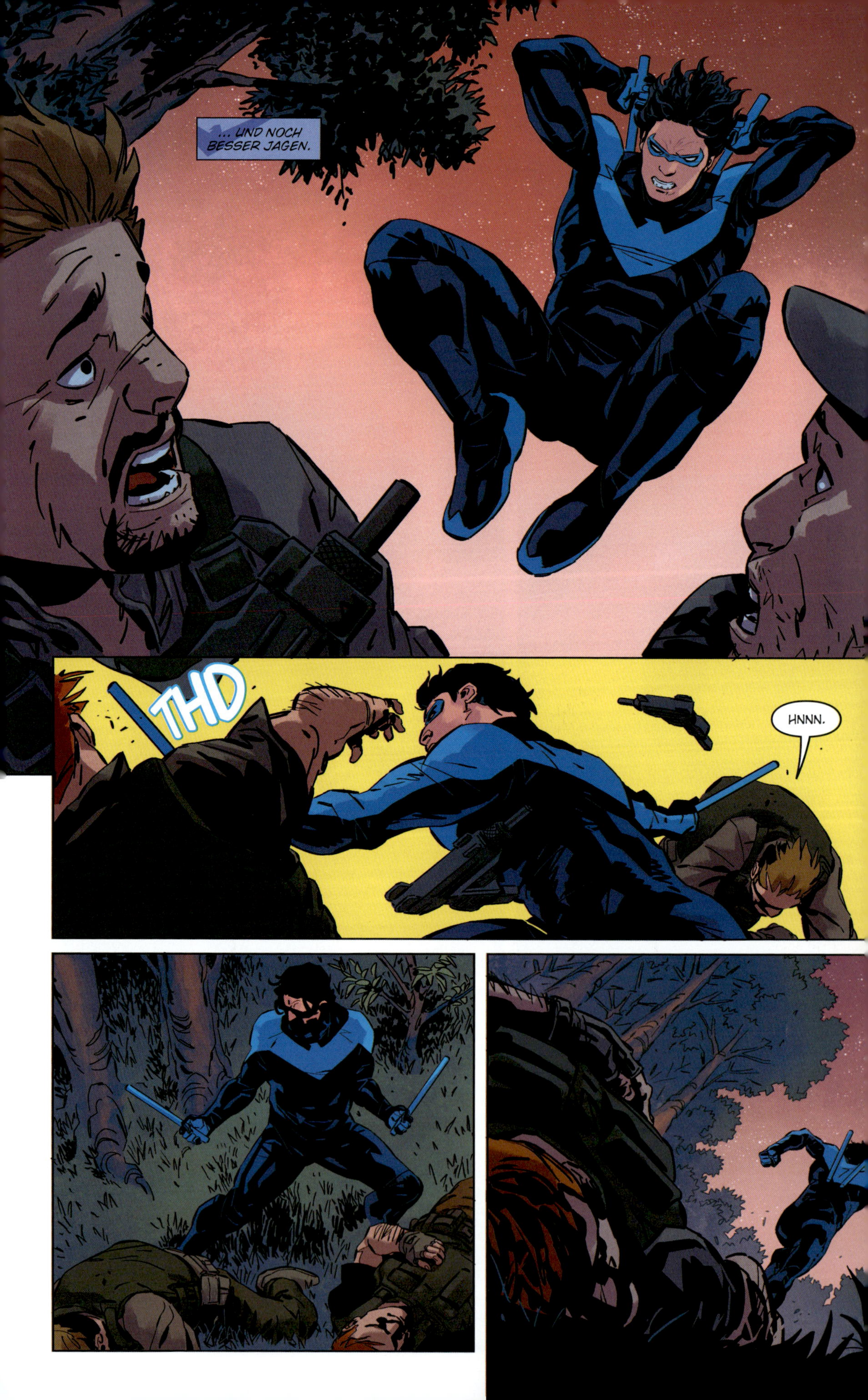

... UND NOCH BESSER JAGEN.

THD

HNNN.

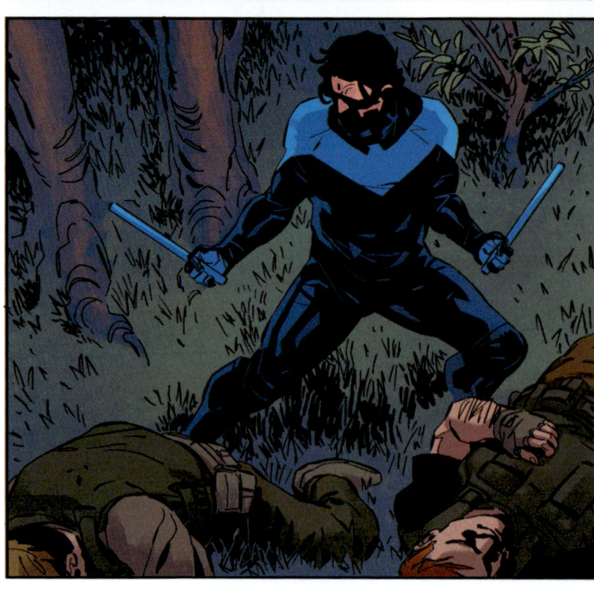

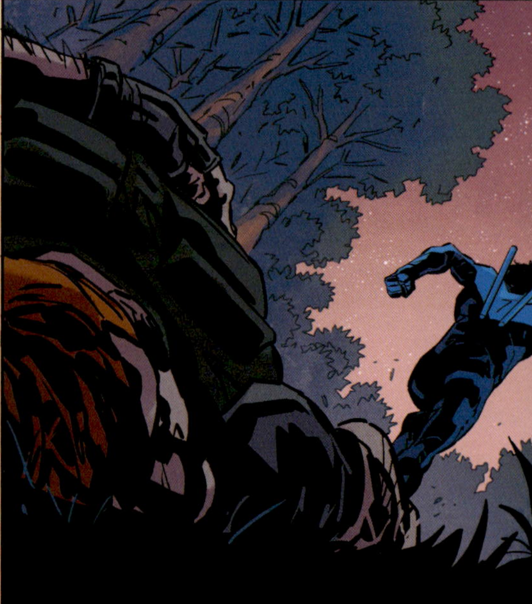

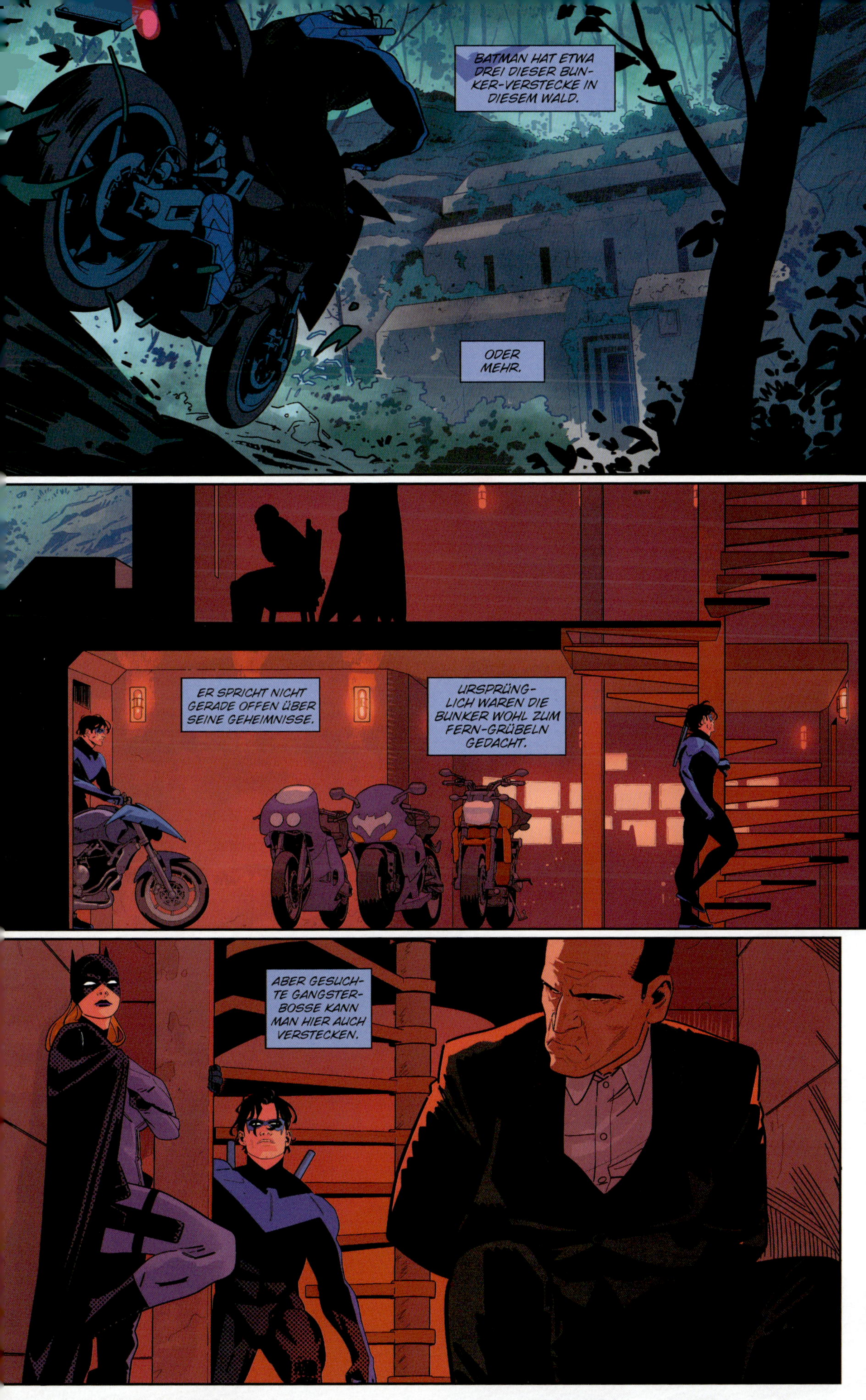
BATMAN HAT ETWA DREI DIESER BUNKER-VERSTECKE IN DIESEM WALD.
ODER MEHR.
ER SPRICHT NICHT GERADE OFFEN ÜBER SEINE GEHEIMNISSE.
URSPRÜNGLICH WAREN DIE BUNKER WOHL ZUM FERN-GRÜBELN GEDACHT.
ABER GESUCHTE GANGSTERBOSSE KANN MAN HIER AUCH VERSTECKEN.

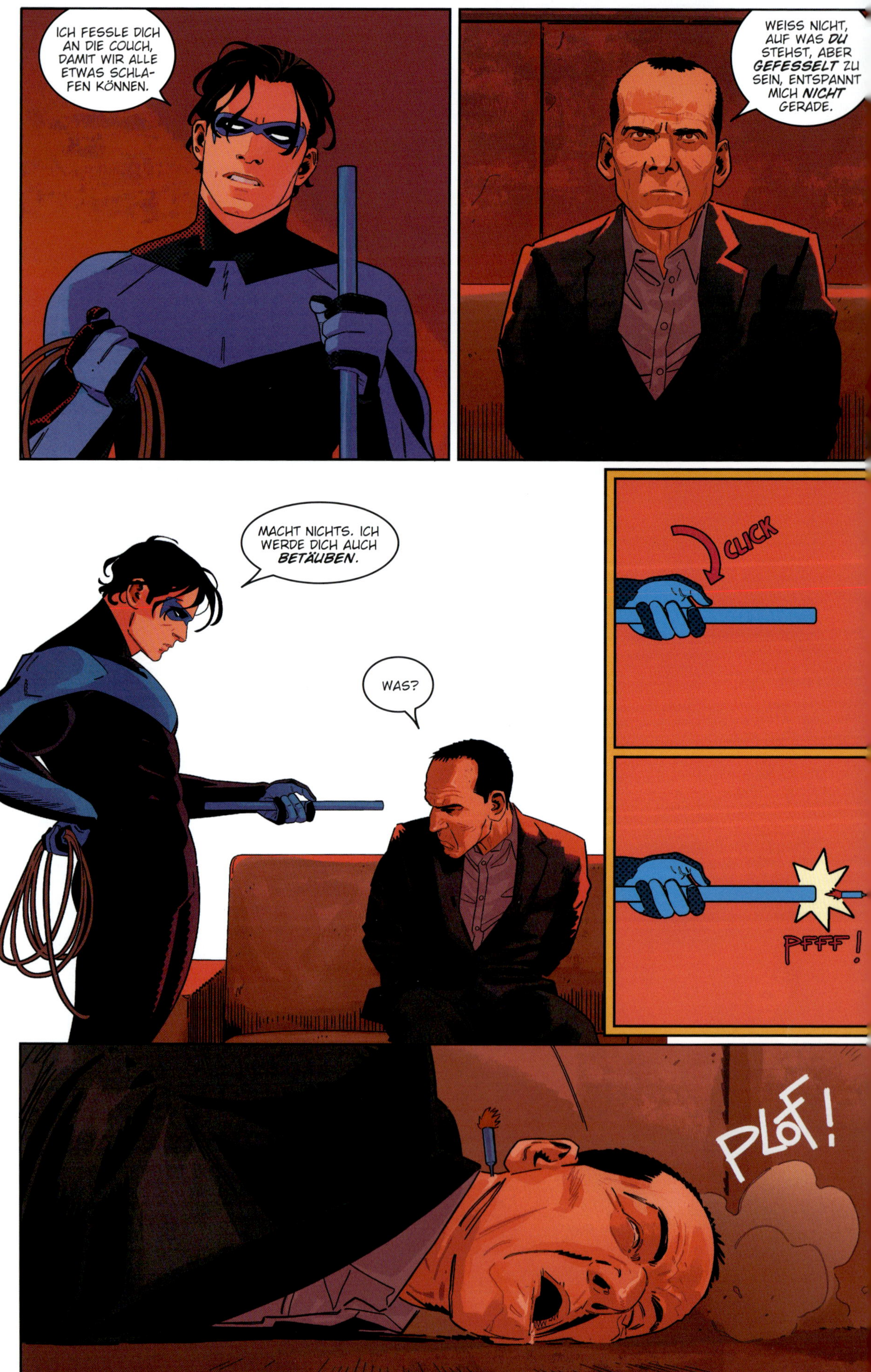
ICH FESSLE DICH AN DIE COUCH, DAMIT WIR ALLE ETWAS SCHLA- FEN KÖNNEN.
WEISS NICHT, AUF WAS ***DU*** STEHST, ABER ***GEFESSELT*** ZU SEIN, ENTSPANNT MICH ***NICHT*** GERADE.
MACHT NICHTS. ICH WERDE DICH AUCH ***BETÄUBEN***.
WAS?
CLICK
PFFF!
PLOF!

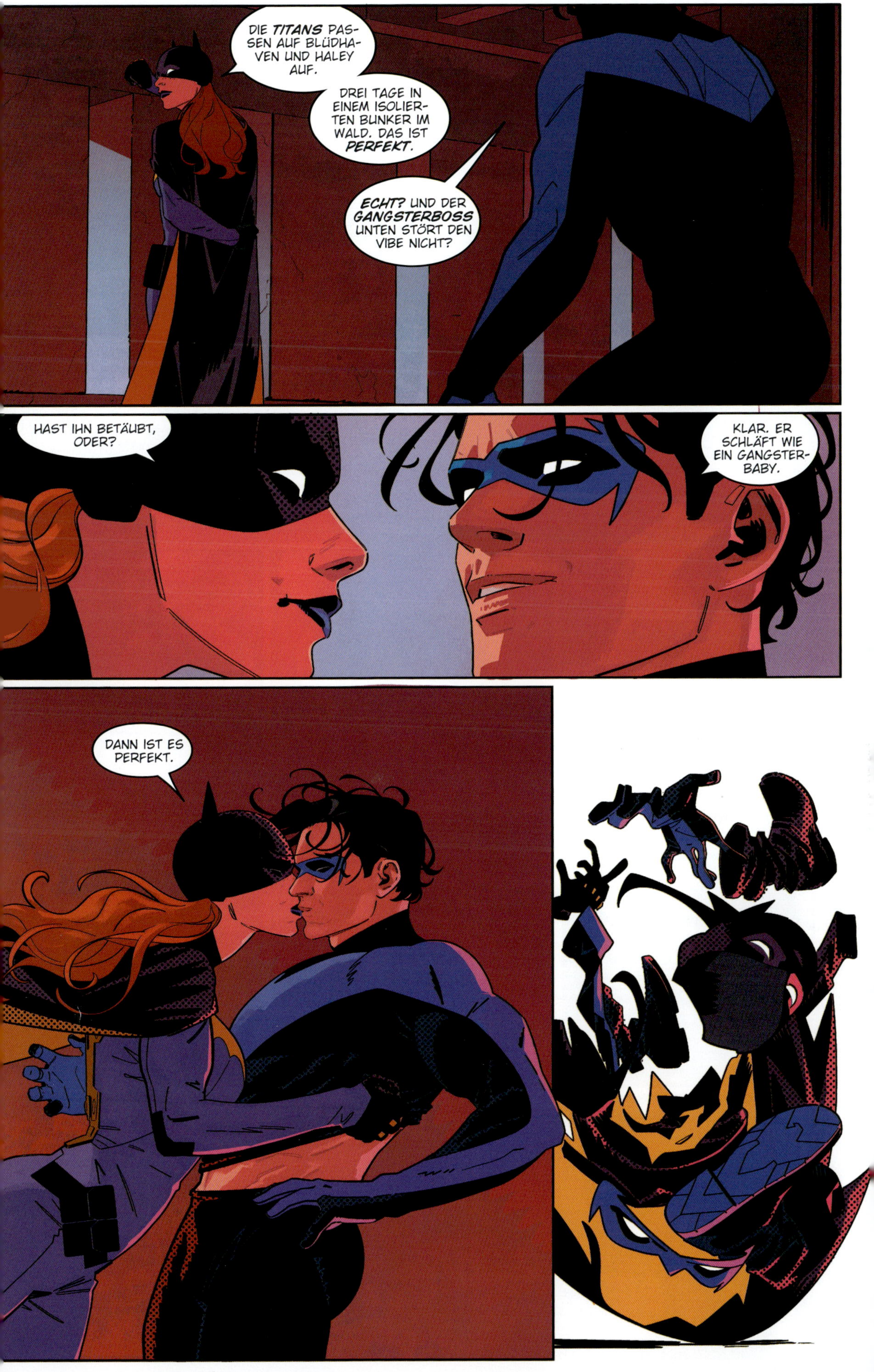

DIE *TITANS* PASSEN AUF BLÜDHAVEN UND HALEY AUF.
DREI TAGE IN EINEM ISOLIERTEN BUNKER IM WALD. DAS IST *PERFEKT*.
ECHT? UND DER *GANGSTERBOSS* UNTEN STÖRT DEN VIBE NICHT?

HAST IHN BETÄUBT, ODER?
KLAR. ER SCHLÄFT WIE EIN GANGSTERBABY.

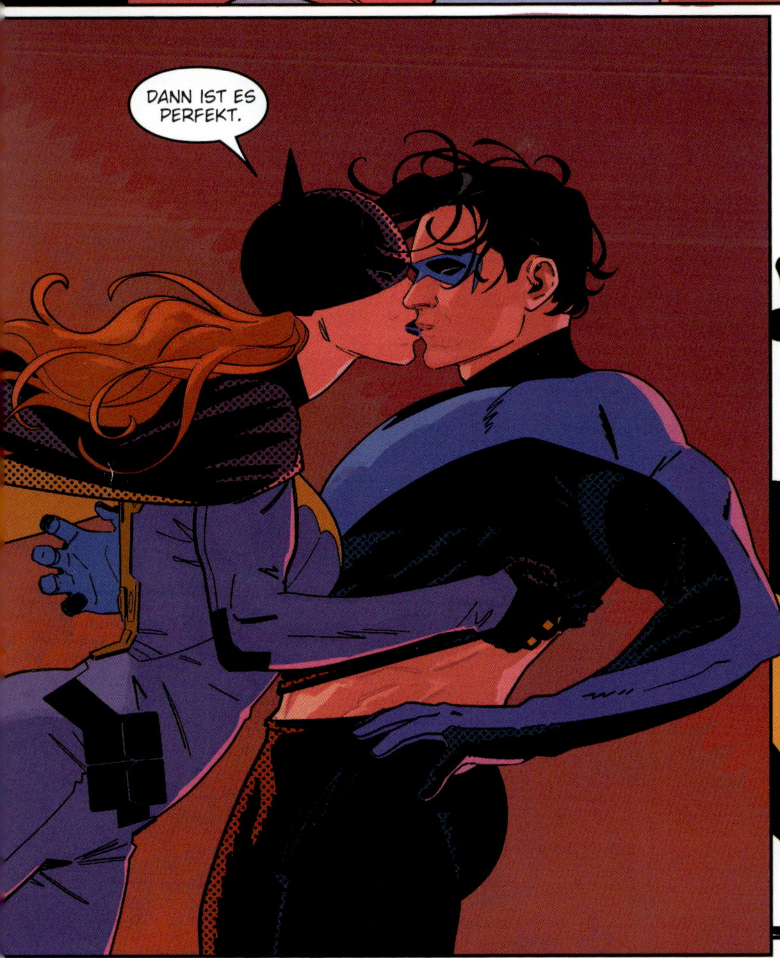

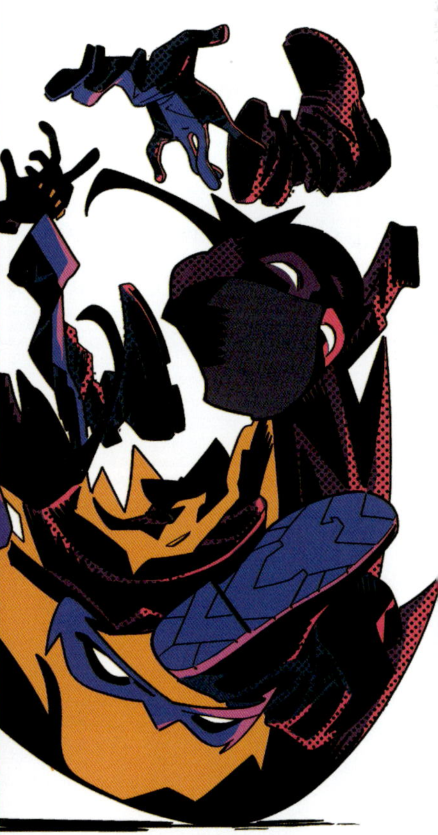

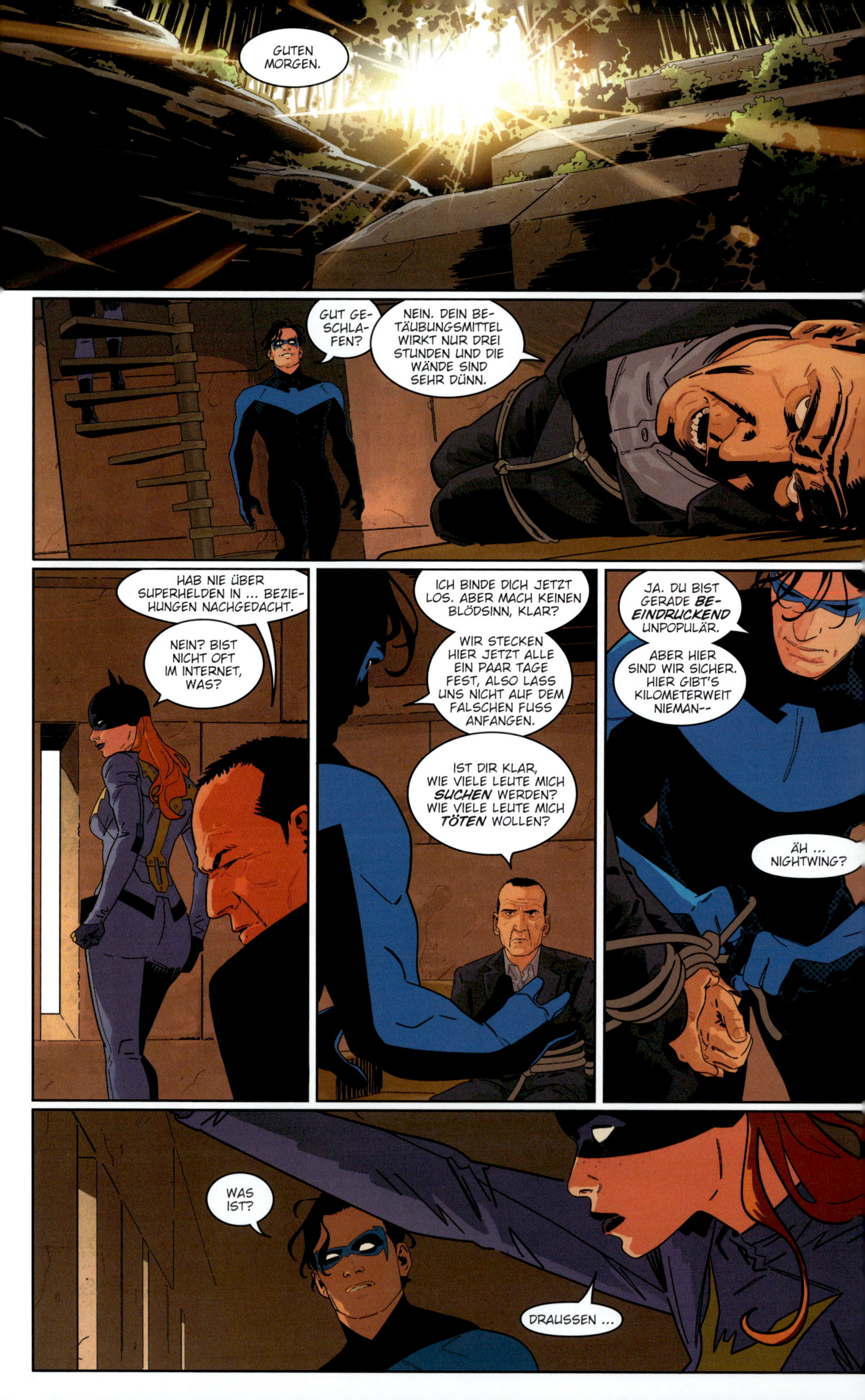

GUTEN MORGEN.

GUT GESCHLAFEN?

NEIN. DEIN BETÄUBUNGSMITTEL WIRKT NUR DREI STUNDEN UND DIE WÄNDE SIND SEHR DÜNN.

HAB NIE ÜBER SUPERHELDEN IN ... BEZIEHUNGEN NACHGEDACHT.

NEIN? BIST NICHT OFT IM INTERNET, WAS?

ICH BINDE DICH JETZT LOS. ABER MACH KEINEN BLÖDSINN, KLAR?

WIR STECKEN HIER JETZT ALLE EIN PAAR TAGE FEST, ALSO LASS UNS NICHT AUF DEM FALSCHEN FUSS ANFANGEN.

IST DIR KLAR, WIE VIELE LEUTE MICH ***SUCHEN*** WERDEN? WIE VIELE LEUTE MICH ***TÖTEN*** WOLLEN?

JA. DU BIST GERADE ***BEEINDRUCKEND*** UNPOPULÄR.

ABER HIER SIND WIR SICHER. HIER GIBT'S KILOMETERWEIT NIEMAN--

ÄH ... NIGHTWING?

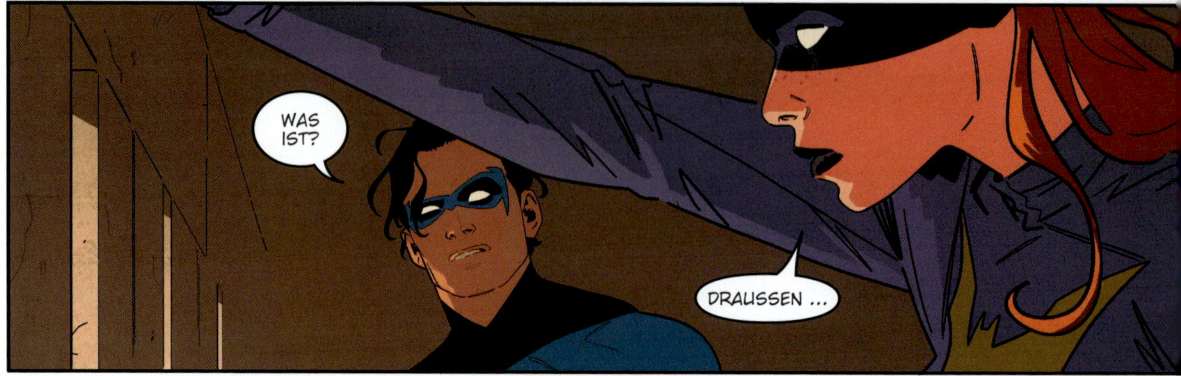

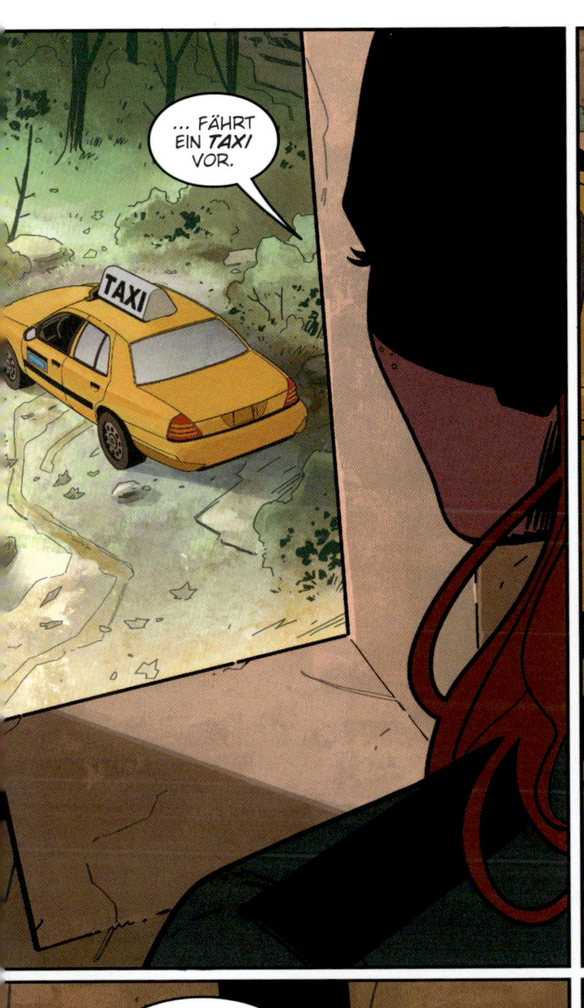
... FÄHRT EIN *TAXI* VOR.
TAXI

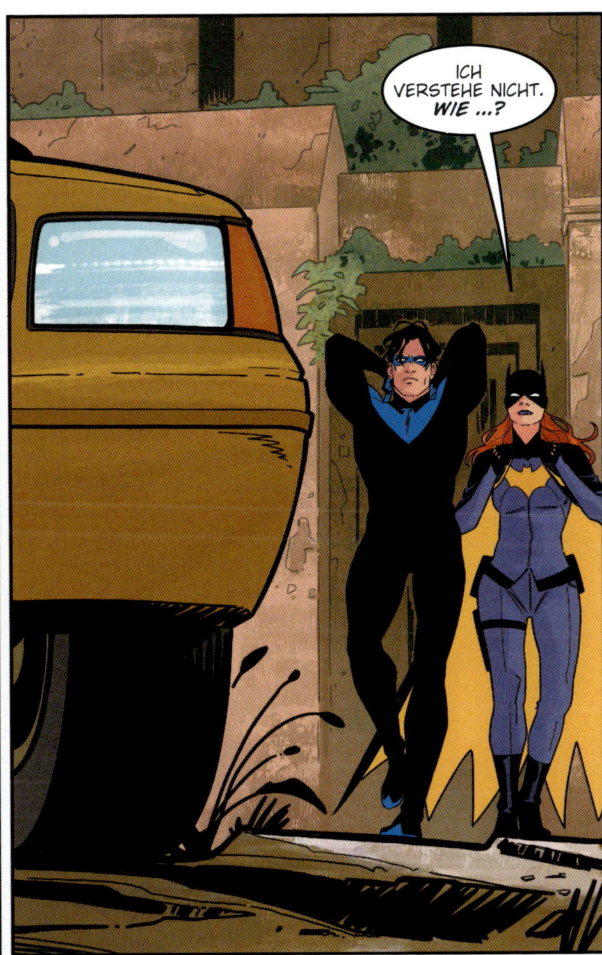
ICH VERSTEHE NICHT. ***WIE ...?***

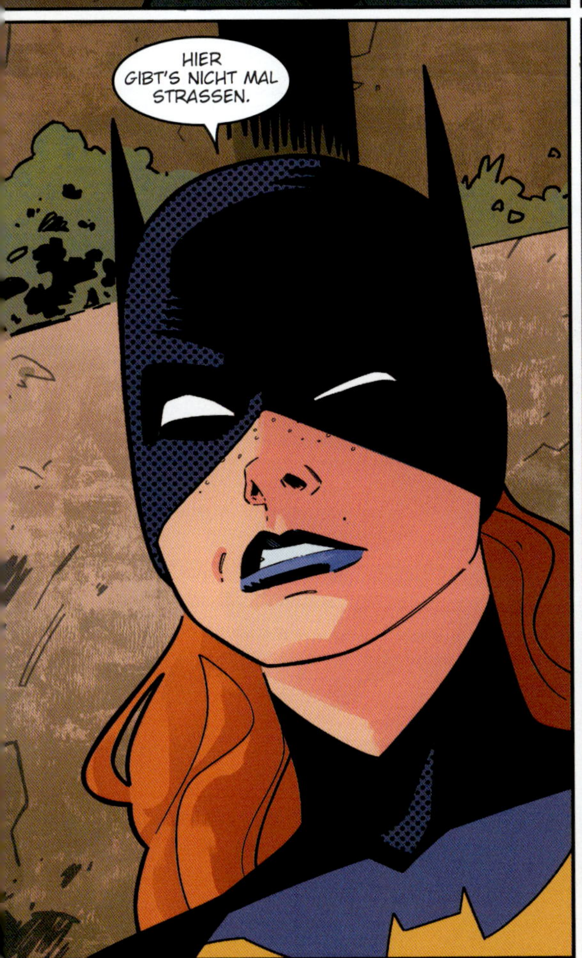
HIER GIBT'S NICHT MAL STRASSEN.

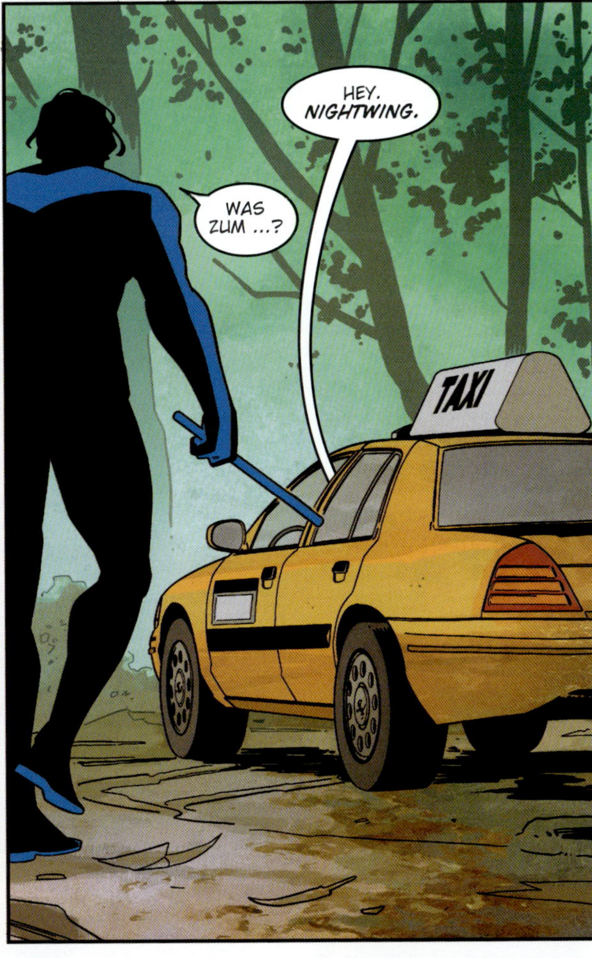
HEY. ***NIGHTWING.***
WAS ZUM ...?
TAXI

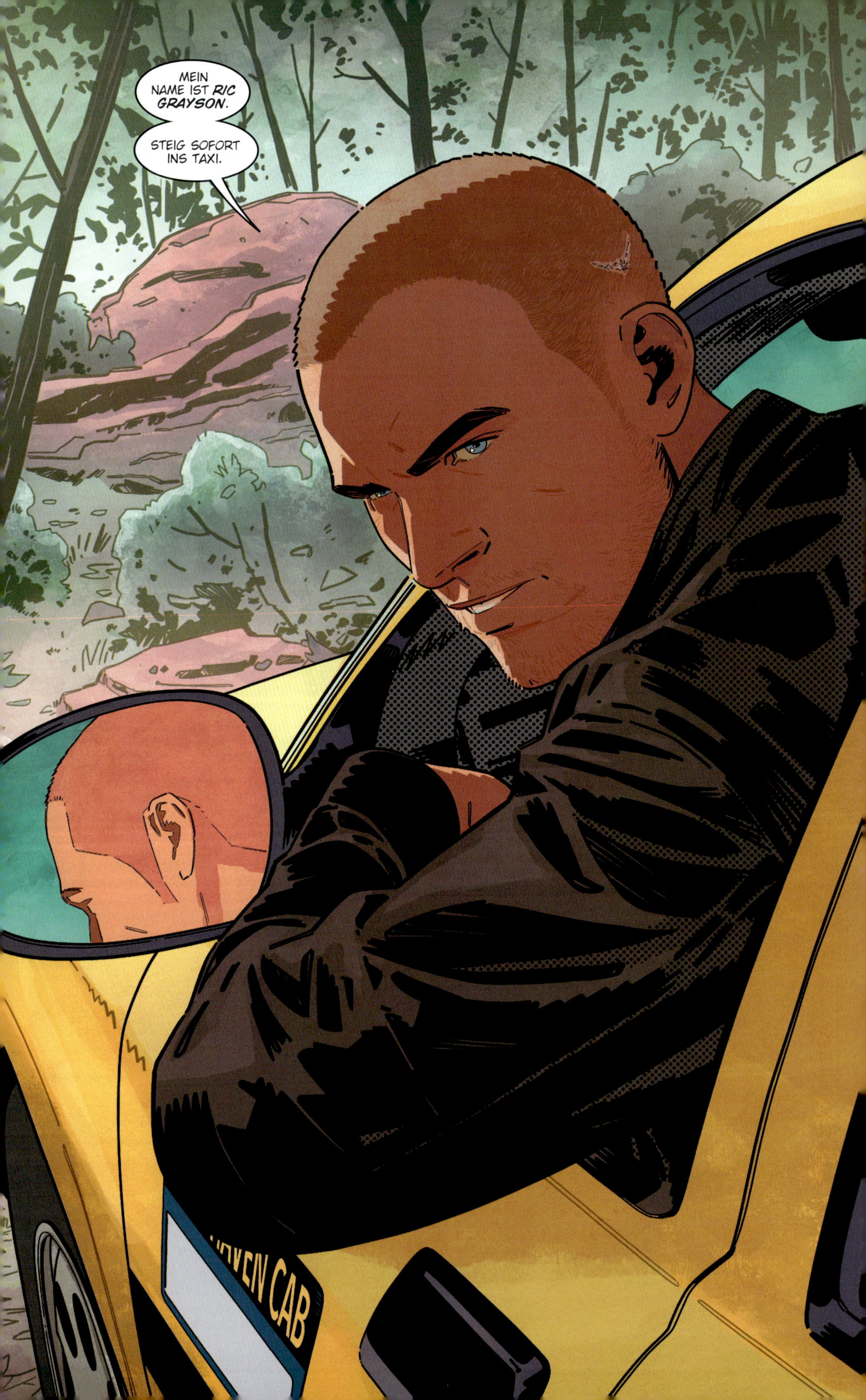
MEIN NAME IST *RIC GRAYSON*.
STEIG SOFORT INS TAXI.

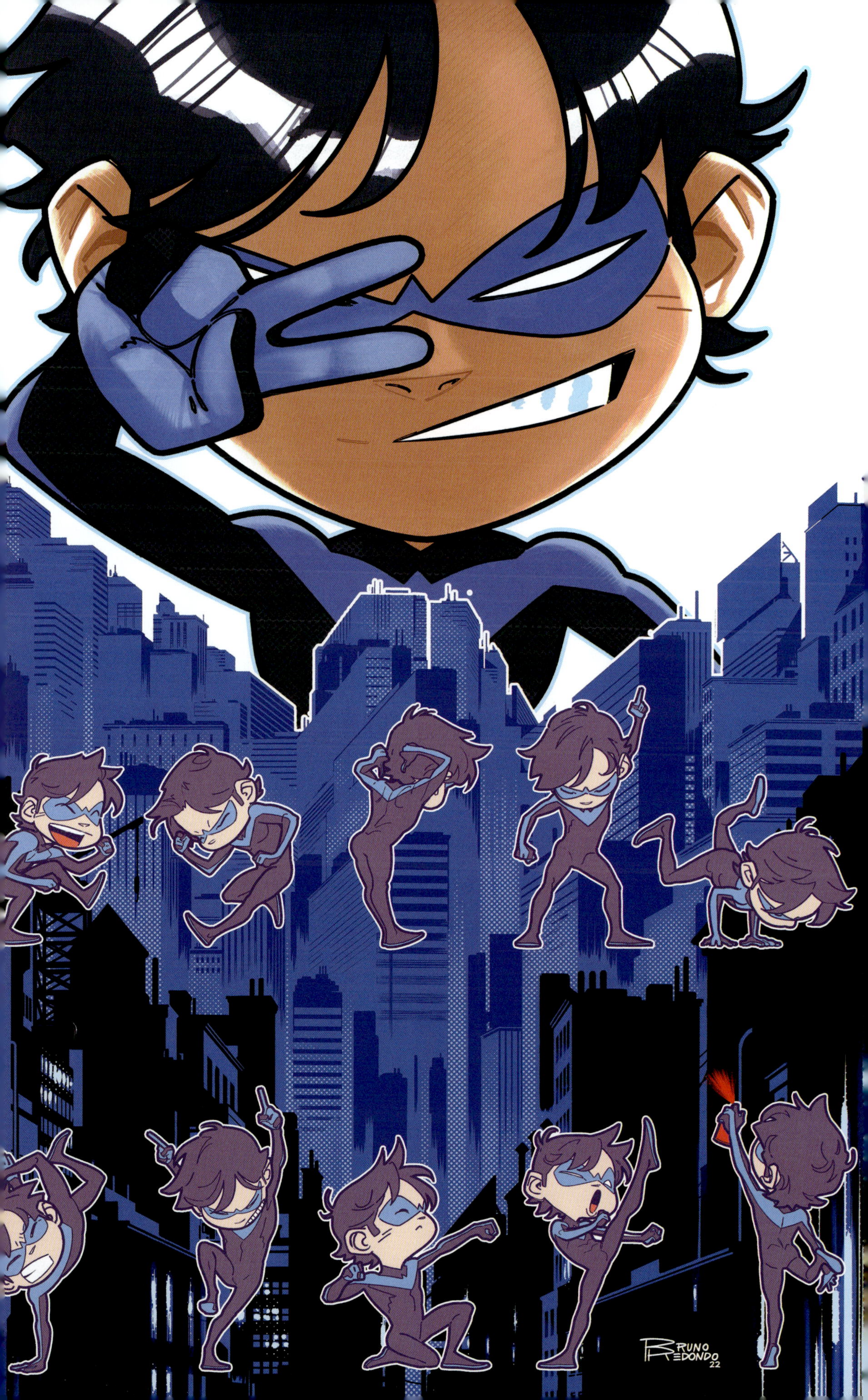
BRUNO
REDONDO
22

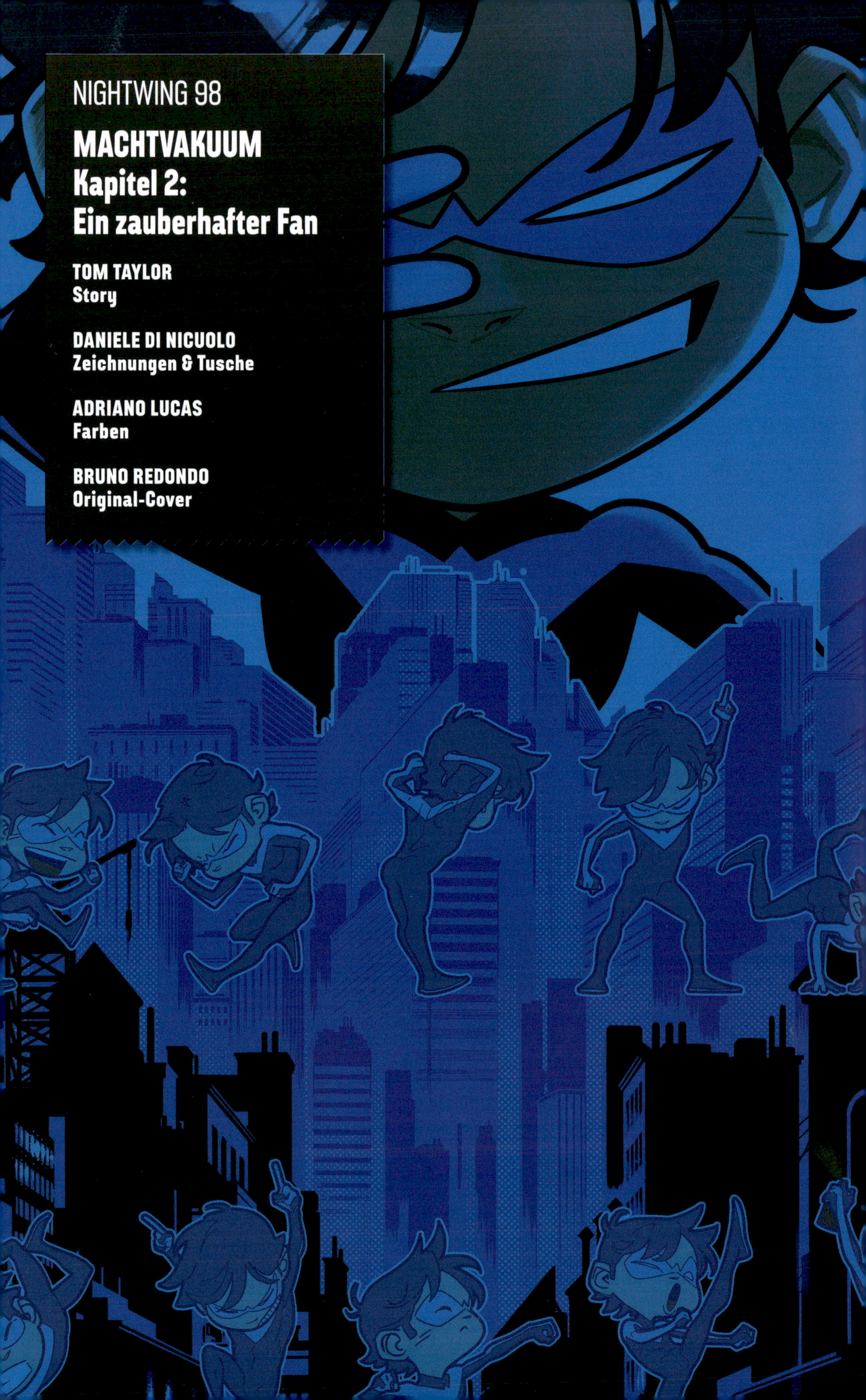

NIGHTWING 98

MACHTVAKUUM
Kapitel 2: Ein zauberhafter Fan

TOM TAYLOR
Story

DANIELE DI NICUOLO
Zeichnungen & Tusche

ADRIANO LUCAS
Farben

BRUNO REDONDO
Original-Cover

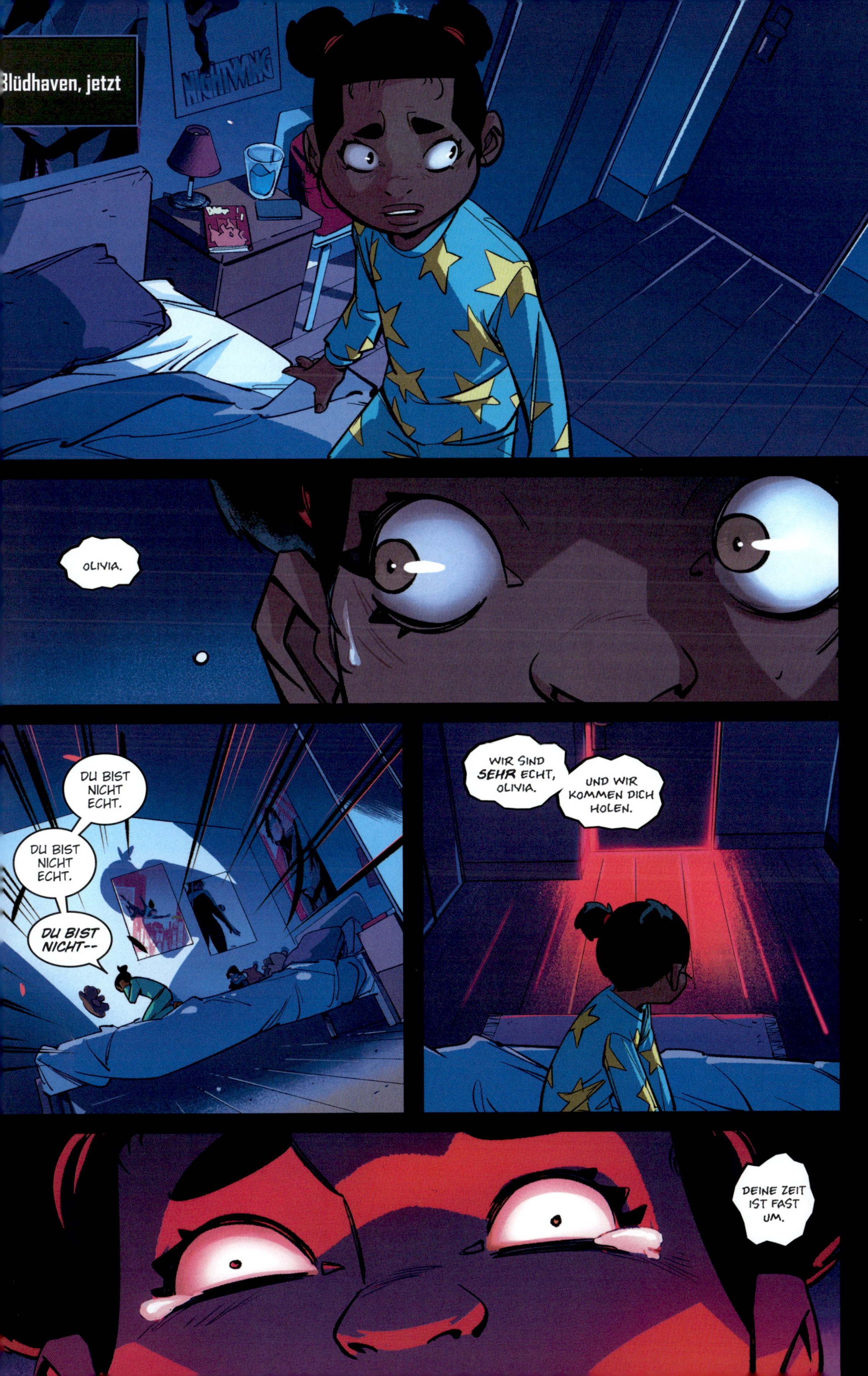
Blüdhaven, jetzt
NIGHTWING
OLIVIA.
DU BIST NICHT ECHT.
DU BIST NICHT ECHT.
DU BIST NICHT--
WIR SIND SEHR ECHT, OLIVIA.
UND WIR KOMMEN DICH HOLEN.
DEINE ZEIT IST FAST UM.

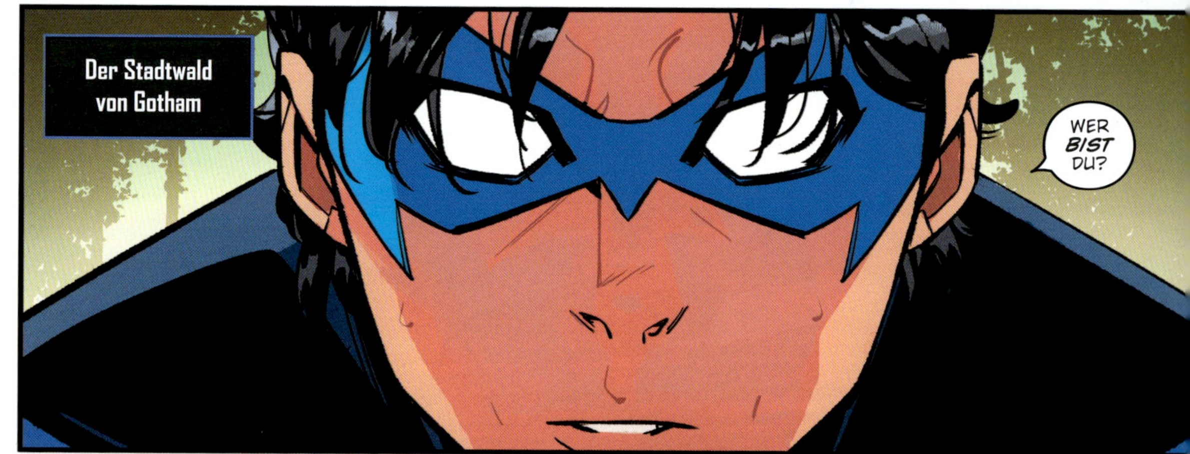
Der Stadtwald von Gotham
WER BIST DU?

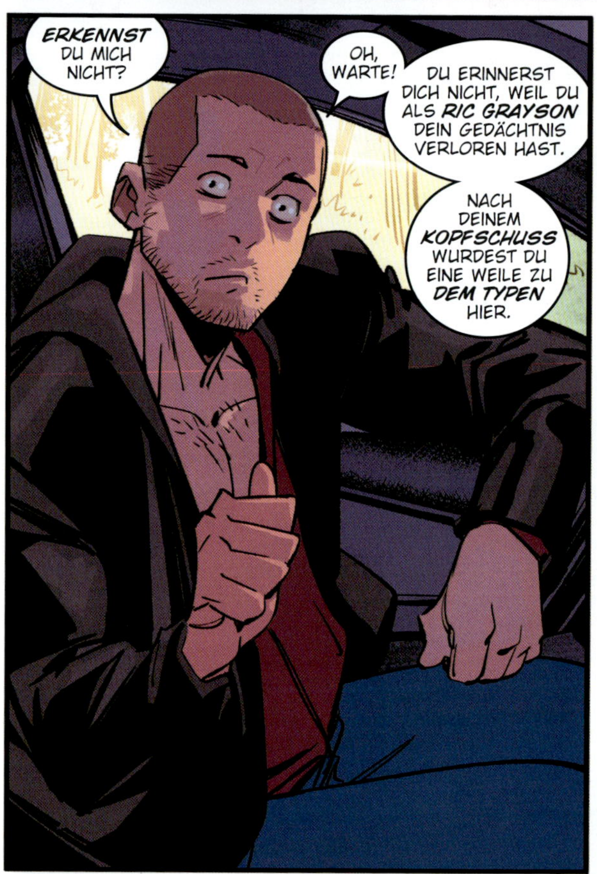
ERKENNST DU MICH NICHT?
OH, WARTE!
DU ERINNERST DICH NICHT, WEIL DU ALS RIC GRAYSON DEIN GEDÄCHTNIS VERLOREN HAST.
NACH DEINEM KOPFSCHUSS WURDEST DU EINE WEILE ZU DEM TYPEN HIER.

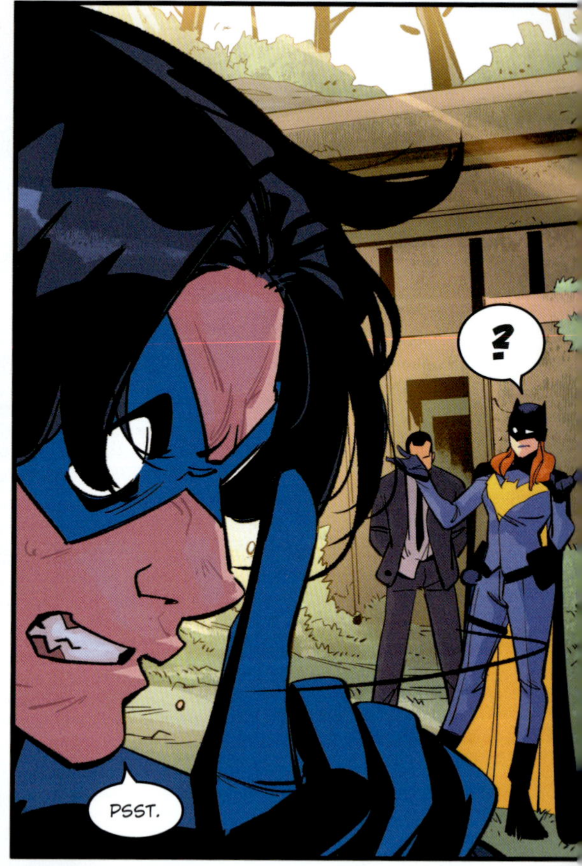
?
PSST.

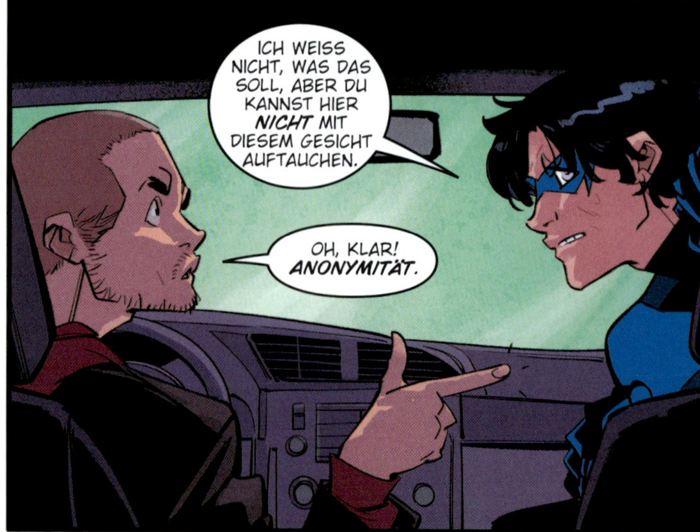
ICH WEISS NICHT, WAS DAS SOLL, ABER DU KANNST HIER NICHT MIT DIESEM GESICHT AUFTAUCHEN.
OH, KLAR! ANONYMITÄT.

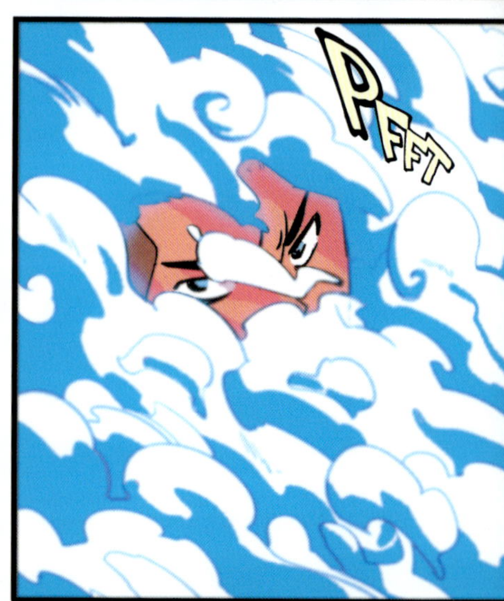
PFFFT

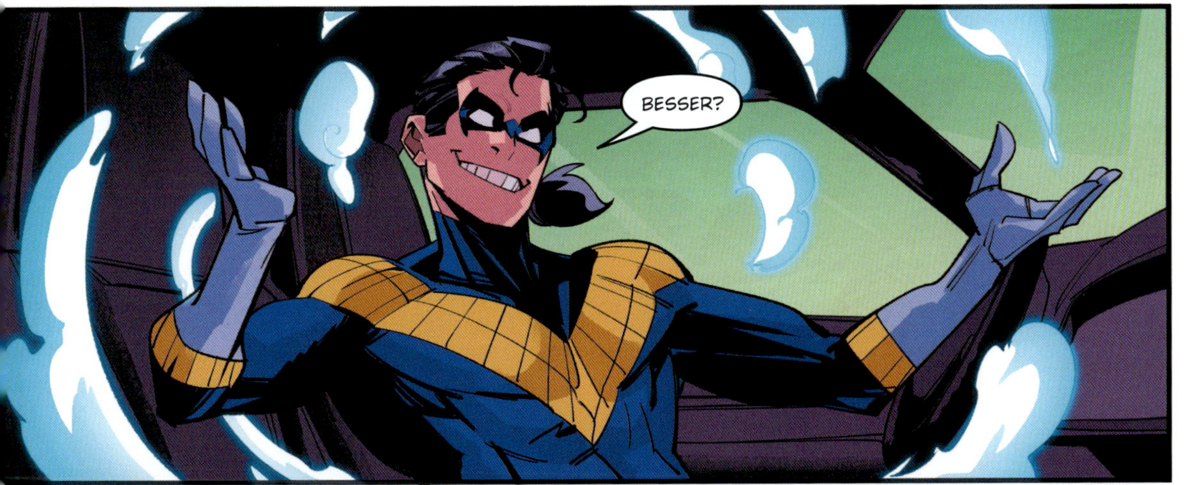
BESSER?

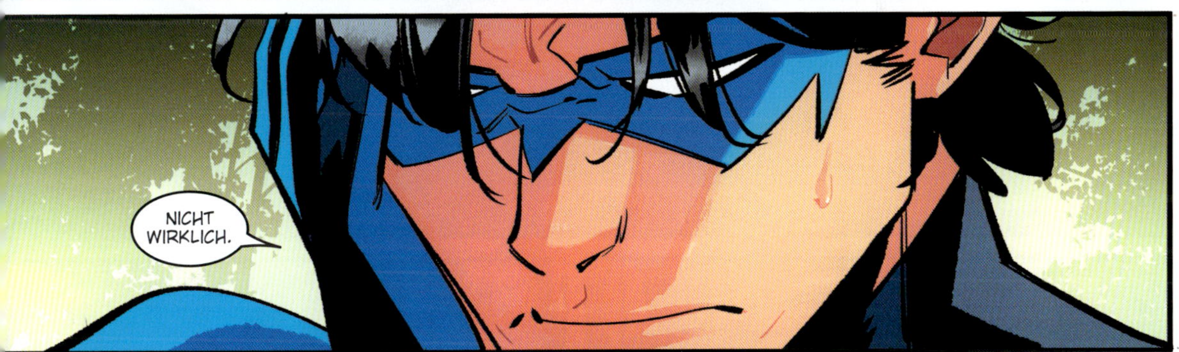
NICHT WIRKLICH.

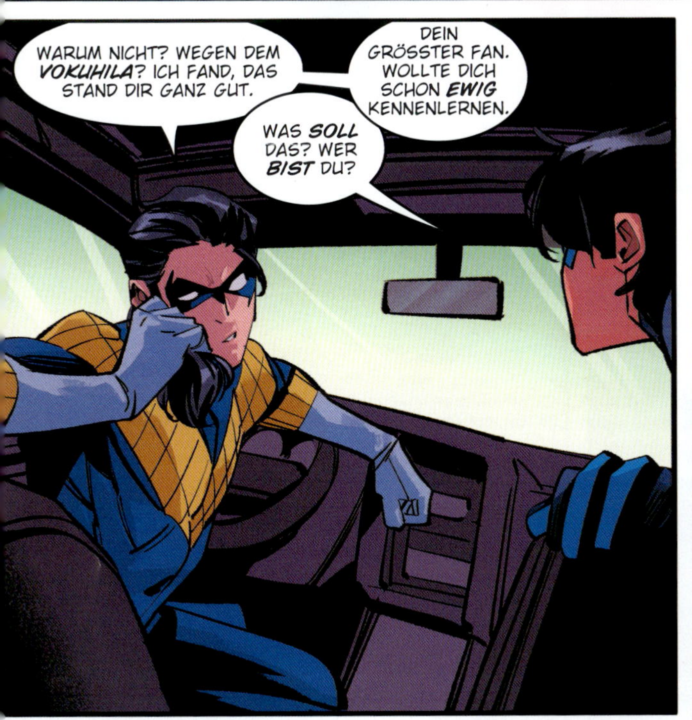
WARUM NICHT? WEGEN DEM *VOKUHILA*? ICH FAND, DAS STAND DIR GANZ GUT.
DEIN GRÖSSTER FAN. WOLLTE DICH SCHON *EWIG* KENNENLERNEN.
WAS *SOLL* DAS? WER *BIST* DU?

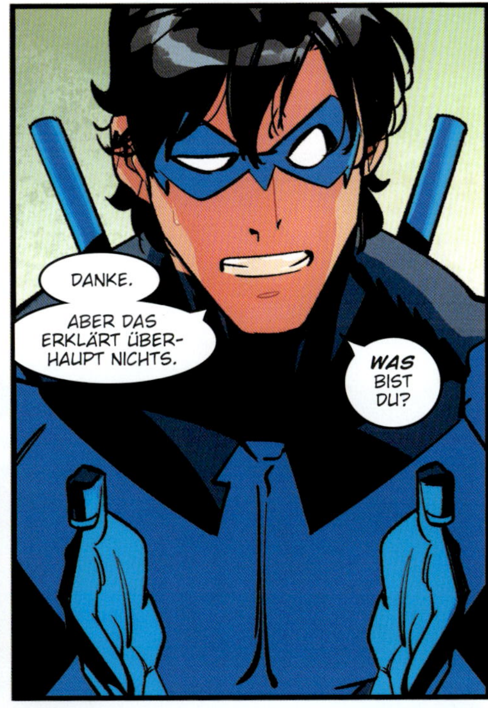
DANKE.
ABER DAS ERKLÄRT ÜBERHAUPT NICHTS.
WAS BIST DU?

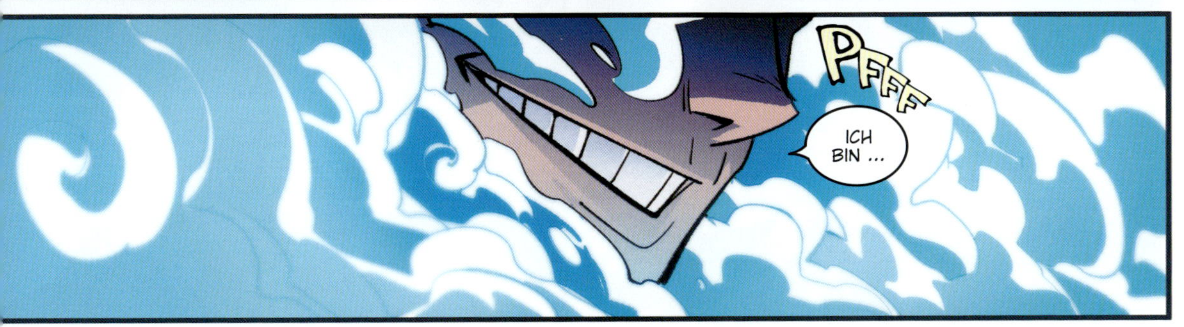
PFFF
ICH BIN ...

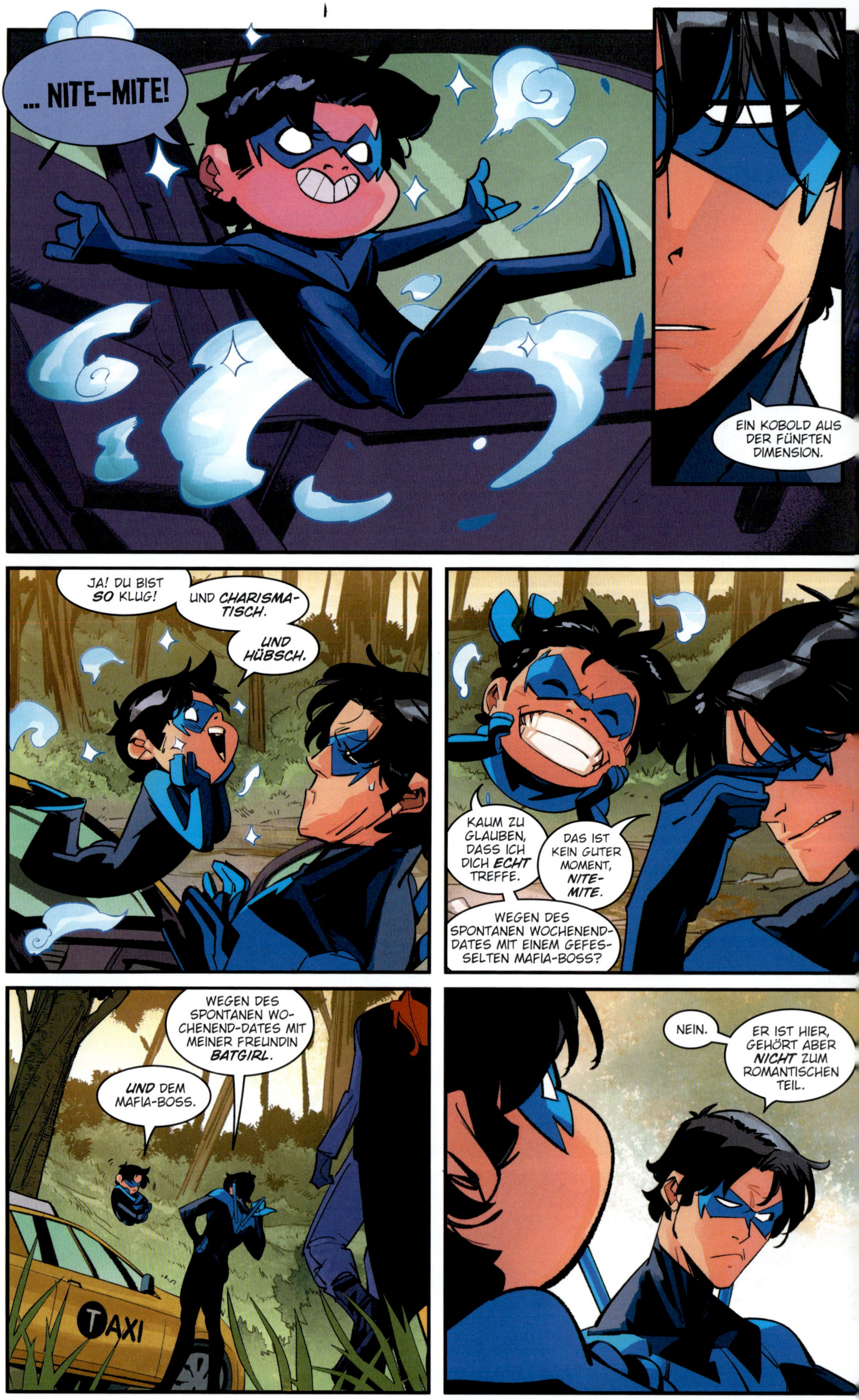

... NITE-MITE!

EIN KOBOLD AUS DER FÜNFTEN DIMENSION.

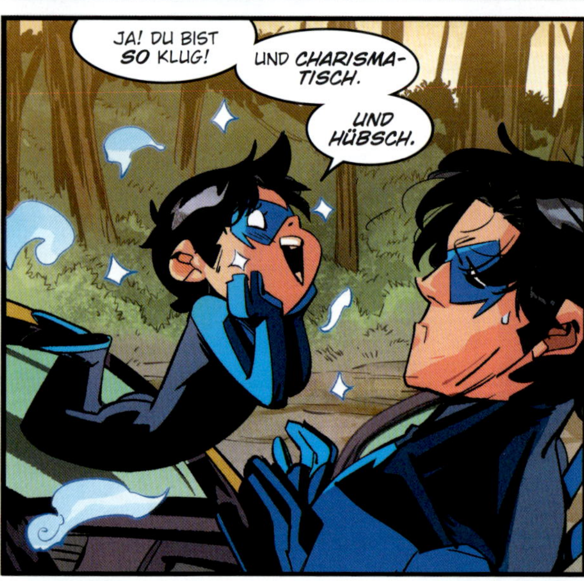

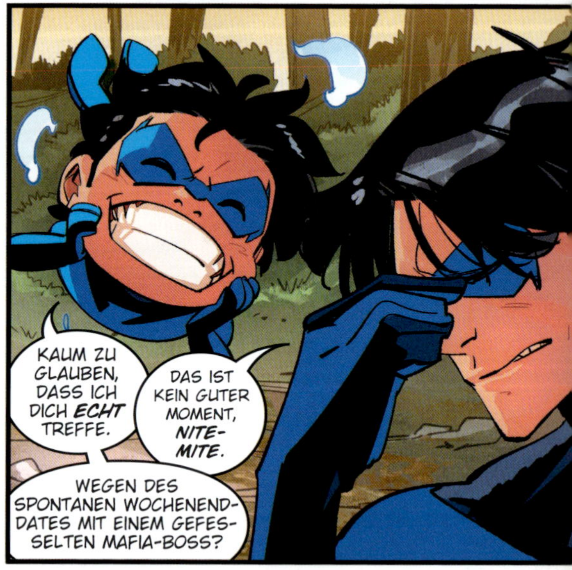

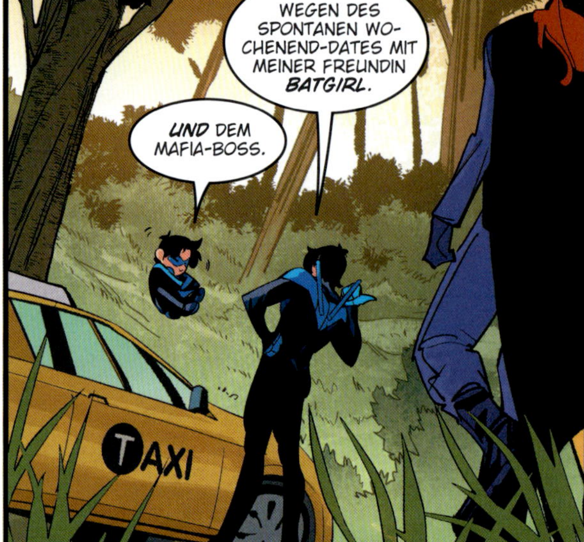

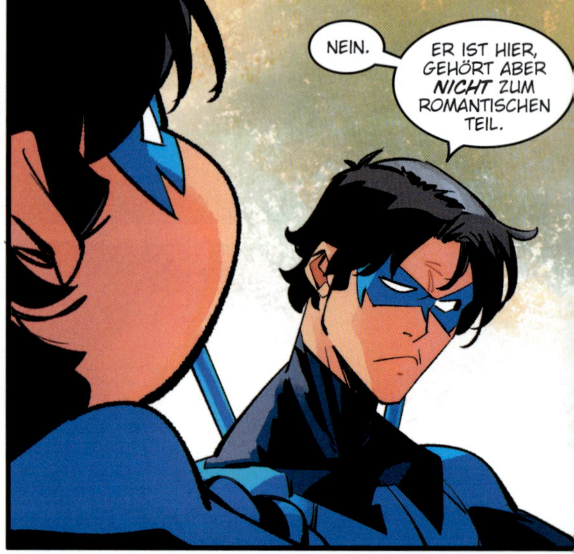

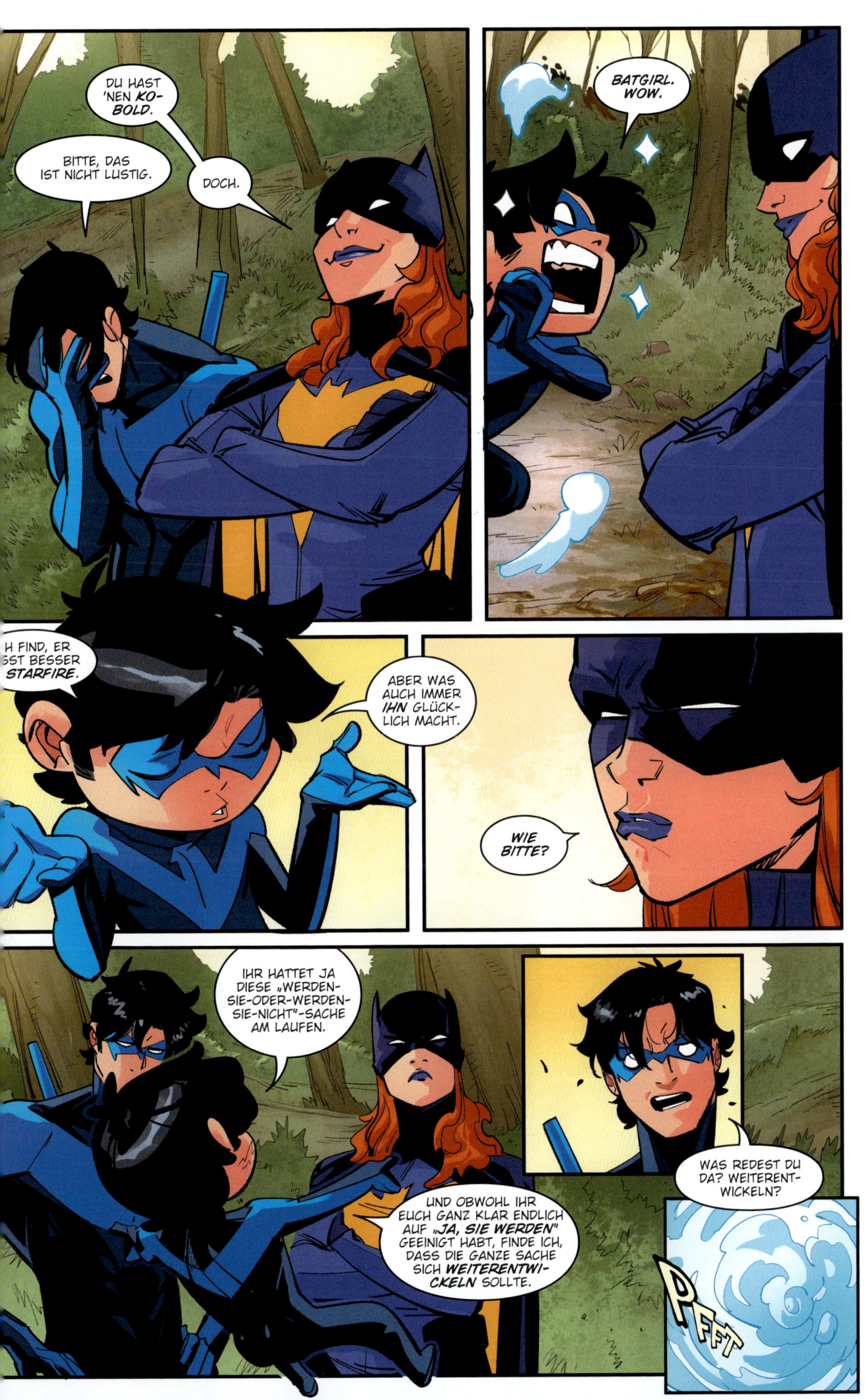
DU HAST 'NEN KOBOLD.
BITTE, DAS IST NICHT LUSTIG.
DOCH.
BATGIRL. WOW.
H FIND, ER SST BESSER STARFIRE.
ABER WAS AUCH IMMER IHN GLÜCKLICH MACHT.
WIE BITTE?
IHR HATTET JA DIESE „WERDEN-SIE-ODER-WERDEN-SIE-NICHT"-SACHE AM LAUFEN.
UND OBWOHL IHR EUCH GANZ KLAR ENDLICH AUF „JA, SIE WERDEN" GEEINIGT HABT, FINDE ICH, DASS DIE GANZE SACHE SICH WEITERENTWICKELN SOLLTE.
WAS REDEST DU DA? WEITERENTWICKELN?
PFFT

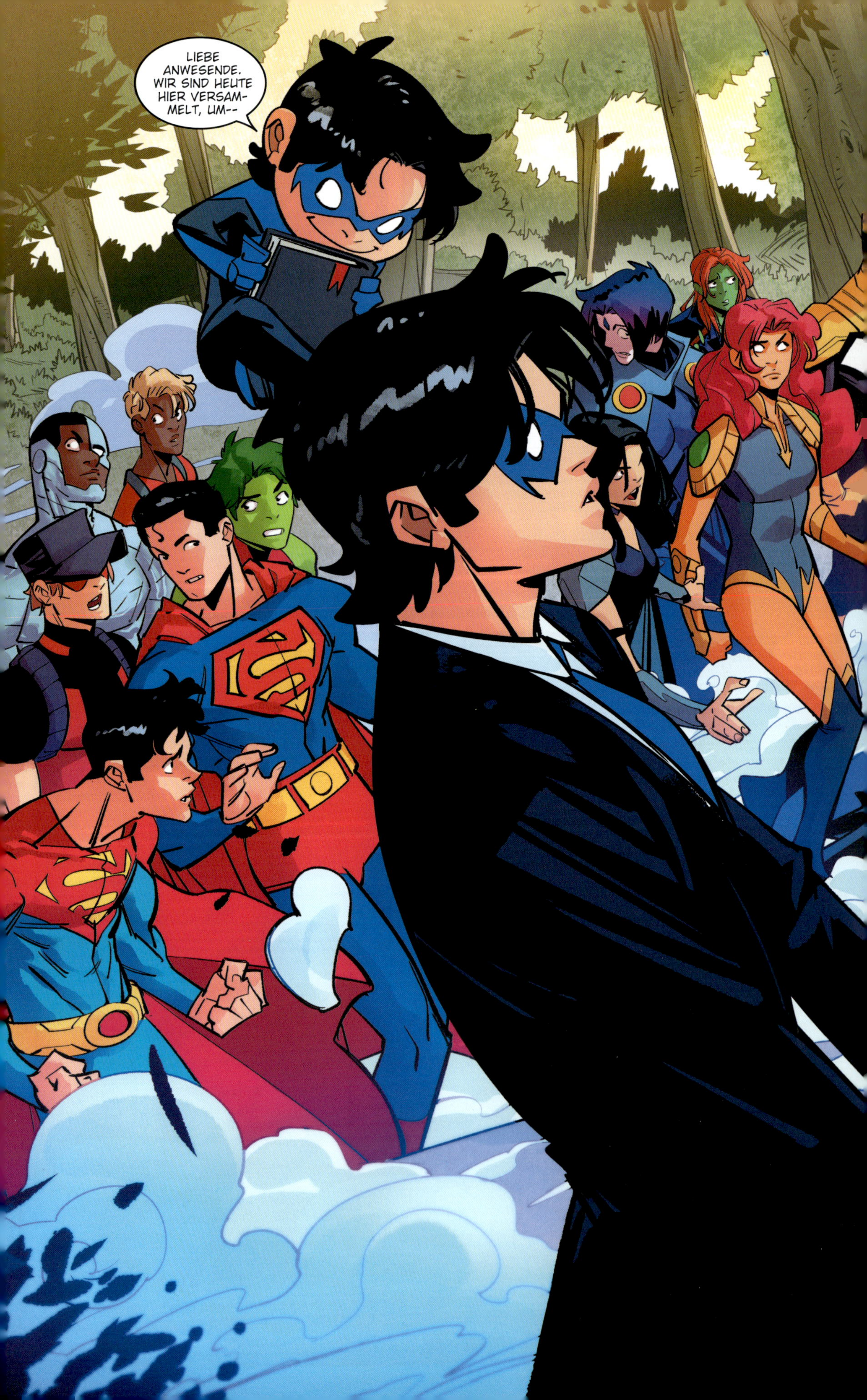
LIEBE ANWESENDE. WIR SIND HEUTE HIER VERSAMMELT, UM--

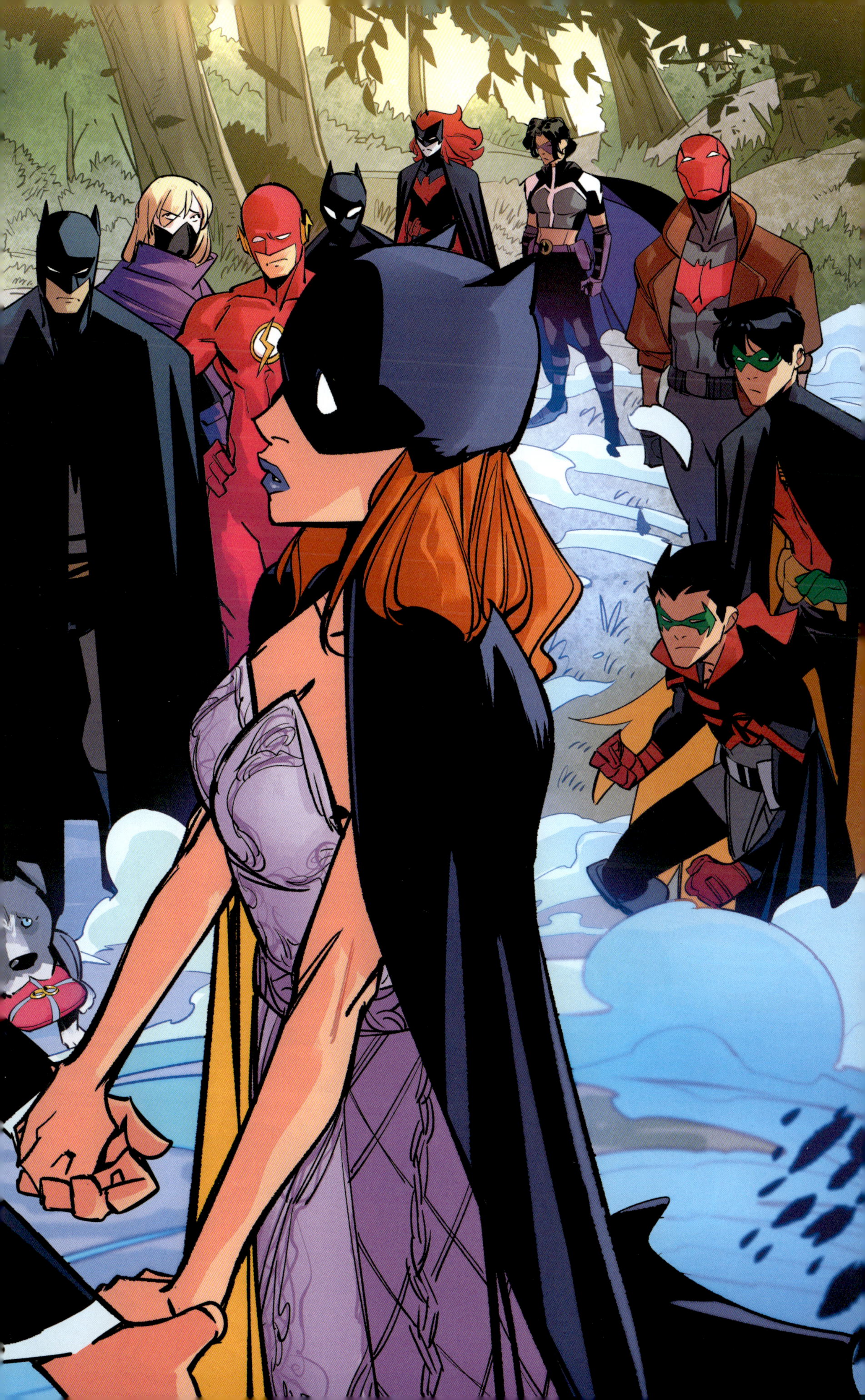

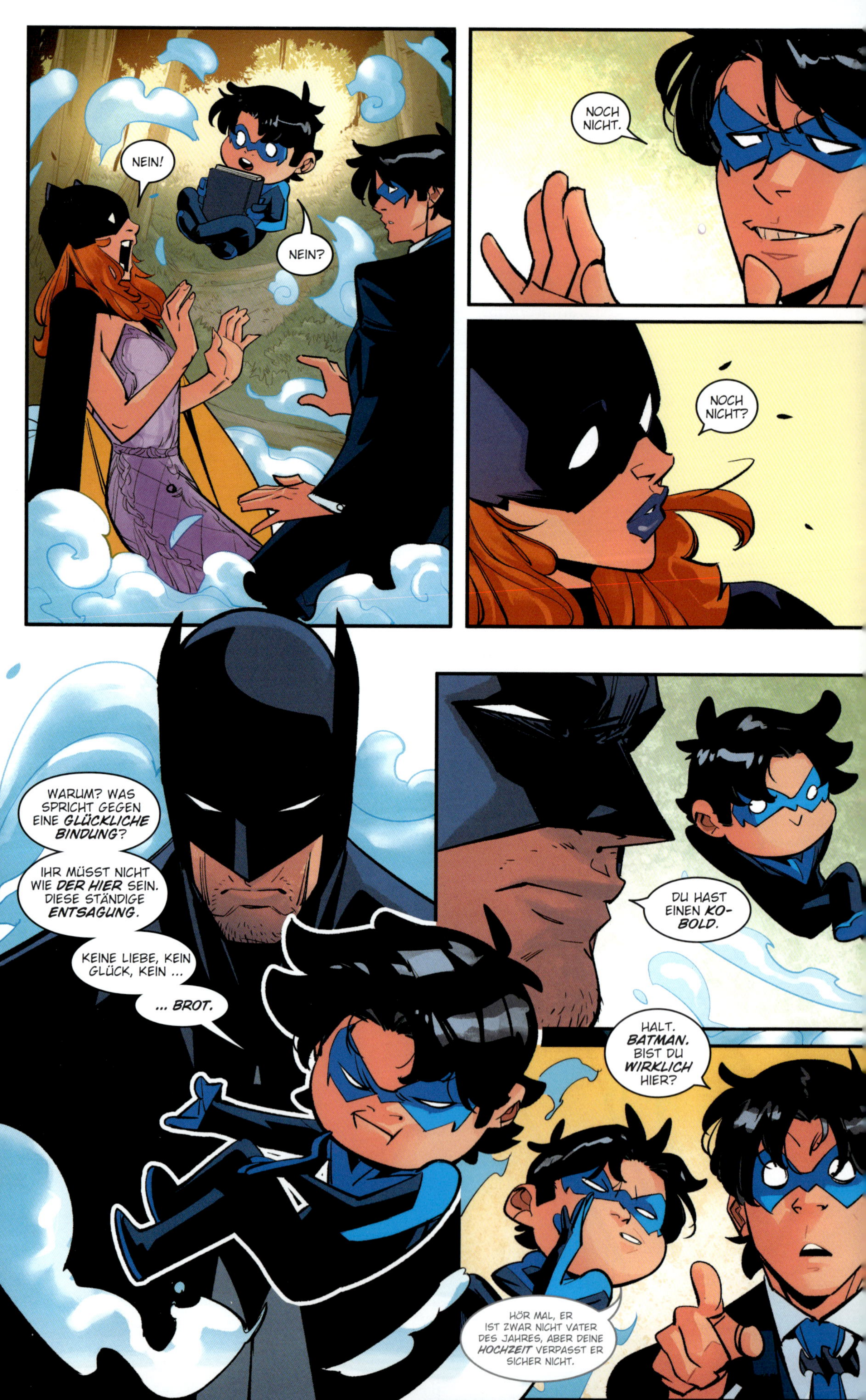
NEIN!
NEIN?
NOCH NICHT.
NOCH NICHT?
WARUM? WAS SPRICHT GEGEN EINE GLÜCKLICHE BINDUNG?
IHR MÜSST NICHT WIE DER HIER SEIN. DIESE STÄNDIGE ENTSAGUNG.
KEINE LIEBE, KEIN GLÜCK, KEIN ...
... BROT.
DU HAST EINEN KOBOLD.
HALT. BATMAN. BIST DU WIRKLICH HIER?
HÖR MAL, ER IST ZWAR NICHT VATER DES JAHRES, ABER DEINE HOCHZEIT VERPASST ER SICHER NICHT.

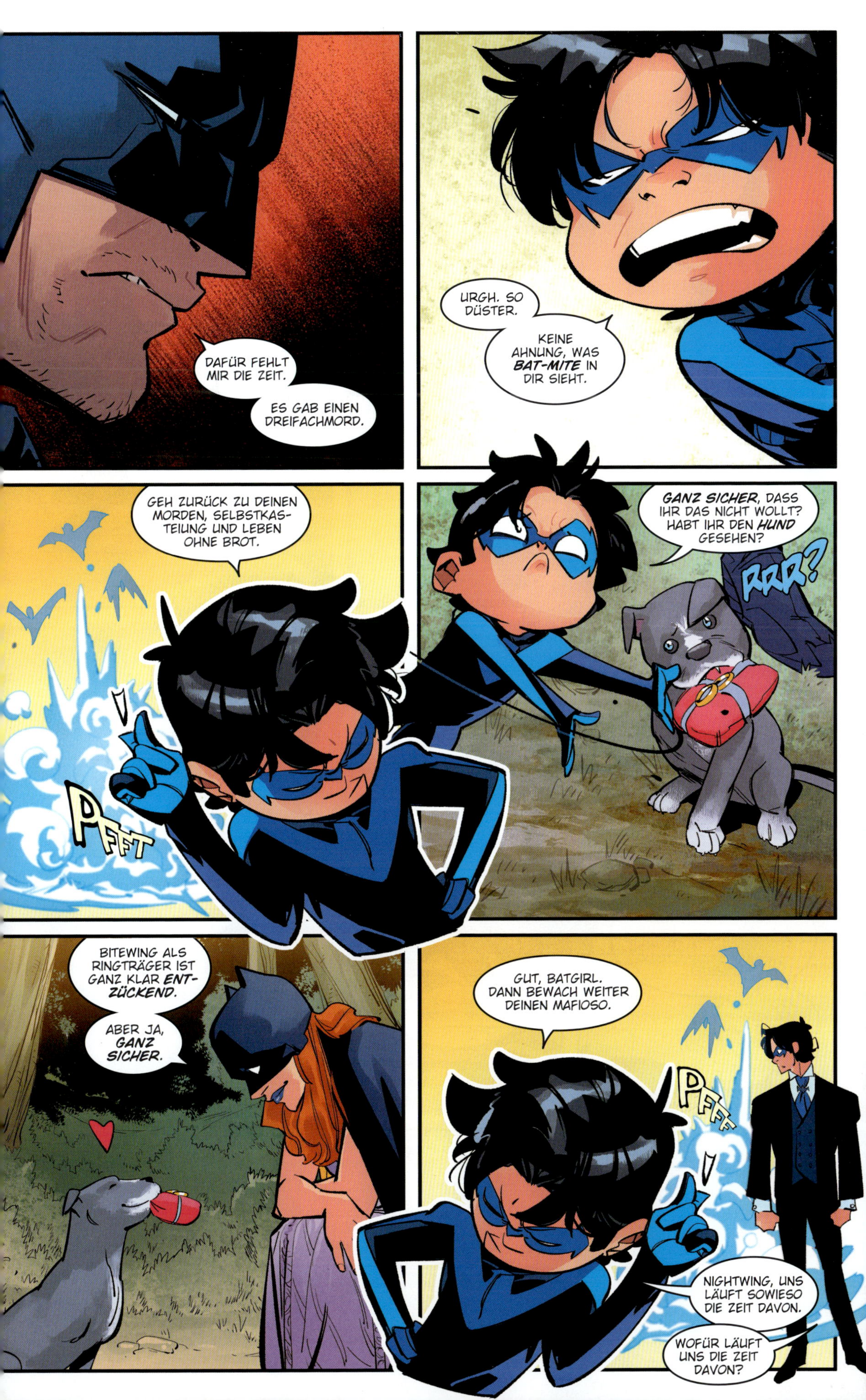
DAFÜR FEHLT MIR DIE ZEIT.
ES GAB EINEN DREIFACHMORD.
URGH. SO DÜSTER.
KEINE AHNUNG, WAS BAT-MITE IN DIR SIEHT.
GEH ZURÜCK ZU DEINEN MORDEN, SELBSTKASTEIUNG UND LEBEN OHNE BROT.
PFFT
GANZ SICHER, DASS IHR DAS NICHT WOLLT? HABT IHR DEN HUND GESEHEN?
RRR?
BITEWING ALS RINGTRÄGER IST GANZ KLAR ENTZÜCKEND.
ABER JA, GANZ SICHER.
GUT, BATGIRL. DANN BEWACH WEITER DEINEN MAFIOSO.
PFFF
NIGHTWING, UNS LÄUFT SOWIESO DIE ZEIT DAVON.
WOFÜR LÄUFT UNS DIE ZEIT DAVON?

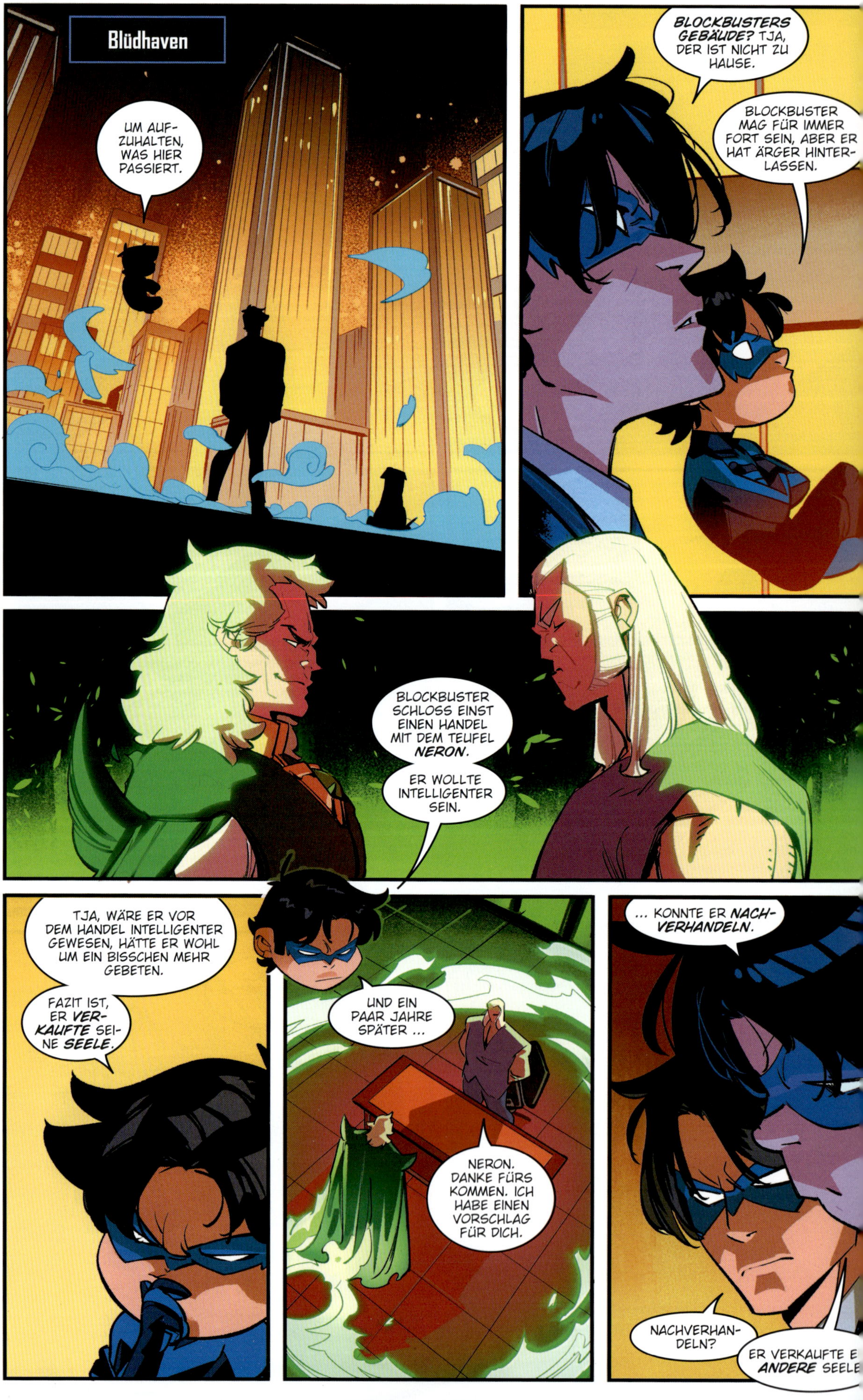

Blüdhaven

UM AUFZUHALTEN, WAS HIER PASSIERT.

BLOCKBUSTERS GEBÄUDE? TJA, DER IST NICHT ZU HAUSE.

BLOCKBUSTER MAG FÜR IMMER FORT SEIN, ABER ER HAT ÄRGER HINTERLASSEN.

BLOCKBUSTER SCHLOSS EINST EINEN HANDEL MIT DEM TEUFEL **NERON**.

ER WOLLTE INTELLIGENTER SEIN.

TJA, WÄRE ER VOR DEM HANDEL INTELLIGENTER GEWESEN, HÄTTE ER WOHL UM EIN BISSCHEN MEHR GEBETEN.

FAZIT IST, ER ***VERKAUFTE*** SEINE ***SEELE***.

UND EIN PAAR JAHRE SPÄTER ...

NERON. DANKE FÜRS KOMMEN. ICH HABE EINEN VORSCHLAG FÜR DICH.

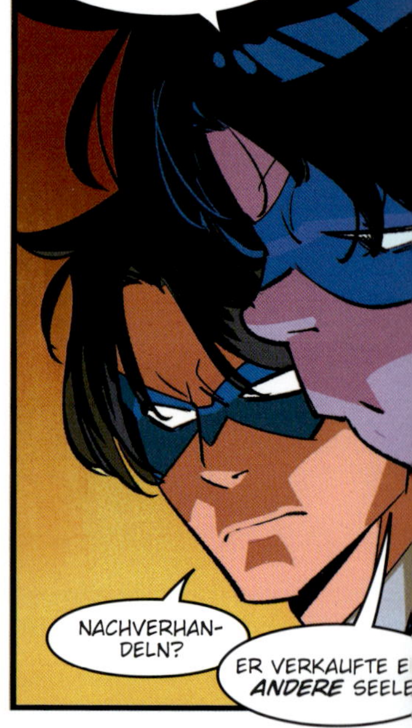

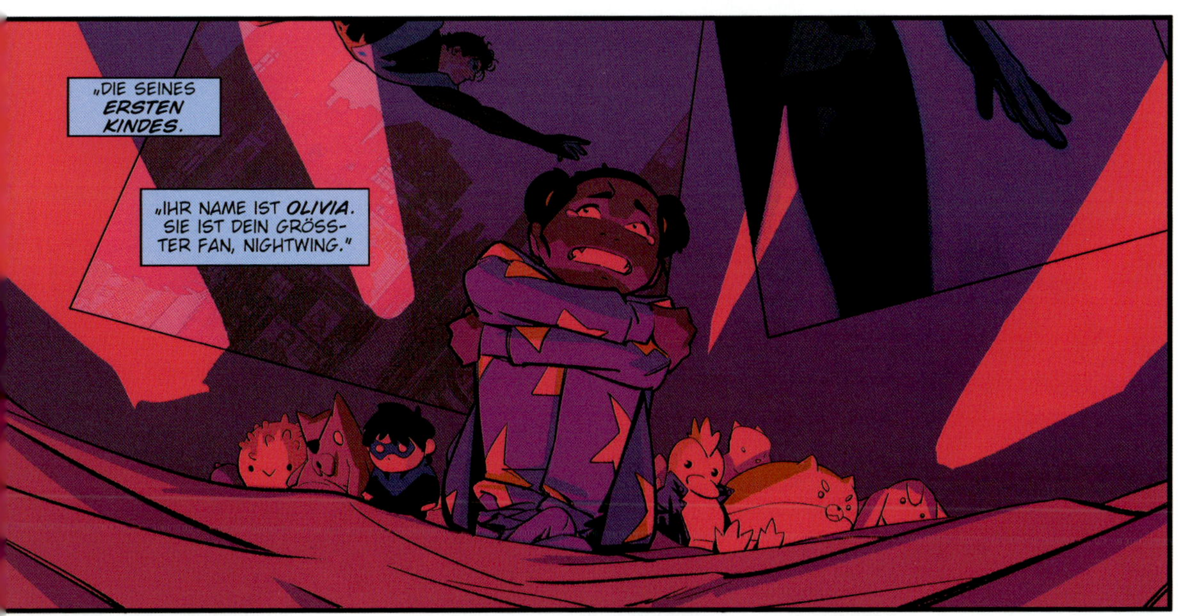
„DIE SEINES ERSTEN KINDES.
„IHR NAME IST OLIVIA. SIE IST DEIN GRÖSSTER FAN, NIGHTWING.“
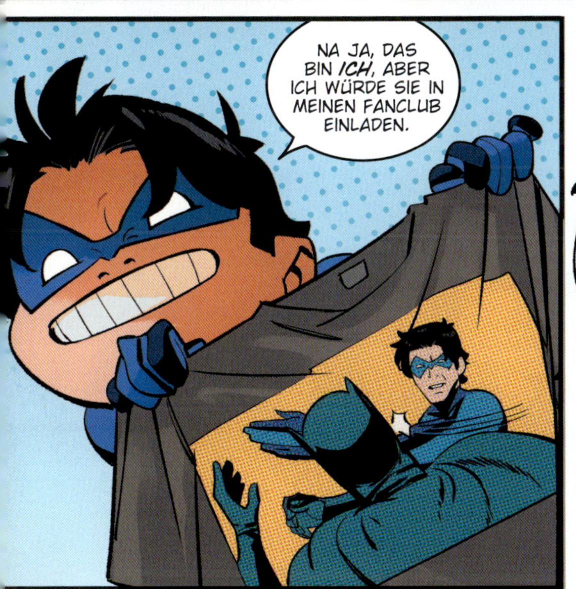
NA JA, DAS BIN ICH, ABER ICH WÜRDE SIE IN MEINEN FANCLUB EINLADEN.
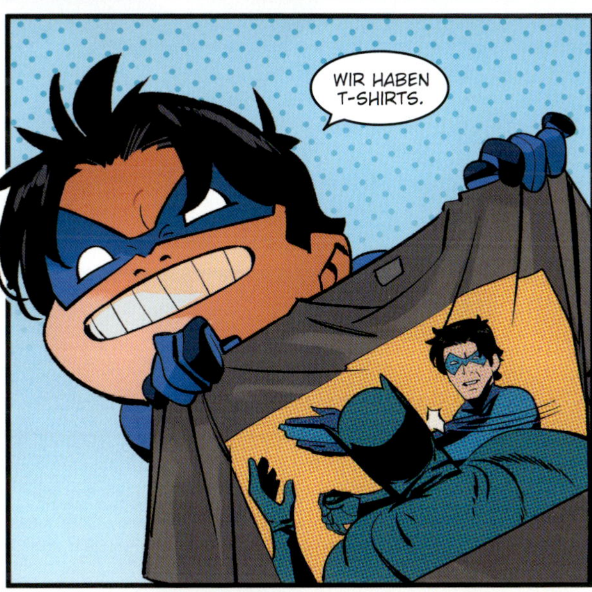
WIR HABEN T-SHIRTS.
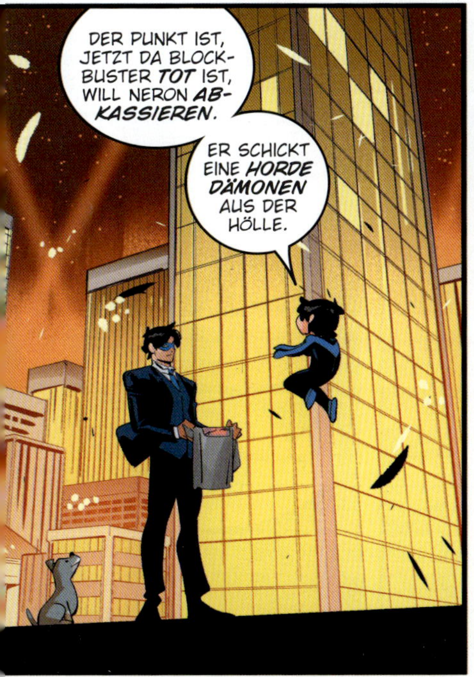
DER PUNKT IST, JETZT DA BLOCKBUSTER TOT IST, WILL NERON ABKASSIEREN.
ER SCHICKT EINE HORDE DÄMONEN AUS DER HÖLLE.
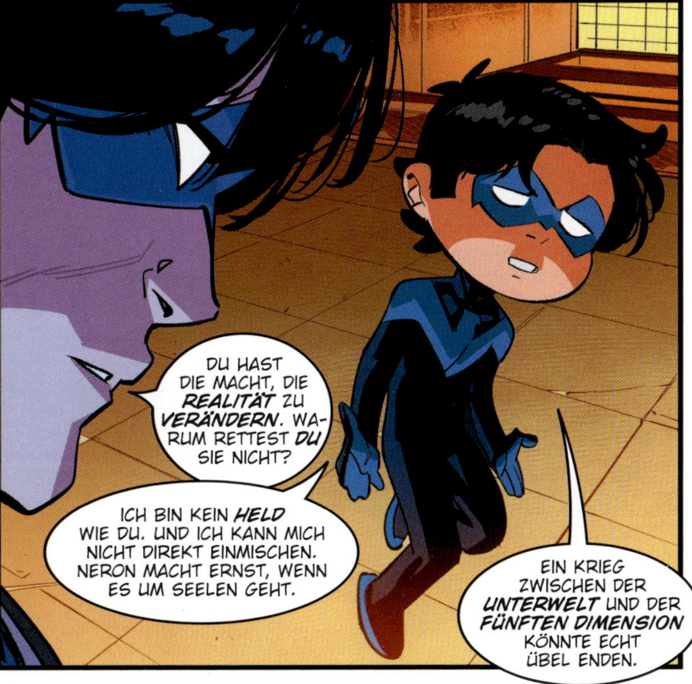
DU HAST DIE MACHT, DIE REALITÄT ZU VERÄNDERN. WARUM RETTEST DU SIE NICHT?
ICH BIN KEIN HELD WIE DU. UND ICH KANN MICH NICHT DIREKT EINMISCHEN. NERON MACHT ERNST, WENN ES UM SEELEN GEHT.
EIN KRIEG ZWISCHEN DER UNTERWELT UND DER FÜNFTEN DIMENSION KÖNNTE ECHT ÜBEL ENDEN.

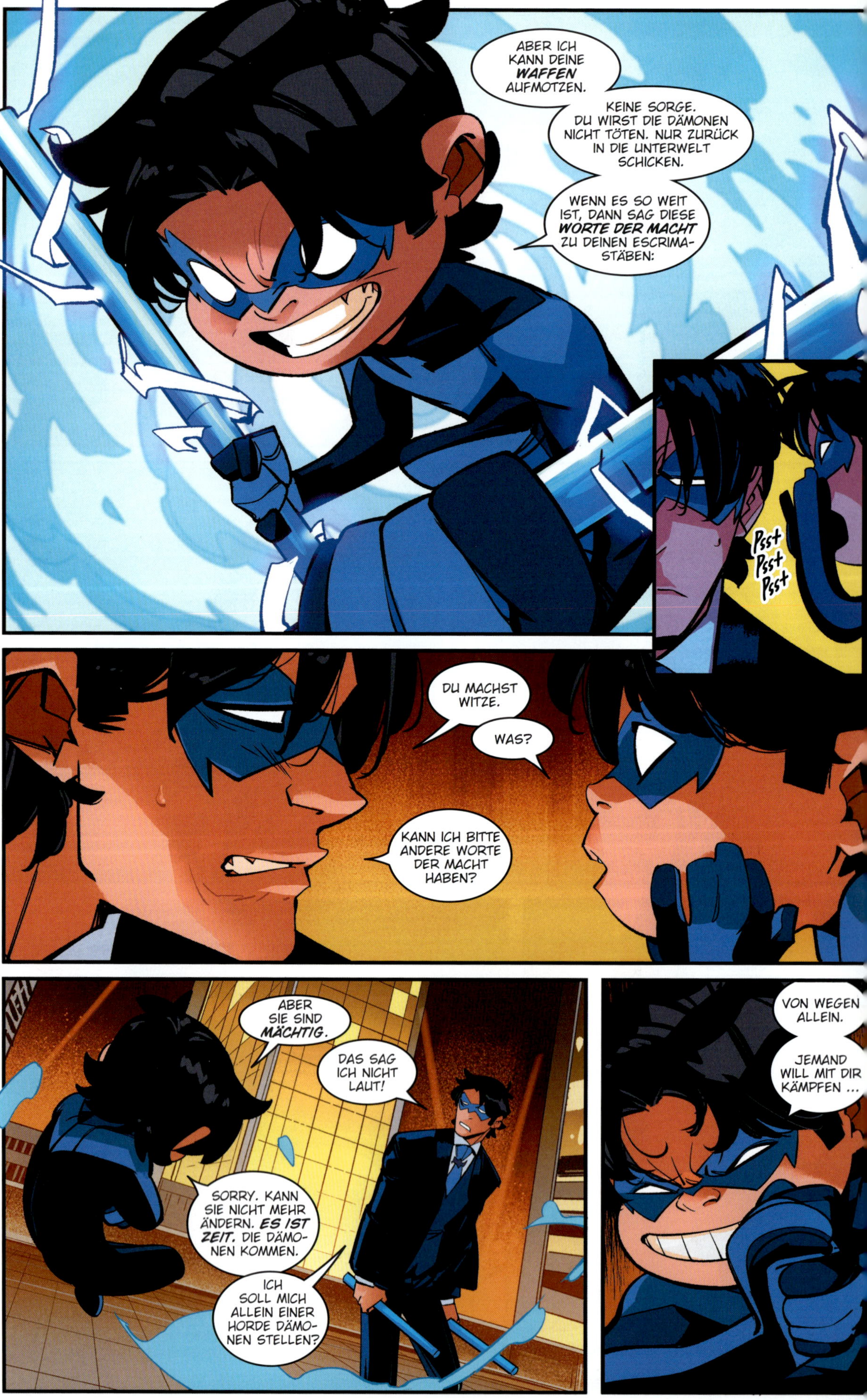

ABER ICH KANN DEINE **WAFFEN** AUFMOTZEN.

KEINE SORGE. DU WIRST DIE DÄMONEN NICHT TÖTEN. NUR ZURÜCK IN DIE UNTERWELT SCHICKEN.

WENN ES SO WEIT IST, DANN SAG DIESE ***WORTE DER MACHT*** ZU DEINEN ESCRIMA-STÄBEN:

Psst Psst Psst

DU MACHST WITZE.

WAS?

KANN ICH BITTE ANDERE WORTE DER MACHT HABEN?

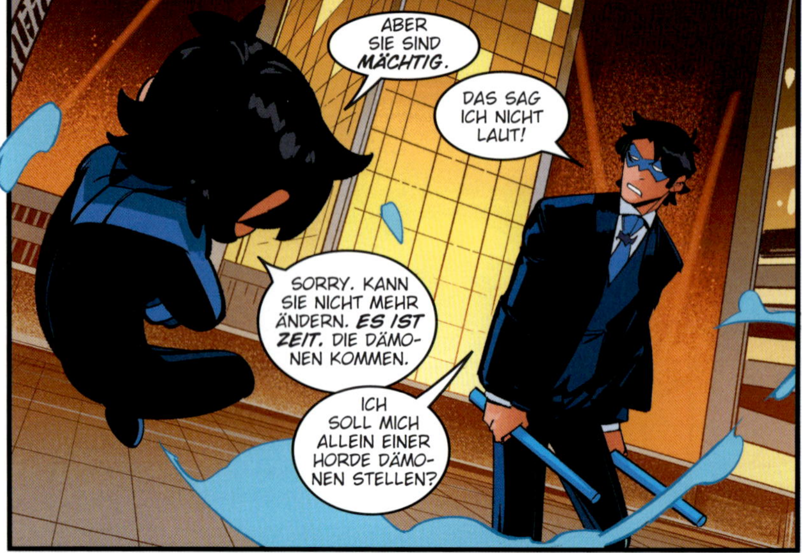

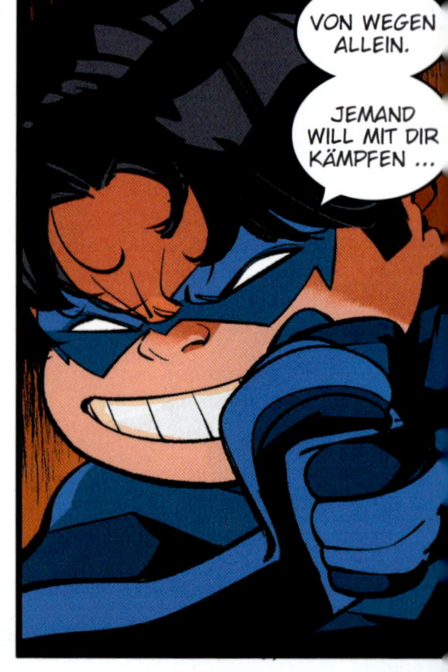

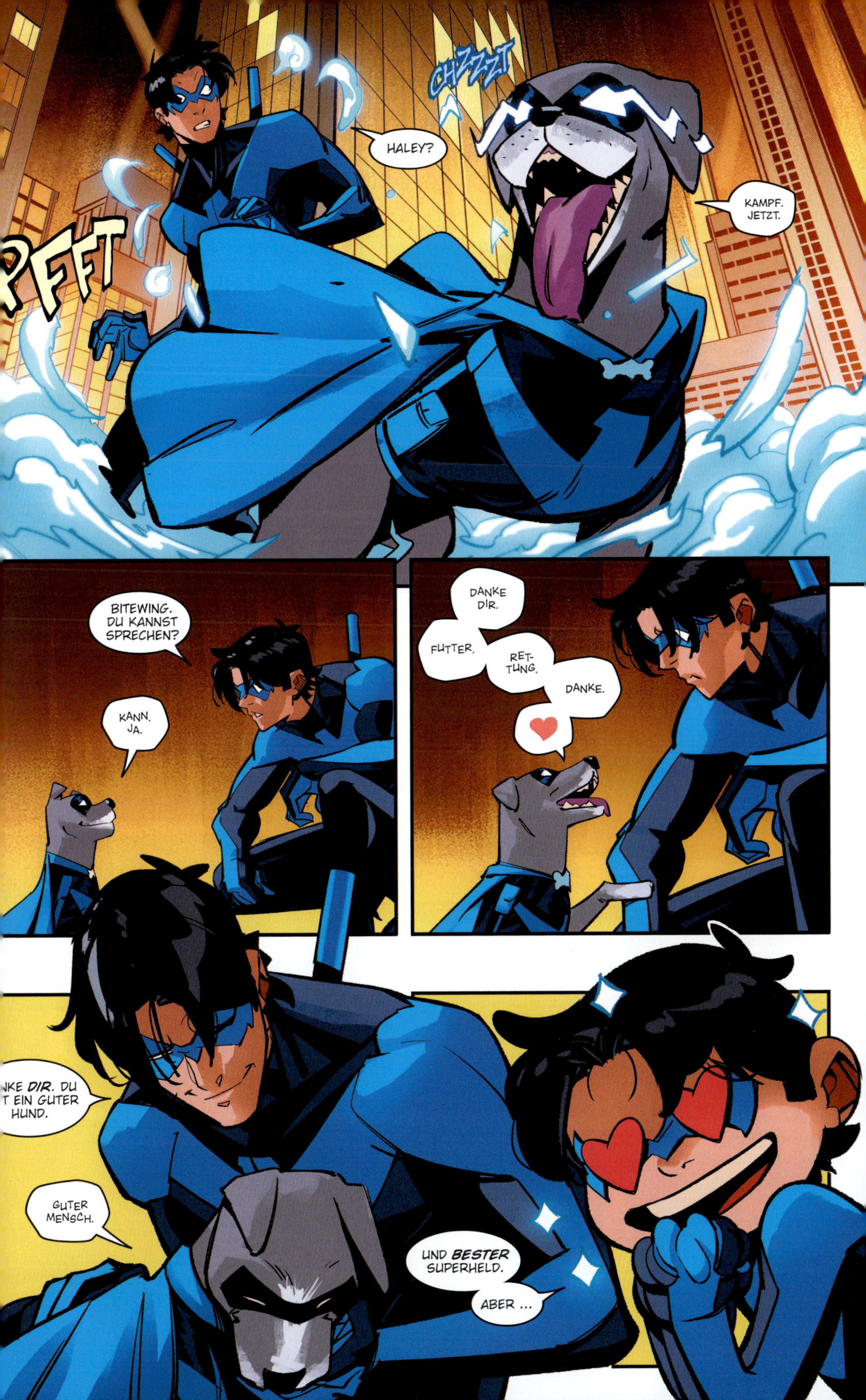
PFFT
CHZZZT
HALEY?
KAMPF.
JETZT.
BITEWING.
DU KANNST
SPRECHEN?
KANN.
JA.
DANKE
DIR.
FUTTER.
RET-
TUNG.
DANKE.
NKE DIR. DU
T EIN GUTER
HUND.
GUTER
MENSCH.
UND BESTER
SUPERHELD.
ABER ...

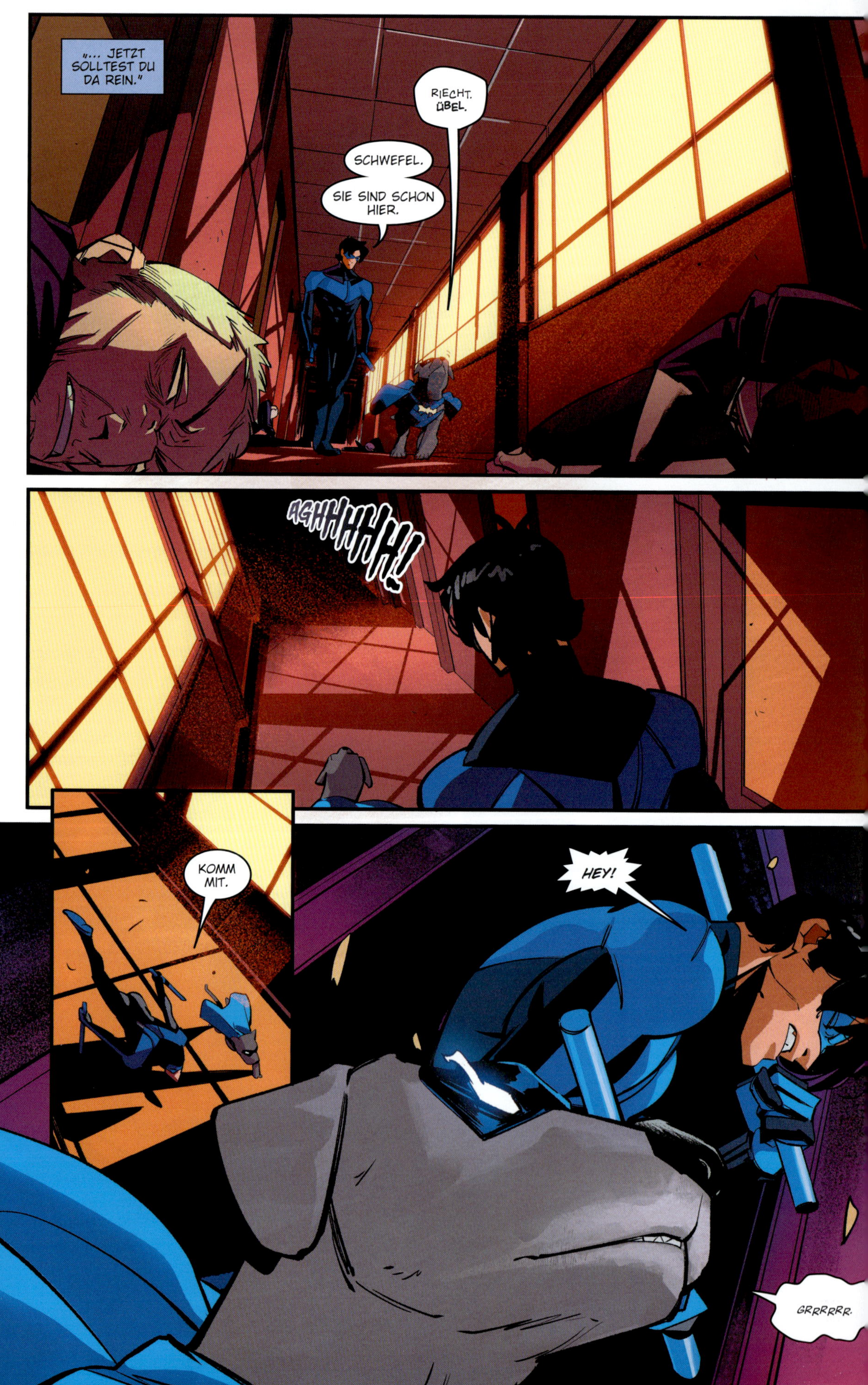
„... JETZT SOLLTEST DU DA REIN."
RIECHT. ÜBEL.
SCHWEFEL.
SIE SIND SCHON HIER.
AGHHHHHH!
KOMM MIT.
HEY!
GRRRRRR.

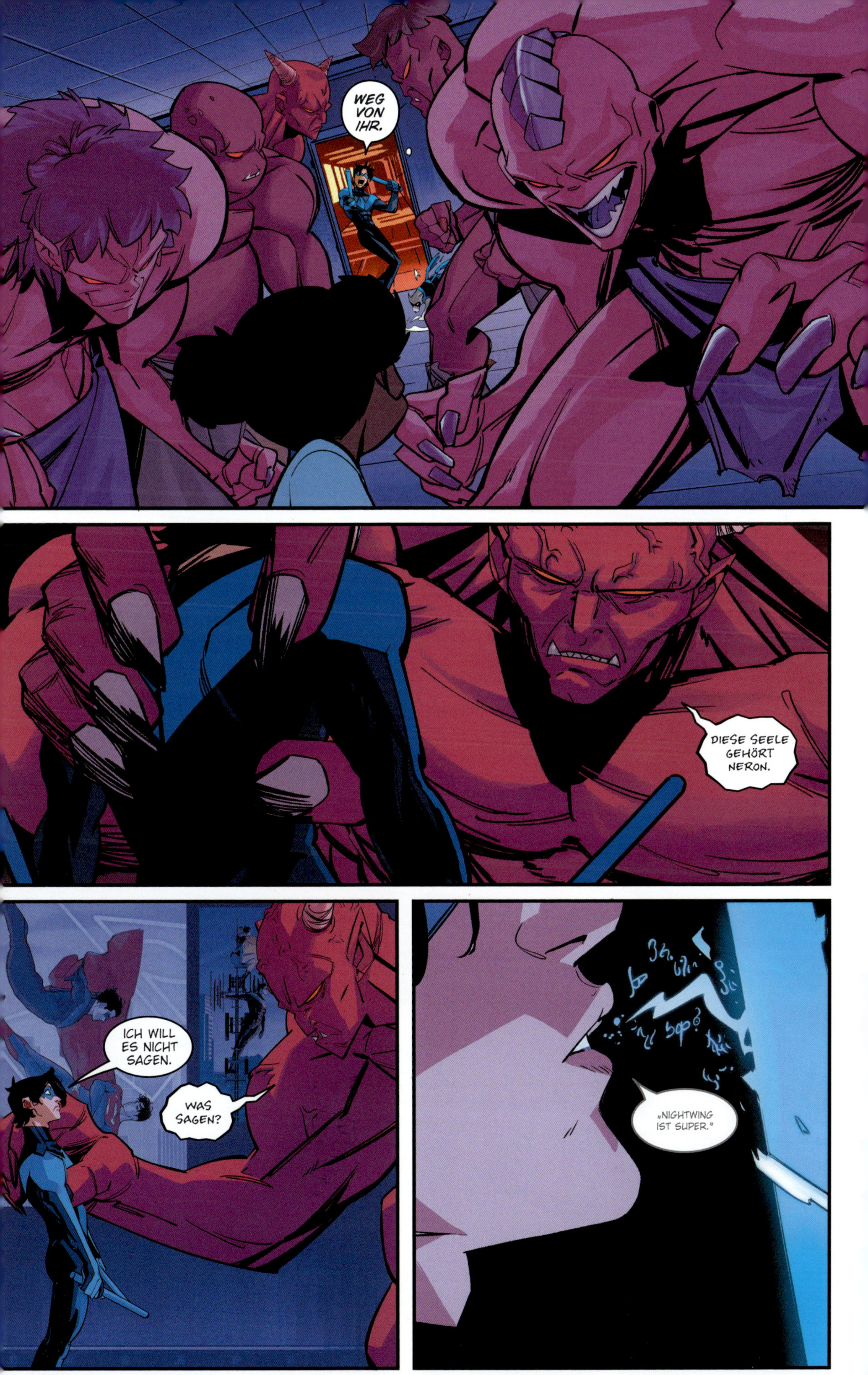

WEG VON IHR.

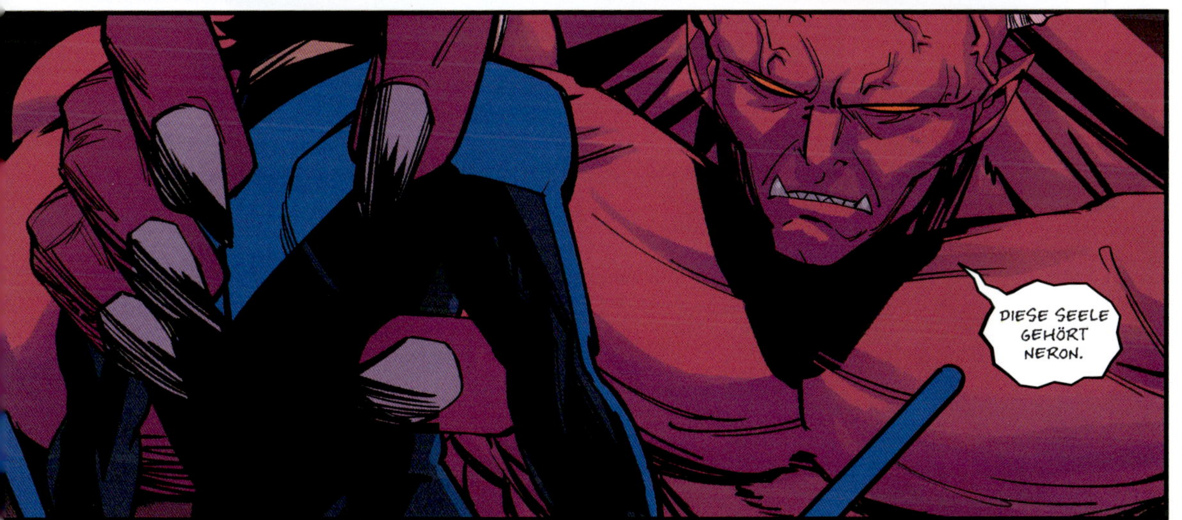
DIESE SEELE GEHÖRT NERON.

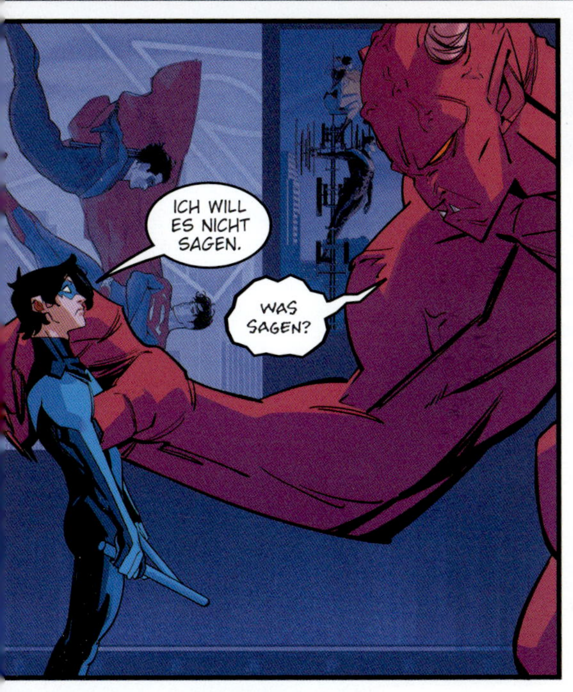
ICH WILL ES NICHT SAGEN.
WAS SAGEN?

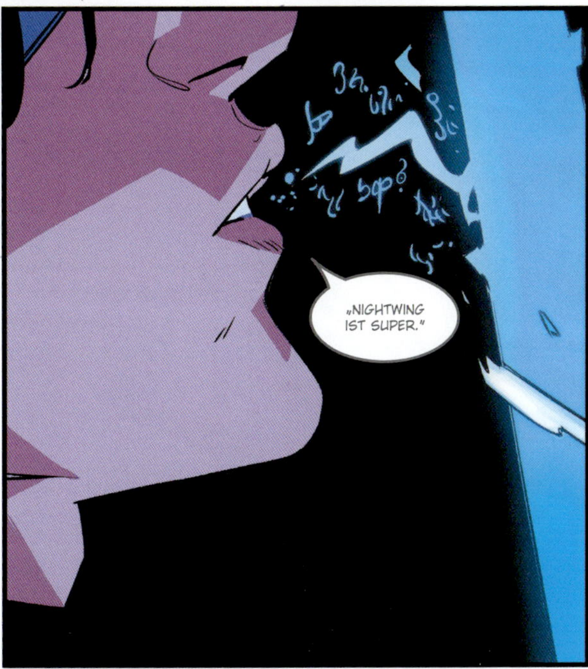
„NIGHTWING IST SUPER."

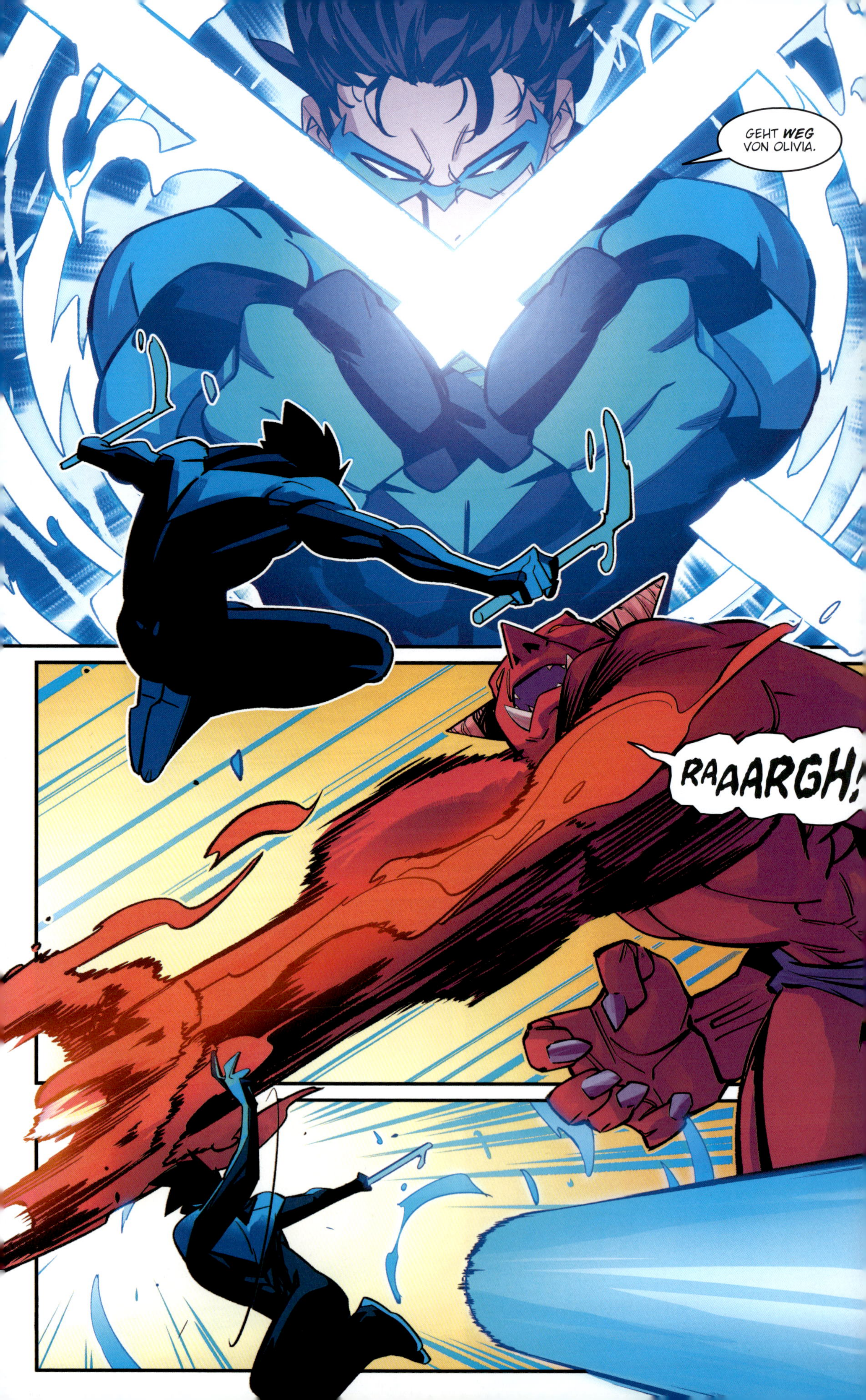
GEHT WEG
VON OLIVIA.
RAAARGH!

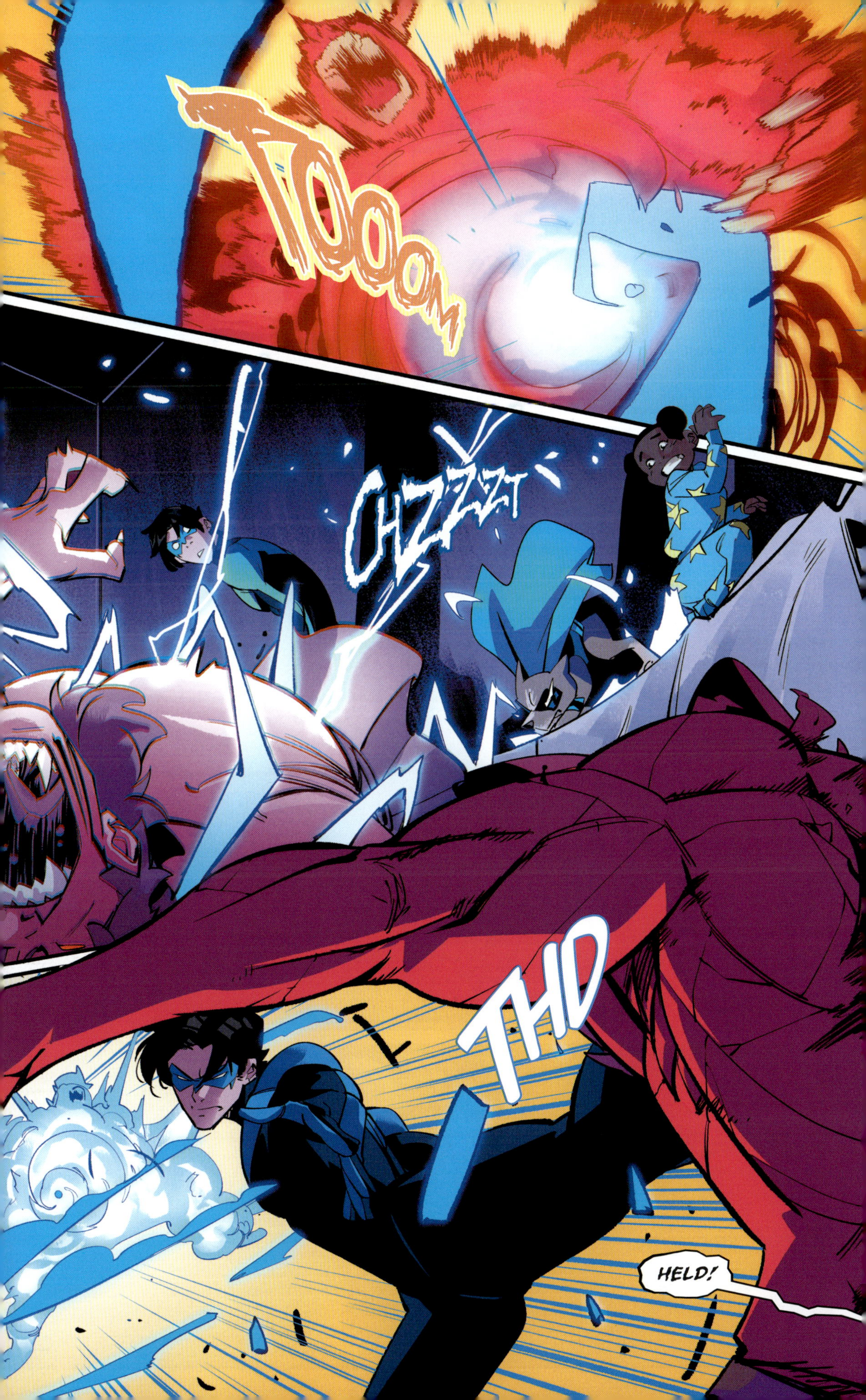
FOOOOM
CHZZZT
THD
HELD!

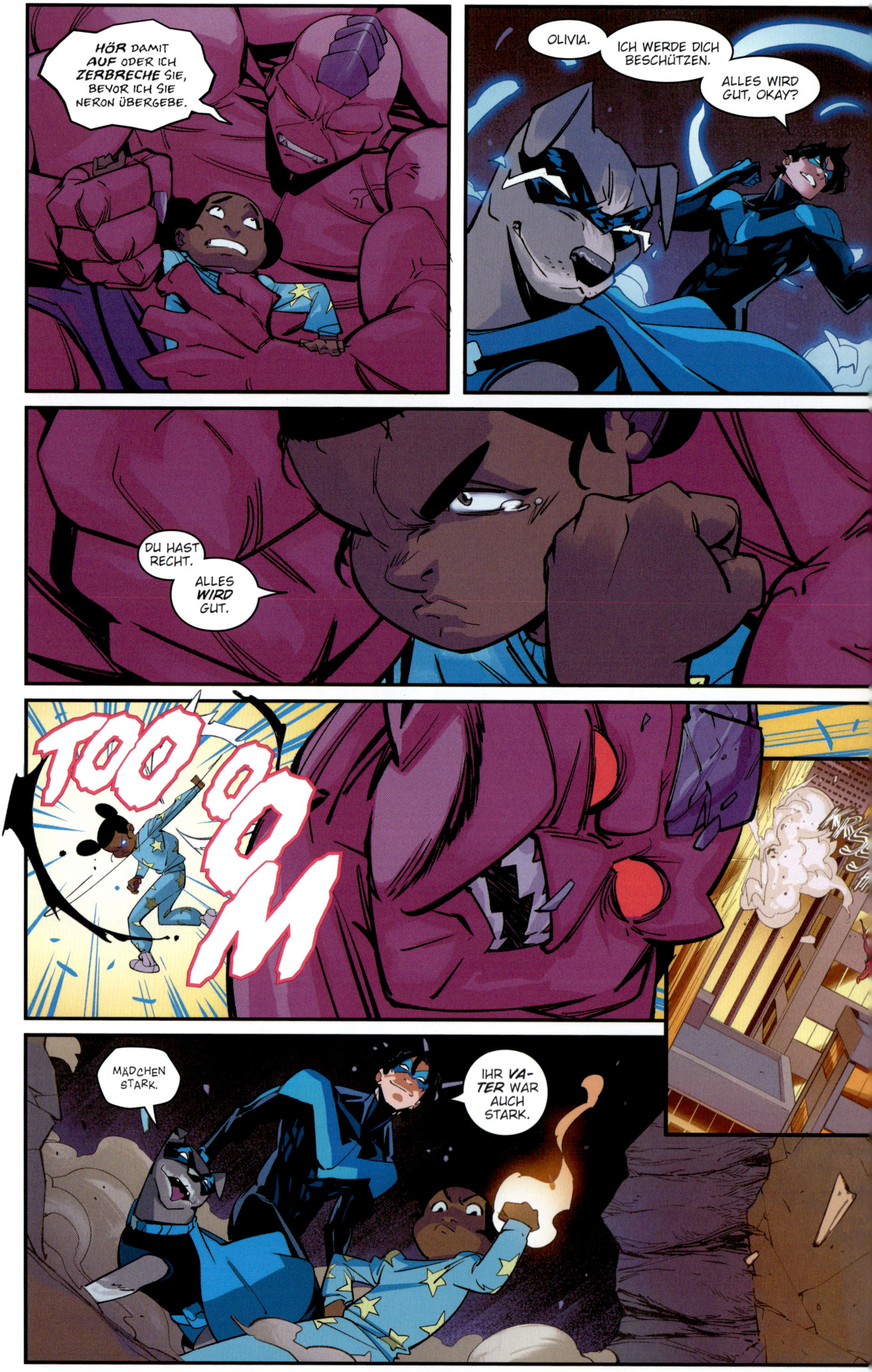

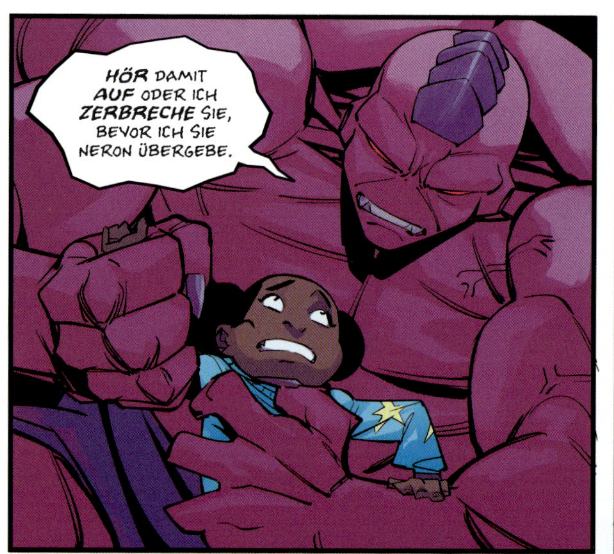
HÖR DAMIT AUF ODER ICH ZERBRECHE SIE, BEVOR ICH SIE NERON ÜBERGEBE.

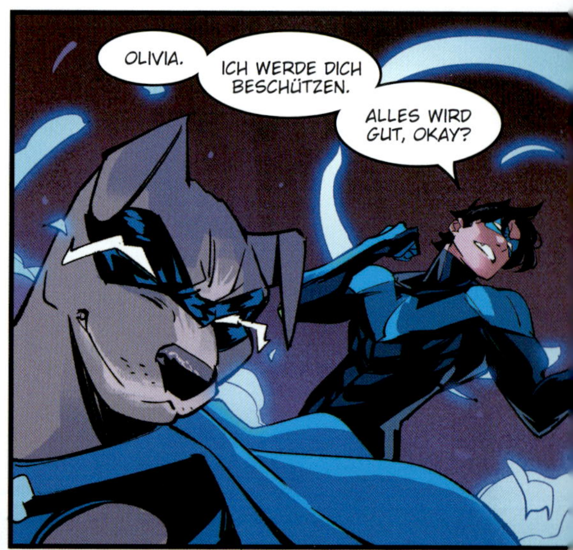
OLIVIA.
ICH WERDE DICH BESCHÜTZEN.
ALLES WIRD GUT, OKAY?

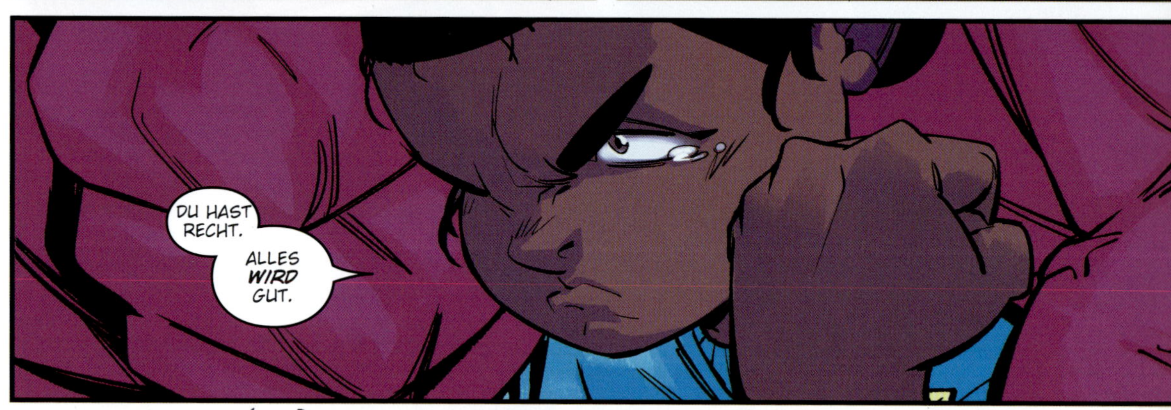
DU HAST RECHT.
ALLES WIRD GUT.
TOOOOM
MÄDCHEN STARK.
IHR VATER WAR AUCH STARK.

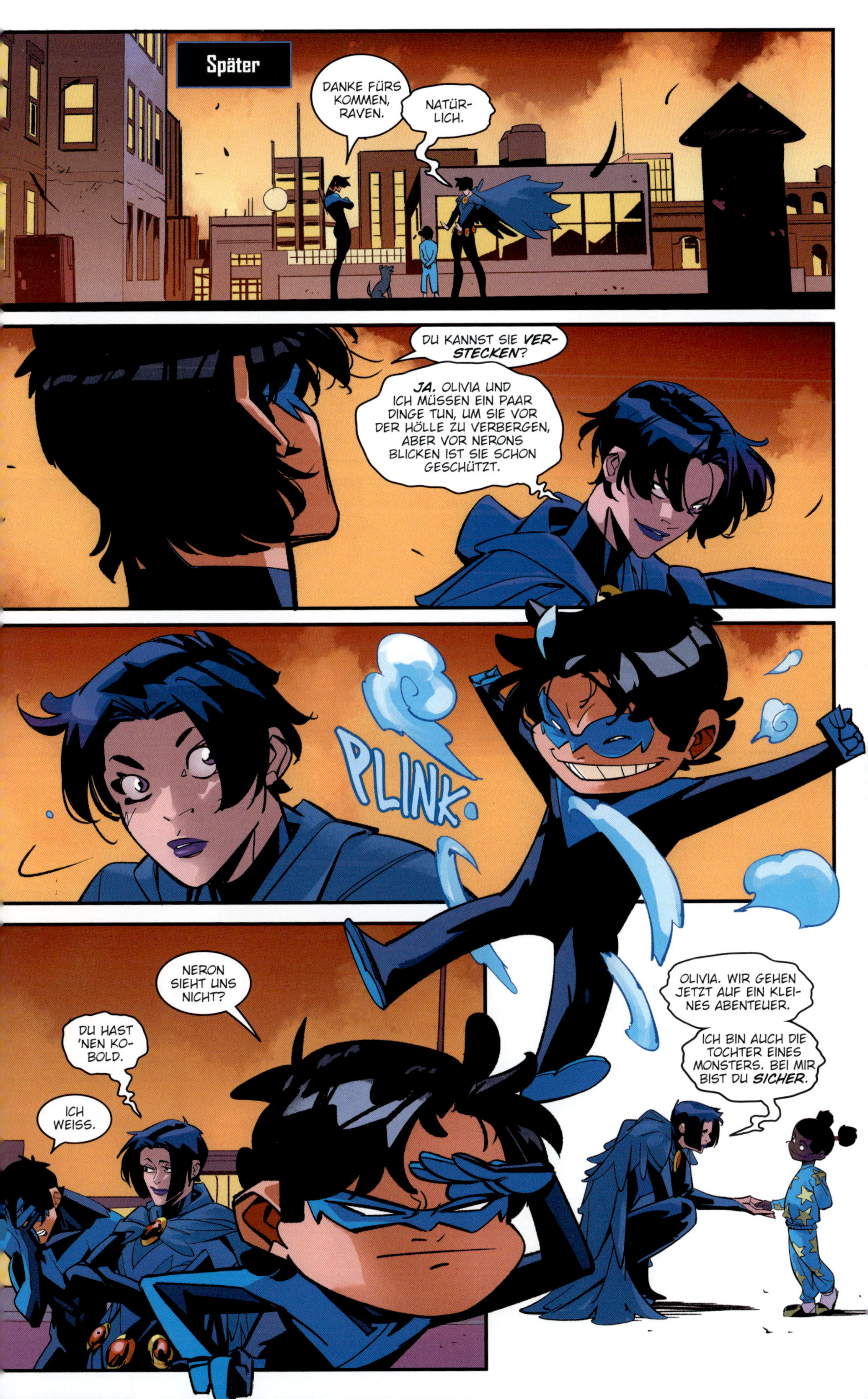
Später
DANKE FÜRS KOMMEN, RAVEN.
NATÜR-LICH.
DU KANNST SIE VER-STECKEN?
JA. OLIVIA UND ICH MÜSSEN EIN PAAR DINGE TUN, UM SIE VOR DER HÖLLE ZU VERBERGEN, ABER VOR NERONS BLICKEN IST SIE SCHON GESCHÜTZT.
PLINK!
NERON SIEHT UNS NICHT?
DU HAST 'NEN KO-BOLD.
ICH WEISS.
OLIVIA. WIR GEHEN JETZT AUF EIN KLEI-NES ABENTEUER.
ICH BIN AUCH DIE TOCHTER EINES MONSTERS. BEI MIR BIST DU SICHER.

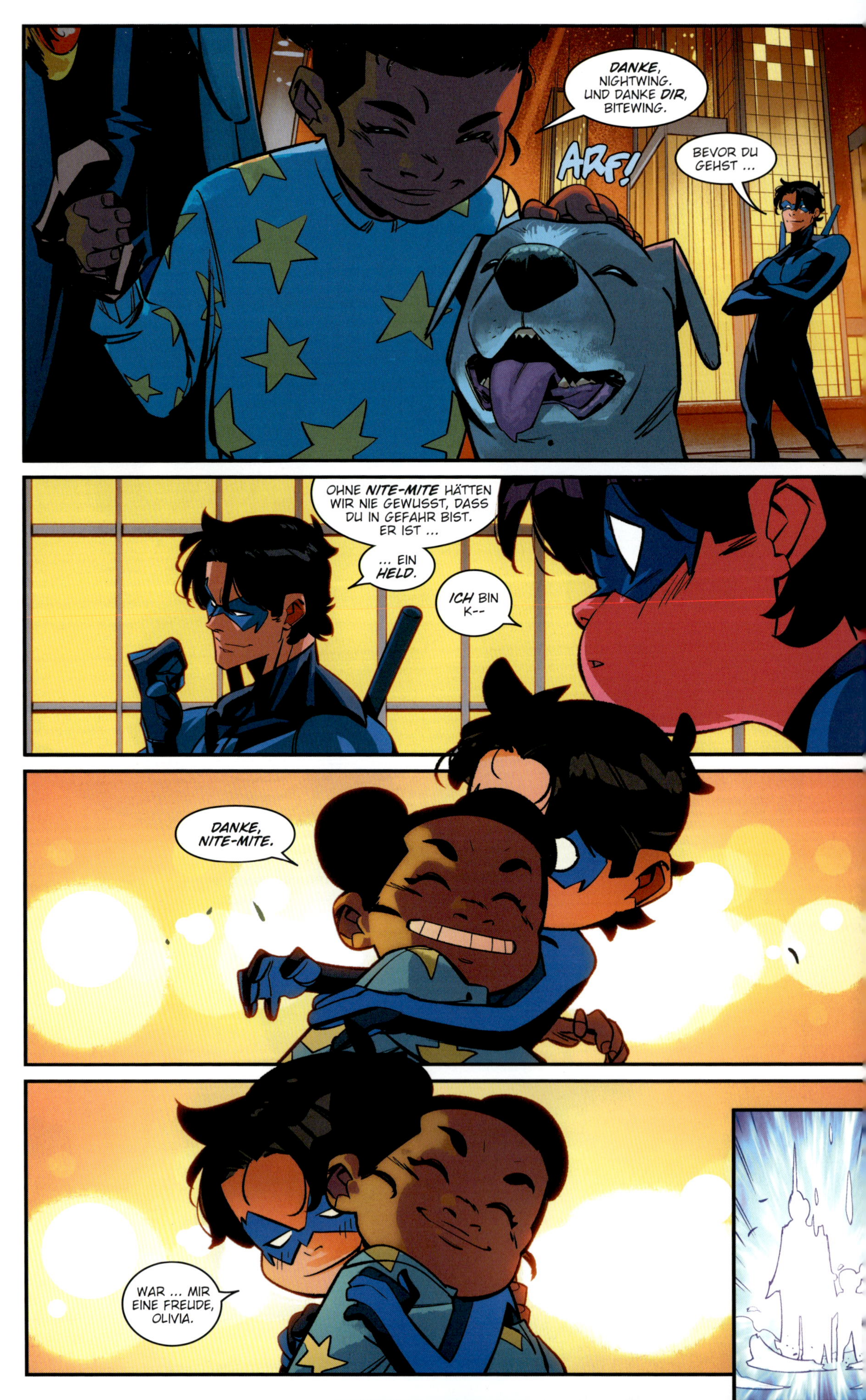
DANKE, NIGHTWING. UND DANKE DIR, BITEWING.
ARF!
BEVOR DU GEHST ...
OHNE NITE-MITE HÄTTEN WIR NIE GEWUSST, DASS DU IN GEFAHR BIST. ER IST ...
... EIN HELD.
ICH BIN K--
DANKE, NITE-MITE.
WAR ... MIR EINE FREUDE, OLIVIA.

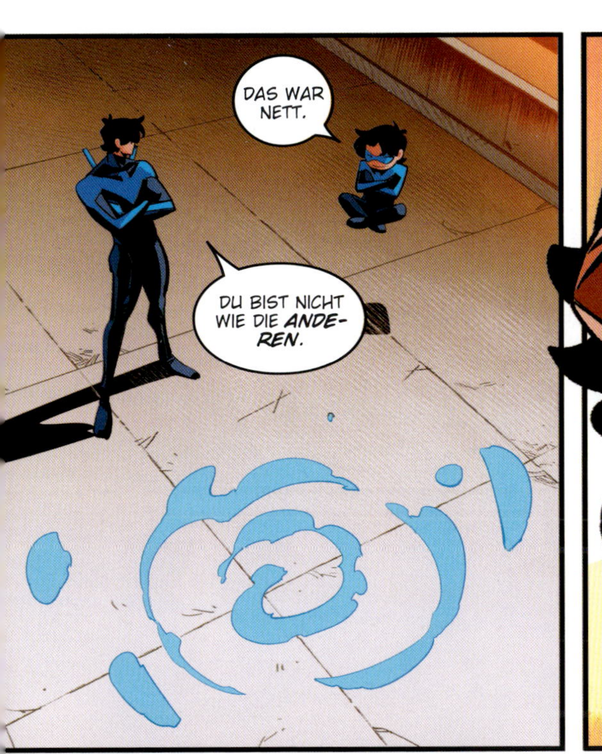
DAS WAR NETT.
DU BIST NICHT WIE DIE ANDEREN.

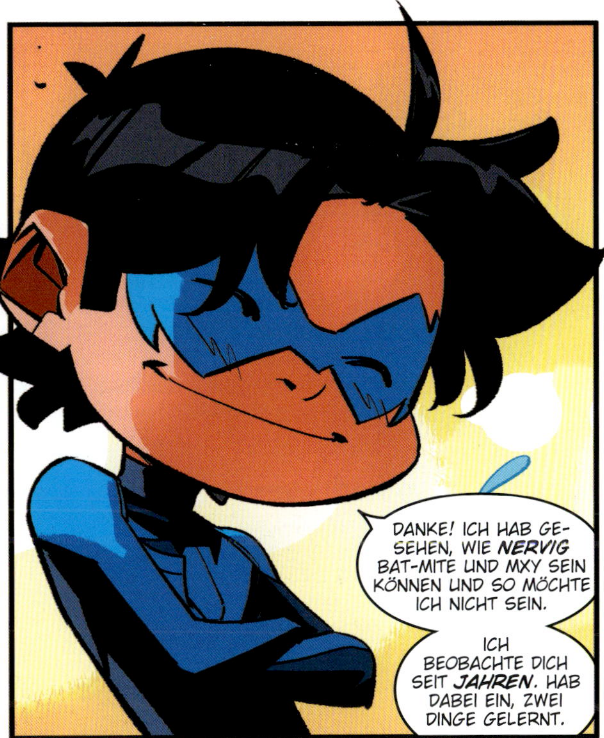
DANKE! ICH HAB GESEHEN, WIE NERVIG BAT-MITE UND MXY SEIN KÖNNEN UND SO MÖCHTE ICH NICHT SEIN.
ICH BEOBACHTE DICH SEIT JAHREN. HAB DABEI EIN, ZWEI DINGE GELERNT.

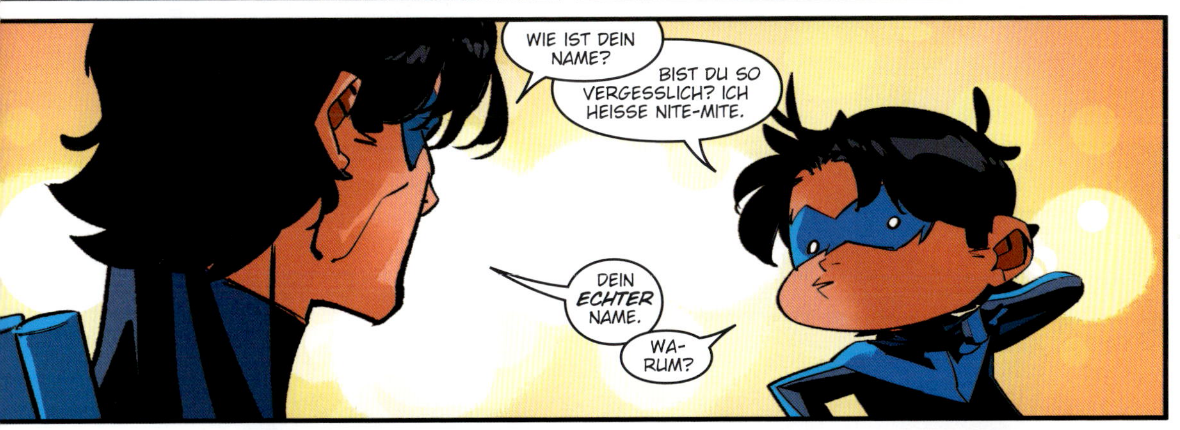
WIE IST DEIN NAME?
BIST DU SO VERGESSLICH? ICH HEISSE NITE-MITE.
DEIN ECHTER NAME.
WARUM?

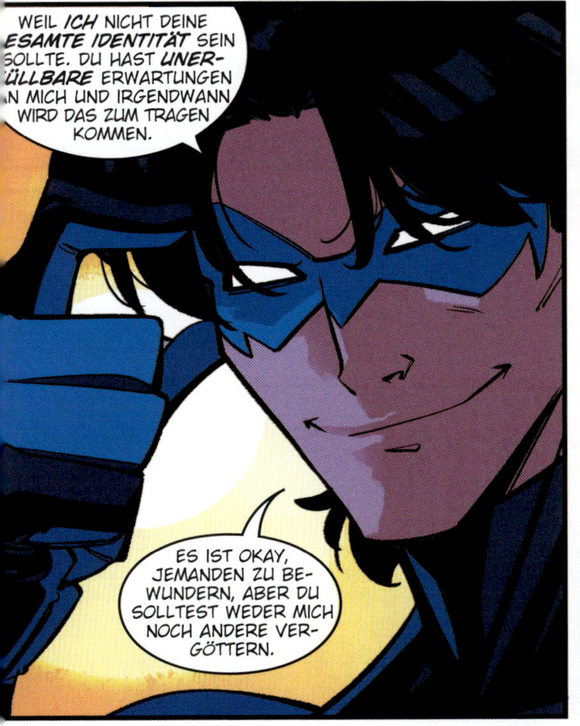
WEIL ICH NICHT DEINE ESAMTE IDENTITÄT SEIN SOLLTE. DU HAST UNERÜLLBARE ERWARTUNGEN N MICH UND IRGENDWANN WIRD DAS ZUM TRAGEN KOMMEN.
ES IST OKAY, JEMANDEN ZU BEWUNDERN, ABER DU SOLLTEST WEDER MICH NOCH ANDERE VERGÖTTERN.

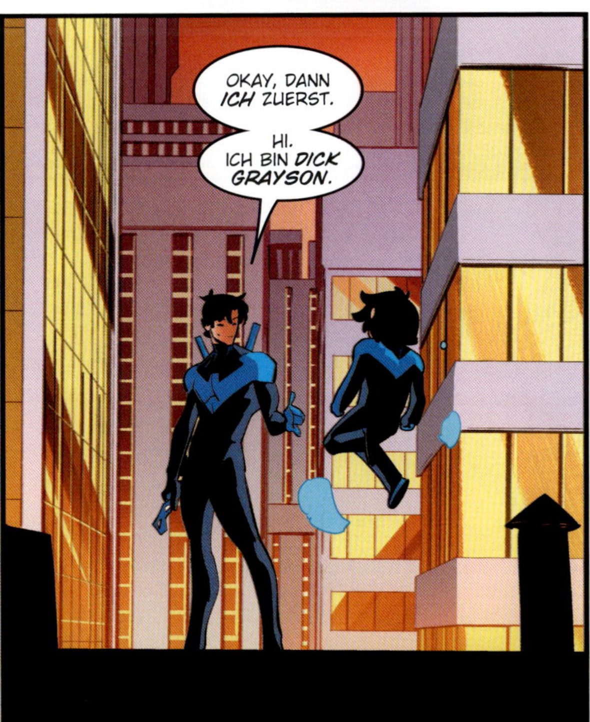
OKAY, DANN ICH ZUERST.
HI. ICH BIN DICK GRAYSON.

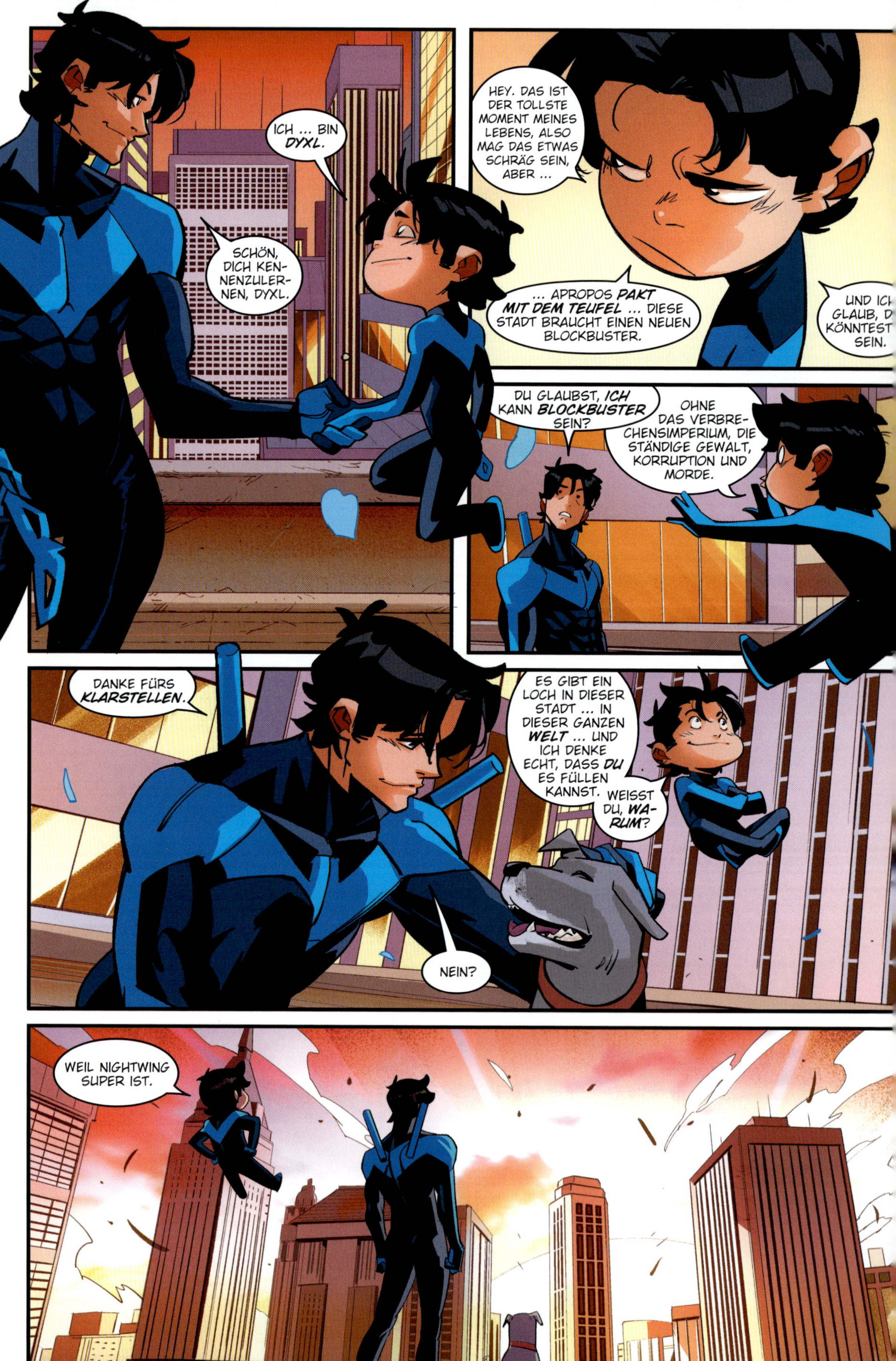
ICH ... BIN DYXL.
SCHÖN, DICH KENNENZULERNEN, DYXL.
HEY. DAS IST DER TOLLSTE MOMENT MEINES LEBENS, ALSO MAG DAS ETWAS SCHRÄG SEIN, ABER ...
... APROPOS PAKT MIT DEM TEUFEL ... DIESE STADT BRAUCHT EINEN NEUEN BLOCKBUSTER.
UND ICH GLAUB, D KÖNNTEST SEIN.
DU GLAUBST, ICH KANN BLOCKBUSTER SEIN?
OHNE DAS VERBRECHENSIMPERIUM, DIE STÄNDIGE GEWALT, KORRUPTION UND MORDE.
DANKE FÜRS KLARSTELLEN.
ES GIBT EIN LOCH IN DIESER STADT ... IN DIESER GANZEN WELT ... UND ICH DENKE ECHT, DASS DU ES FÜLLEN KANNST.
WEISST DU, WARUM?
NEIN?
WEIL NIGHTWING SUPER IST.

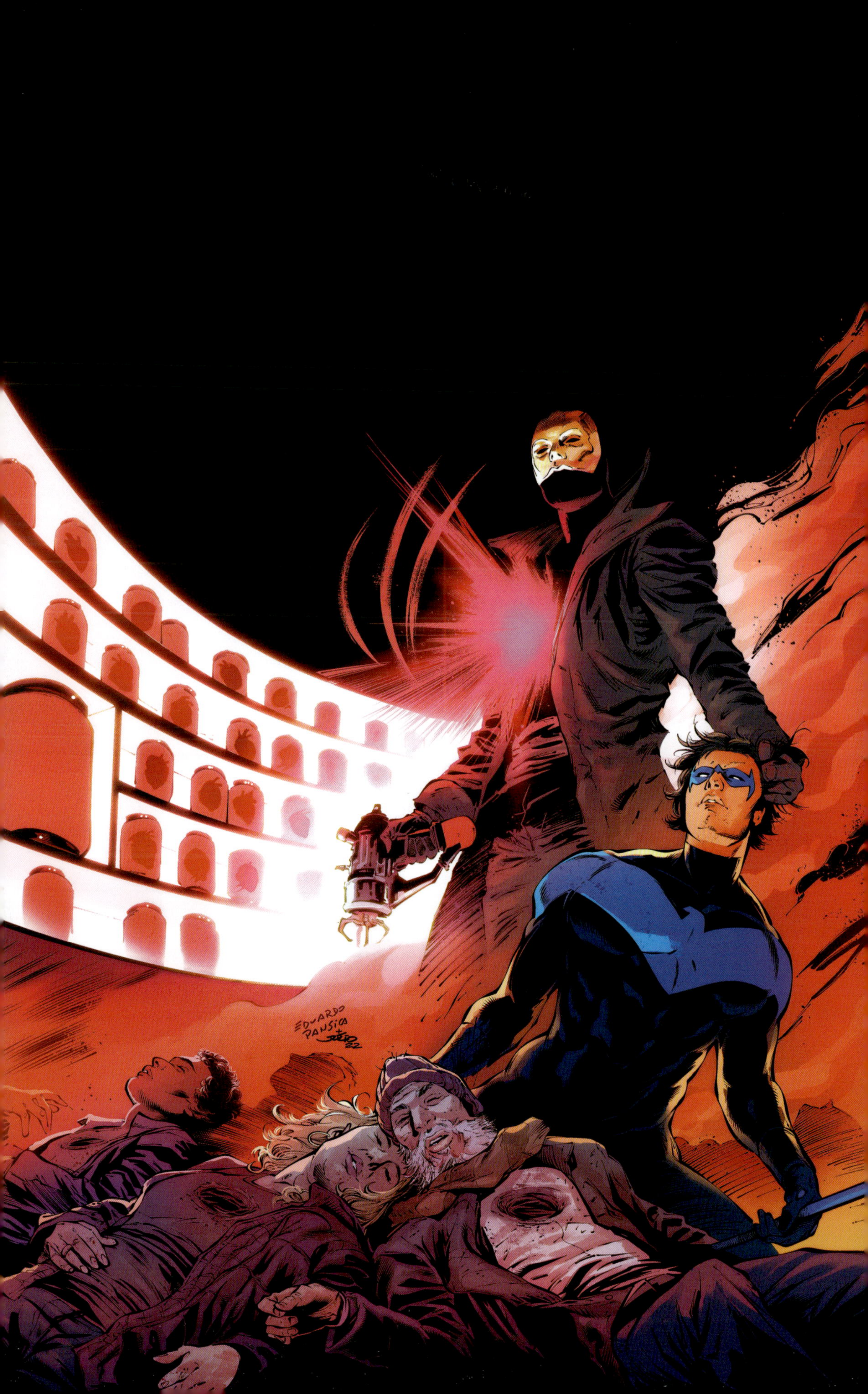
EDUARDO PANSICA

NIGHTWING 2022 ANNUAL 1

OHNE TITEL

TOM TAYLOR
Story

EDUARDO PANSICA
Zeichnungen

JÚLIO FERREIRA
Tusche

ADRIANO LUCAS
Farben

DAS ÜBERRASCHUNGSDATE

JAY KRISTOFF
Story

EDUARDO PANSICA
Zeichnungen

JÚLIO FERREIRA
Tusche

ADRIANO LUCAS
Farben

DIE LEKTION

C. S. PACAT
Story

INAKI MIRANDA
Zeichnungen & Tusche

ADRIANO LUCAS
Farben

EDUARDO PANSICA
Original-Cover

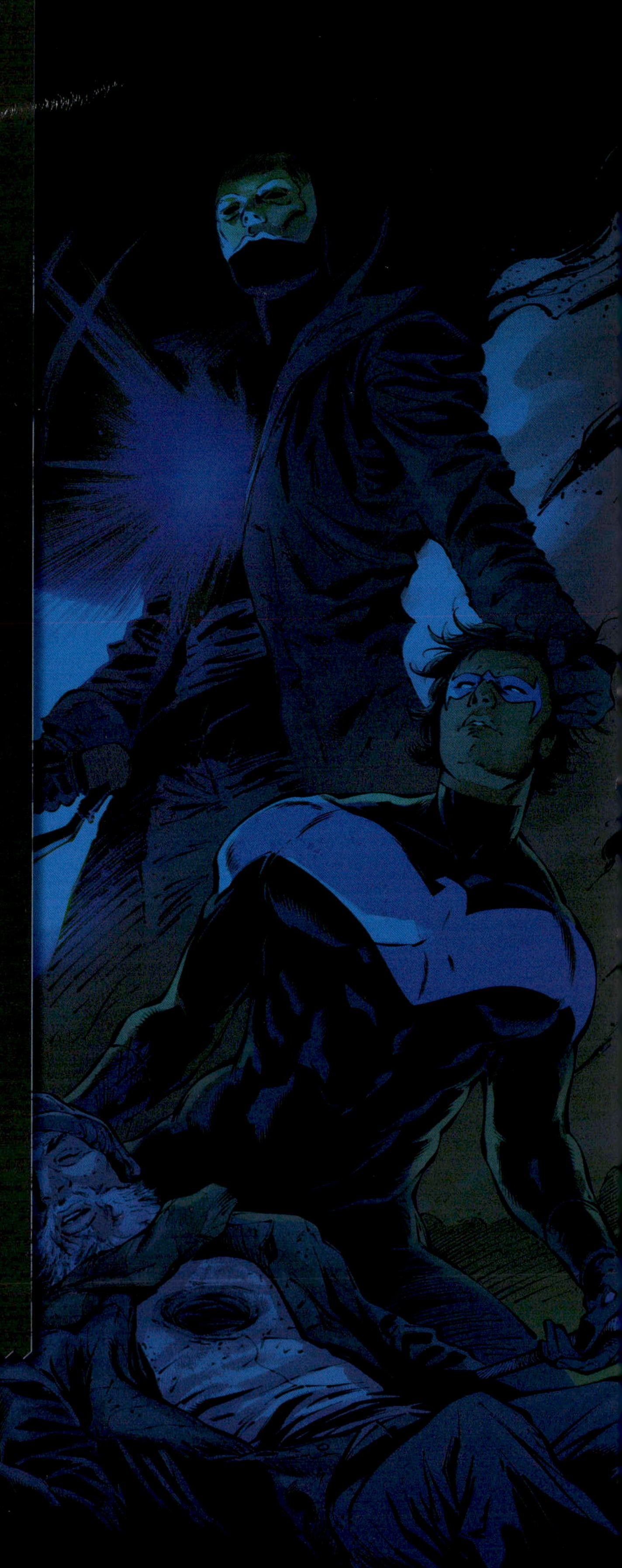

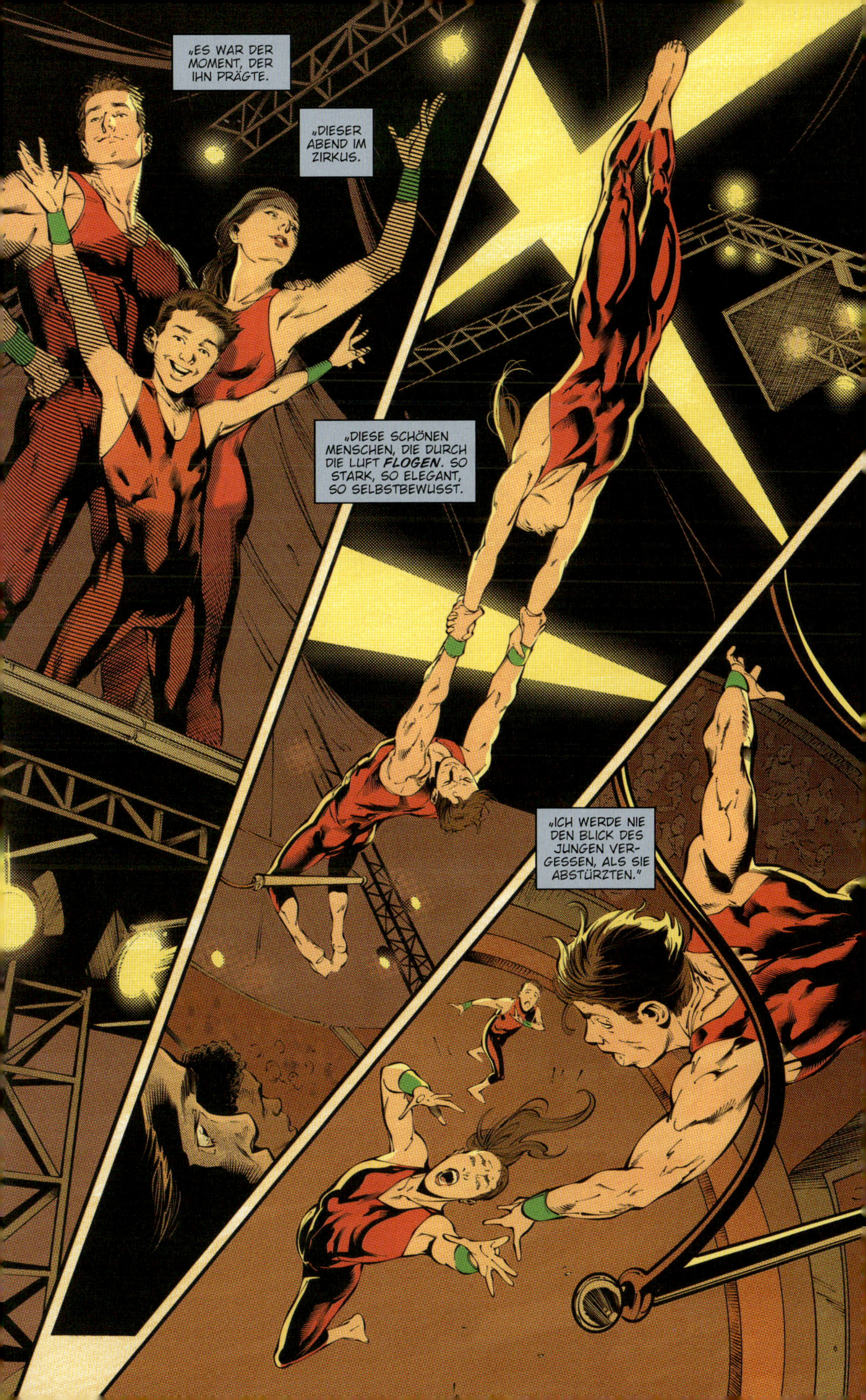
„ES WAR DER MOMENT, DER IHN PRÄGTE.
„DIESER ABEND IM ZIRKUS.
„DIESE SCHÖNEN MENSCHEN, DIE DURCH DIE LUFT FLOGEN. SO STARK, SO ELEGANT, SO SELBSTBEWUSST.
„ICH WERDE NIE DEN BLICK DES JUNGEN VERGESSEN, ALS SIE ABSTÜRZTEN."

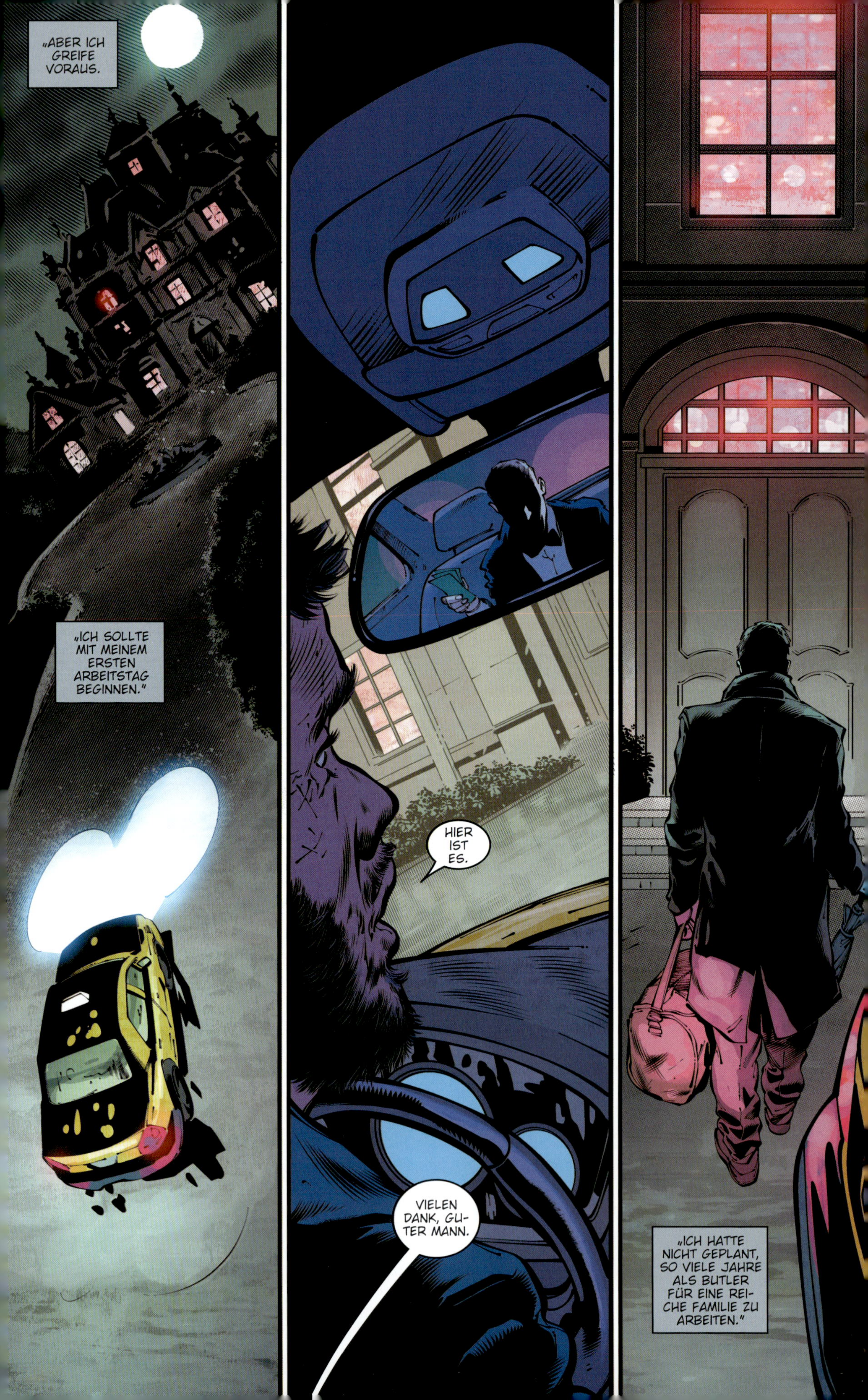

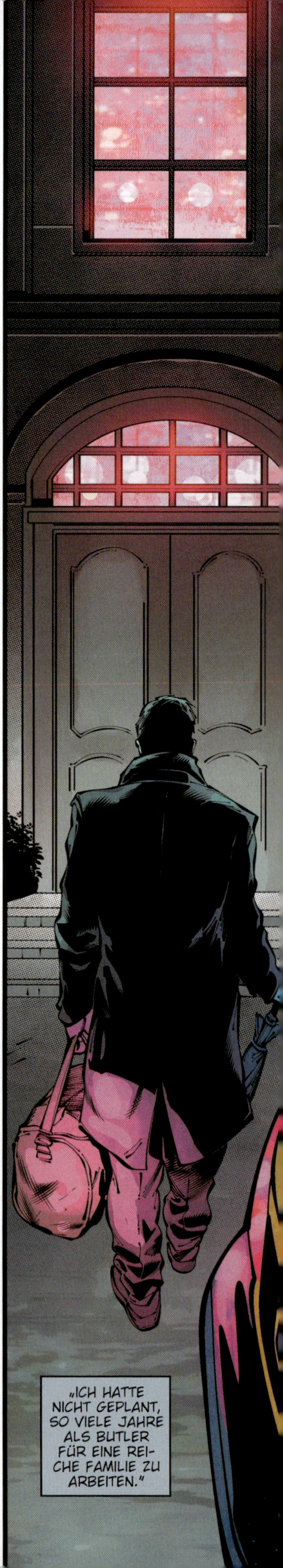
„ABER ICH GREIFE VORAUS.
„ICH SOLLTE MIT MEINEM ERSTEN ARBEITSTAG BEGINNEN."
HIER IST ES.
VIELEN DANK, GUTER MANN.
„ICH HATTE NICHT GEPLANT, SO VIELE JAHRE ALS BUTLER FÜR EINE REICHE FAMILIE ZU ARBEITEN."

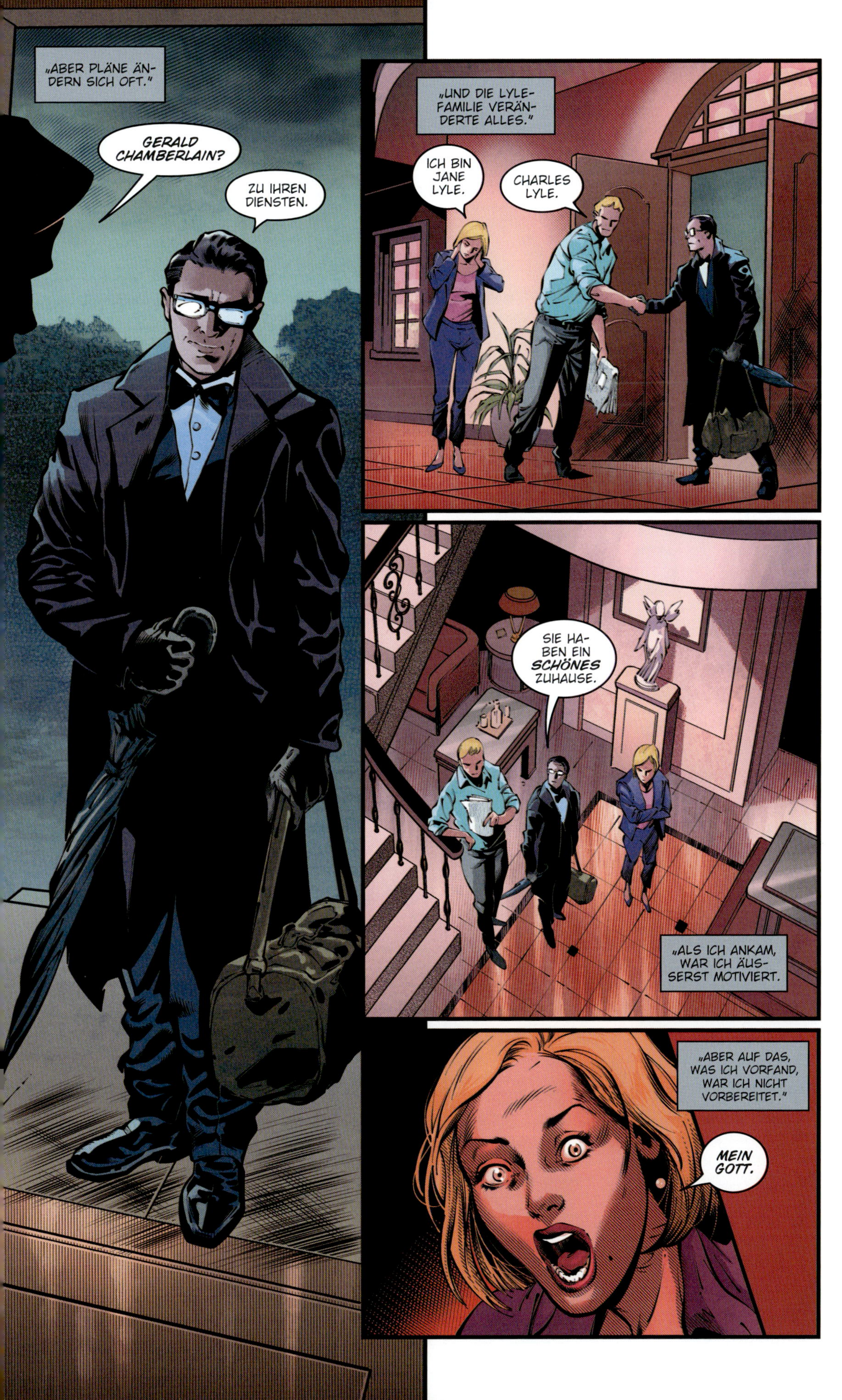
„ABER PLÄNE ÄNDERN SICH OFT."
GERALD CHAMBERLAIN?
ZU IHREN DIENSTEN.
„UND DIE LYLE-FAMILIE VERÄNDERTE ALLES."
ICH BIN JANE LYLE.
CHARLES LYLE.
SIE HABEN EIN SCHÖNES ZUHAUSE.
„ALS ICH ANKAM, WAR ICH ÄUSSERST MOTIVIERT.
„ABER AUF DAS, WAS ICH VORFAND, WAR ICH NICHT VORBEREITET."
MEIN GOTT.

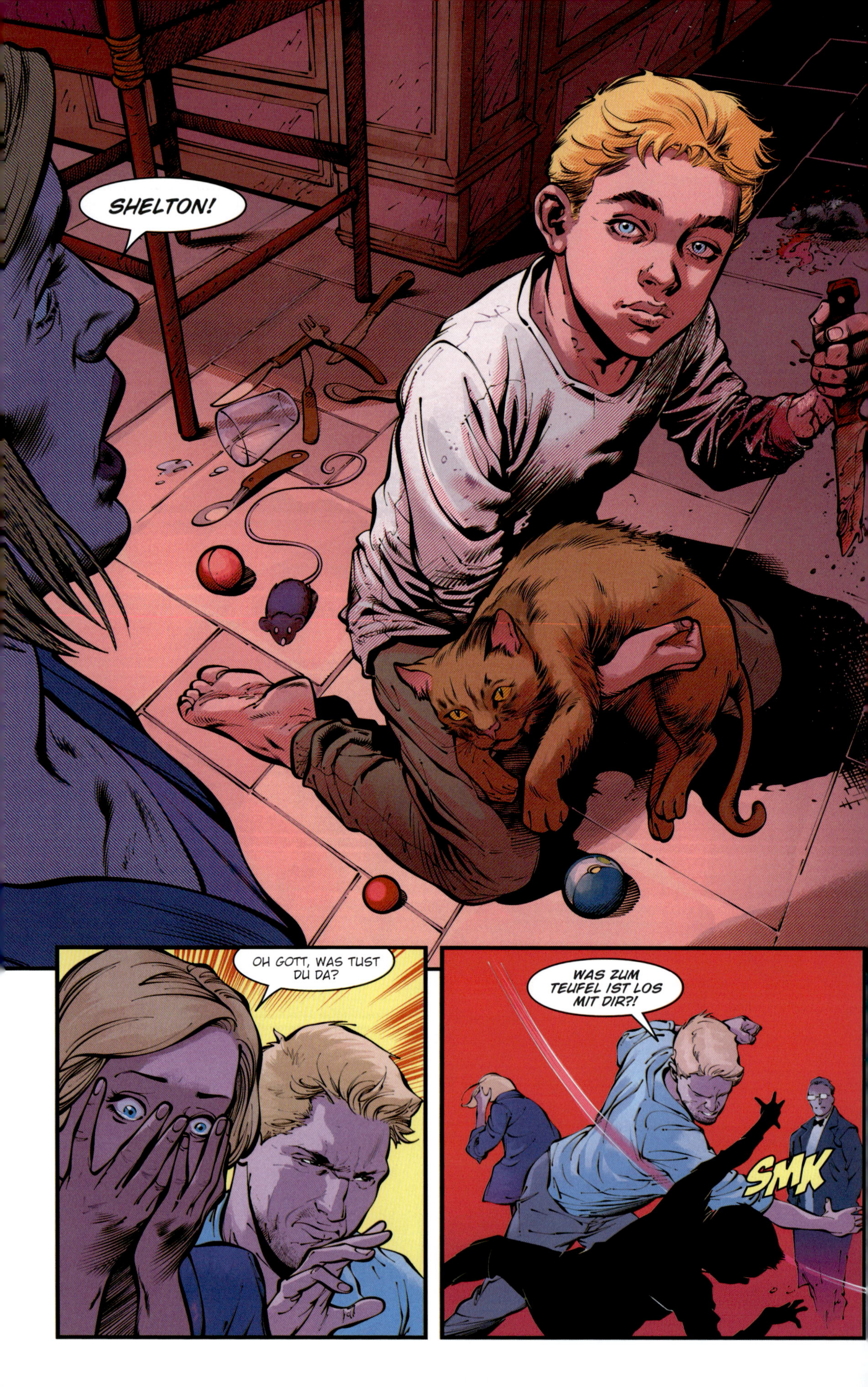
SHELTON!
OH GOTT, WAS TUST DU DA?
WAS ZUM TEUFEL IST LOS MIT DIR?!
SMK

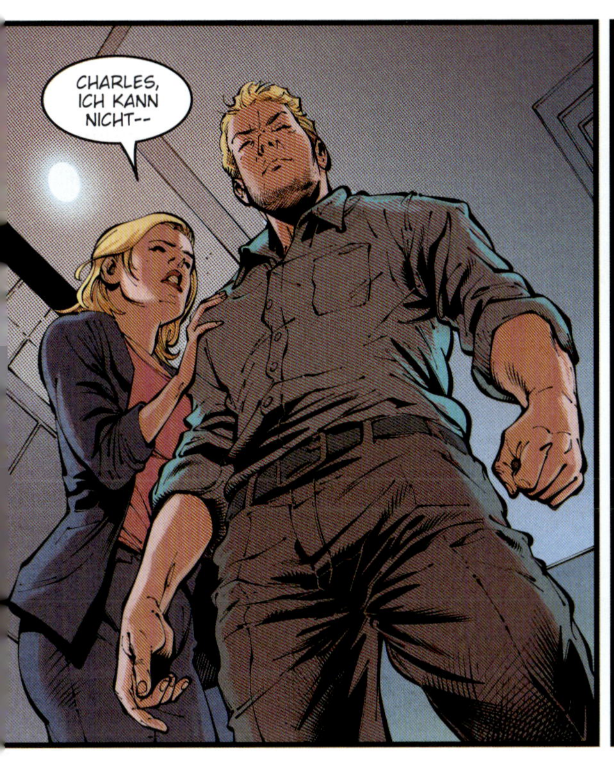
CHARLES, ICH KANN NICHT--

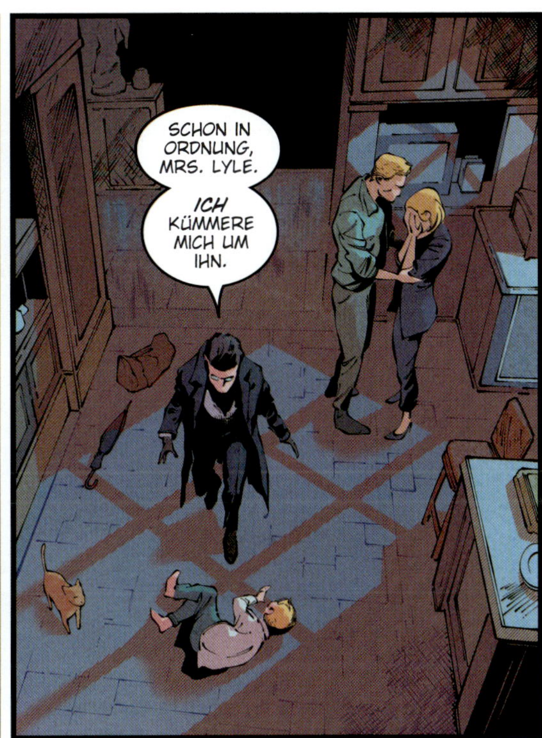
SCHON IN ORDNUNG, MRS. LYLE.
ICH KÜMMERE MICH UM IHN.

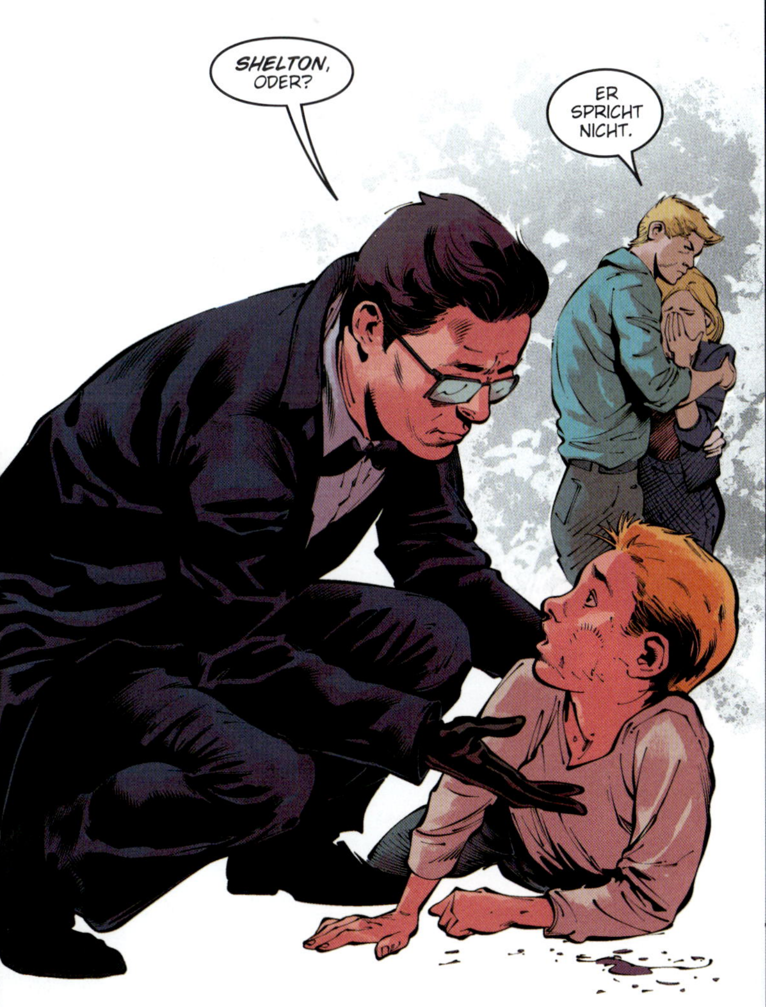
SHELTON, ODER?
ER SPRICHT NICHT.

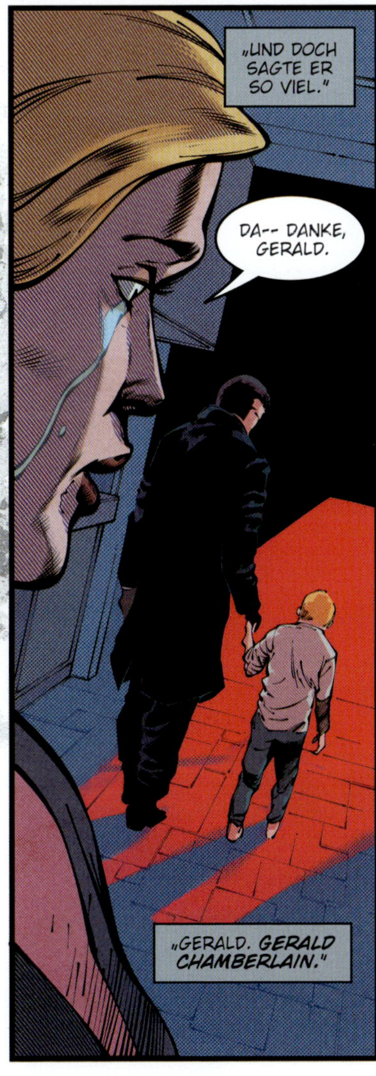
„UND DOCH SAGTE ER SO VIEL."
DA-- DANKE, GERALD.
„GERALD. GERALD CHAMBERLAIN."

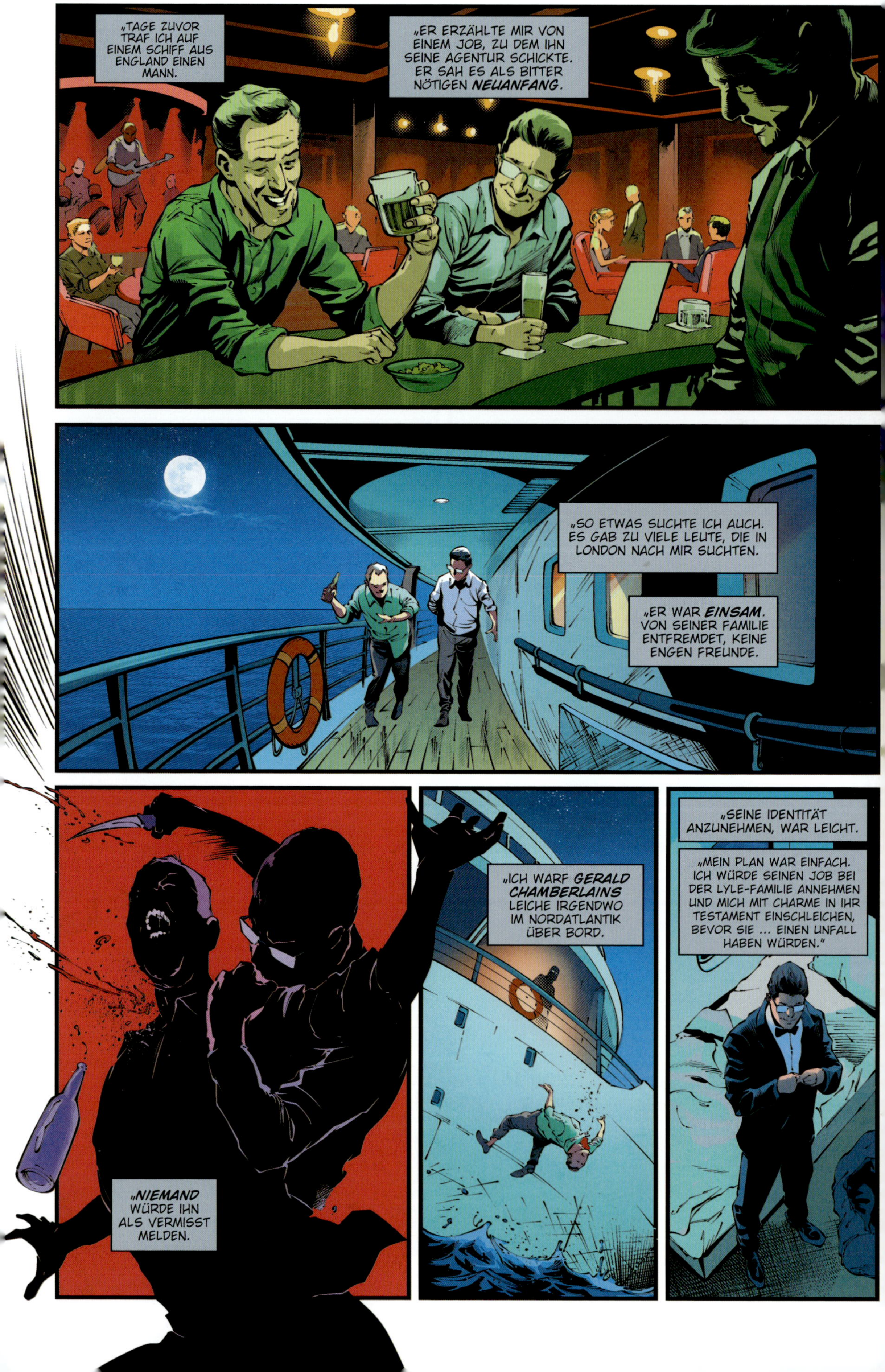

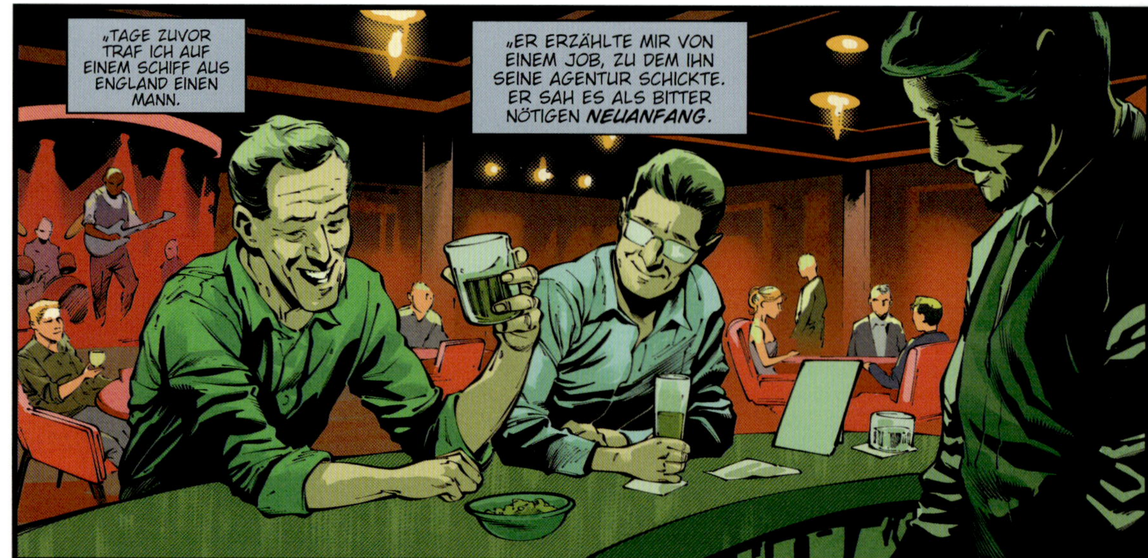

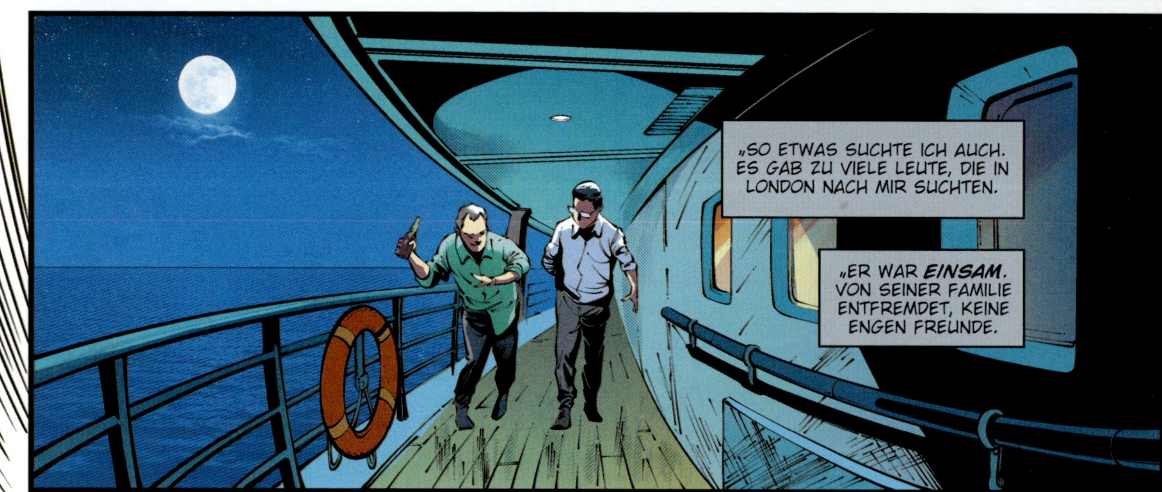

„***NIEMAND*** WÜRDE IHN ALS VERMISST MELDEN.

„ICH WARF ***GERALD CHAMBERLAINS*** LEICHE IRGENDWO IM NORDATLANTIK ÜBER BORD.

„SEINE IDENTITÄT ANZUNEHMEN, WAR LEICHT.

„MEIN PLAN WAR EINFACH. ICH WÜRDE SEINEN JOB BEI DER LYLE-FAMILIE ANNEHMEN UND MICH MIT CHARME IN IHR TESTAMENT EINSCHLEICHEN, BEVOR SIE ... EINEN UNFALL HABEN WÜRDEN."

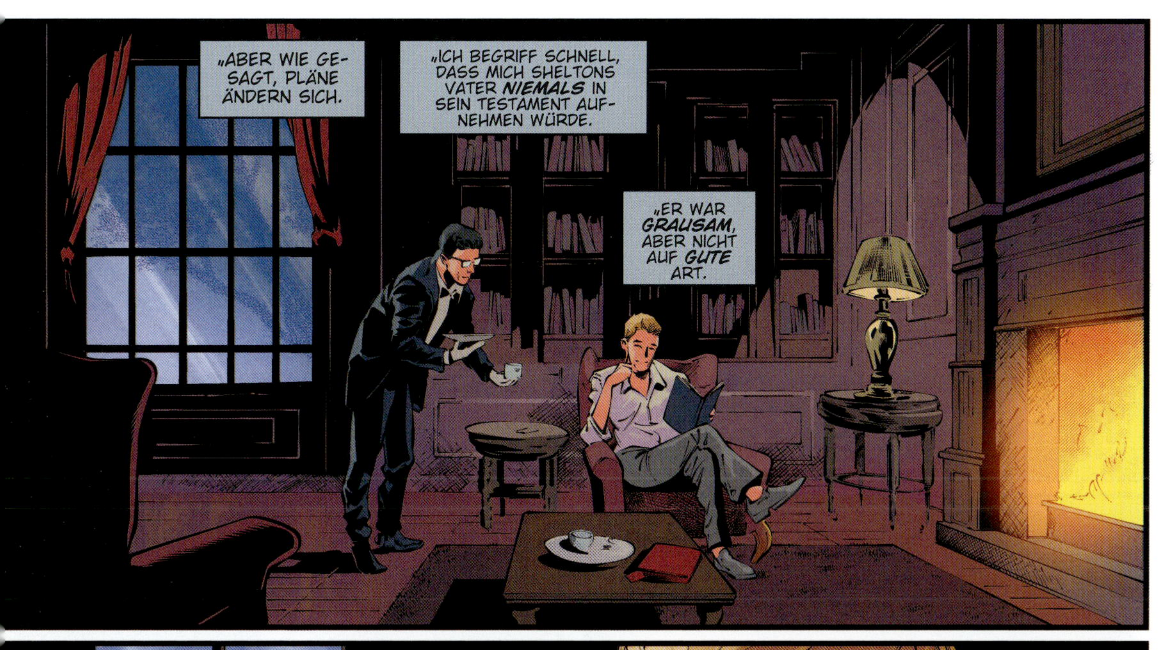
„ABER WIE GESAGT, PLÄNE ÄNDERN SICH.
„ICH BEGRIFF SCHNELL, DASS MICH SHELTONS VATER NIEMALS IN SEIN TESTAMENT AUFNEHMEN WÜRDE.
„ER WAR GRAUSAM, ABER NICHT AUF GUTE ART.

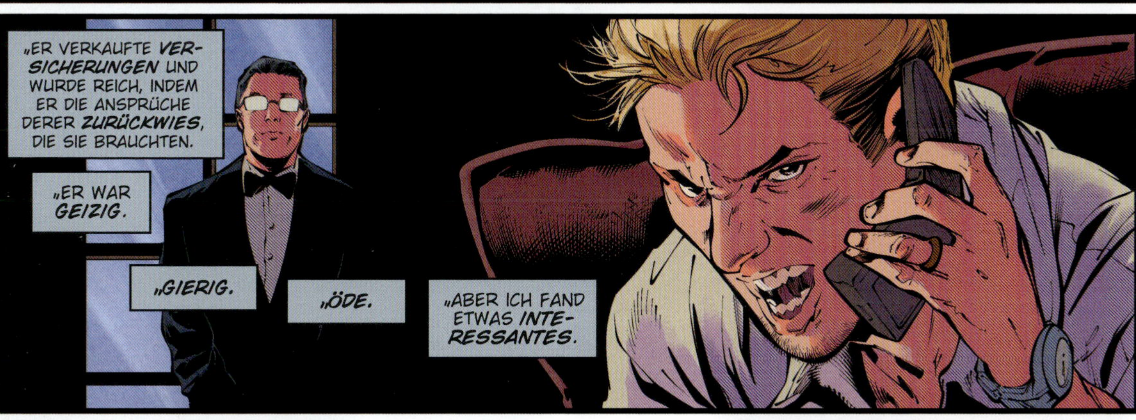
„ER VERKAUFTE VERSICHERUNGEN UND WURDE REICH, INDEM ER DIE ANSPRÜCHE DERER ZURÜCKWIES, DIE SIE BRAUCHTEN.
„ER WAR GEIZIG.
„GIERIG.
„ÖDE.
„ABER ICH FAND ETWAS INTERESSANTES.

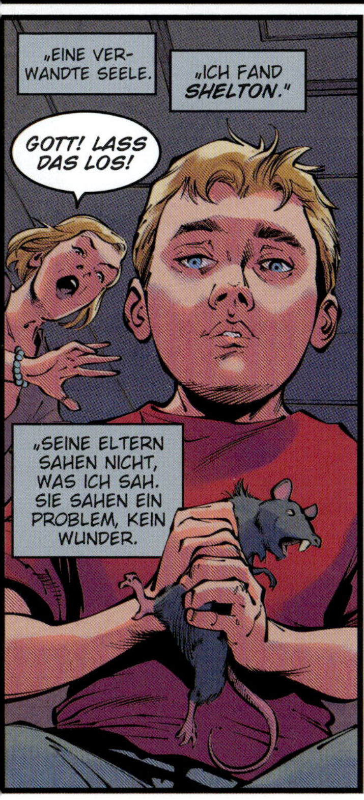
„EINE VERWANDTE SEELE.
„ICH FAND SHELTON."
GOTT! LASS DAS LOS!
„SEINE ELTERN SAHEN NICHT, WAS ICH SAH. SIE SAHEN EIN PROBLEM, KEIN WUNDER.

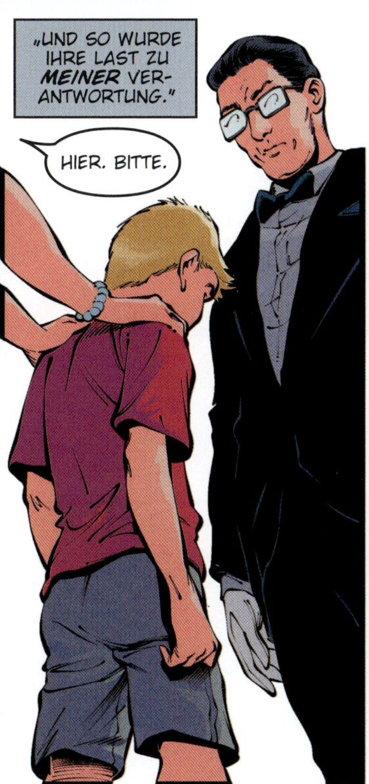
„UND SO WURDE IHRE LAST ZU MEINER VERANTWORTUNG."
HIER. BITTE.

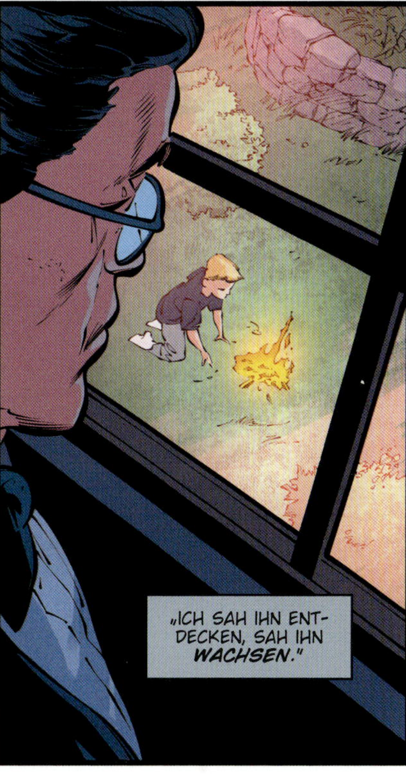
„ICH SAH IHN ENTDECKEN, SAH IHN WACHSEN."

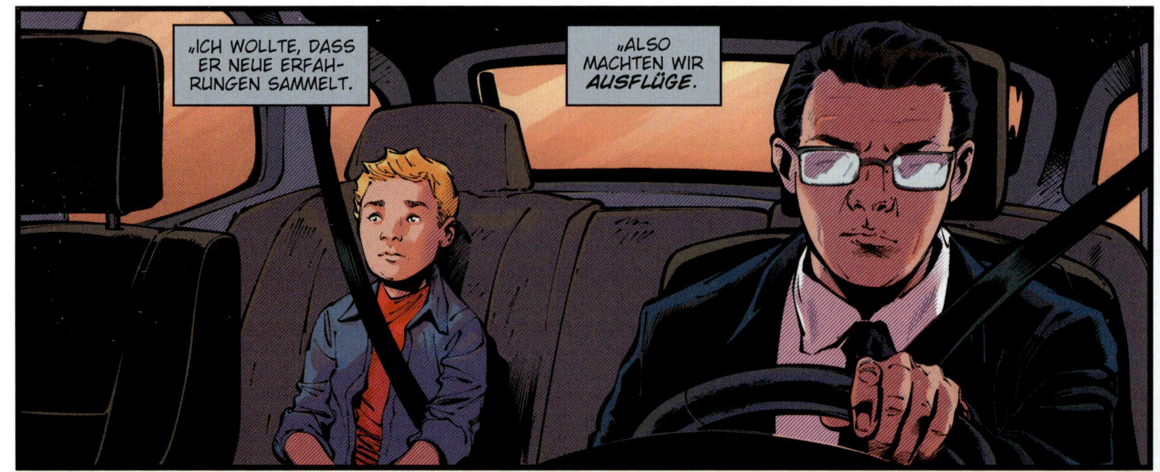
„ICH WOLLTE, DASS ER NEUE ERFAHRUNGEN SAMMELT.
„ALSO MACHTEN WIR *AUSFLÜGE*.

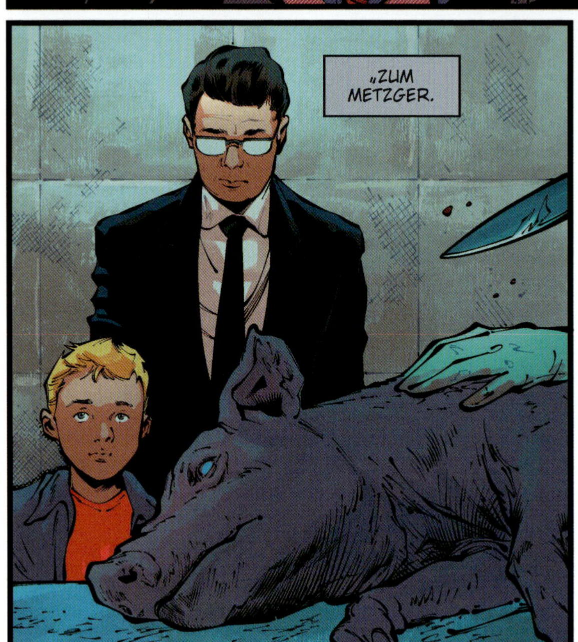
„ZUM METZGER.

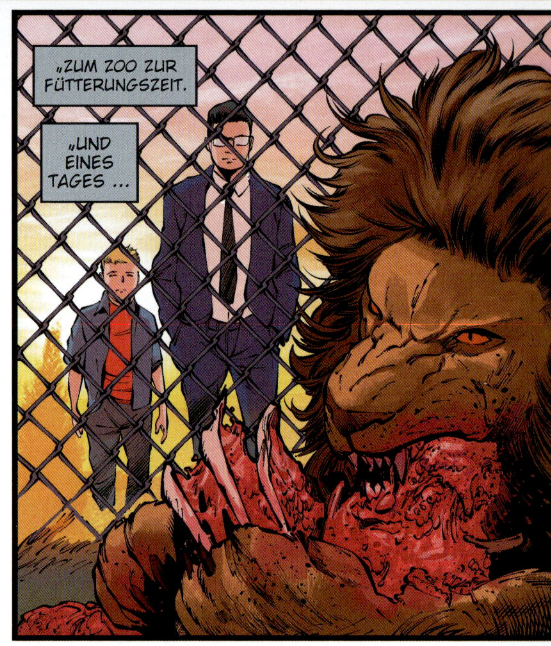
„ZUM ZOO ZUR FÜTTERUNGSZEIT.
„UND EINES TAGES ...

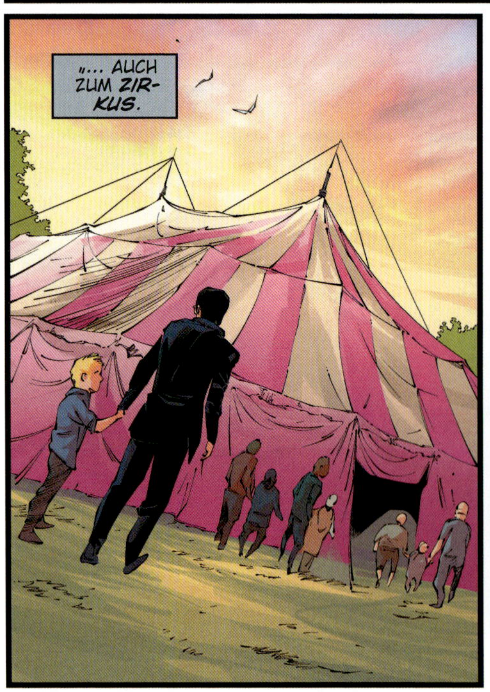
„... AUCH ZUM *ZIRKUS*.

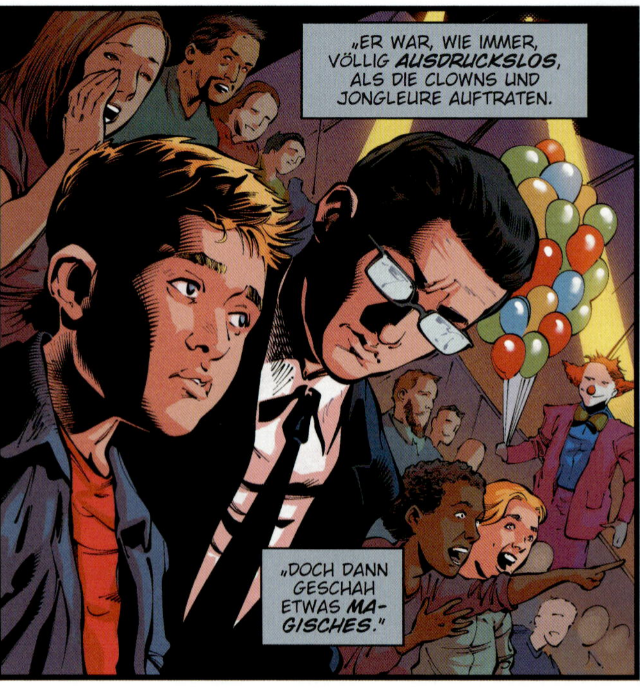
„ER WAR, WIE IMMER, VÖLLIG *AUSDRUCKSLOS*, ALS DIE CLOWNS UND JONGLEURE AUFTRATEN.
„DOCH DANN GESCHAH ETWAS *MAGISCHES*."

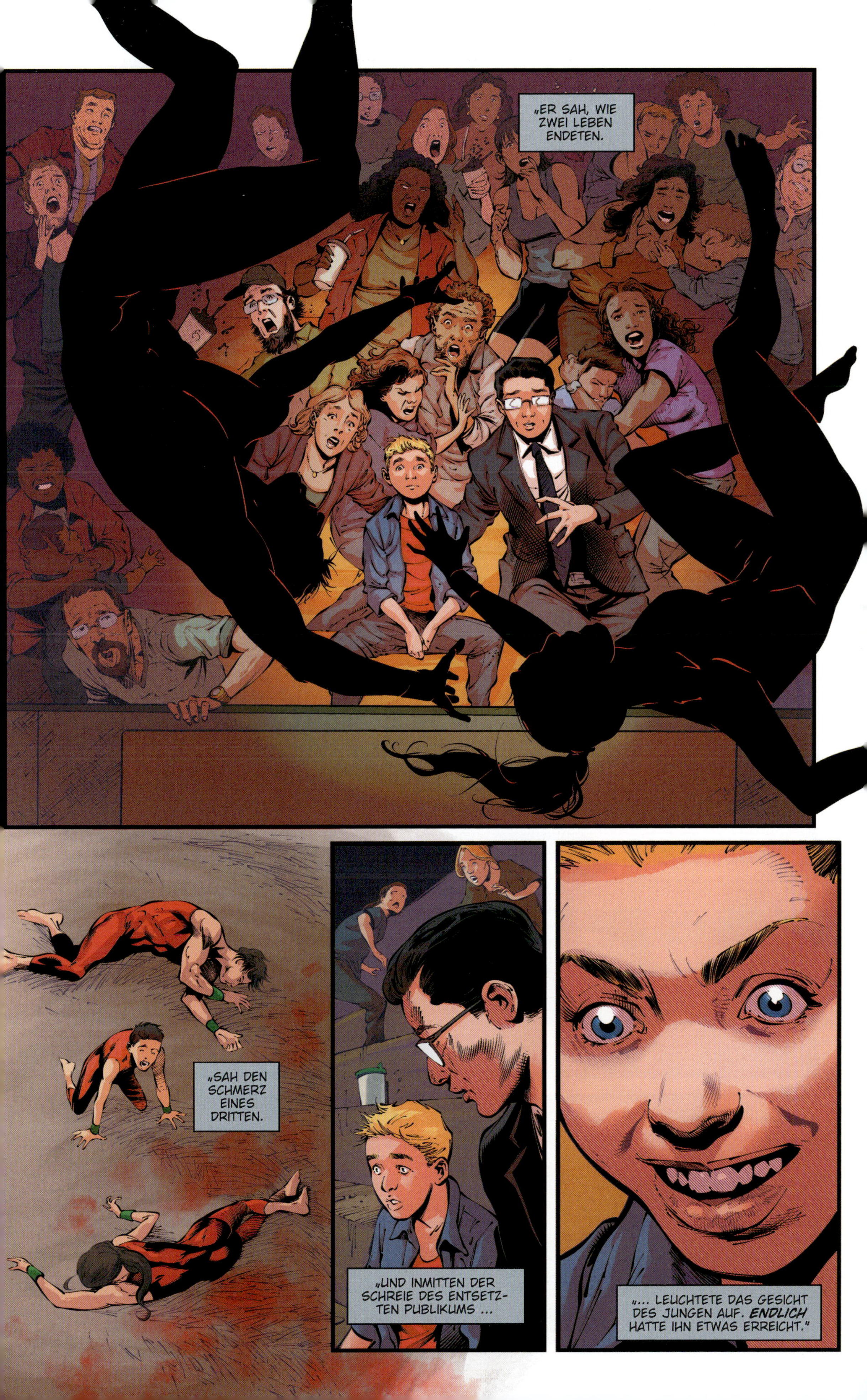

„ER SAH, WIE ZWEI LEBEN ENDETEN.

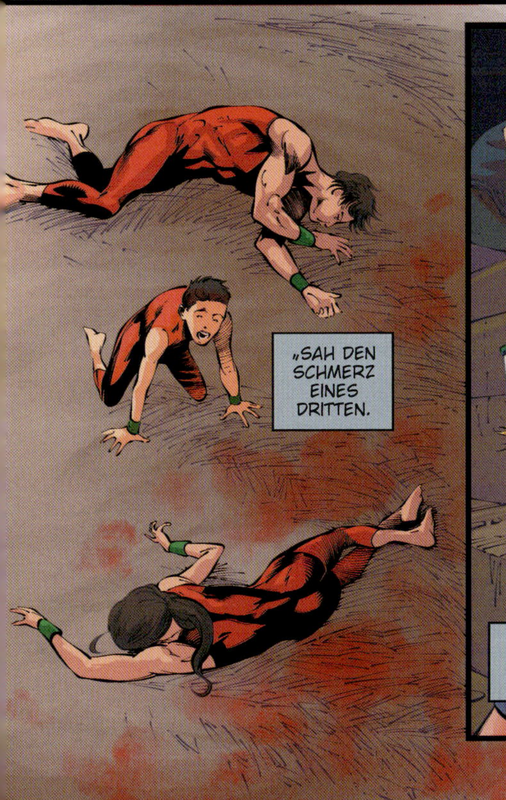

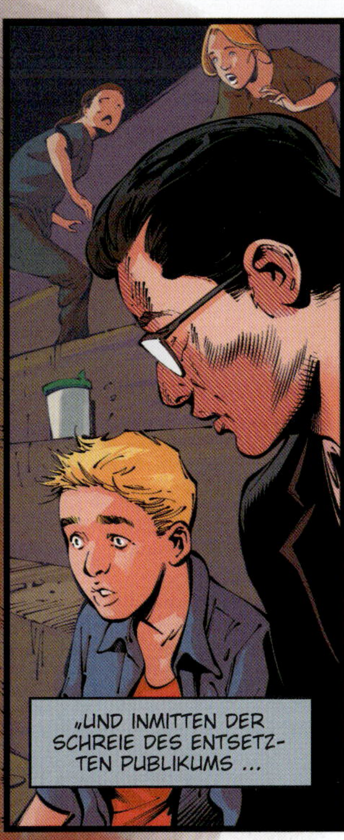

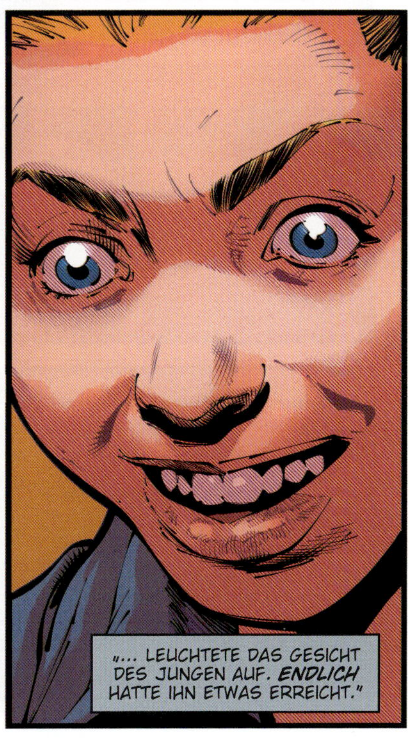

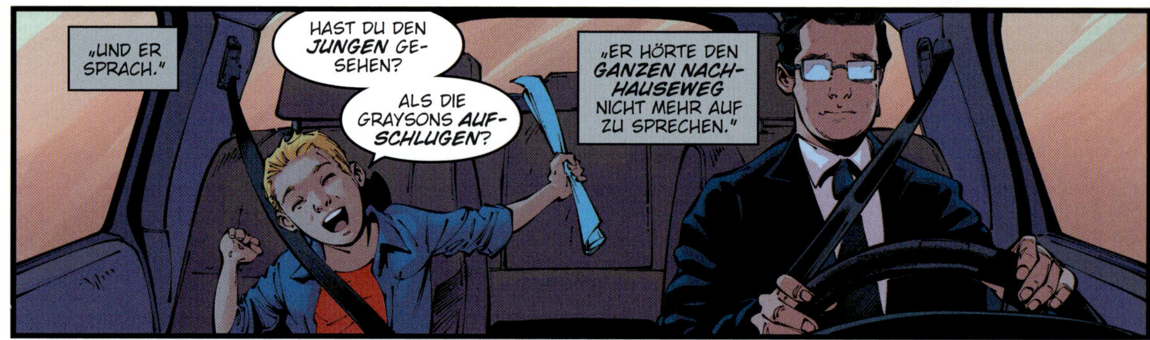
„UND ER SPRACH."
HAST DU DEN JUNGEN GESEHEN?
ALS DIE GRAYSONS AUFSCHLUGEN?
„ER HÖRTE DEN GANZEN NACHHAUSEWEG NICHT MEHR AUF ZU SPRECHEN."

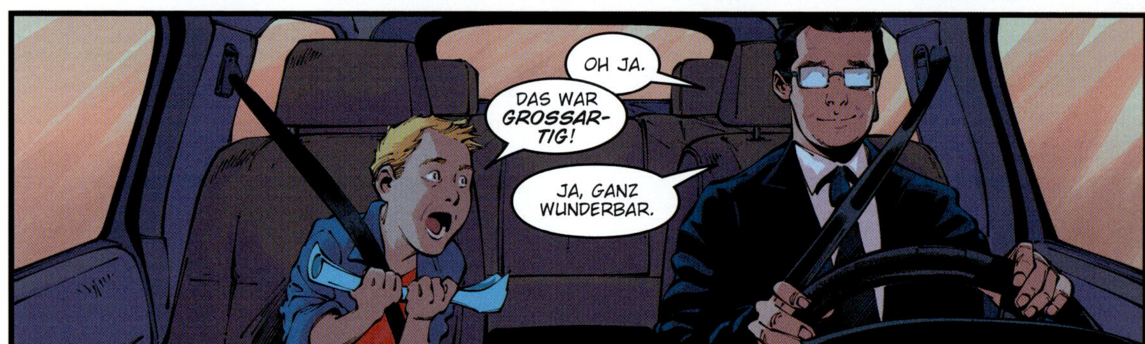
OH JA.
DAS WAR GROSSARTIG!
JA, GANZ WUNDERBAR.

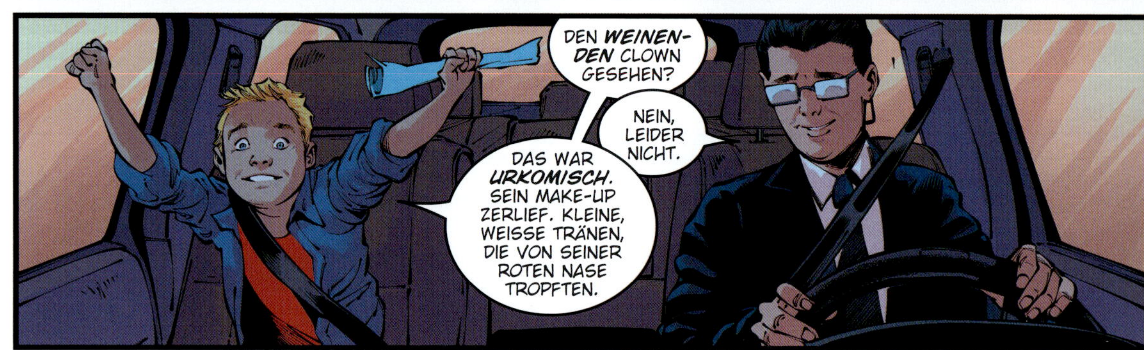
DEN WEINENDEN CLOWN GESEHEN?
NEIN, LEIDER NICHT.
DAS WAR URKOMISCH. SEIN MAKE-UP ZERLIEF. KLEINE, WEISSE TRÄNEN, DIE VON SEINER ROTEN NASE TROPFTEN.

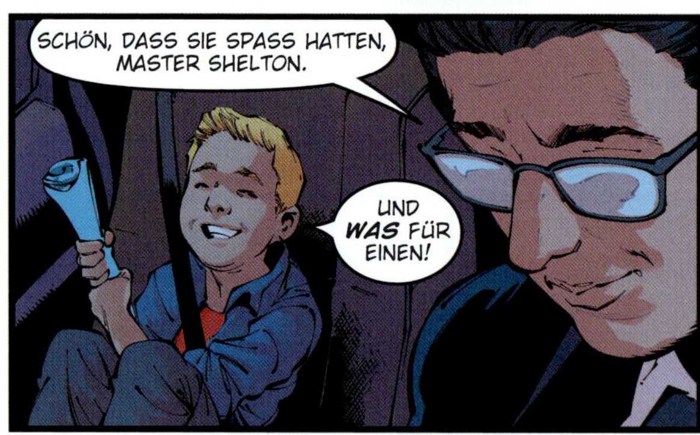
SCHÖN, DASS SIE SPASS HATTEN, MASTER SHELTON.
UND WAS FÜR EINEN!

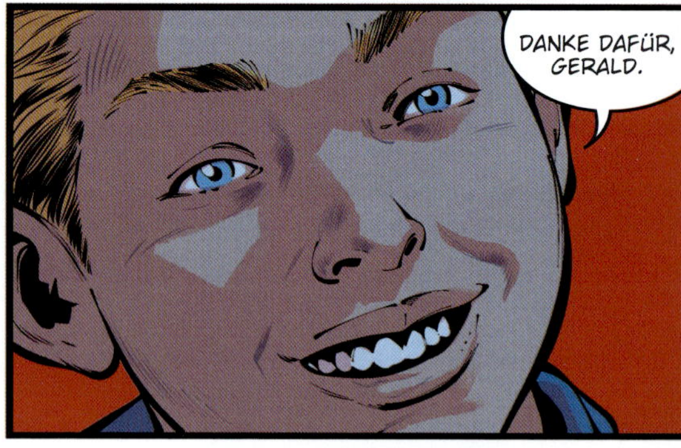
DANKE DAFÜR, GERALD.

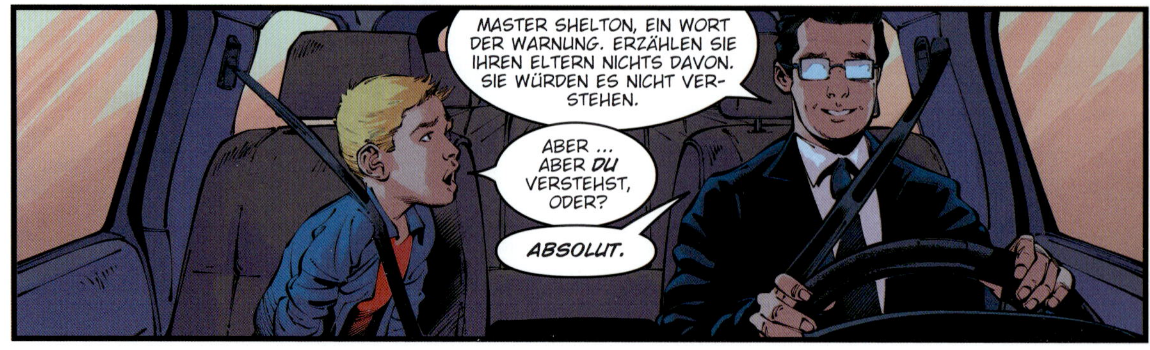
MASTER SHELTON, EIN WORT DER WARNUNG. ERZÄHLEN SIE IHREN ELTERN NICHTS DAVON. SIE WÜRDEN ES NICHT VERSTEHEN.
ABER ... ABER DU VERSTEHST, ODER?
ABSOLUT.

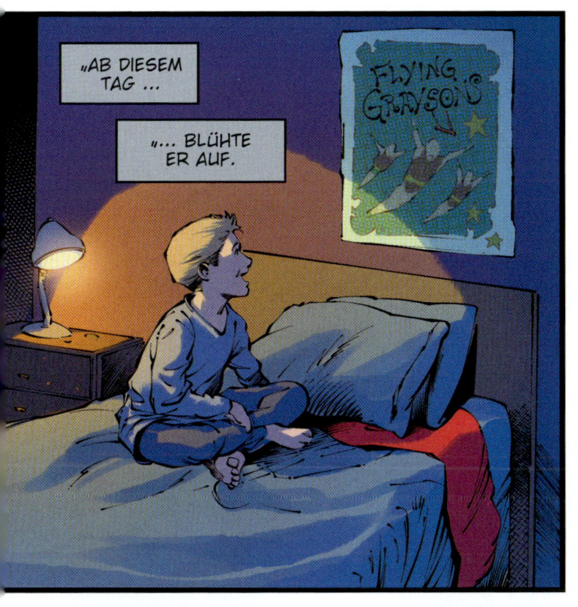

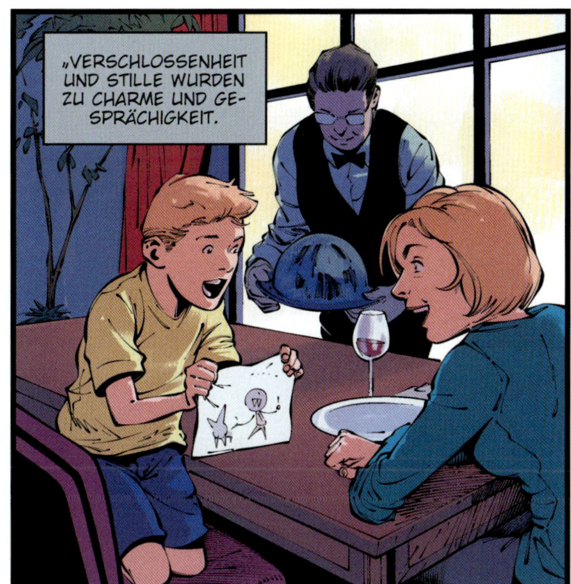

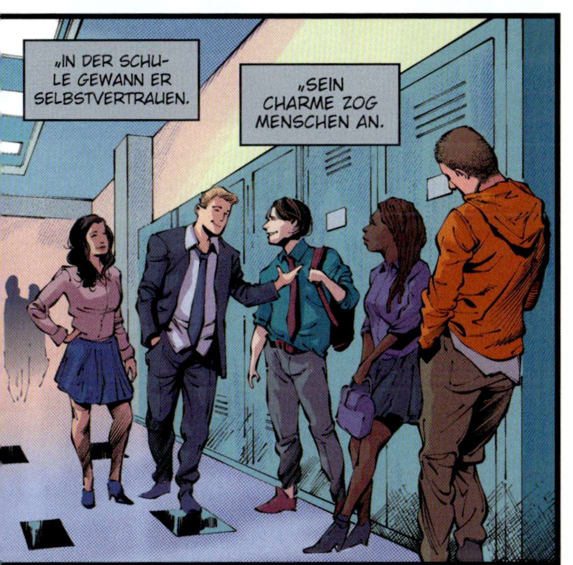

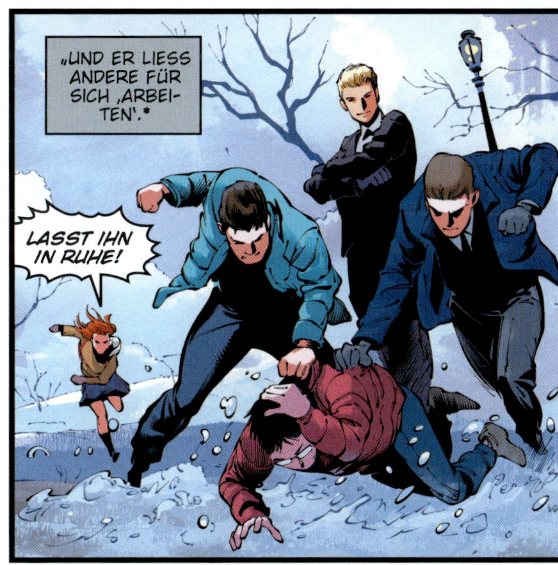

* DIE GESAMTE SZENE FINDET IHR IN ***NIGHTWING*** (2022) 1-- CARO.

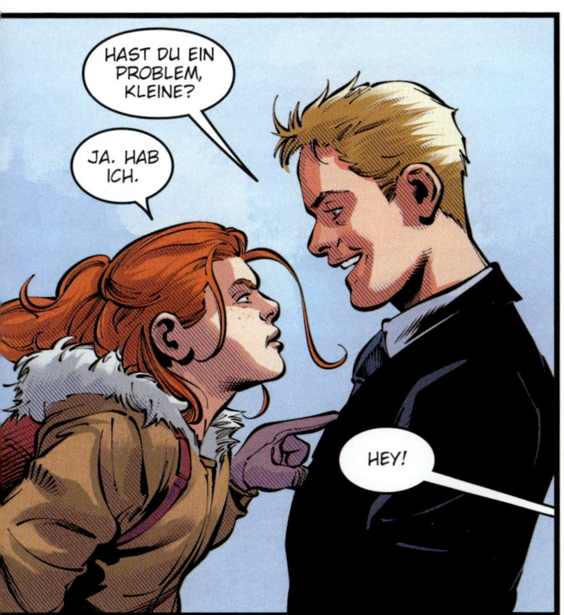

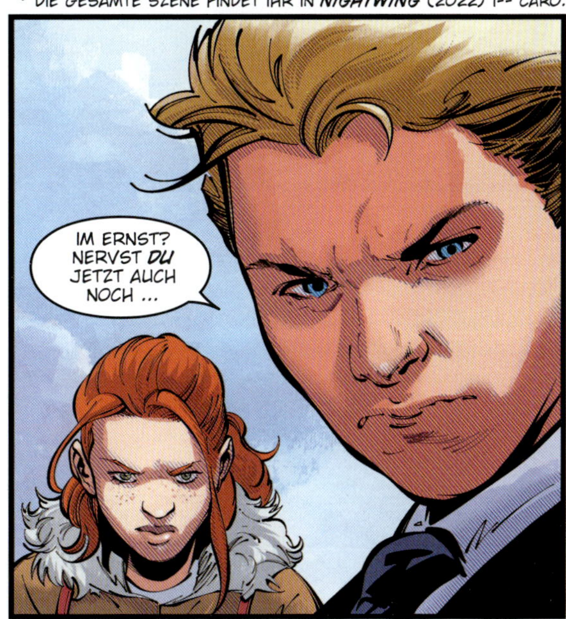

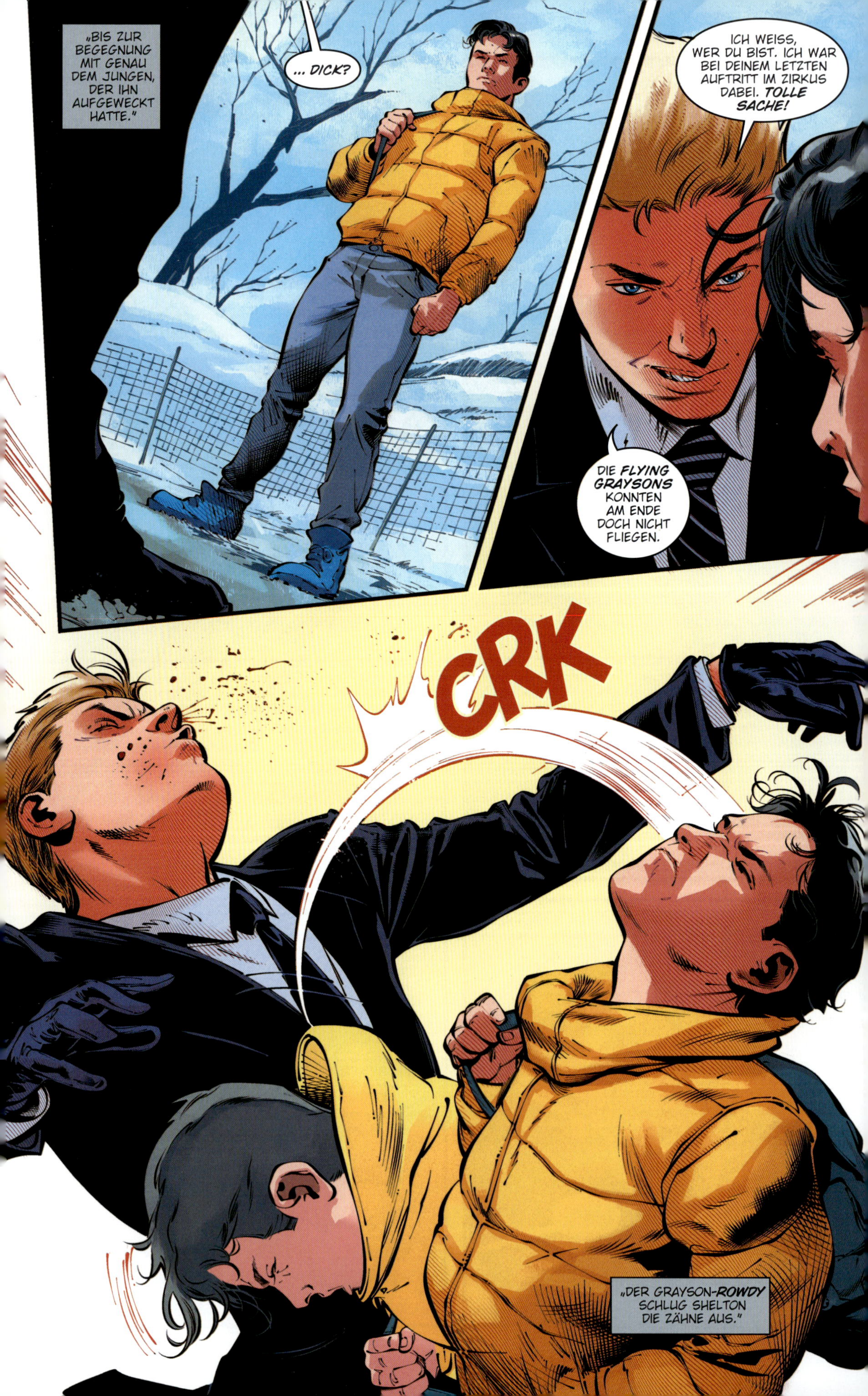
„BIS ZUR BEGEGNUNG MIT GENAU DEM JUNGEN, DER IHN AUFGEWECKT HATTE."
... DICK?
ICH WEISS, WER DU BIST. ICH WAR BEI DEINEM LETZTEN AUFTRITT IM ZIRKUS DABEI. *TOLLE SACHE!*
DIE *FLYING GRAYSONS* KONNTEN AM ENDE DOCH NICHT FLIEGEN.
CRK
„DER GRAYSON-*ROWDY* SCHLUG SHELTON DIE ZÄHNE AUS."

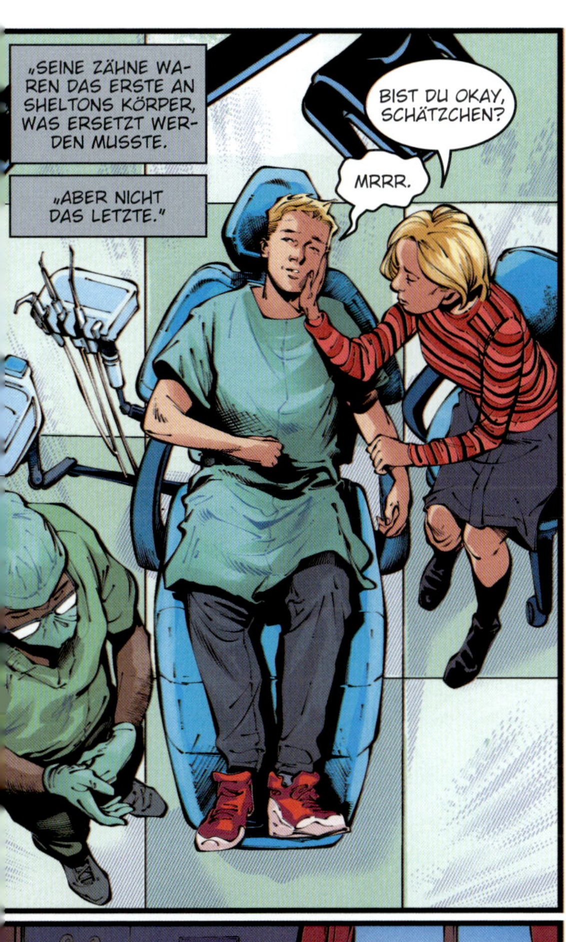
„SEINE ZÄHNE WAREN DAS ERSTE AN SHELTONS KÖRPER, WAS ERSETZT WERDEN MUSSTE.
„ABER NICHT DAS LETZTE."
BIST DU OKAY, SCHÄTZCHEN?
MRRR.

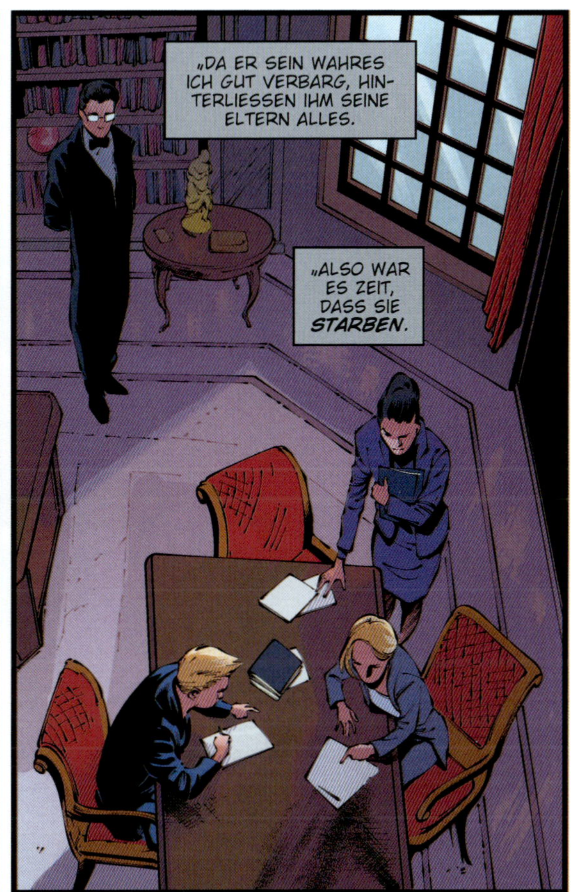
„DA ER SEIN WAHRES ICH GUT VERBARG, HINTERLIESSEN IHM SEINE ELTERN ALLES.
„ALSO WAR ES ZEIT, DASS SIE STARBEN.

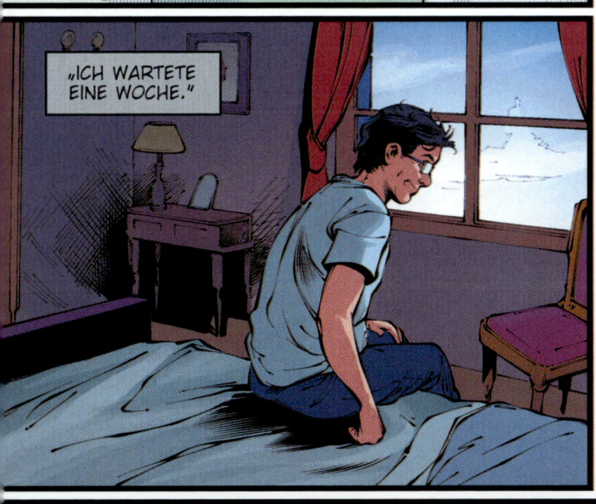
„ICH WARTETE EINE WOCHE."

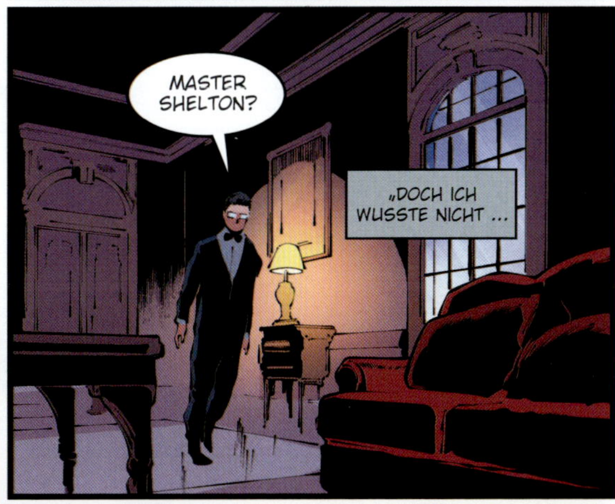
MASTER SHELTON?
„DOCH ICH WUSSTE NICHT ...

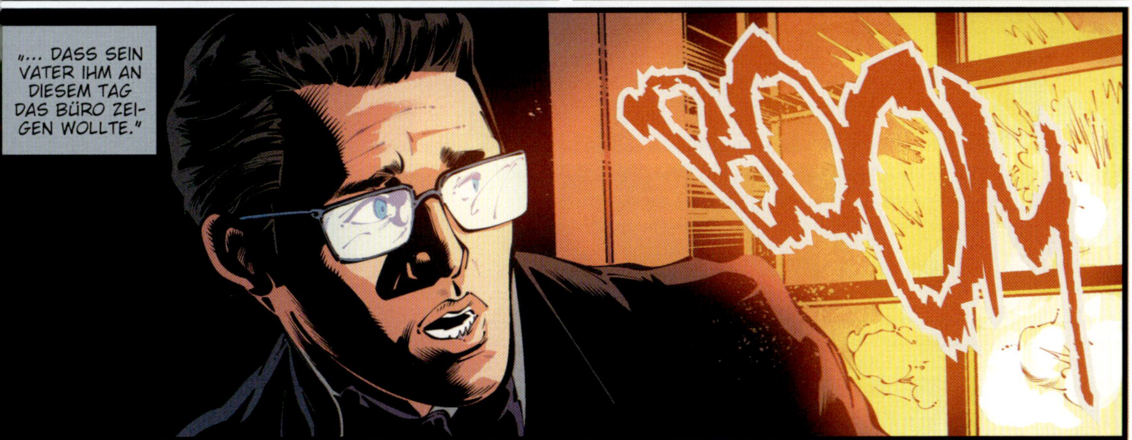
„... DASS SEIN VATER IHM AN DIESEM TAG DAS BÜRO ZEIGEN WOLLTE."
BOOM

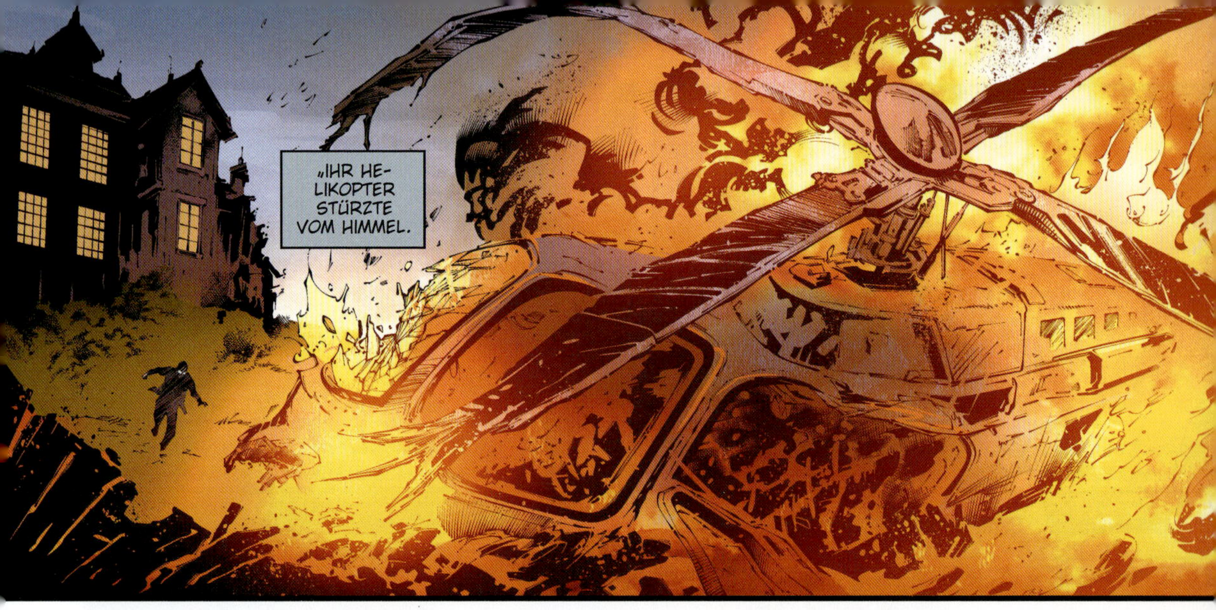
„IHR HE-
LIKOPTER
STÜRZTE
VOM HIMMEL.

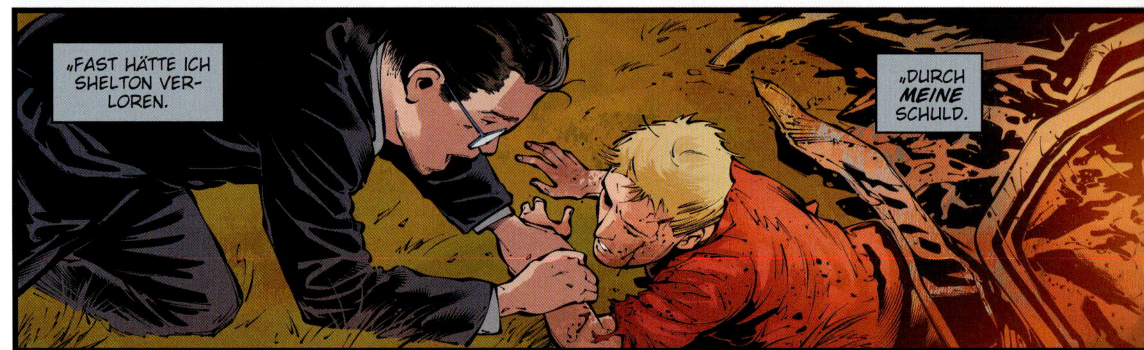
„FAST HÄTTE ICH
SHELTON VER-
LOREN.
„DURCH
MEINE
SCHULD.

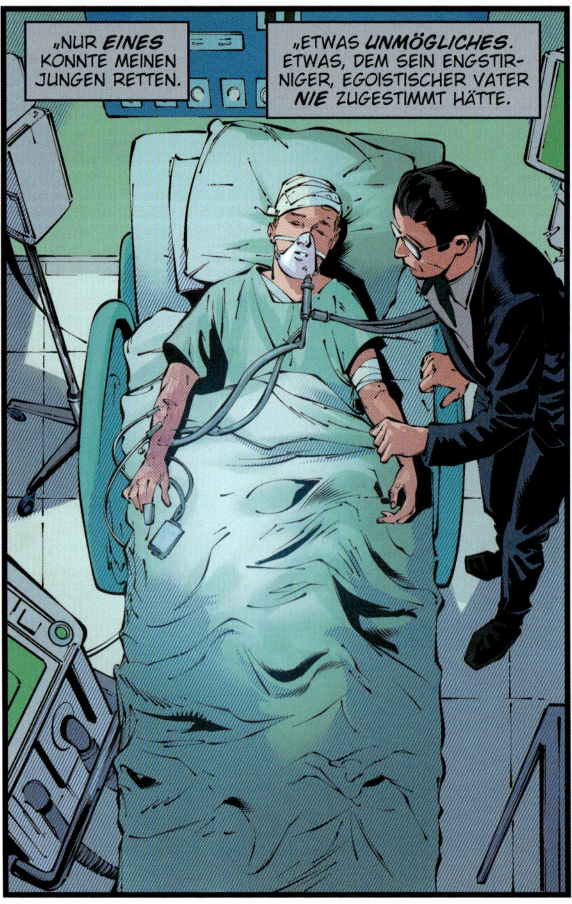
„NUR EINES
KONNTE MEINEN
JUNGEN RETTEN.
„ETWAS UNMÖGLICHES.
ETWAS, DEM SEIN ENGSTIR-
NIGER, EGOISTISCHER VATER
NIE ZUGESTIMMT HÄTTE.

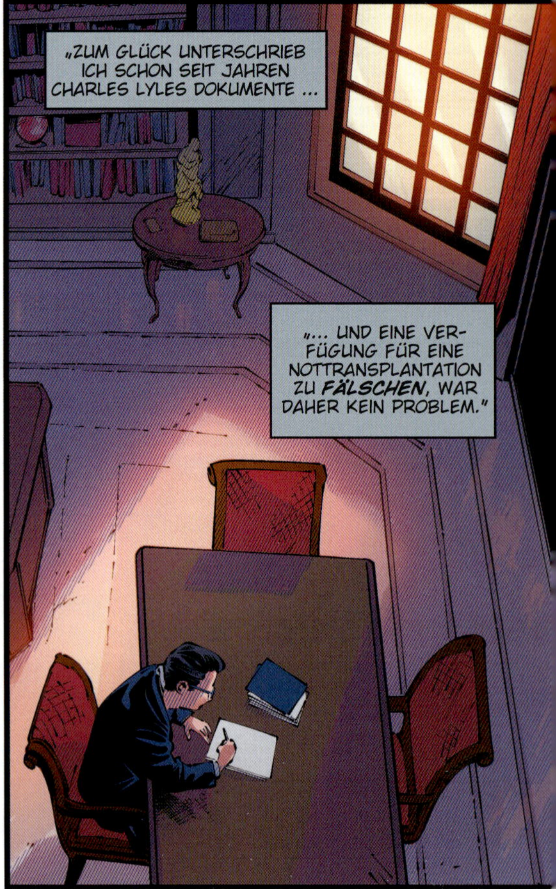
„ZUM GLÜCK UNTERSCHRIEB
ICH SCHON SEIT JAHREN
CHARLES LYLES DOKUMENTE ...
„... UND EINE VER-
FÜGUNG FÜR EINE
NOTTRANSPLANTATION
ZU FÄLSCHEN, WAR
DAHER KEIN PROBLEM."

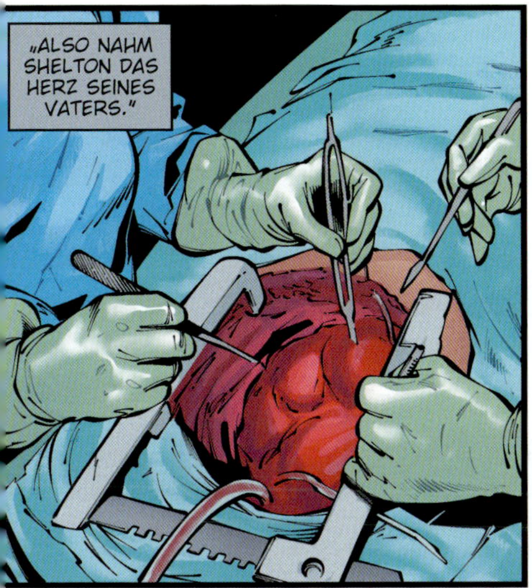
„ALSO NAHM SHELTON DAS HERZ SEINES VATERS."

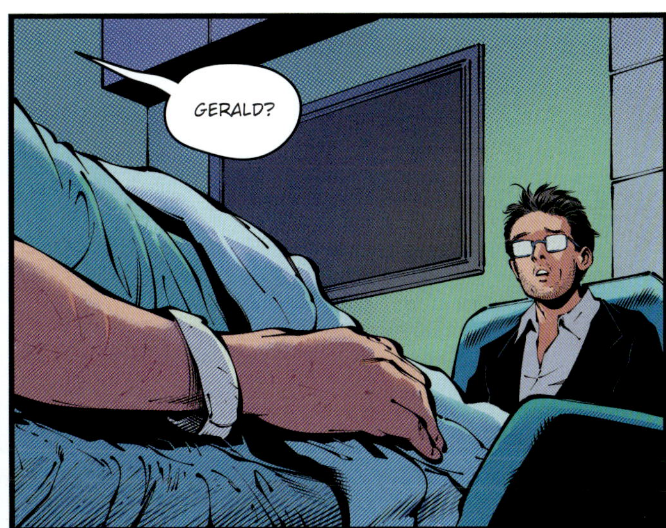
GERALD?

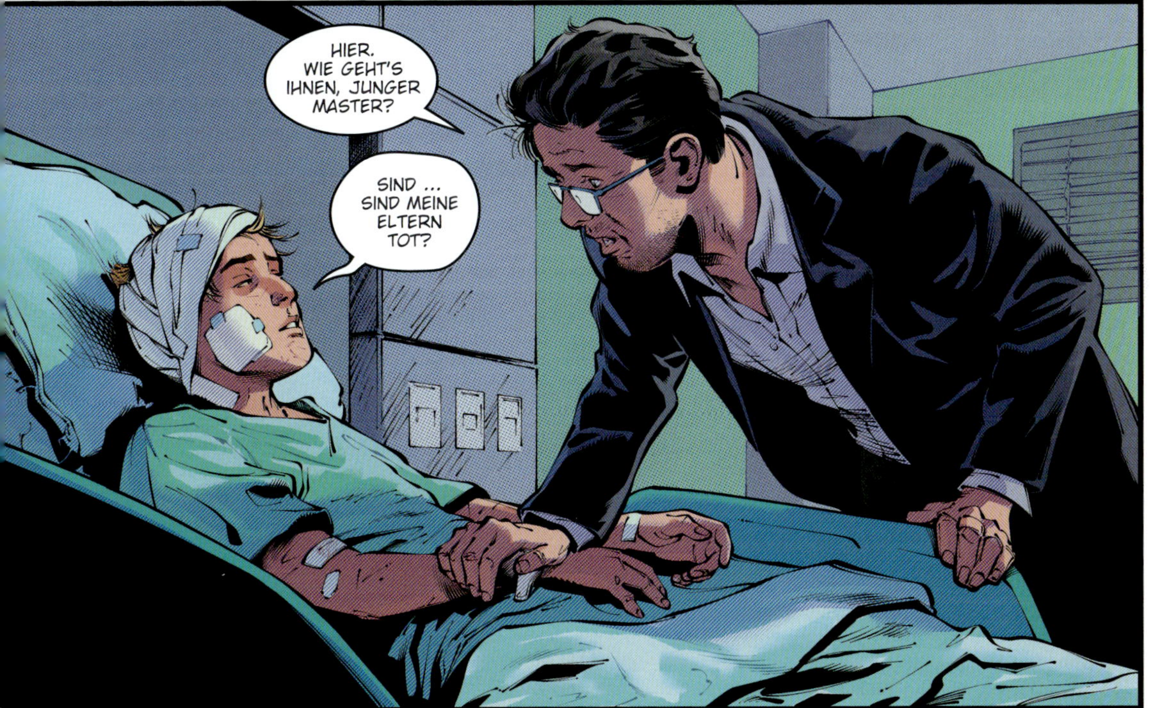
HIER. WIE GEHT'S IHNEN, JUNGER MASTER?
SIND ... SIND MEINE ELTERN TOT?

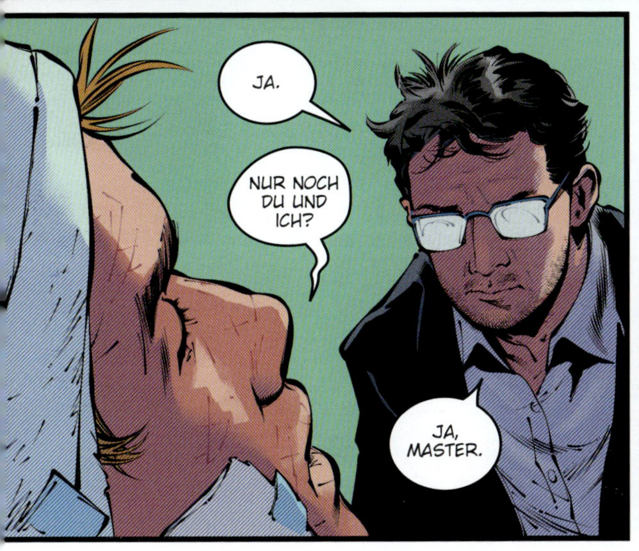
JA.
NUR NOCH DU UND ICH?
JA, MASTER.

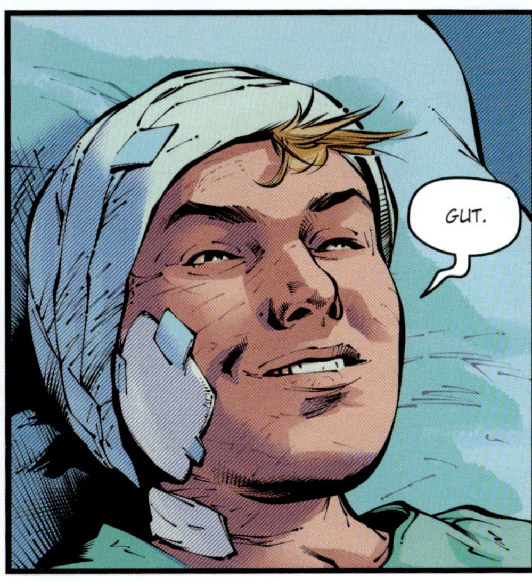
GUT.

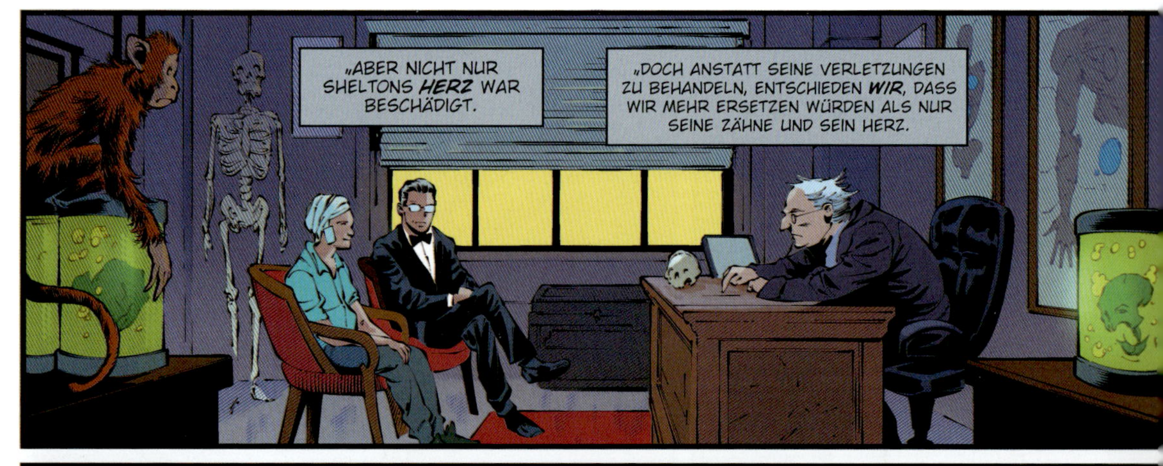
„ABER NICHT NUR SHELTONS HERZ WAR BESCHÄDIGT.
„DOCH ANSTATT SEINE VERLETZUNGEN ZU BEHANDELN, ENTSCHIEDEN WIR, DASS WIR MEHR ERSETZEN WÜRDEN ALS NUR SEINE ZÄHNE UND SEIN HERZ.

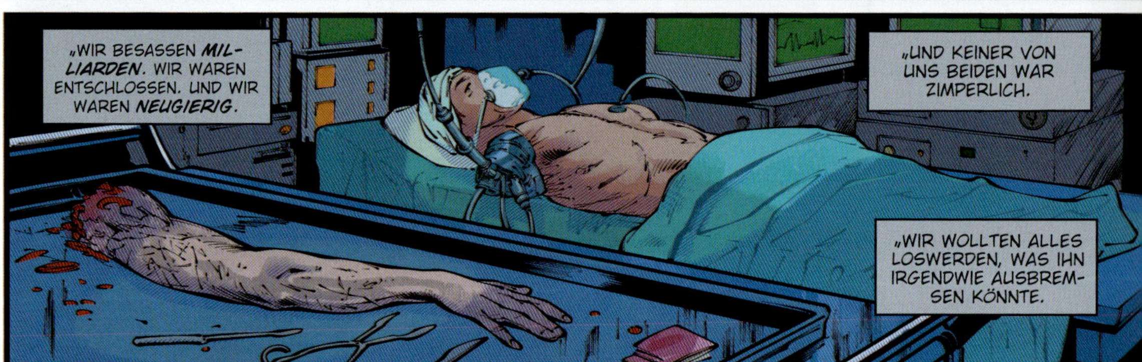
„WIR BESASSEN MILLIARDEN. WIR WAREN ENTSCHLOSSEN. UND WIR WAREN NEUGIERIG.
„UND KEINER VON UNS BEIDEN WAR ZIMPERLICH.
„WIR WOLLTEN ALLES LOSWERDEN, WAS IHN IRGENDWIE AUSBREMSEN KÖNNTE.

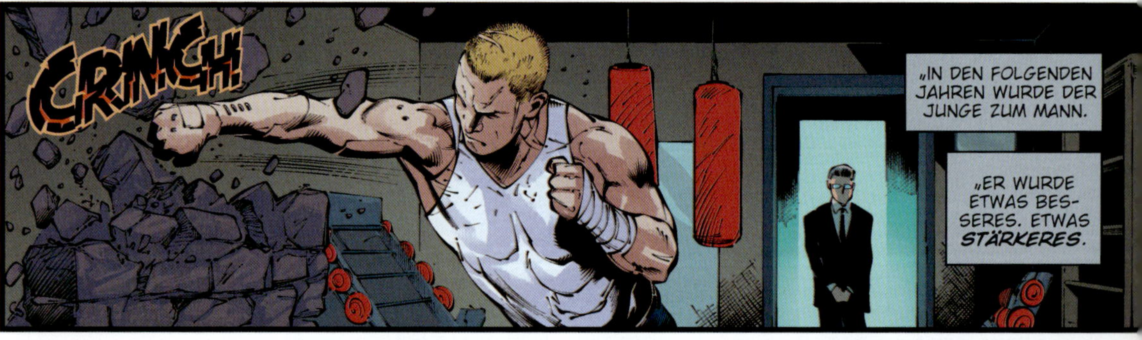
CRNCH!
„IN DEN FOLGENDEN JAHREN WURDE DER JUNGE ZUM MANN.
„ER WURDE ETWAS BESSERES. ETWAS STÄRKERES.

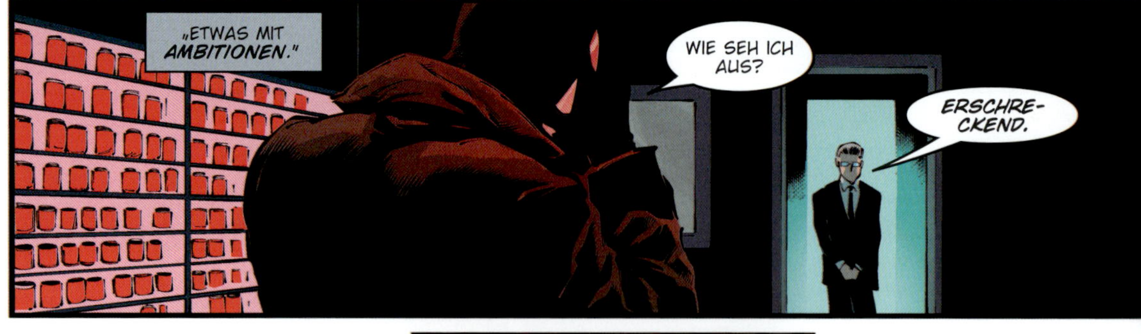
„ETWAS MIT AMBITIONEN."
WIE SEH ICH AUS?
ERSCHRECKEND.

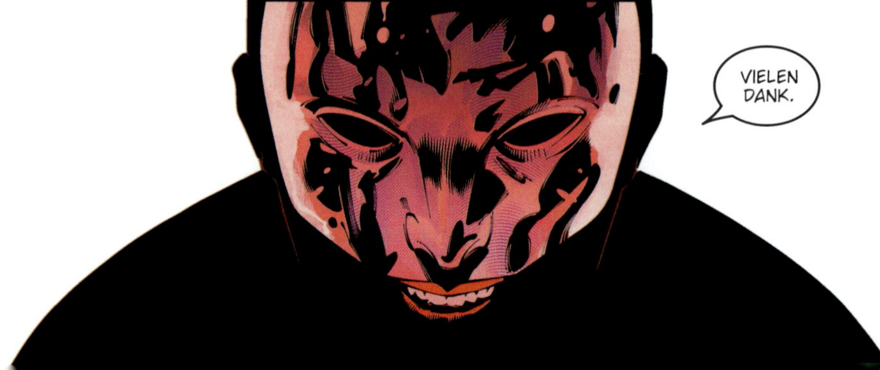
VIELEN DANK.

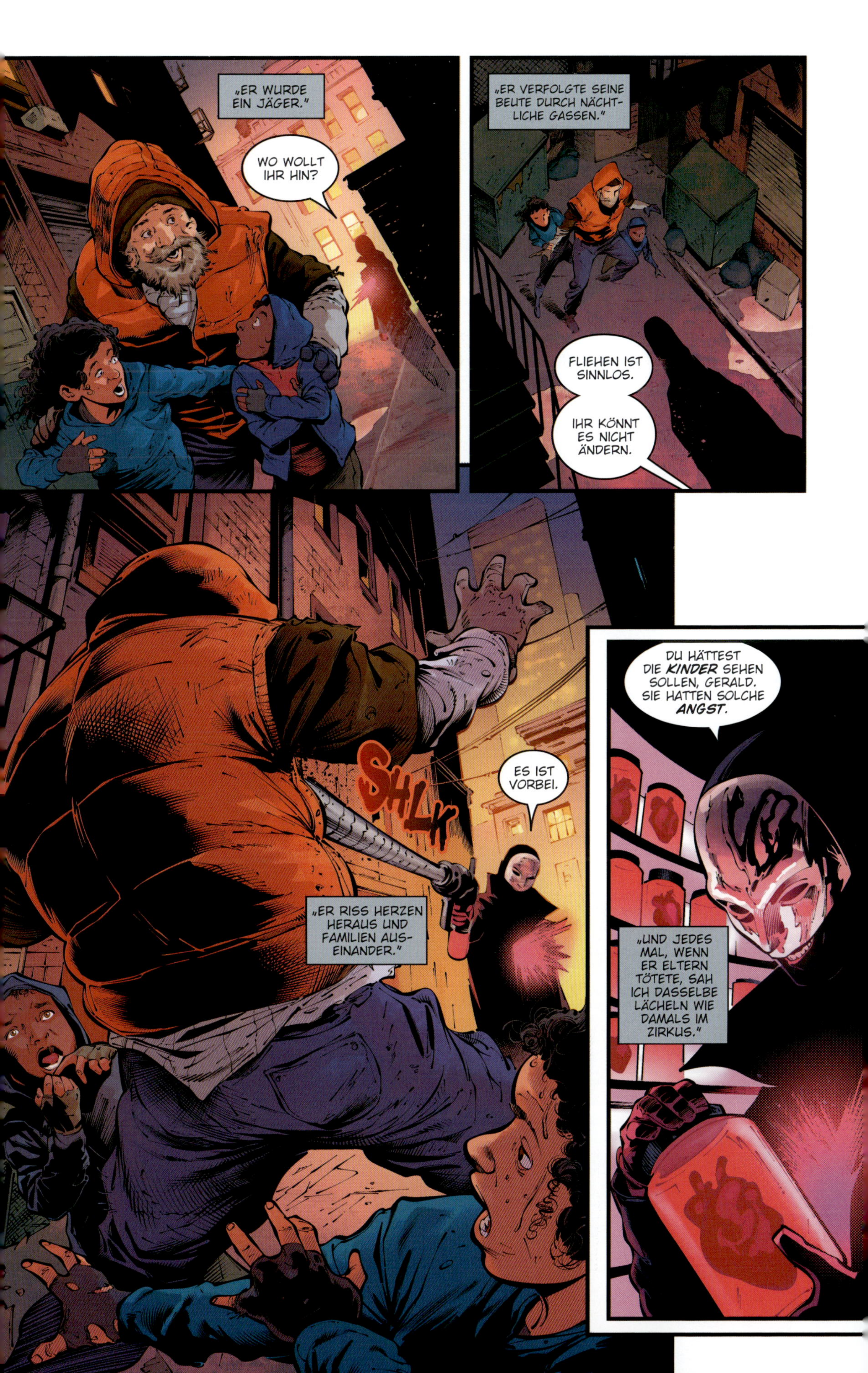
„ER WURDE EIN JÄGER."
WO WOLLT IHR HIN?
„ER VERFOLGTE SEINE BEUTE DURCH NÄCHTLICHE GASSEN."
FLIEHEN IST SINNLOS.
IHR KÖNNT ES NICHT ÄNDERN.
SHLK
ES IST VORBEI.
„ER RISS HERZEN HERAUS UND FAMILIEN AUSEINANDER."
DU HÄTTEST DIE **KINDER** SEHEN SOLLEN, GERALD. SIE HATTEN SOLCHE **ANGST**.
„UND JEDES MAL, WENN ER ELTERN TÖTETE, SAH ICH DASSELBE LÄCHELN WIE DAMALS IM ZIRKUS."

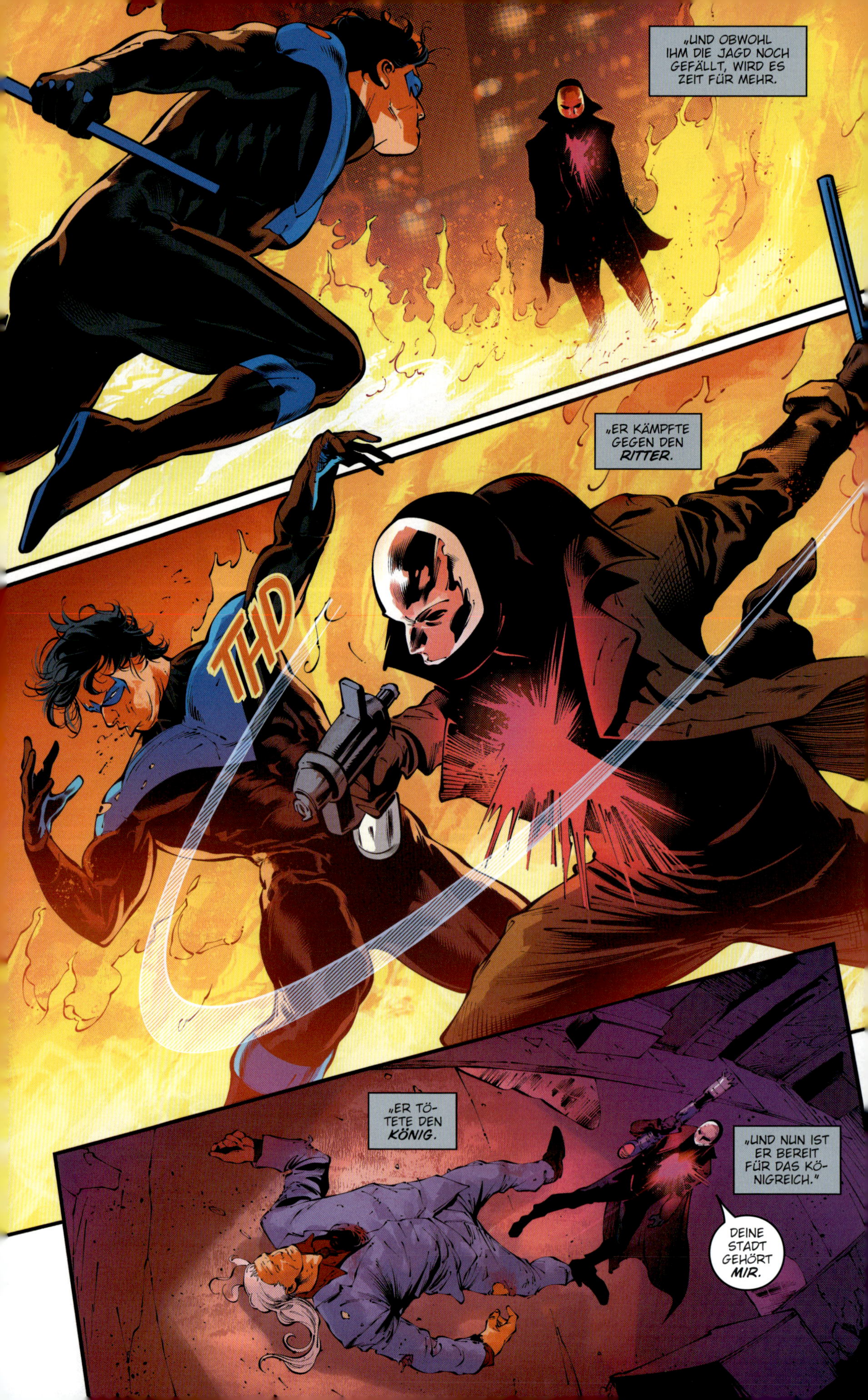
„UND OBWOHL IHM DIE JAGD NOCH GEFÄLLT, WIRD ES ZEIT FÜR MEHR.
„ER KÄMPFTE GEGEN DEN *RITTER*.
THD
„ER TÖ-TETE DEN *KÖNIG*.
„UND NUN IST ER BEREIT FÜR DAS KÖ-NIGREICH."
DEINE STADT GEHÖRT *MIR*.

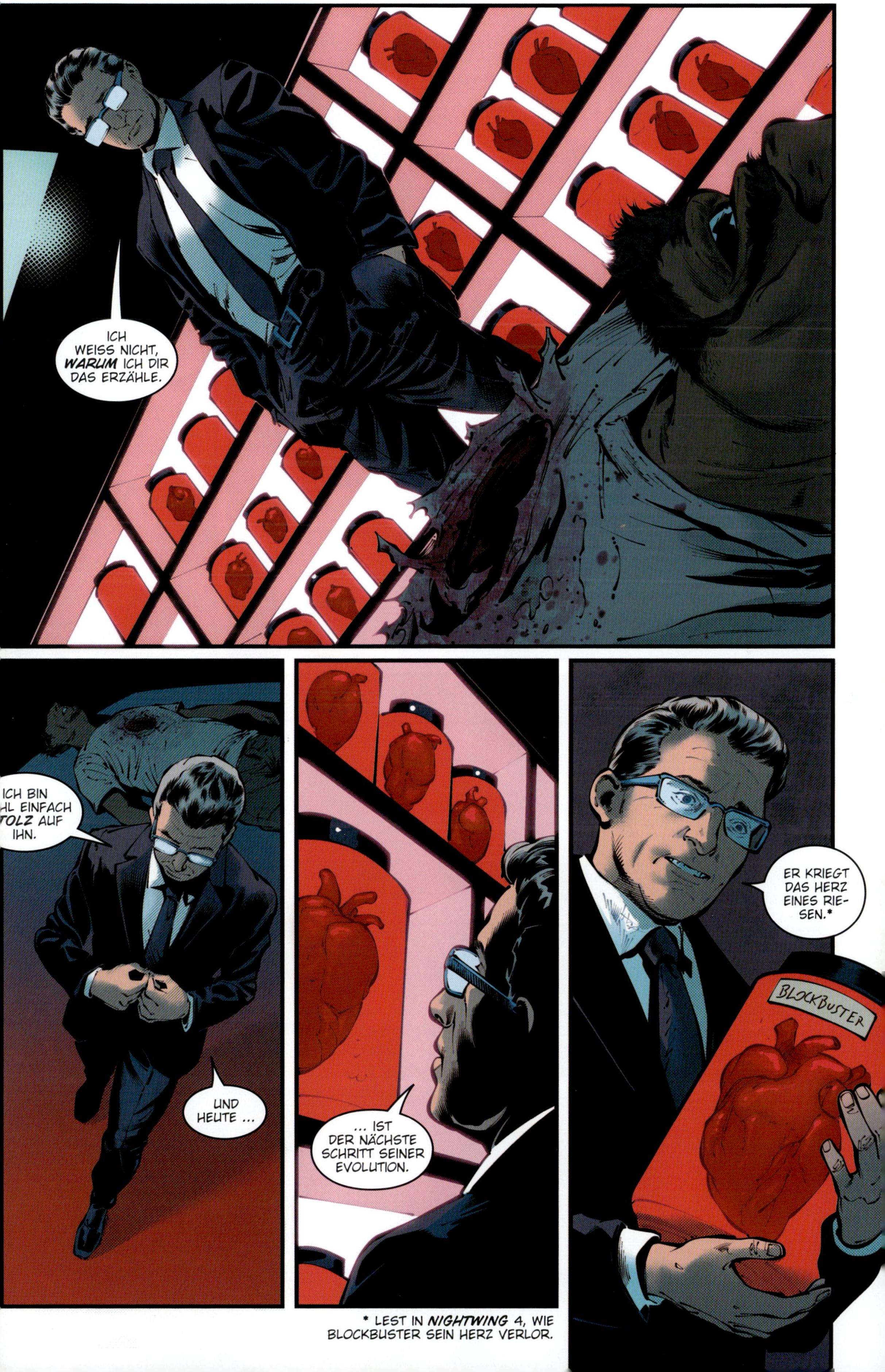

ICH WEISS NICHT, ***WARUM*** ICH DIR DAS ERZÄHLE.

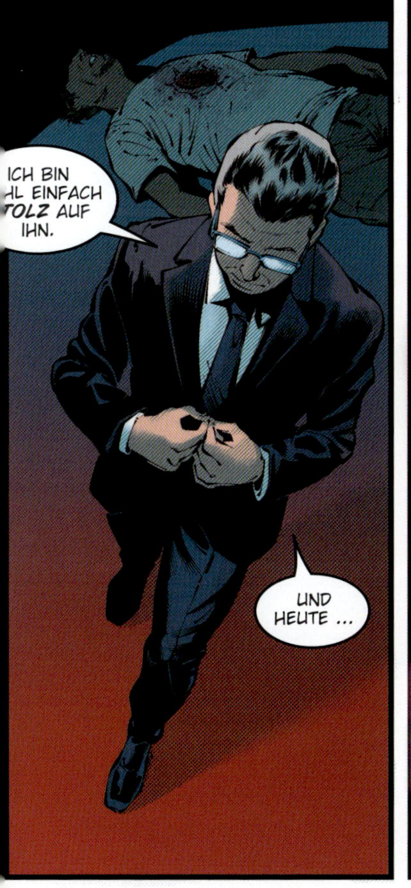

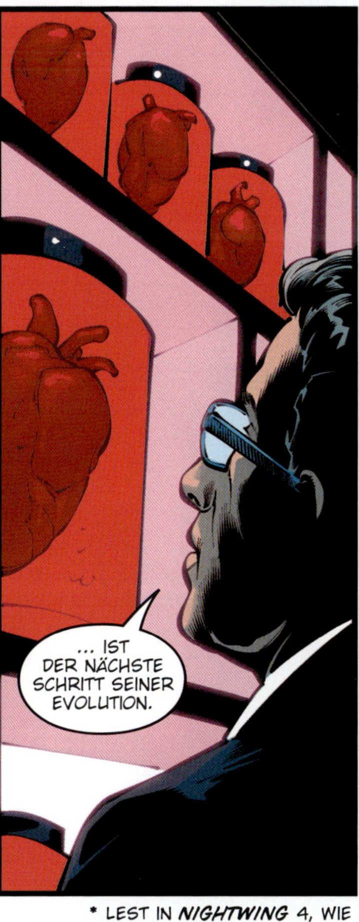

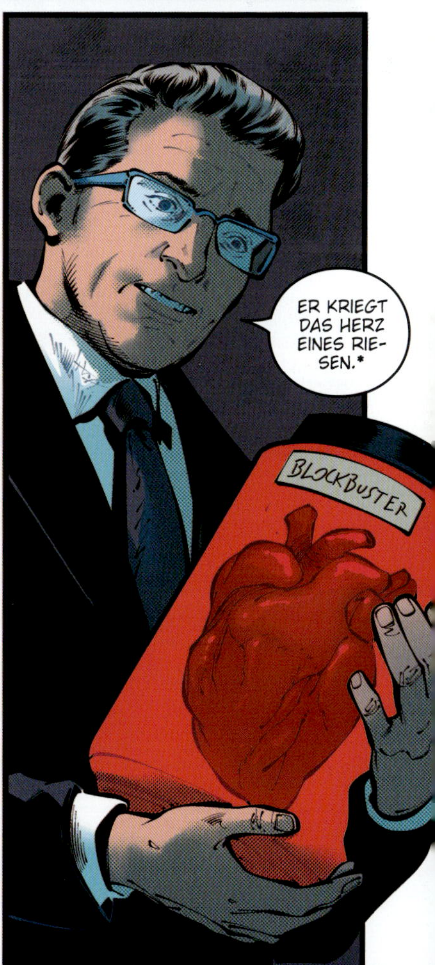

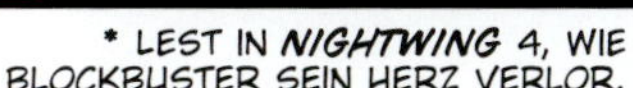
* LEST IN ***NIGHTWING*** 4, WIE BLOCKBUSTER SEIN HERZ VERLOR.

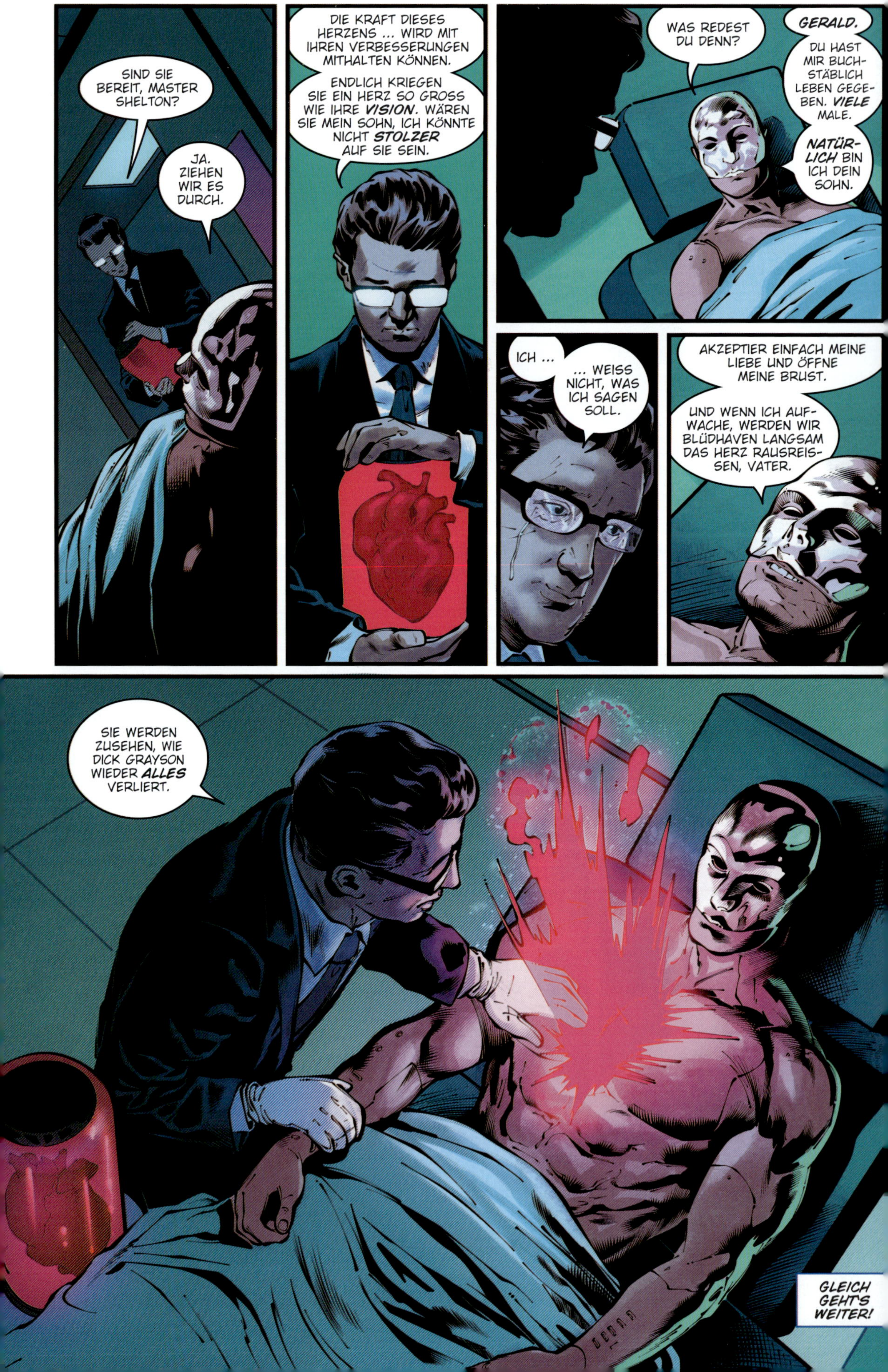

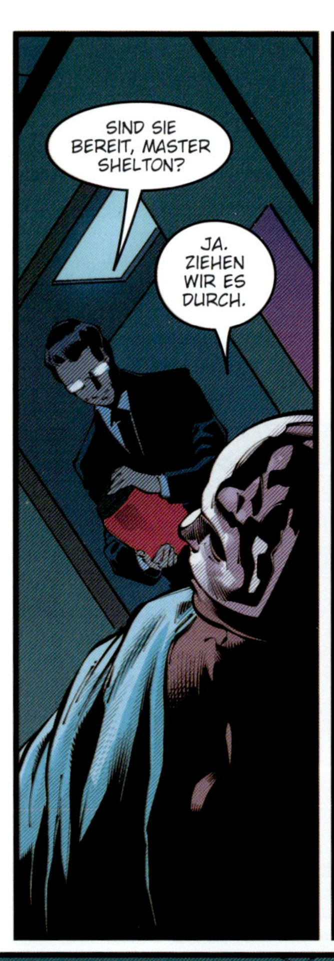

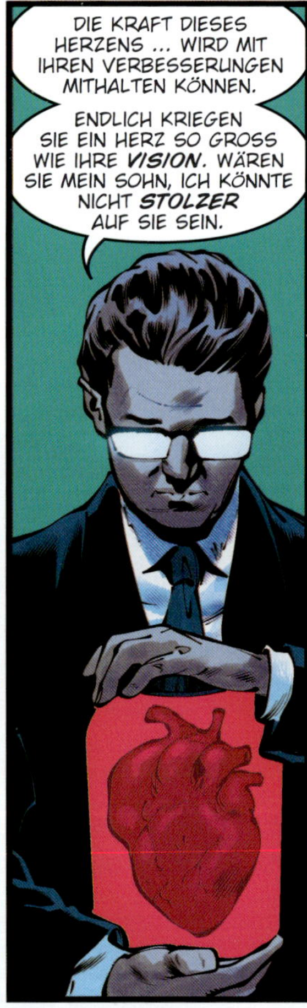

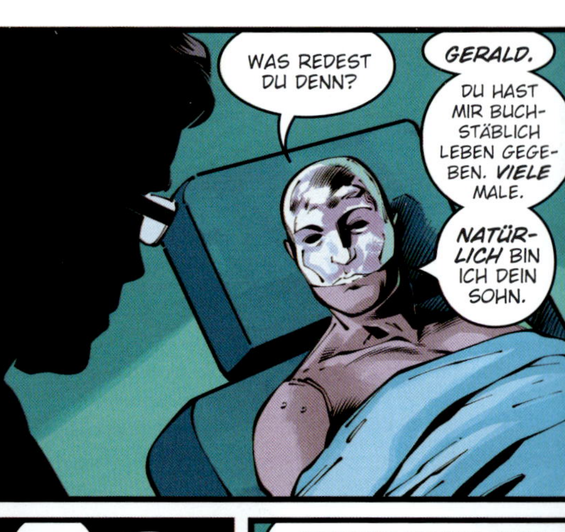

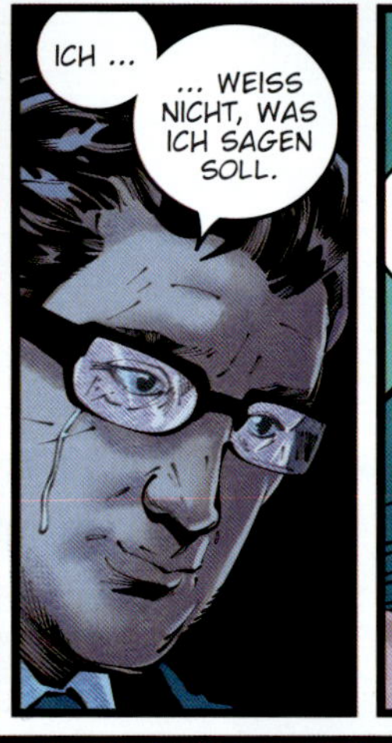

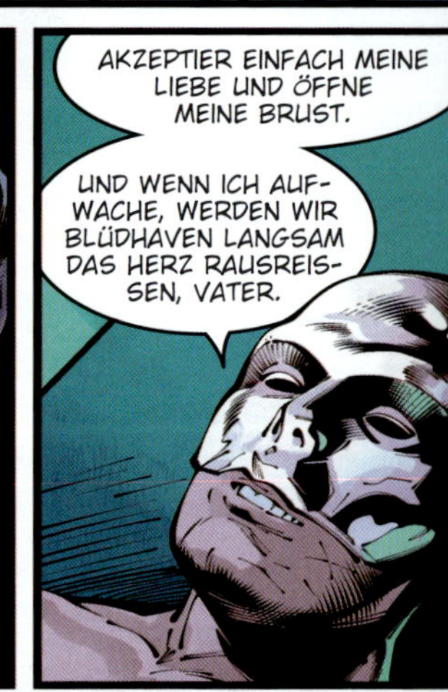

SIE WERDEN ZUSEHEN, WIE DICK GRAYSON WIEDER ***ALLES*** VERLIERT.

GLEICH GEHT'S WEITER!

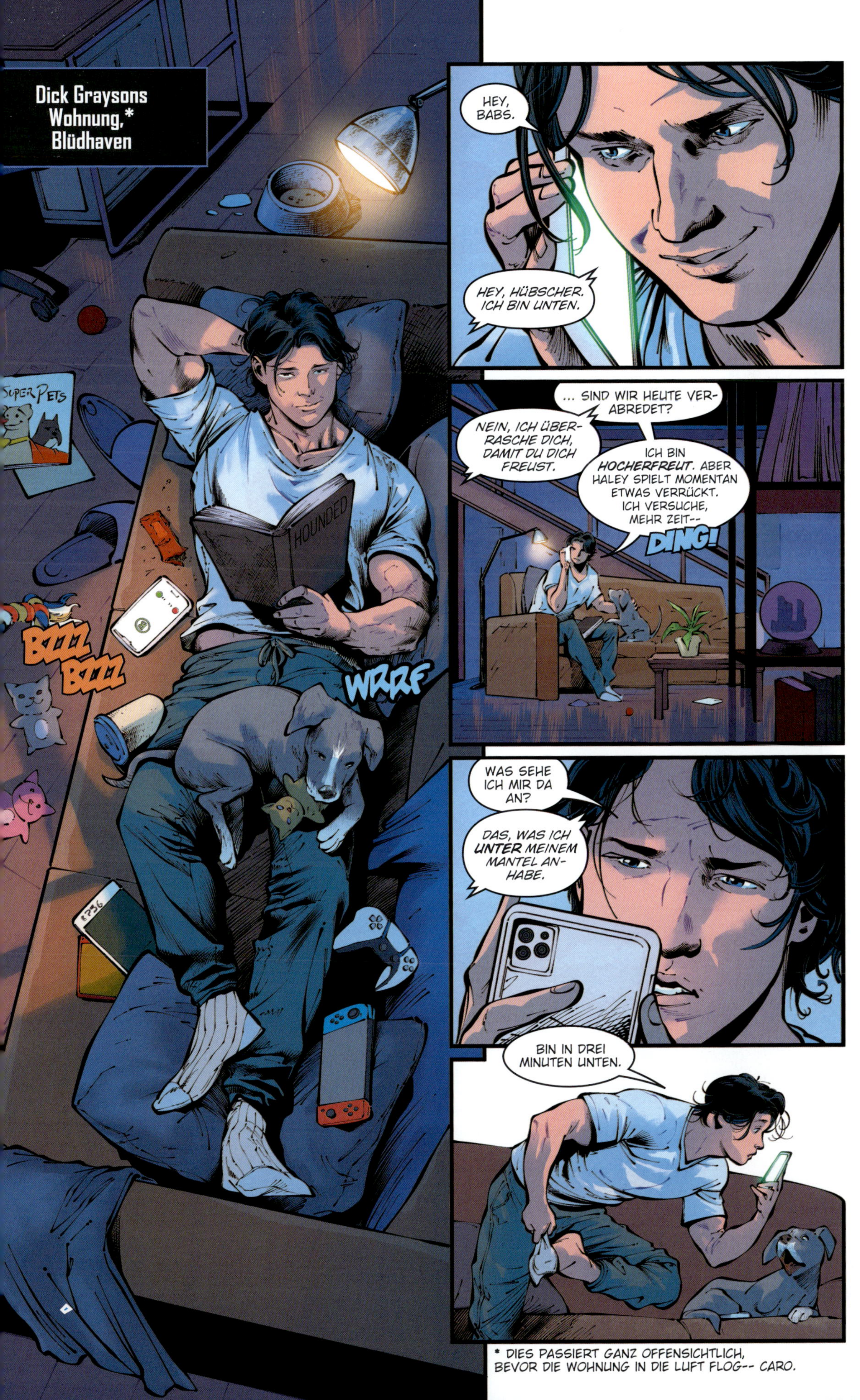
Dick Graysons Wohnung,* Blüdhaven
BZZZ BZZZ
WRRF
HOUNDED
SUPER PETS
HEY, BABS.
HEY, HÜBSCHER. ICH BIN UNTEN.
... SIND WIR HEUTE VERABREDET?
NEIN, ICH ÜBERRASCHE DICH, DAMIT DU DICH FREUST.
ICH BIN HOCHERFREUT. ABER HALEY SPIELT MOMENTAN ETWAS VERRÜCKT. ICH VERSUCHE, MEHR ZEIT--
DING!
WAS SEHE ICH MIR DA AN?
DAS, WAS ICH UNTER MEINEM MANTEL ANHABE.
BIN IN DREI MINUTEN UNTEN.
* DIES PASSIERT GANZ OFFENSICHTLICH, BEVOR DIE WOHNUNG IN DIE LUFT FLOG-- CARO.

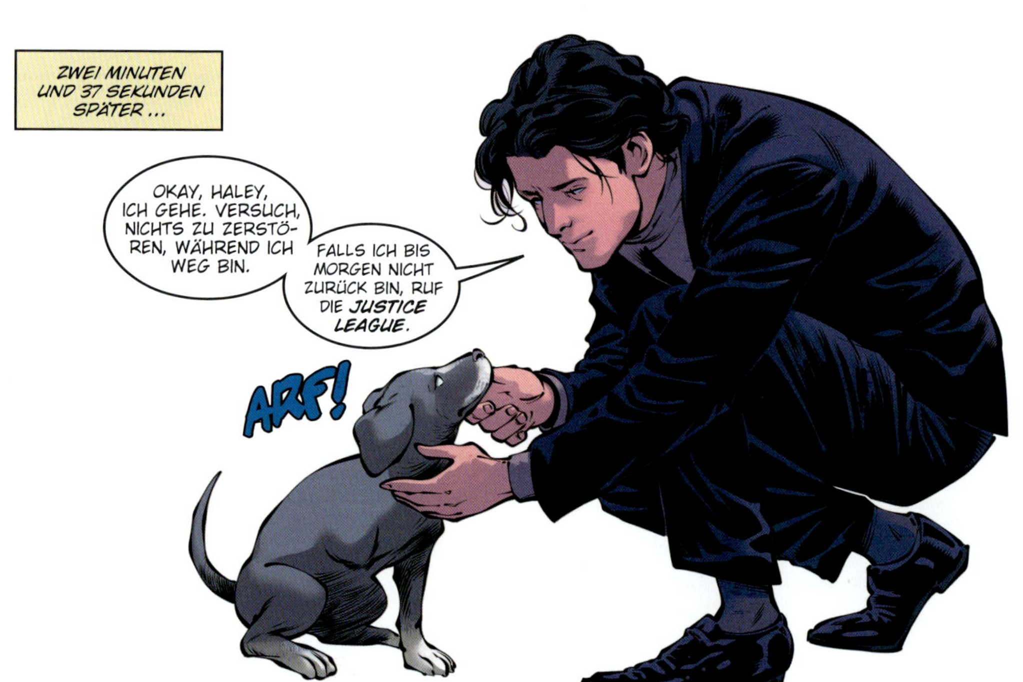
ZWEI MINUTEN UND 37 SEKUNDEN SPÄTER ...
OKAY, HALEY, ICH GEHE. VERSUCH, NICHTS ZU ZERSTÖREN, WÄHREND ICH WEG BIN.
FALLS ICH BIS MORGEN NICHT ZURÜCK BIN, RUF DIE JUSTICE LEAGUE.
ARF!

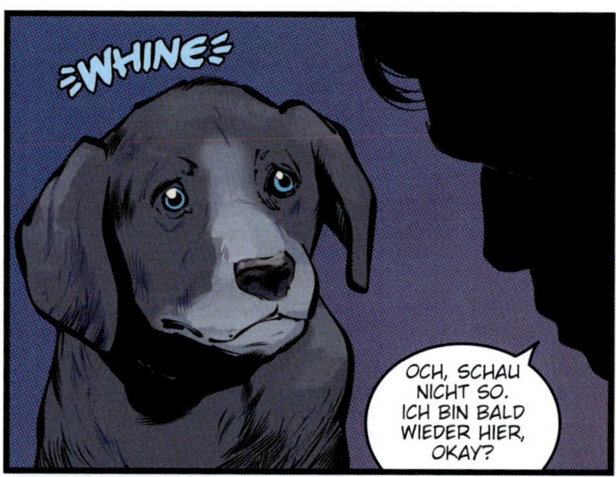
WHINE
OCH, SCHAU NICHT SO. ICH BIN BALD WIEDER HIER, OKAY?

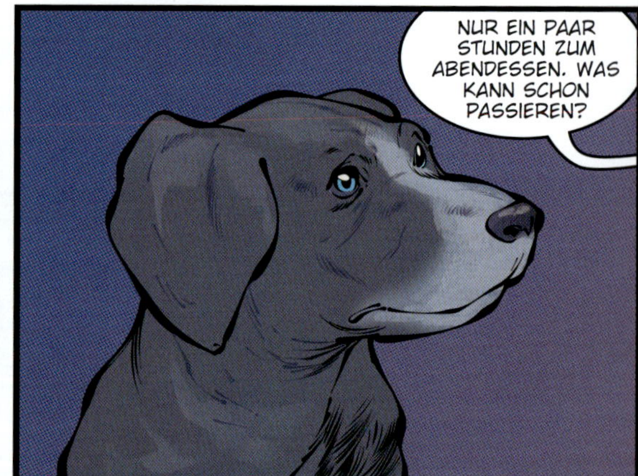
NUR EIN PAAR STUNDEN ZUM ABENDESSEN. WAS KANN SCHON PASSIEREN?

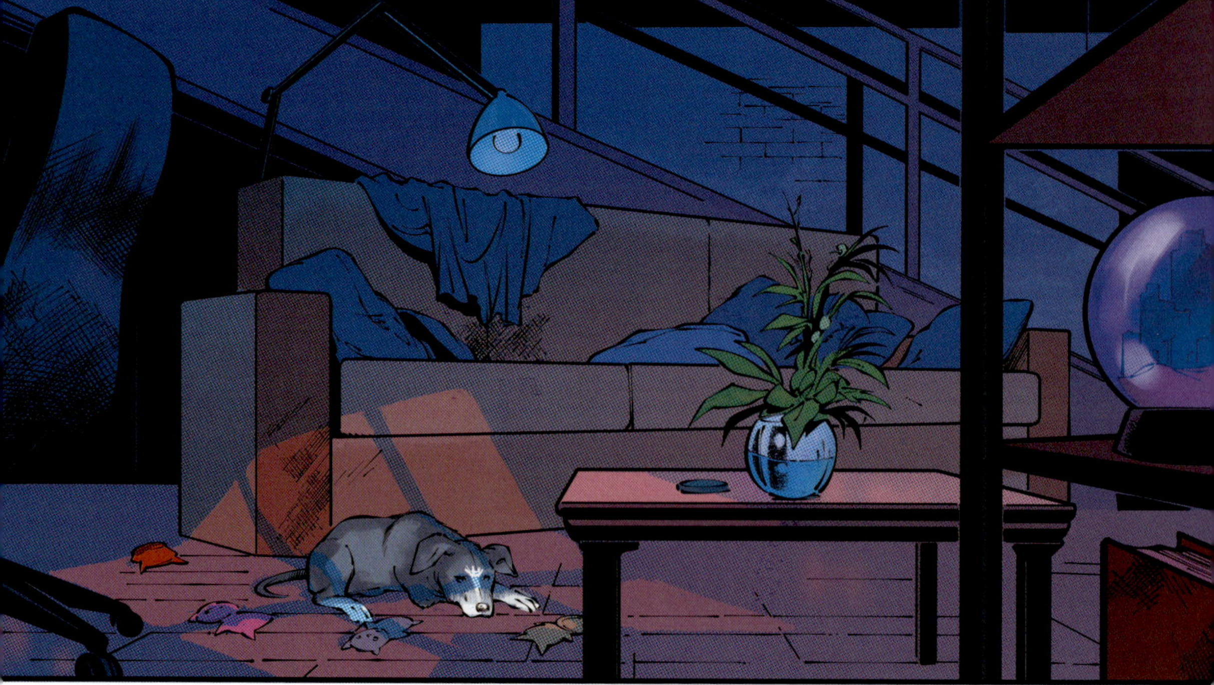

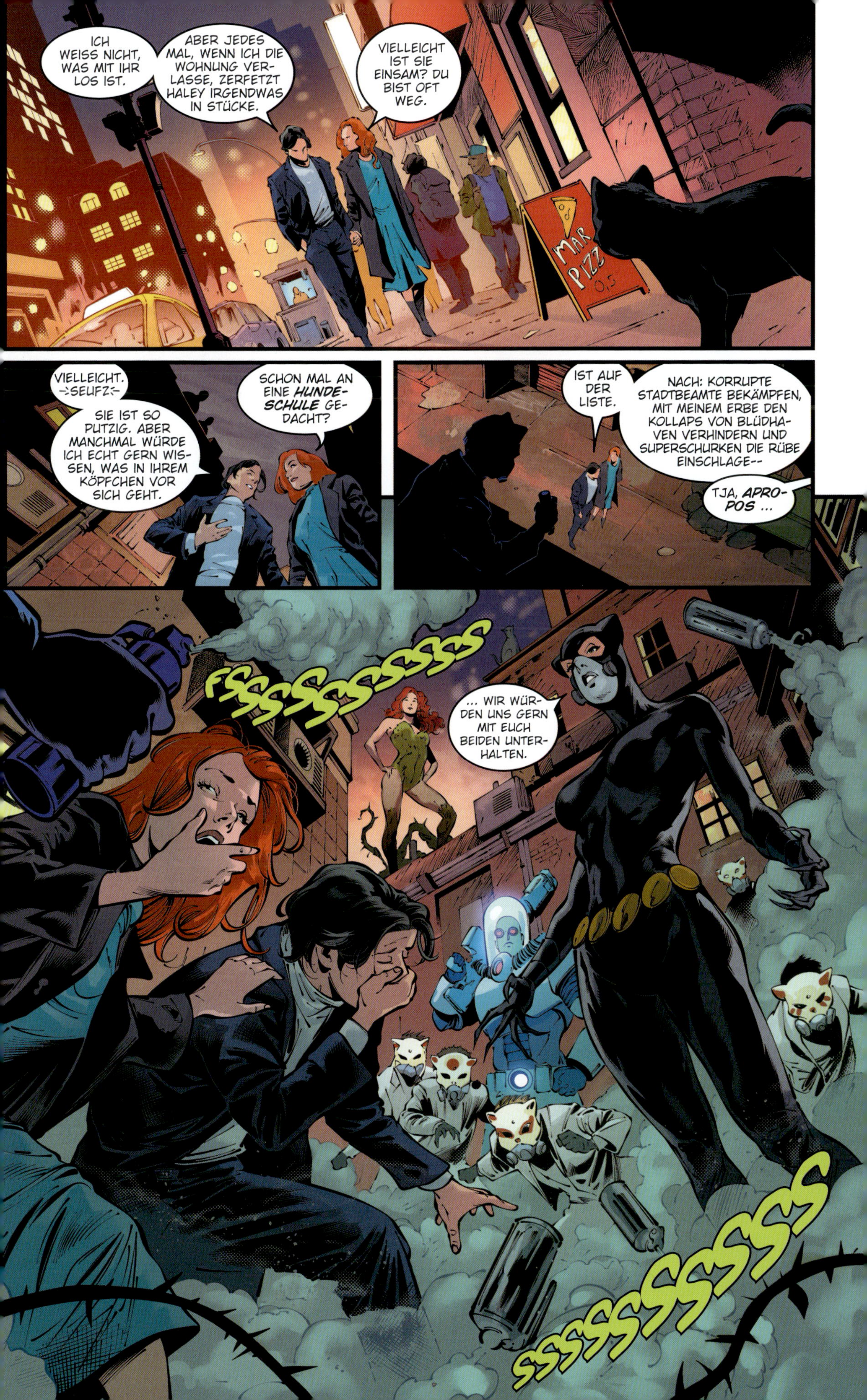
ICH WEISS NICHT, WAS MIT IHR LOS IST.
ABER JEDES MAL, WENN ICH DIE WOHNUNG VERLASSE, ZERFETZT HALEY IRGENDWAS IN STÜCKE.
VIELLEICHT IST SIE EINSAM? DU BIST OFT WEG.
MAR PIZZ
VIELLEICHT. -SEUFZ-
SIE IST SO PUTZIG. ABER MANCHMAL WÜRDE ICH ECHT GERN WISSEN, WAS IN IHREM KÖPFCHEN VOR SICH GEHT.
SCHON MAL AN EINE *HUNDESCHULE* GEDACHT?
IST AUF DER LISTE.
NACH: KORRUPTE STADTBEAMTE BEKÄMPFEN, MIT MEINEM ERBE DEN KOLLAPS VON BLÜDHAVEN VERHINDERN UND SUPERSCHURKEN DIE RÜBE EINSCHLAGE--
TJA, *APROPOS* ...
FSSSSSSSSSSS
... WIR WÜRDEN UNS GERN MIT EUCH BEIDEN UNTERHALTEN.
SSSSSSSSSSS

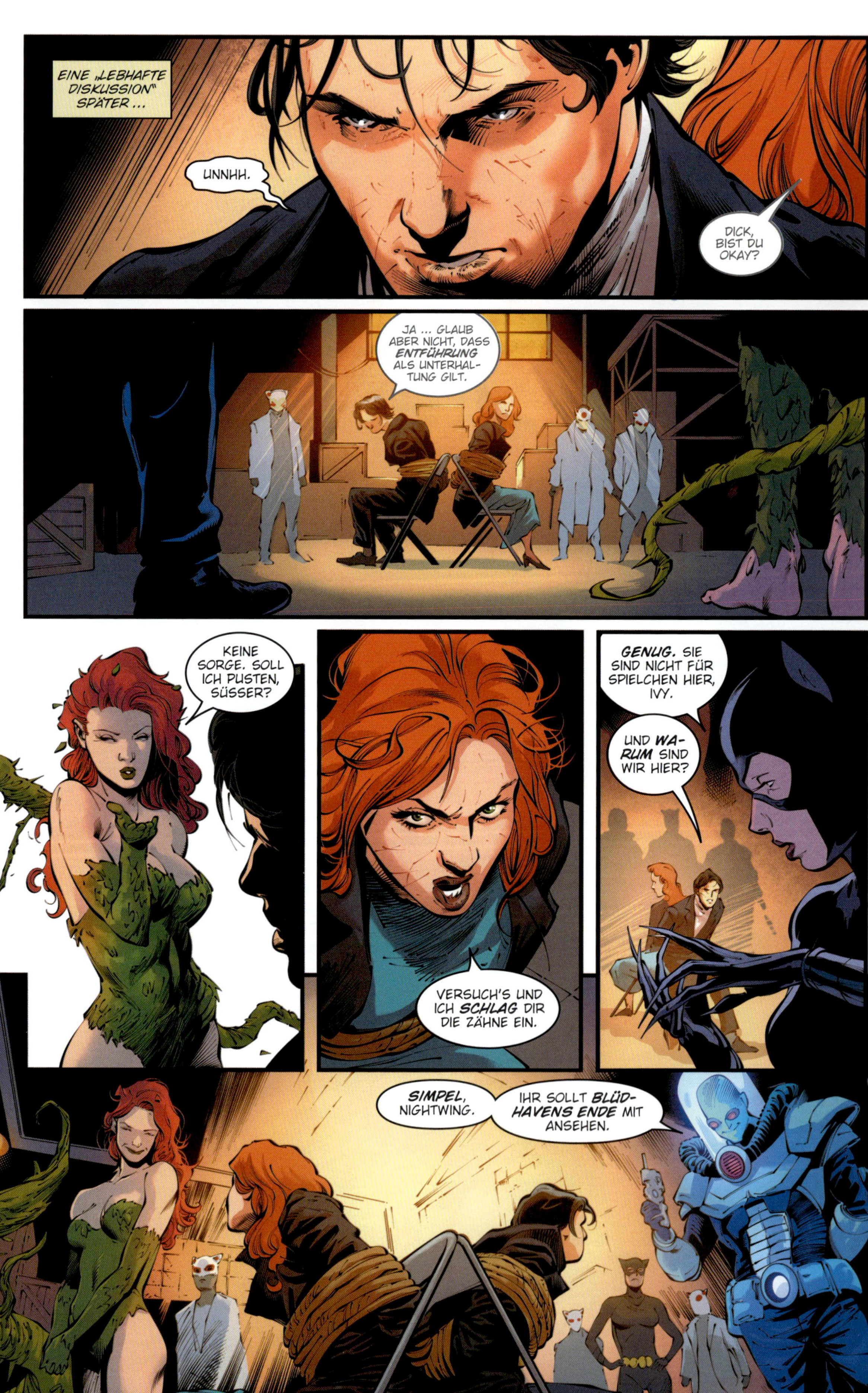
EINE „LEBHAFTE DISKUSSION" SPÄTER ...
UNNHH.
DICK, BIST DU OKAY?
JA ... GLAUB ABER NICHT, DASS ENTFÜHRUNG ALS UNTERHALTUNG GILT.
KEINE SORGE. SOLL ICH PUSTEN, SÜSSER?
VERSUCH'S UND ICH SCHLAG DIR DIE ZÄHNE EIN.
GENUG. SIE SIND NICHT FÜR SPIELCHEN HIER, IVY.
UND WARUM SIND WIR HIER?
SIMPEL, NIGHTWING.
IHR SOLLT BLÜDHAVENS ENDE MIT ANSEHEN.

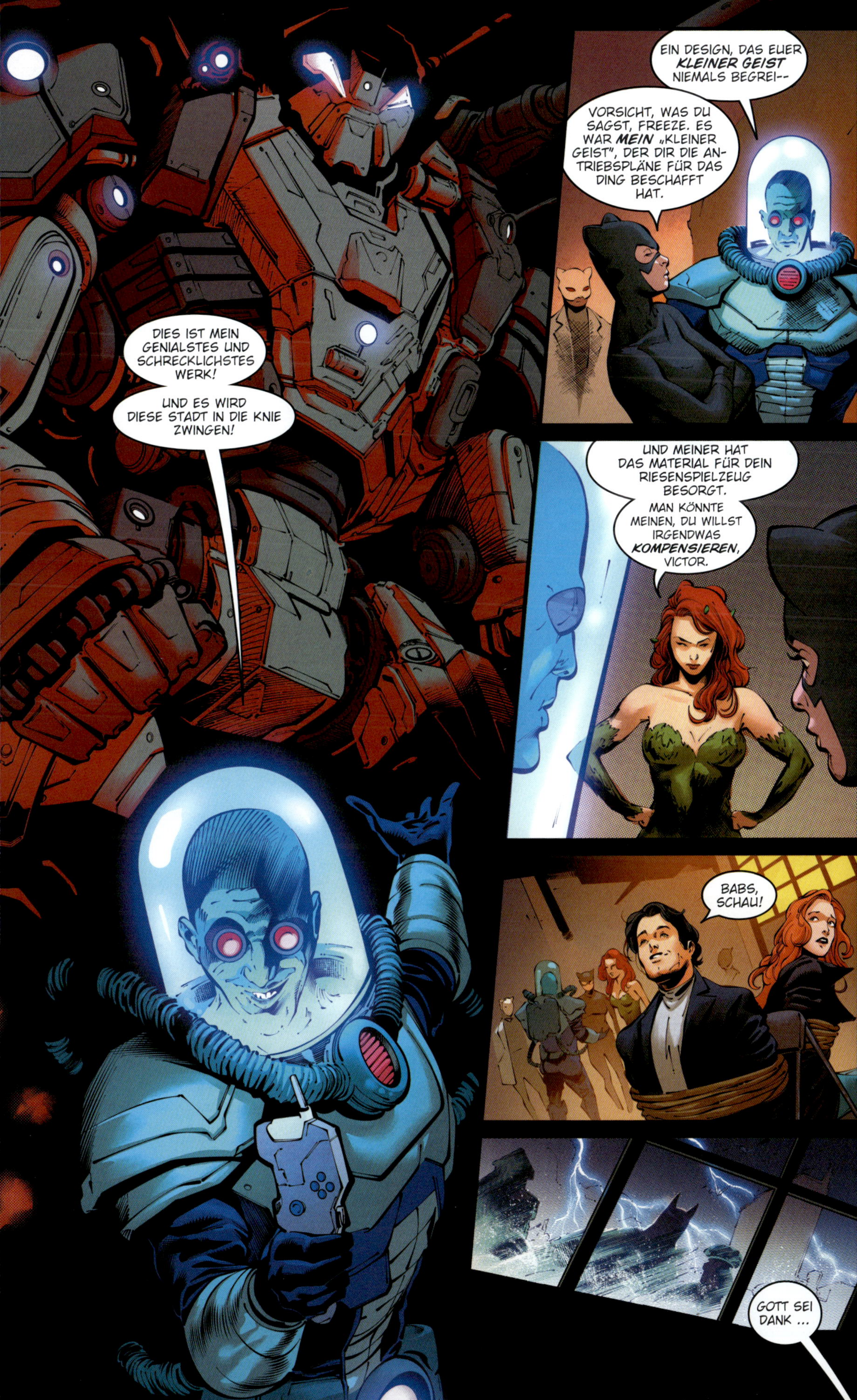
EIN DESIGN, DAS EUER *KLEINER GEIST* NIEMALS BEGREI--
VORSICHT, WAS DU SAGST, FREEZE. ES WAR *MEIN* „KLEINER GEIST", DER DIR DIE ANTRIEBSPLÄNE FÜR DAS DING BESCHAFFT HAT.
DIES IST MEIN GENIALSTES UND SCHRECKLICHSTES WERK!
UND ES WIRD DIESE STADT IN DIE KNIE ZWINGEN!
UND MEINER HAT DAS MATERIAL FÜR DEIN RIESENSPIELZEUG BESORGT.
MAN KÖNNTE MEINEN, DU WILLST IRGENDWAS *KOMPENSIEREN*, VICTOR.
BABS, SCHAU!
GOTT SEI DANK ...

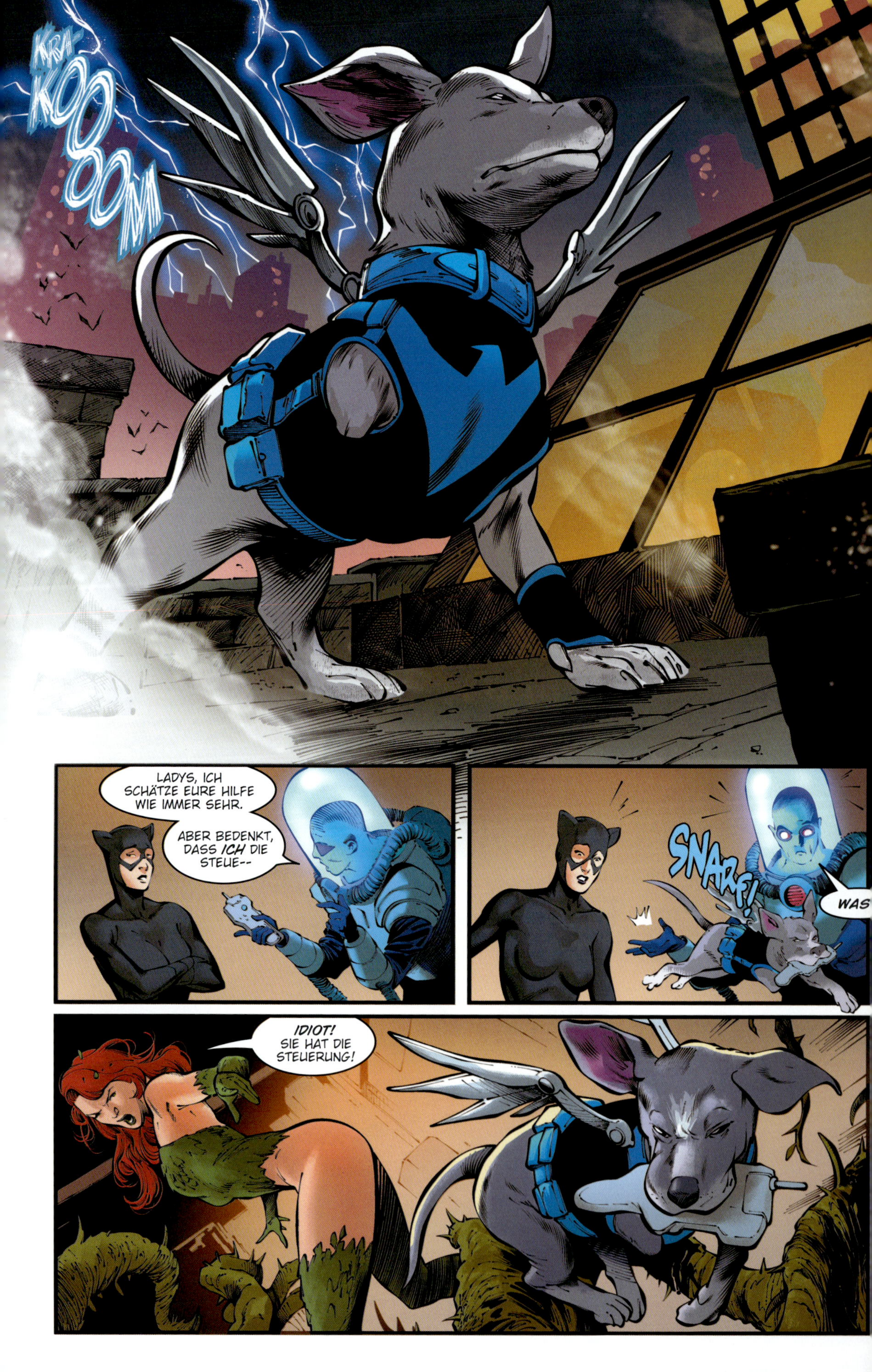
KRA-KOOOOOM
LADYS, ICH SCHÄTZE EURE HILFE WIE IMMER SEHR.
ABER BEDENKT, DASS *ICH* DIE STEUE--
SNARF!
WAS
IDIOT! SIE HAT DIE STEUERUNG!

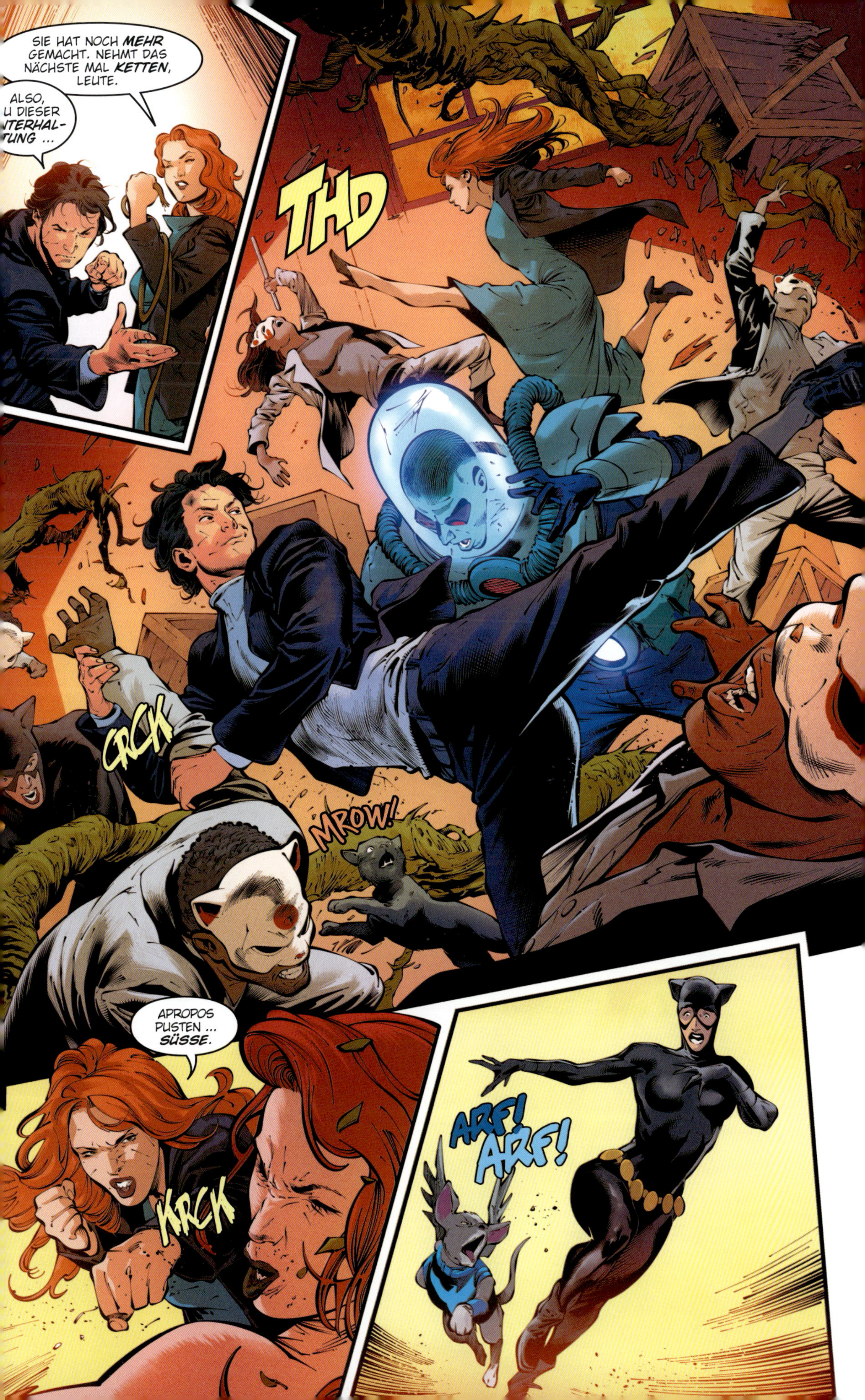
SIE HAT NOCH MEHR GEMACHT. NEHMT DAS NÄCHSTE MAL KETTEN, LEUTE.
ALSO, U DIESER NTERHAL-TUNG ...
THD
CRCK
MROW!
APROPOS PUSTEN ... SÜSSE.
KRCK
ARF! ARF!

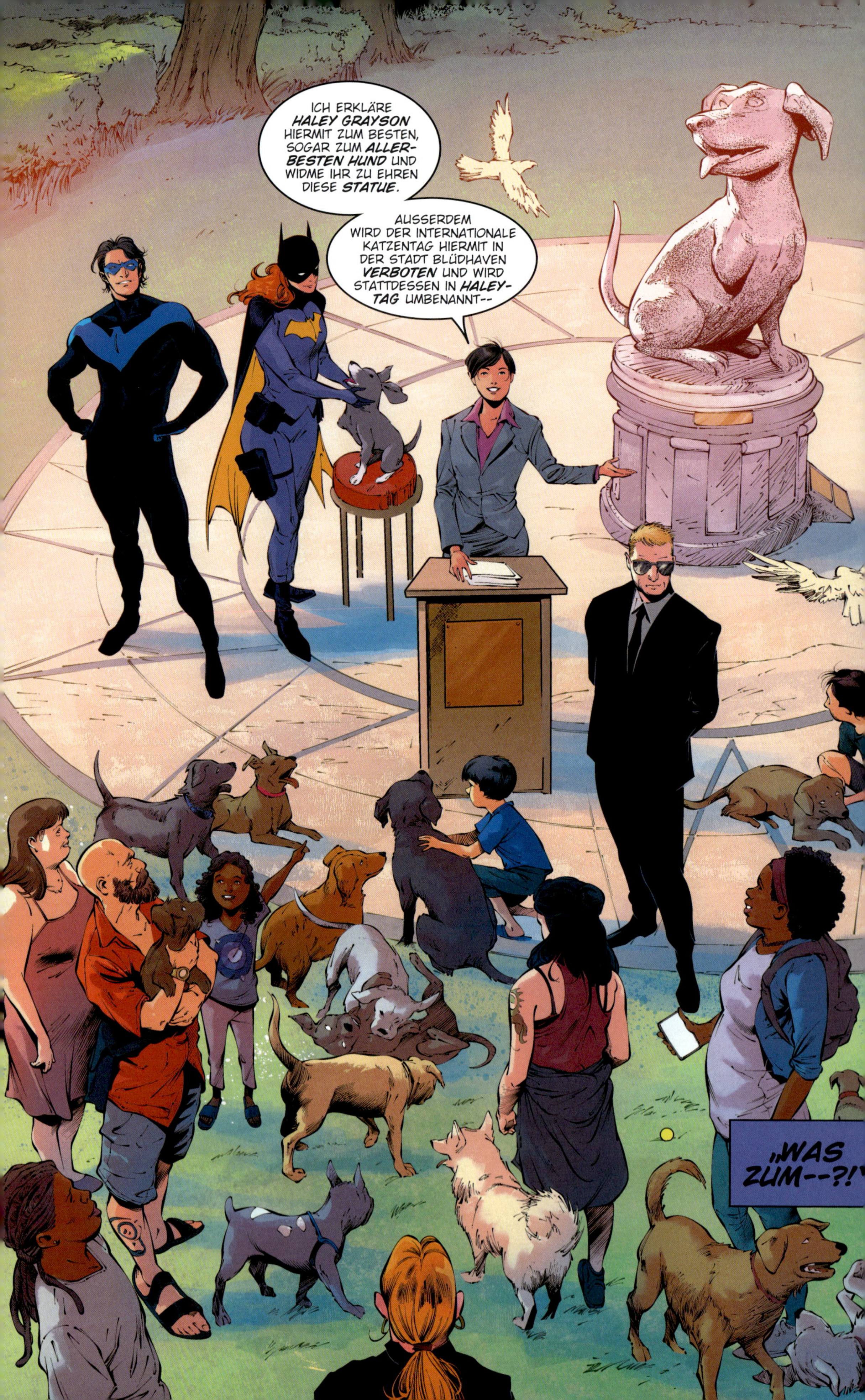
ICH ERKLÄRE HALEY GRAYSON HIERMIT ZUM BESTEN, SOGAR ZUM ALLERBESTEN HUND UND WIDME IHR ZU EHREN DIESE STATUE.
AUSSERDEM WIRD DER INTERNATIONALE KATZENTAG HIERMIT IN DER STADT BLÜDHAVEN VERBOTEN UND WIRD STATTDESSEN IN HALEY-TAG UMBENANNT--
„WAS ZUM--?!"

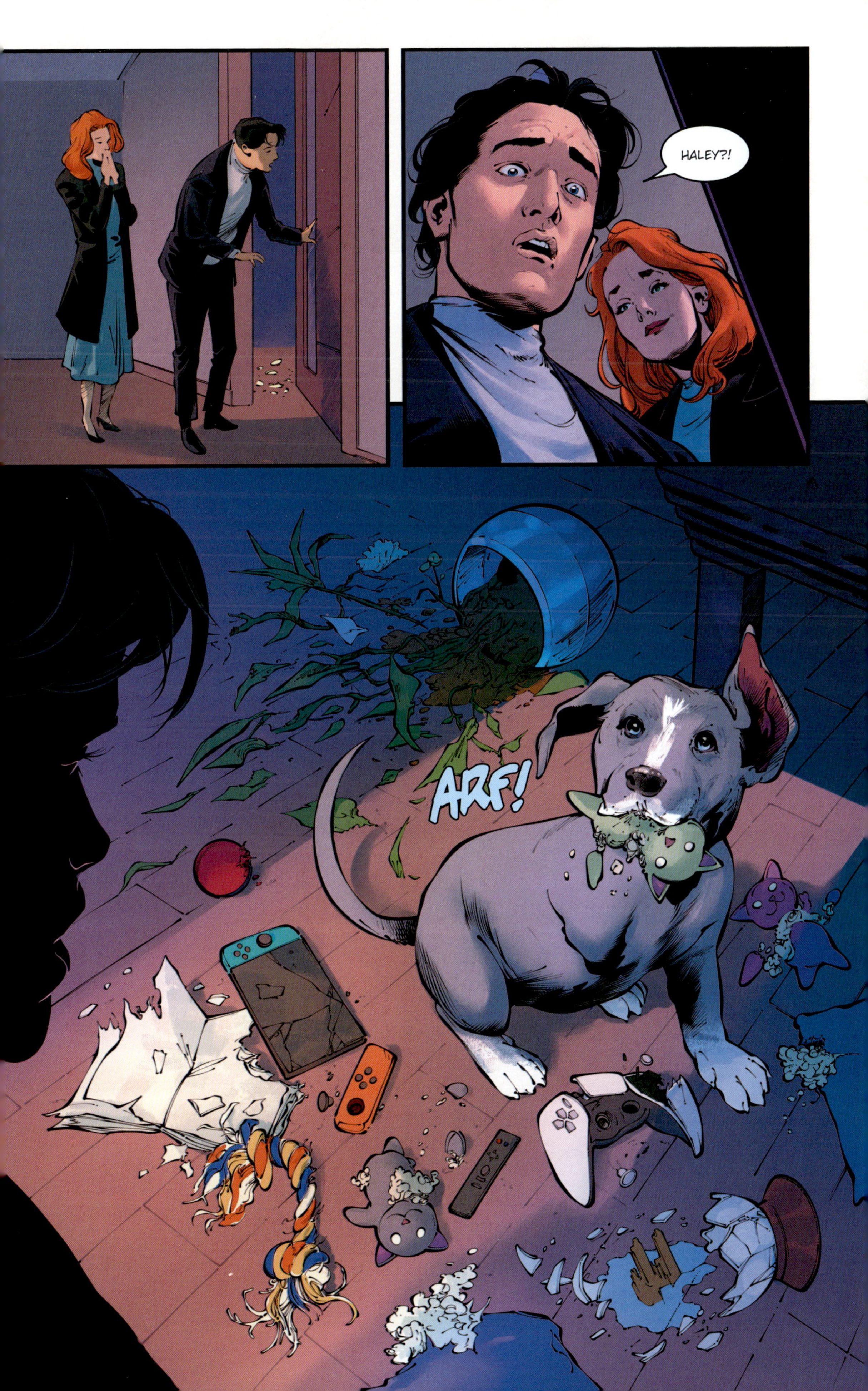
HALEY?!
ARF!

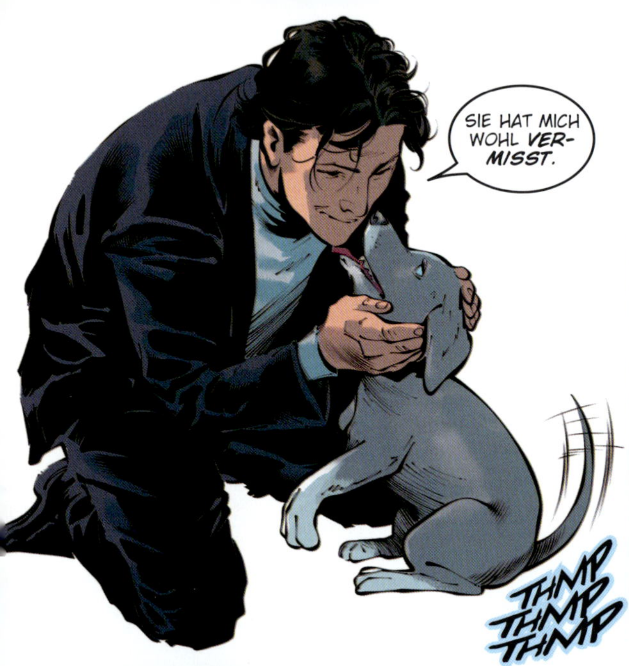
SIE HAT MICH WOHL **VERMISST**.
THMP THMP THMP

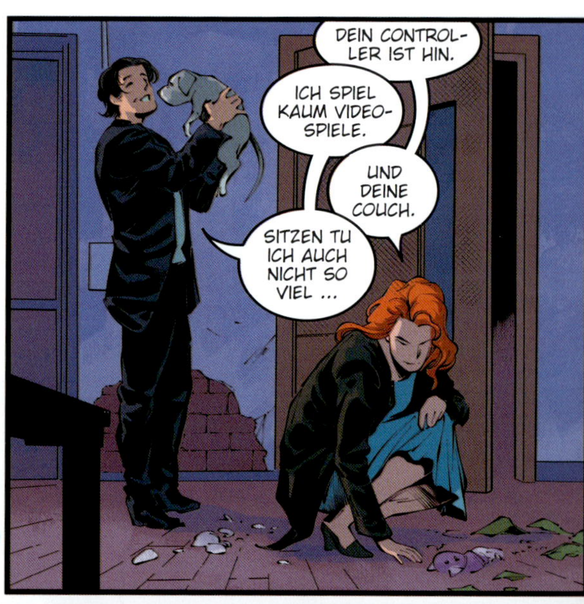
DEIN CONTROLLER IST HIN.
ICH SPIEL KAUM VIDEOSPIELE.
UND DEINE COUCH.
SITZEN TU ICH AUCH NICHT SO VIEL ...

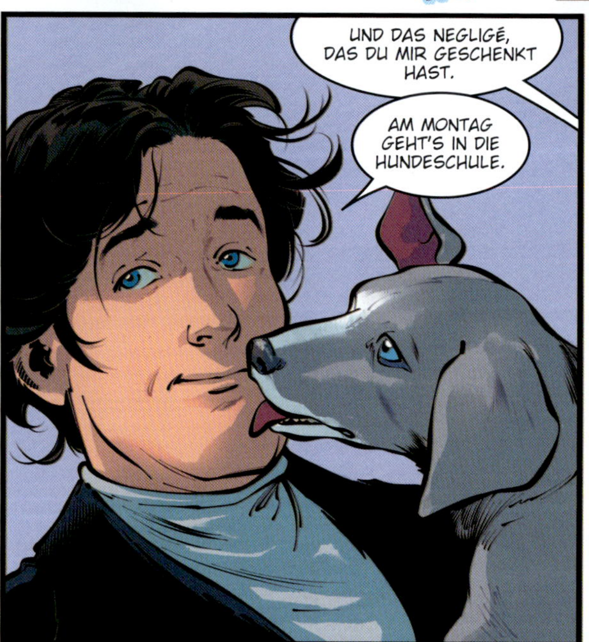
UND DAS NEGLIGÉ, DAS DU MIR GESCHENKT HAST.
AM MONTAG GEHT'S IN DIE HUNDESCHULE.

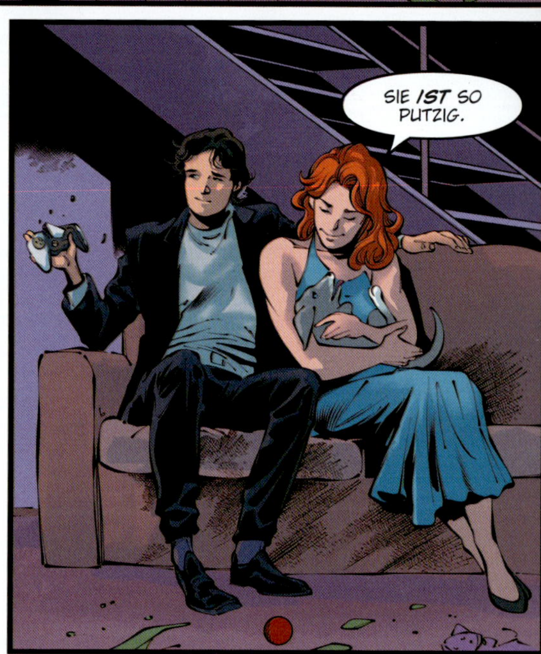
SIE ***IST*** SO PUTZIG.

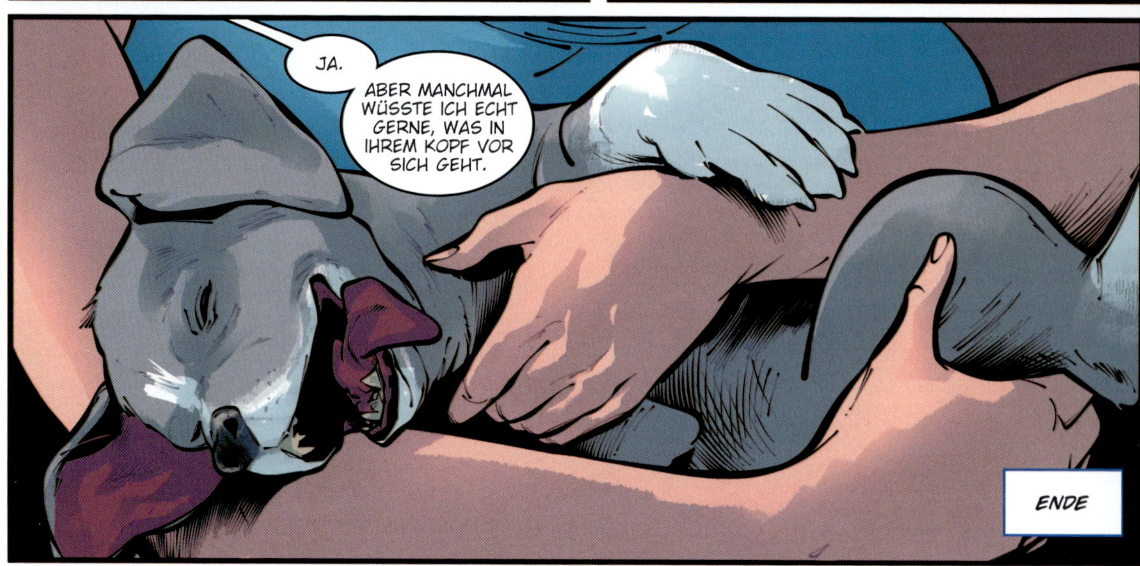
JA.
ABER MANCHMAL WÜSSTE ICH ECHT GERNE, WAS IN IHREM KOPF VOR SICH GEHT.
ENDE

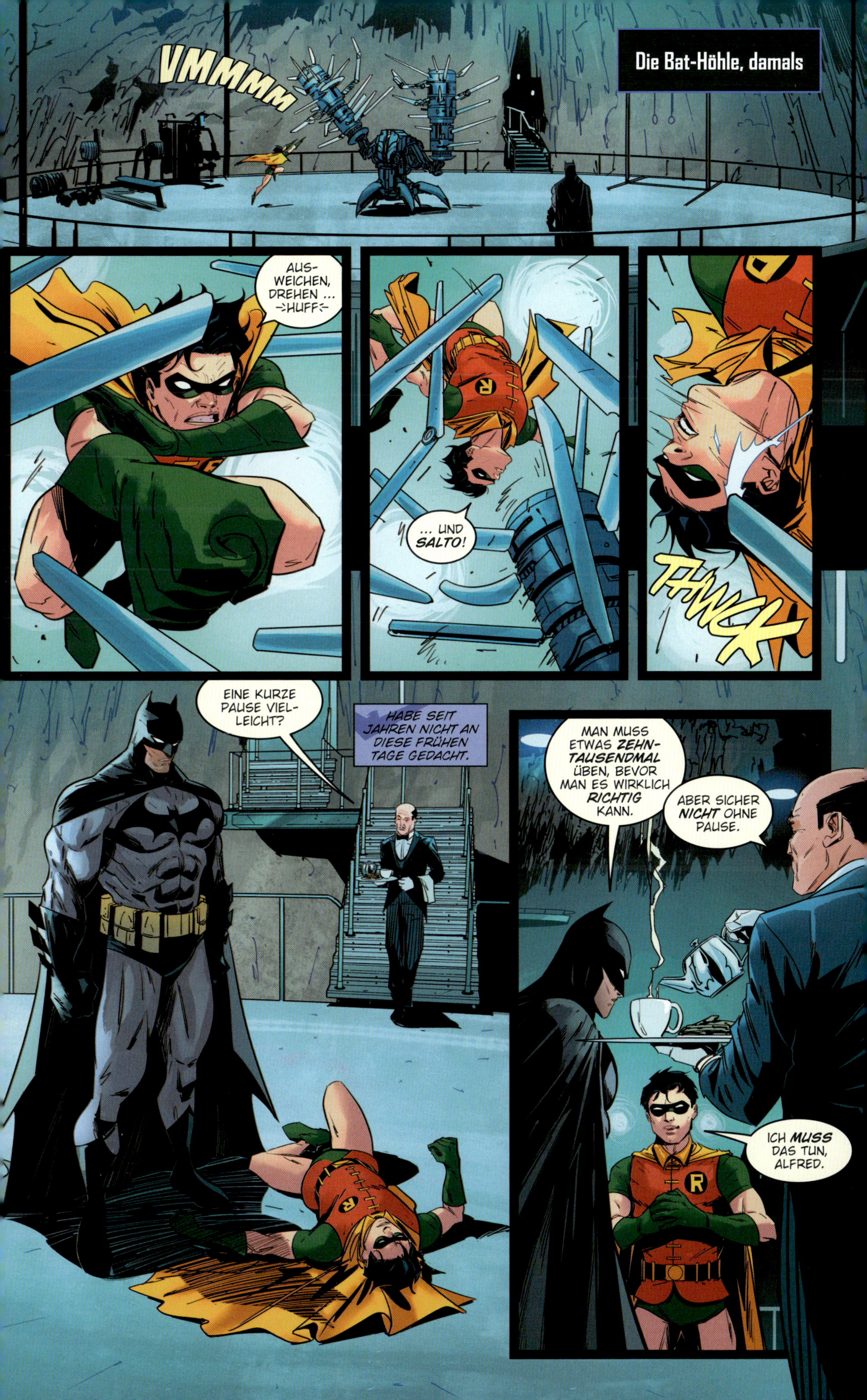
Die Bat-Höhle, damals
VMMMM
AUS-WEICHEN, DREHEN ... -HUFF-
... UND SALTO!
THWCK
EINE KURZE PAUSE VIEL-LEICHT?
HABE SEIT JAHREN NICHT AN DIESE FRÜHEN TAGE GEDACHT.
MAN MUSS ETWAS ZEHN-TAUSENDMAL ÜBEN, BEVOR MAN ES WIRKLICH RICHTIG KANN.
ABER SICHER NICHT OHNE PAUSE.
ICH MUSS DAS TUN, ALFRED.

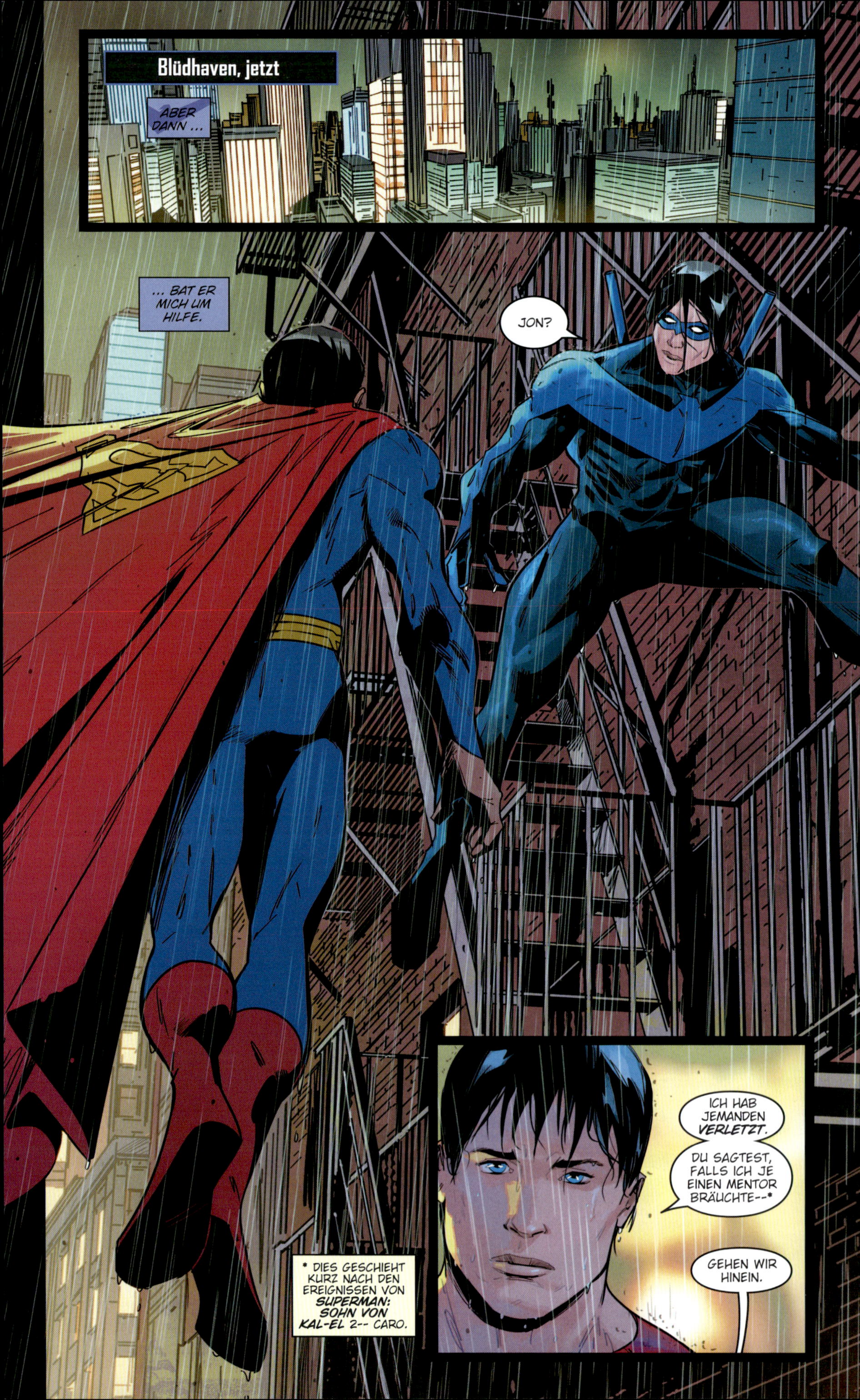
Blüdhaven, jetzt
ABER DANN ...
... BAT ER MICH UM HILFE.
JON?
ICH HAB JEMANDEN VERLETZT.
DU SAGTEST, FALLS ICH JE EINEN MENTOR BRÄUCHTE--*
GEHEN WIR HINEIN.
* DIES GESCHIEHT KURZ NACH DEN EREIGNISSEN VON SUPERMAN: SOHN VON KAL-EL 2-- CARO.

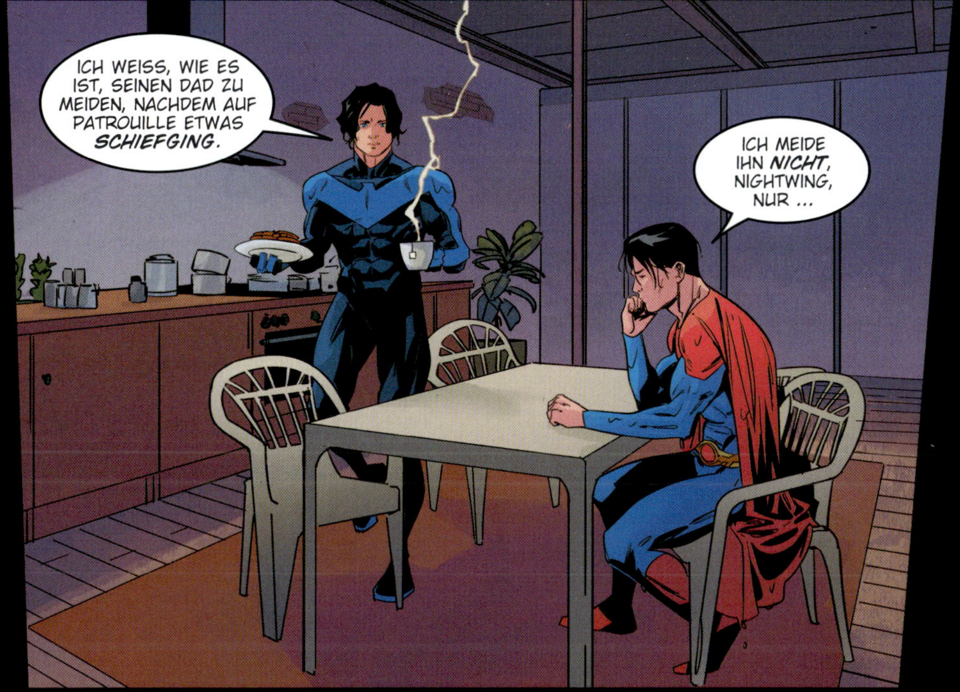
ICH WEISS, WIE ES IST, SEINEN DAD ZU MEIDEN, NACHDEM AUF PATROUILLE ETWAS SCHIEFGING.
ICH MEIDE IHN NICHT, NIGHTWING, NUR ...

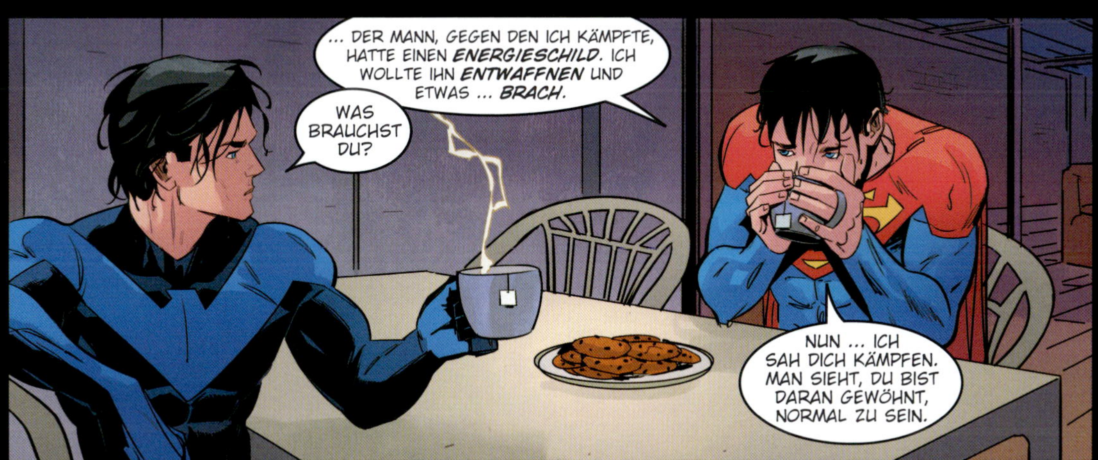
... DER MANN, GEGEN DEN ICH KÄMPFTE, HATTE EINEN ENERGIESCHILD. ICH WOLLTE IHN ENTWAFFNEN UND ETWAS ... BRACH.
WAS BRAUCHST DU?
NUN ... ICH SAH DICH KÄMPFEN. MAN SIEHT, DU BIST DARAN GEWÖHNT, NORMAL ZU SEIN.

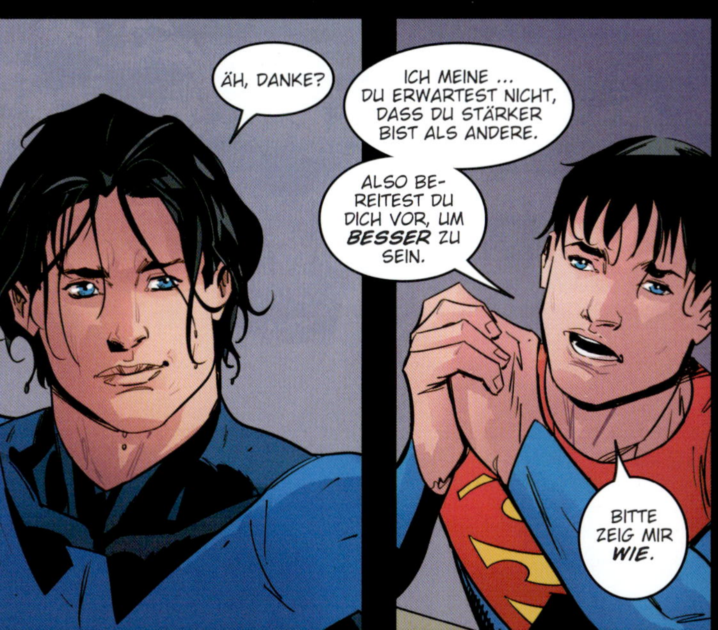
ÄH, DANKE?
ICH MEINE ... DU ERWARTEST NICHT, DASS DU STÄRKER BIST ALS ANDERE.
ALSO BEREITEST DU DICH VOR, UM BESSER ZU SEIN.
BITTE ZEIG MIR WIE.

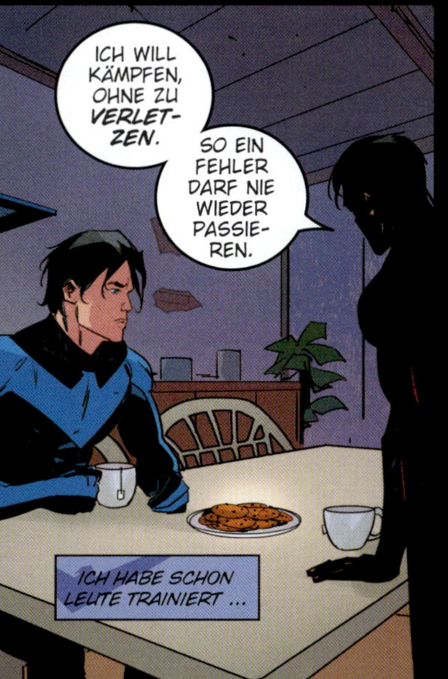
ICH WILL KÄMPFEN, OHNE ZU VERLETZEN.
SO EIN FEHLER DARF NIE WIEDER PASSIEREN.
ICH HABE SCHON LEUTE TRAINIERT ...

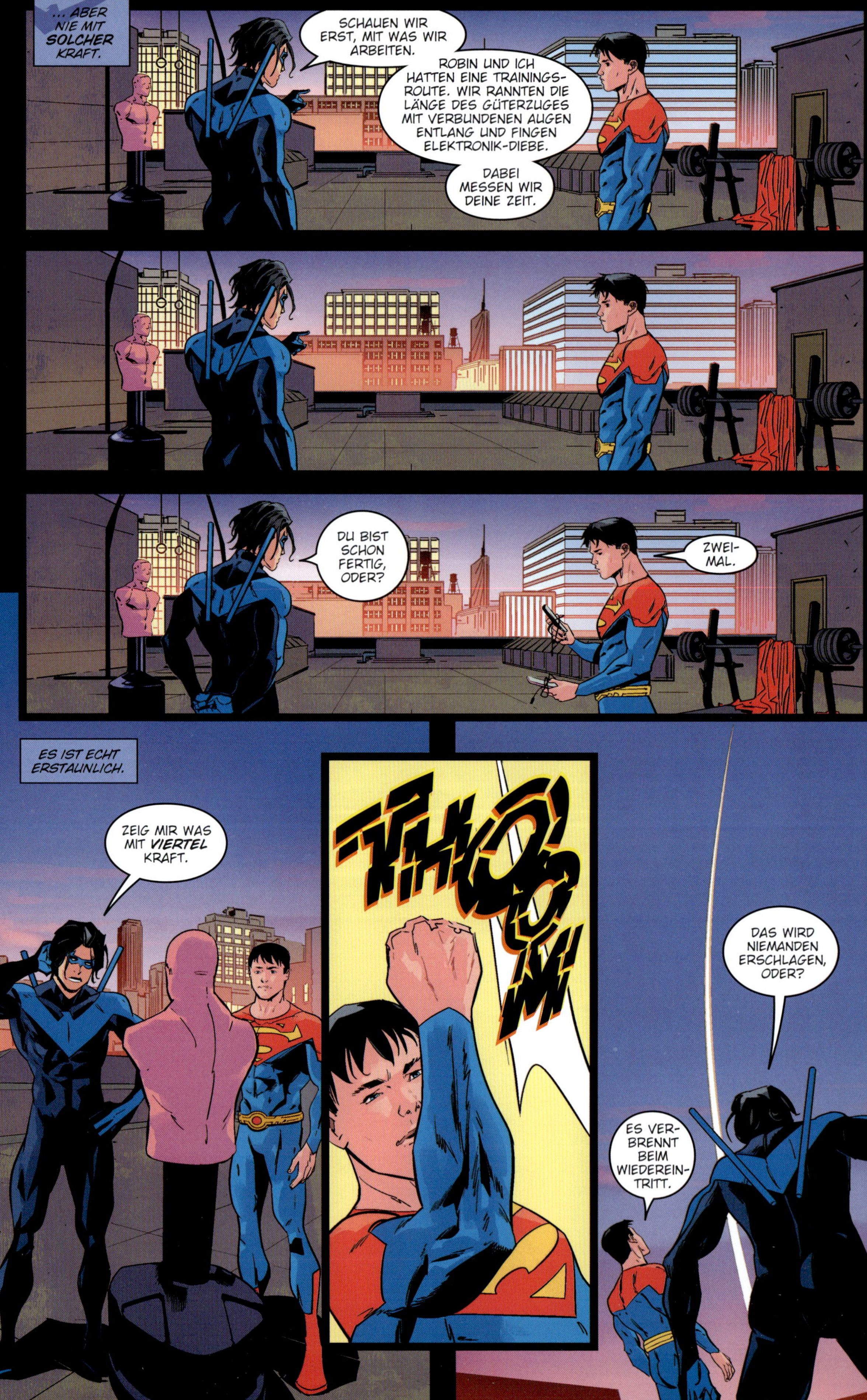
... ABER NIE MIT SOLCHER KRAFT.
SCHAUEN WIR ERST, MIT WAS WIR ARBEITEN.
ROBIN UND ICH HATTEN EINE TRAININGS-ROUTE. WIR RANNTEN DIE LÄNGE DES GÜTERZUGES MIT VERBUNDENEN AUGEN ENTLANG UND FINGEN ELEKTRONIK-DIEBE.
DABEI MESSEN WIR DEINE ZEIT.
DU BIST SCHON FERTIG, ODER?
ZWEI-MAL.
ES IST ECHT ERSTAUNLICH.
ZEIG MIR WAS MIT VIERTEL KRAFT.
THOOOM
DAS WIRD NIEMANDEN ERSCHLAGEN, ODER?
ES VER-BRENNT BEIM WIEDEREIN-TRITT.

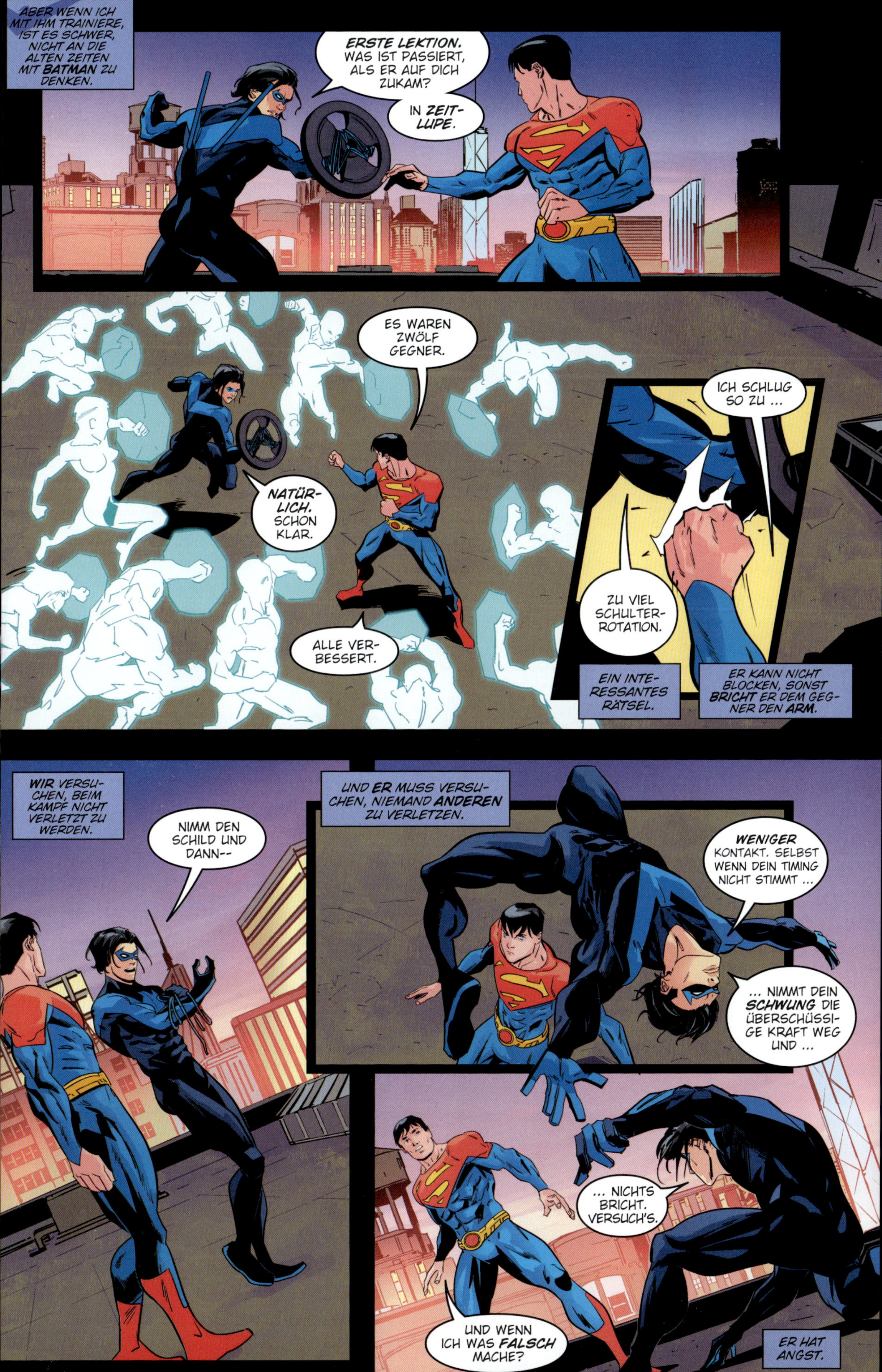

ABER WENN ICH MIT IHM TRAINIERE, IST ES SCHWER, NICHT AN DIE ALTEN ZEITEN MIT BATMAN ZU DENKEN.
ERSTE LEKTION. WAS IST PASSIERT, ALS ER AUF DICH ZUKAM?
IN ZEITLUPE.
ES WAREN ZWÖLF GEGNER.
NATÜRLICH. SCHON KLAR.
ALLE VERBESSERT.
ICH SCHLUG SO ZU ...
ZU VIEL SCHULTERROTATION.
EIN INTERESSANTES RÄTSEL.
ER KANN NICHT BLOCKEN, SONST BRICHT ER DEM GEGNER DEN ARM.
WIR VERSUCHEN, BEIM KAMPF NICHT VERLETZT ZU WERDEN.
NIMM DEN SCHILD UND DANN--
UND ER MUSS VERSUCHEN, NIEMAND ANDEREN ZU VERLETZEN.
WENIGER KONTAKT. SELBST WENN DEIN TIMING NICHT STIMMT ...
... NIMMT DEIN SCHWUNG DIE ÜBERSCHÜSSIGE KRAFT WEG UND ...
... NICHTS BRICHT. VERSUCH'S.
UND WENN ICH WAS FALSCH MACHE?
ER HAT ANGST.

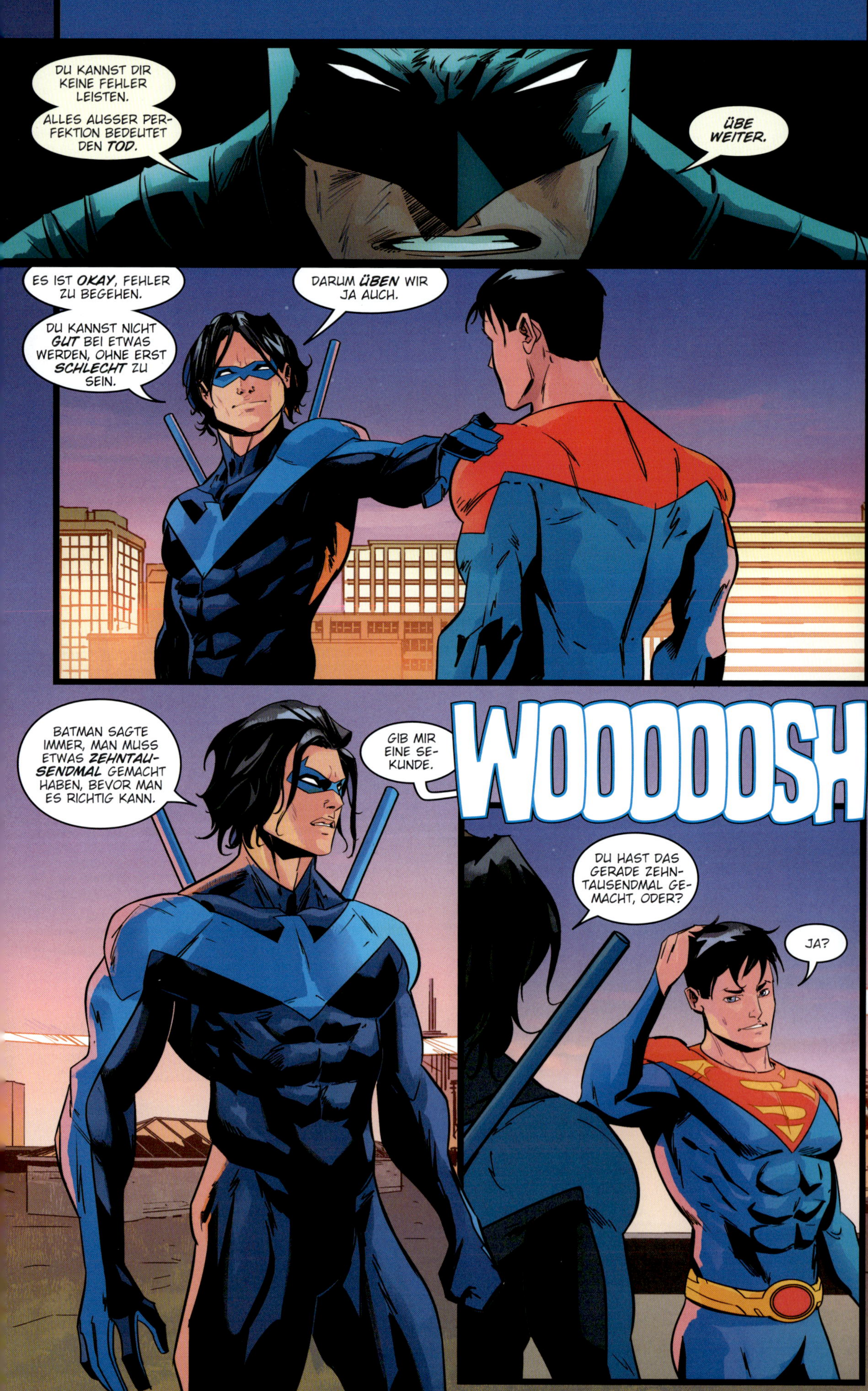
DU KANNST DIR KEINE FEHLER LEISTEN.
ALLES AUSSER PERFEKTION BEDEUTET DEN TOD.
ÜBE WEITER.
ES IST OKAY, FEHLER ZU BEGEHEN.
DU KANNST NICHT GUT BEI ETWAS WERDEN, OHNE ERST SCHLECHT ZU SEIN.
DARUM ÜBEN WIR JA AUCH.
BATMAN SAGTE IMMER, MAN MUSS ETWAS ZEHNTAUSENDMAL GEMACHT HABEN, BEVOR MAN ES RICHTIG KANN.
GIB MIR EINE SEKUNDE.
WOOOOOSH
DU HAST DAS GERADE ZEHNTAUSENDMAL GEMACHT, ODER?
JA?

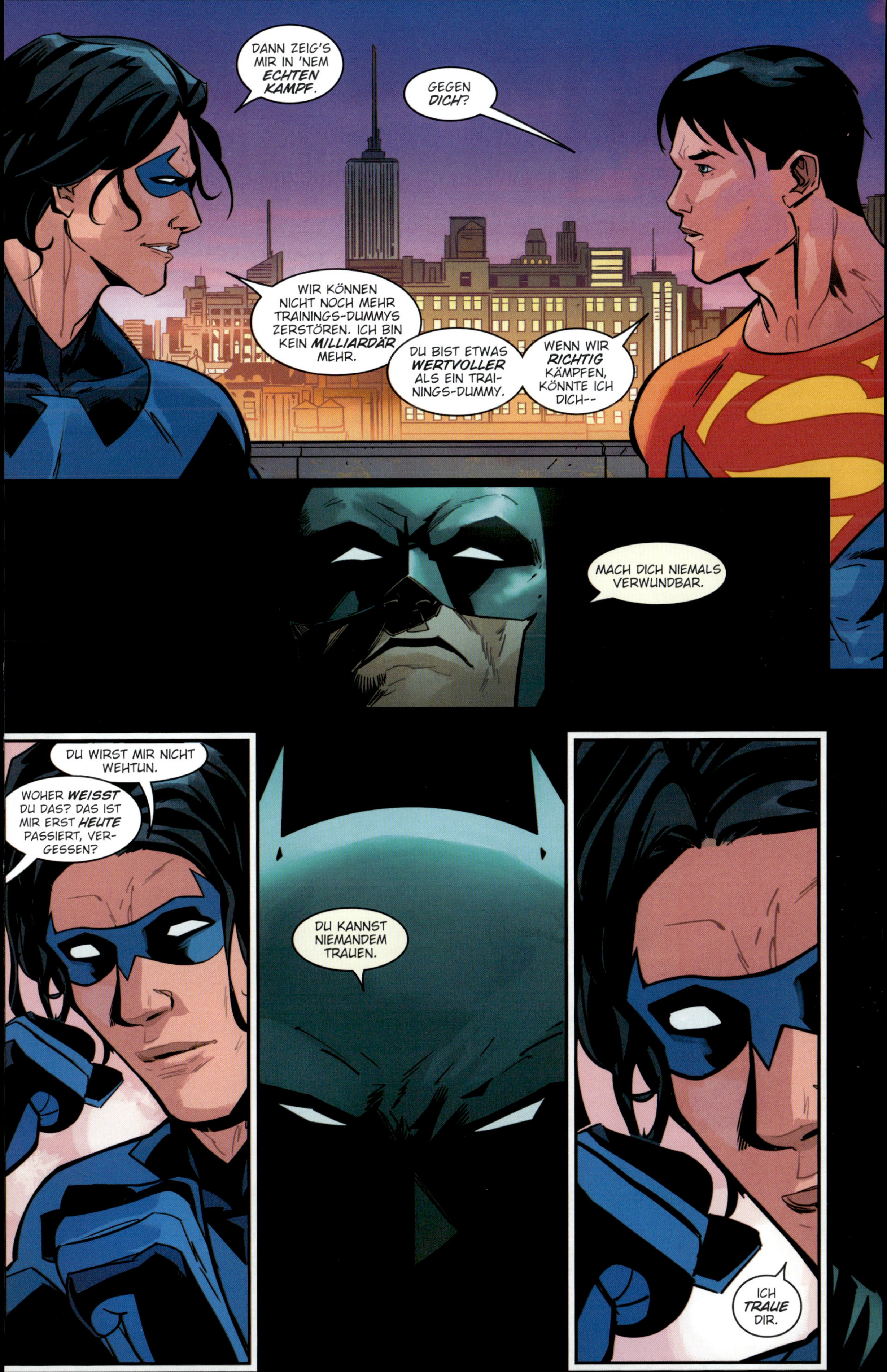

DANN ZEIG'S MIR IN 'NEM *ECHTEN KAMPF*.

GEGEN *DICH*?

WIR KÖNNEN NICHT NOCH MEHR TRAININGS-DUMMYS ZERSTÖREN. ICH BIN KEIN *MILLIARDÄR* MEHR.

DU BIST ETWAS *WERTVOLLER* ALS EIN TRAININGS-DUMMY.

WENN WIR *RICHTIG* KÄMPFEN, KÖNNTE ICH DICH--

MACH DICH NIEMALS VERWUNDBAR.

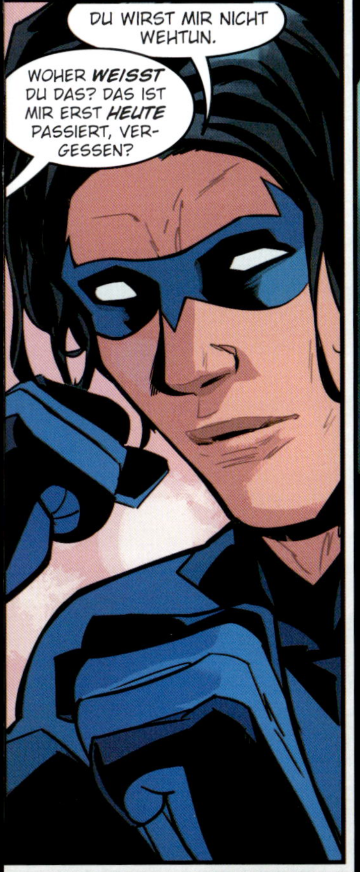

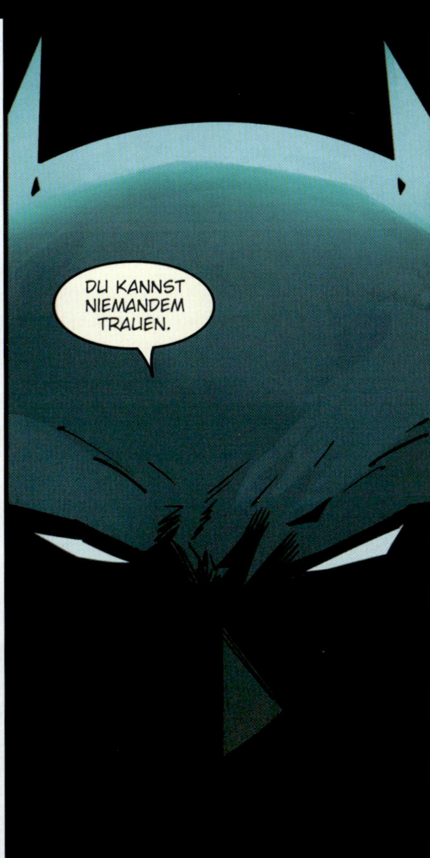

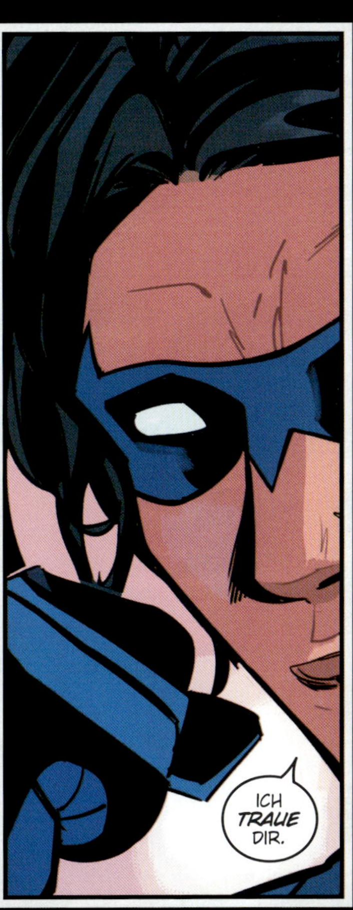

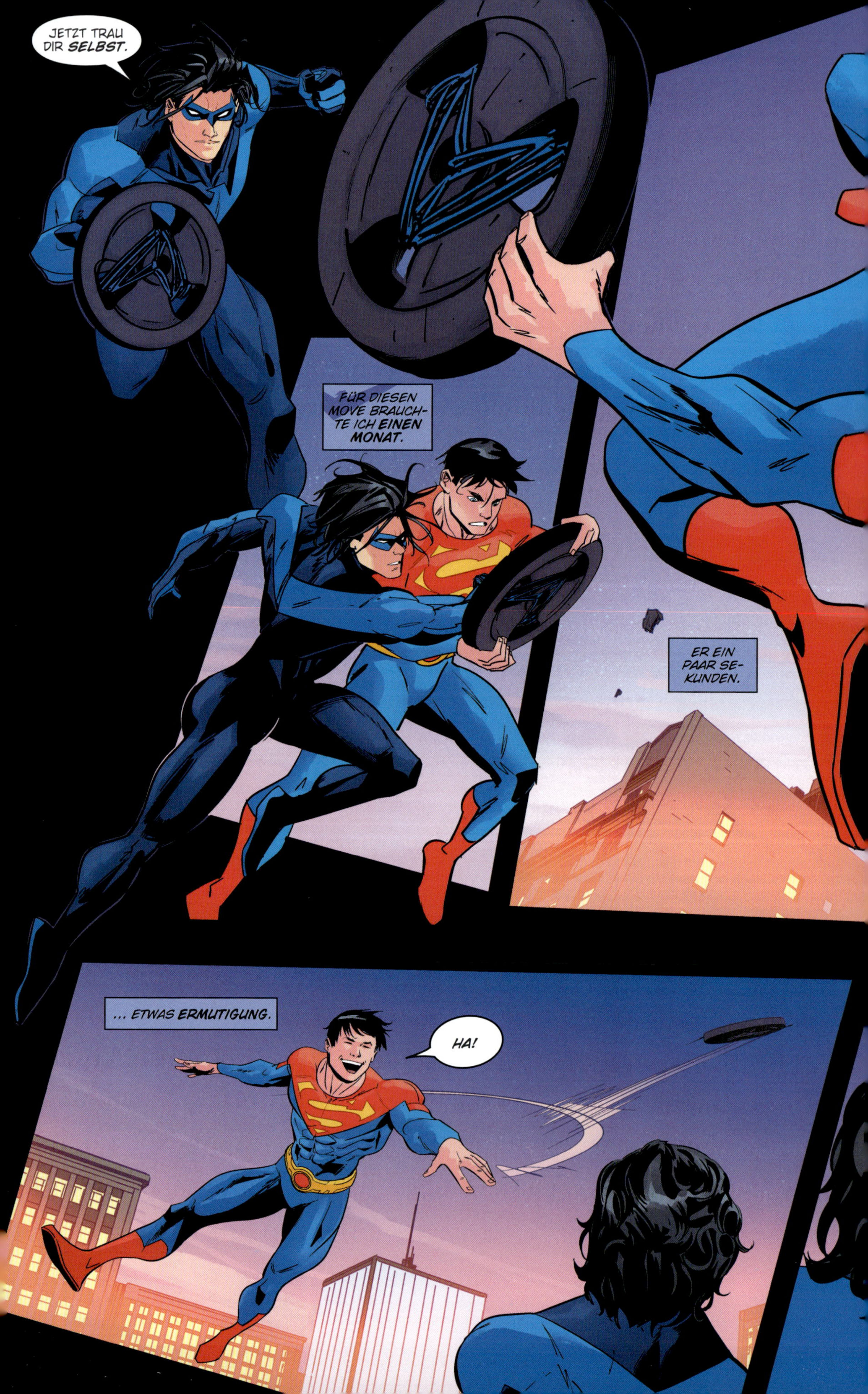
JETZT TRAU DIR SELBST.
FÜR DIESEN MOVE BRAUCHTE ICH EINEN MONAT.
ER EIN PAAR SEKUNDEN.
... ETWAS ERMUTIGUNG.
HA!

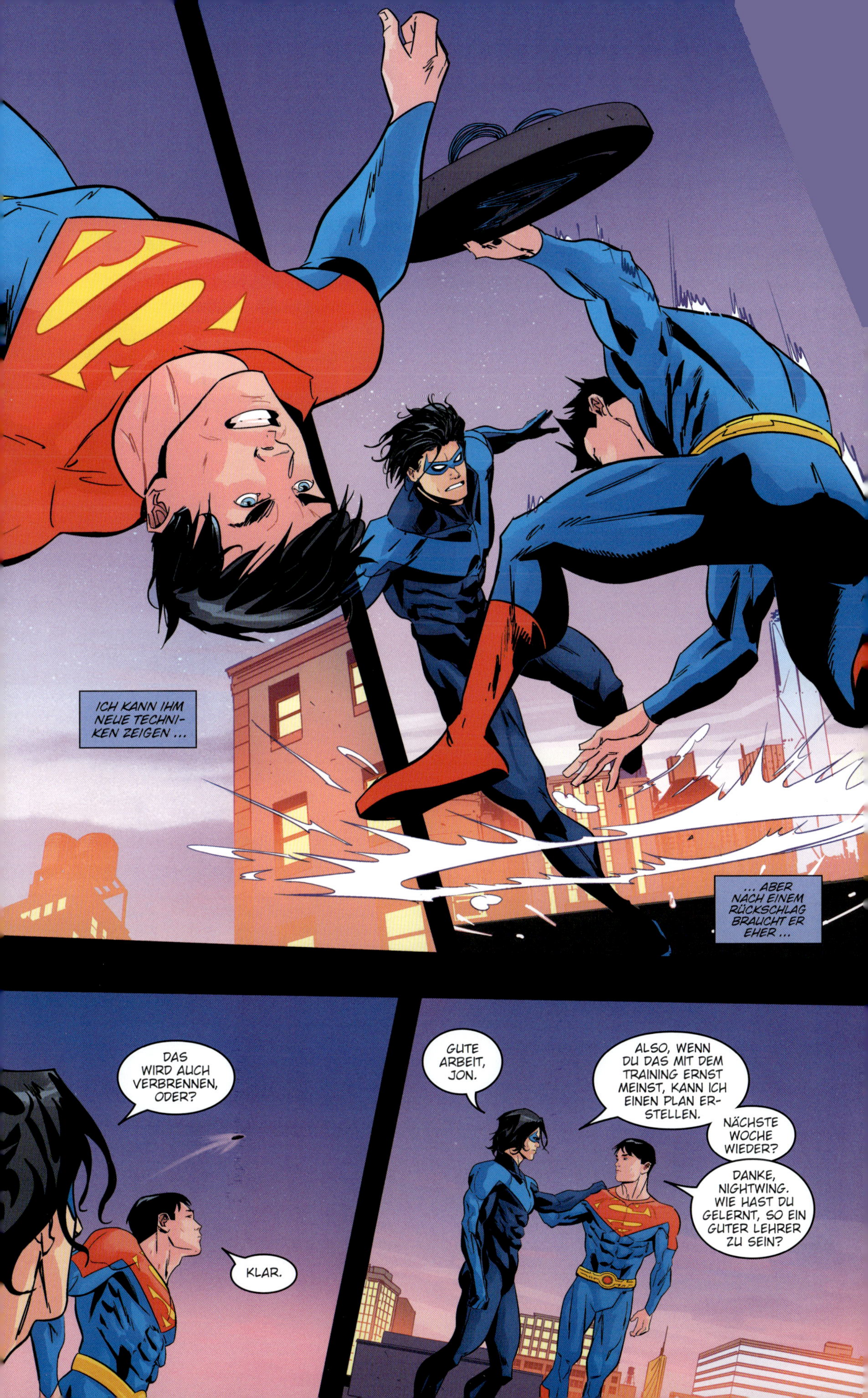
ICH KANN IHM NEUE TECHNI-KEN ZEIGEN ...
... ABER NACH EINEM RÜCKSCHLAG BRAUCHT ER EHER ...
DAS WIRD AUCH VERBRENNEN, ODER?
KLAR.
GUTE ARBEIT, JON.
ALSO, WENN DU DAS MIT DEM TRAINING ERNST MEINST, KANN ICH EINEN PLAN ER-STELLEN.
NÄCHSTE WOCHE WIEDER?
DANKE, NIGHTWING. WIE HAST DU GELERNT, SO EIN GUTER LEHRER ZU SEIN?

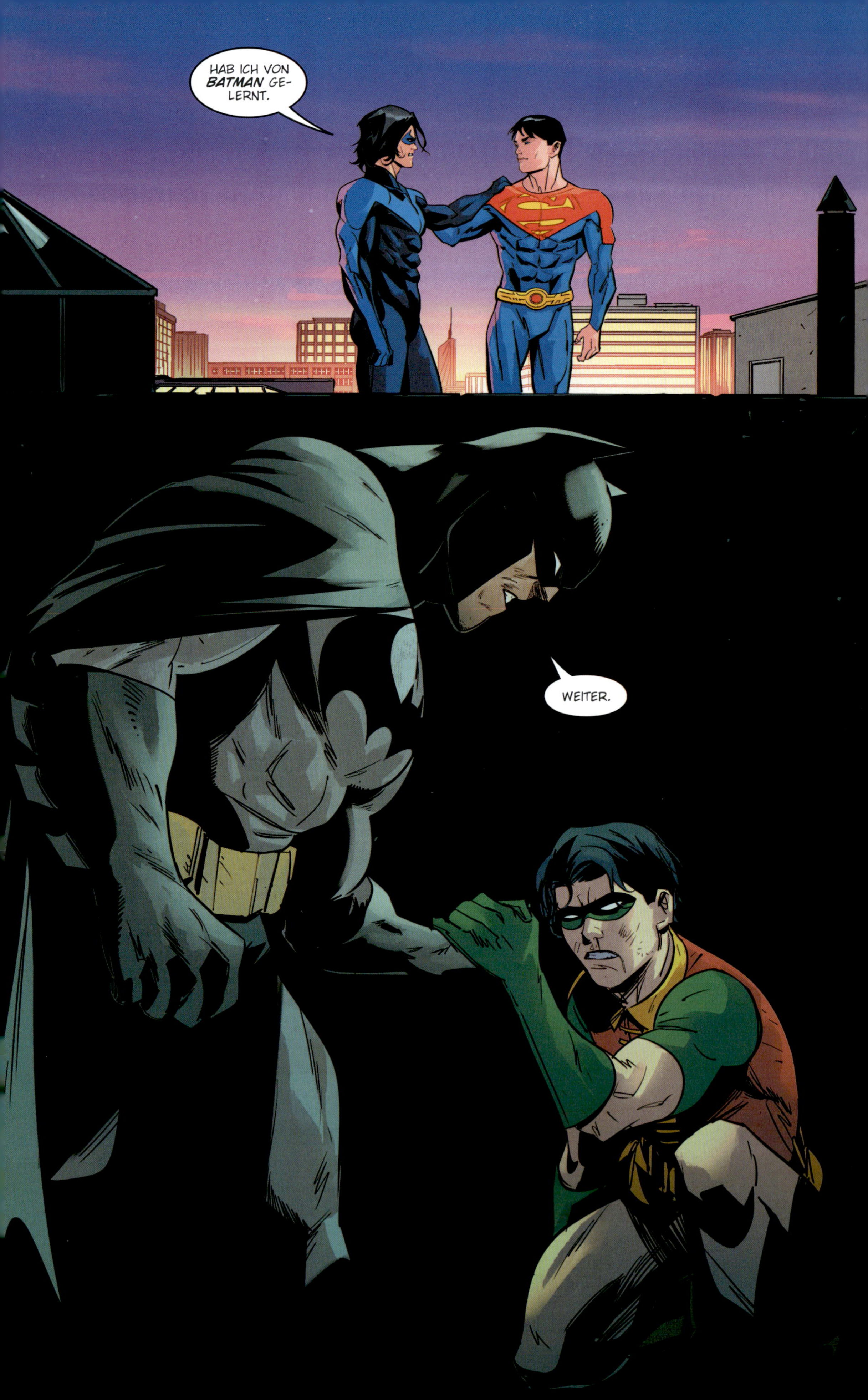
HAB ICH VON *BATMAN* GE-
LERNT.
WEITER.

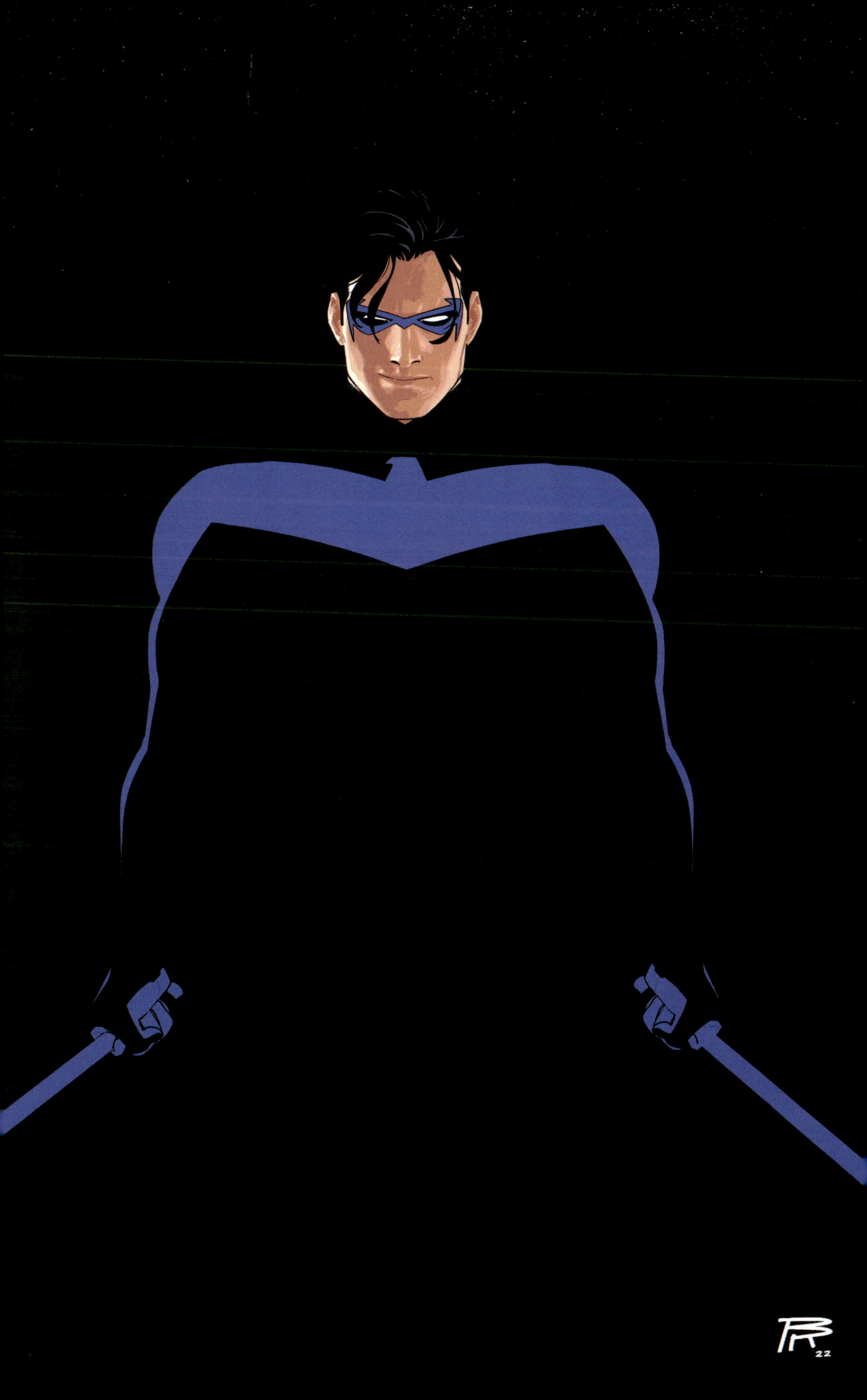

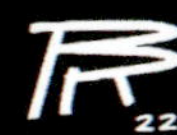

NIGHTWING 99

MACHTVAKUUM
Kapitel 3

TOM TAYLOR
Story

BRUNO REDONDO
GERALDO BORGES
Zeichnungen

CAIO FILIPE
Tusche

ADRIANO LUCAS
Farben

BRUNO REDONDO
Original-Cover

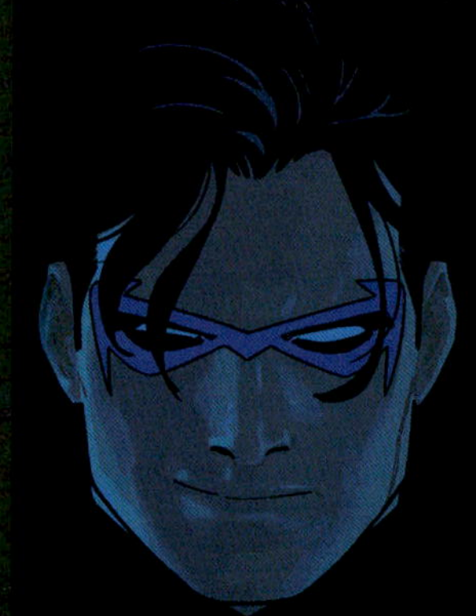
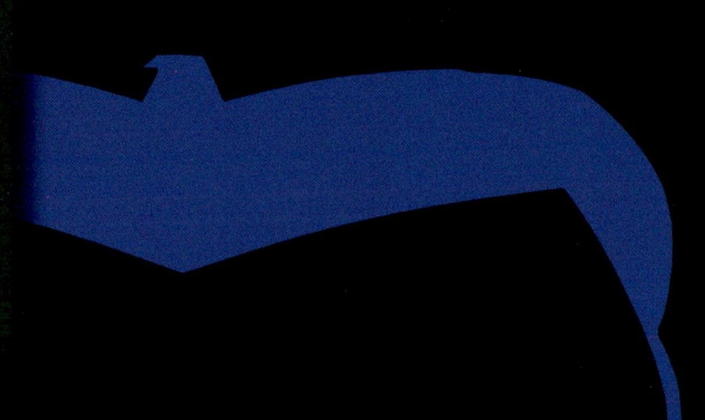
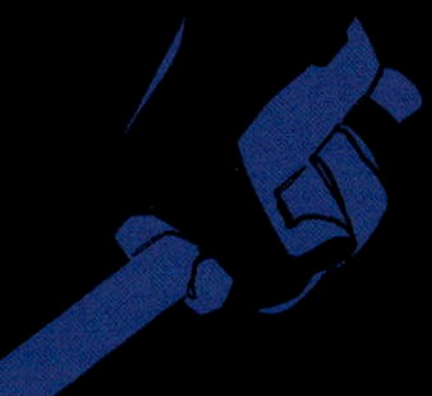
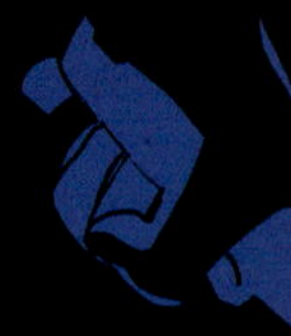

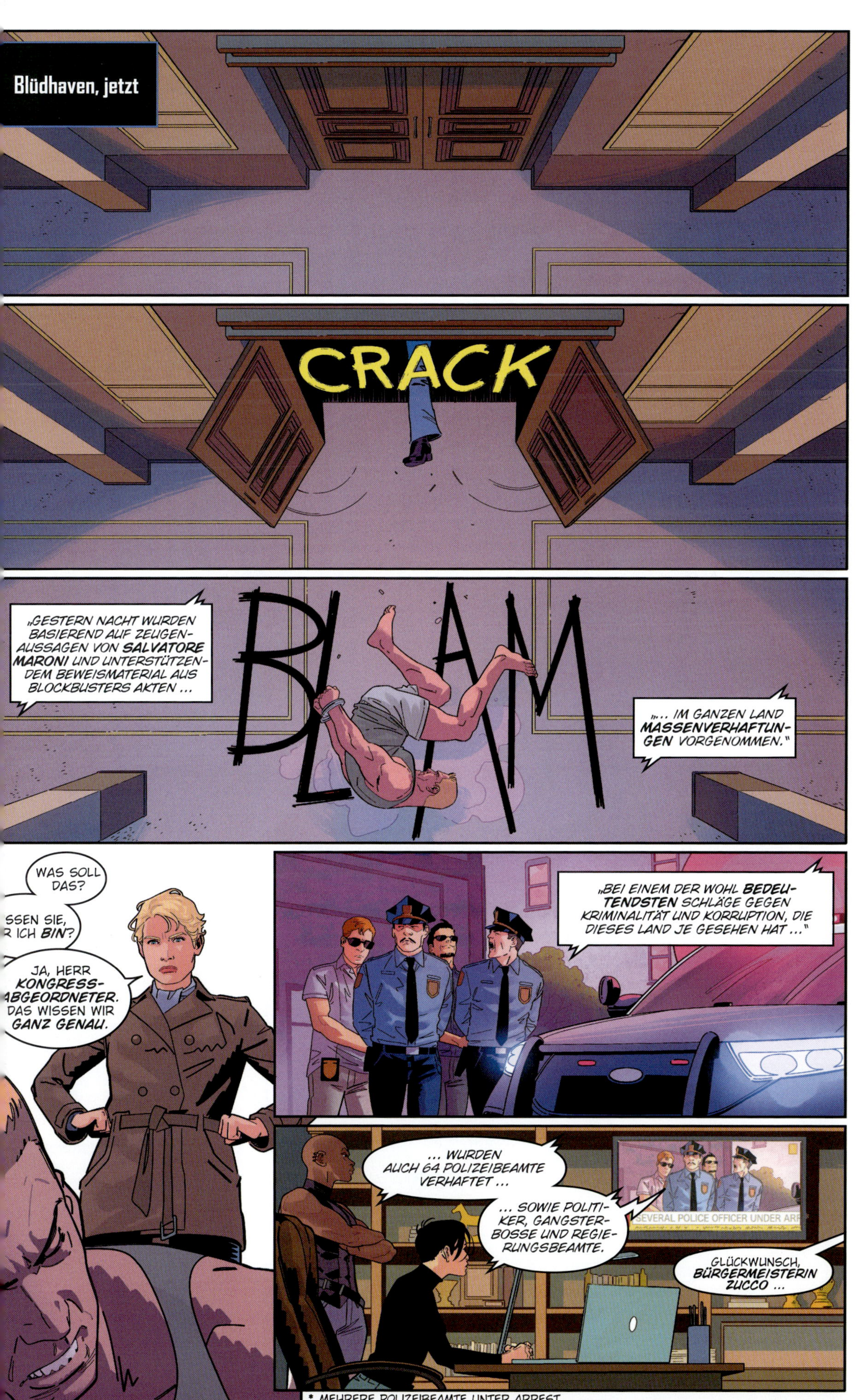
Blüdhaven, jetzt
CRACK
„GESTERN NACHT WURDEN BASIEREND AUF ZEUGEN-AUSSAGEN VON **SALVATORE MARONI** UND UNTERSTÜTZEN-DEM BEWEISMATERIAL AUS BLOCKBUSTERS AKTEN ...
BLAM
„... IM GANZEN LAND **MASSENVERHAFTUN-GEN** VORGENOMMEN."
WAS SOLL DAS?
SSEN SIE, R ICH *BIN*?
JA, HERR **KONGRESS-ABGEORDNETER.** DAS WISSEN WIR **GANZ GENAU.**
„BEI EINEM DER WOHL **BEDEU-TENDSTEN** SCHLÄGE GEGEN KRIMINALITÄT UND KORRUPTION, DIE DIESES LAND JE GESEHEN HAT ..."
... WURDEN AUCH 64 POLIZEIBEAMTE VERHAFTET ...
SEVERAL POLICE OFFICER UNDER AR
... SOWIE POLITI-KER, GANGSTER-BOSSE UND REGIE-RUNGSBEAMTE.
GLÜCKWUNSCH, **BÜRGERMEISTERIN ZUCCO** ...
* MEHRERE POLIZEIBEAMTE UNTER ARREST

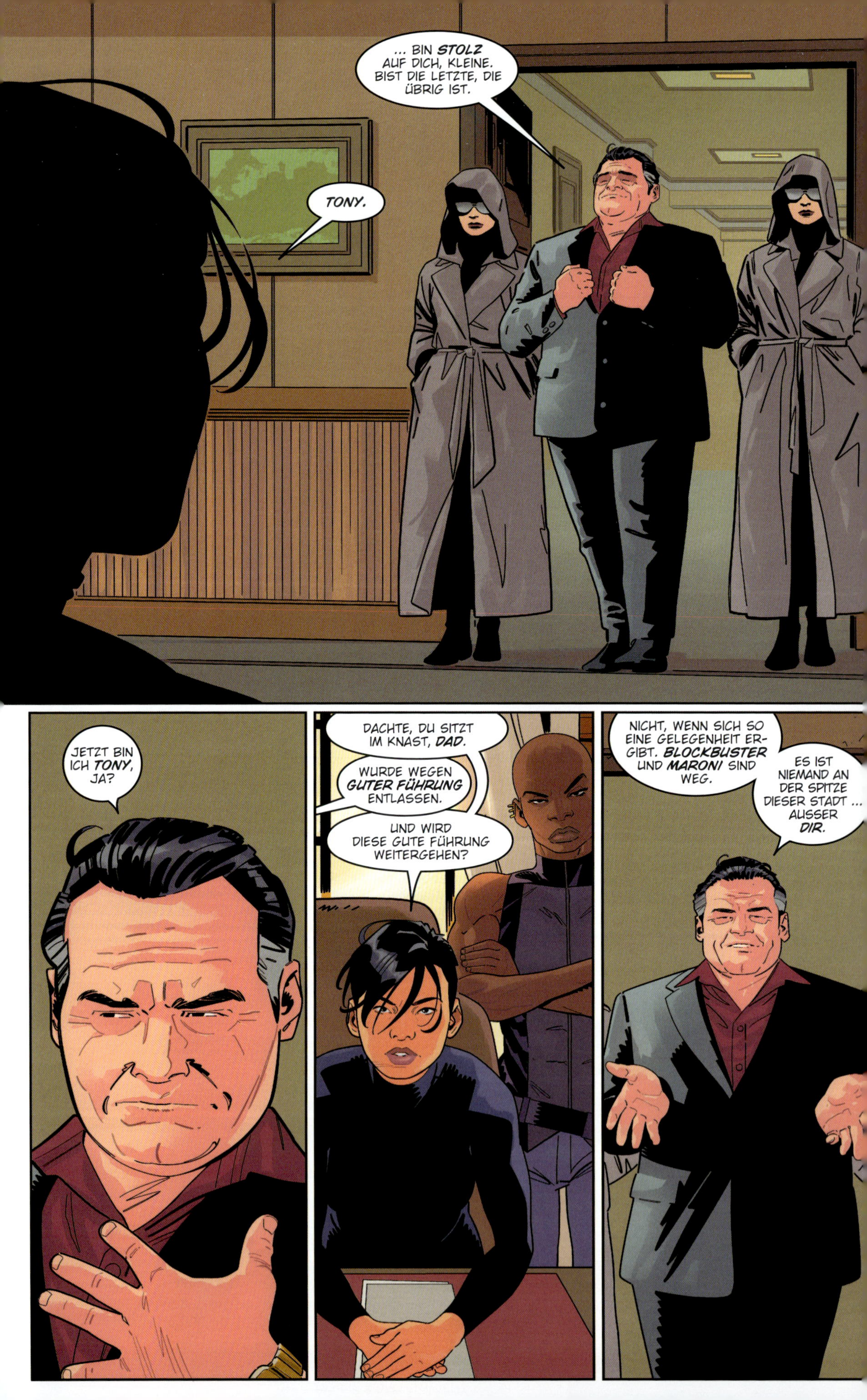

... BIN **STOLZ** AUF DICH, KLEINE. BIST DIE LETZTE, DIE ÜBRIG IST.
TONY.

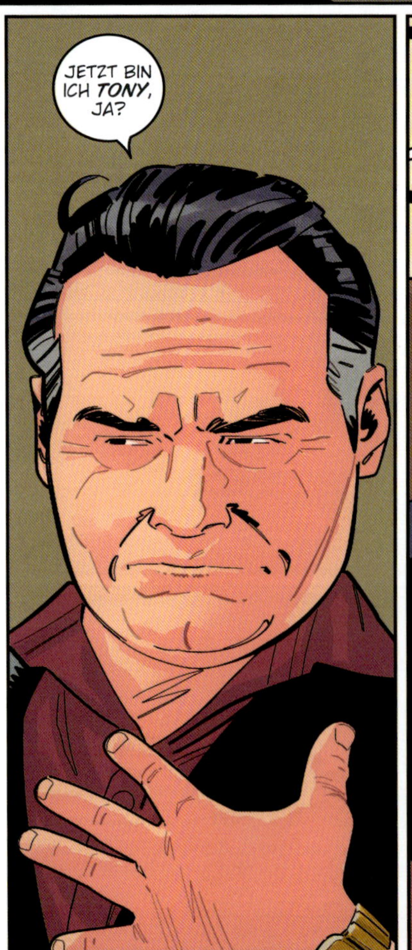
JETZT BIN ICH **TONY**, JA?

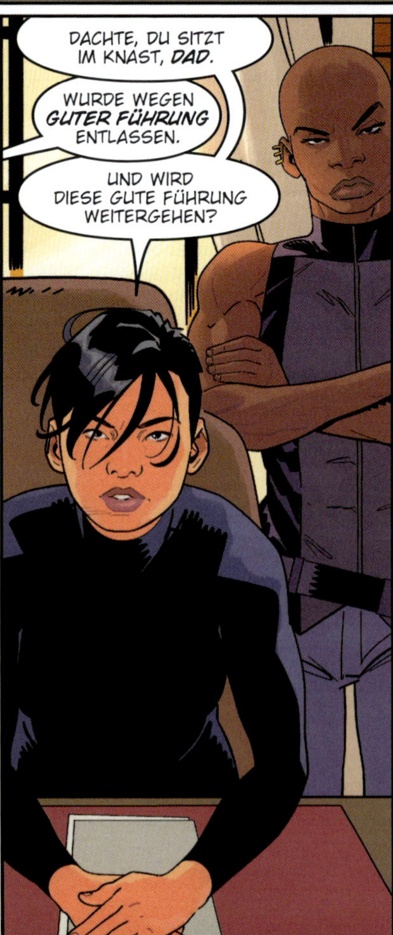
DACHTE, DU SITZT IM KNAST, **DAD**.
WURDE WEGEN **GUTER FÜHRUNG** ENTLASSEN.
UND WIRD DIESE GUTE FÜHRUNG WEITERGEHEN?

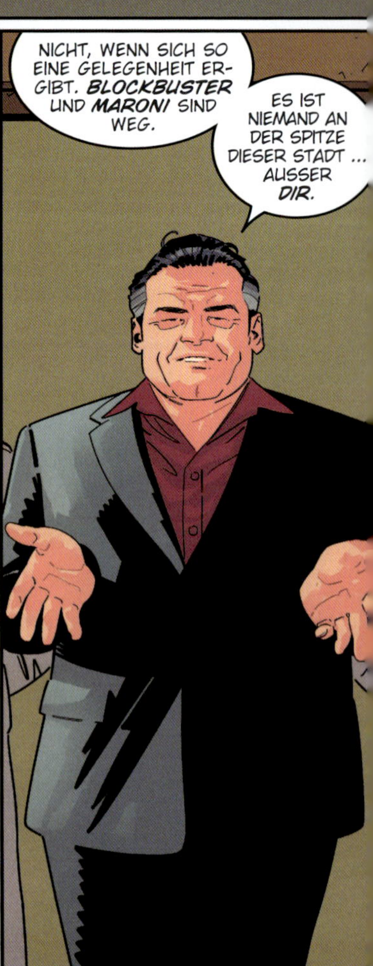
NICHT, WENN SICH SO EINE GELEGENHEIT ERGIBT. **BLOCKBUSTER** UND **MARONI** SIND WEG.
ES IST NIEMAND AN DER SPITZE DIESER STADT ... AUSSER **DIR**.

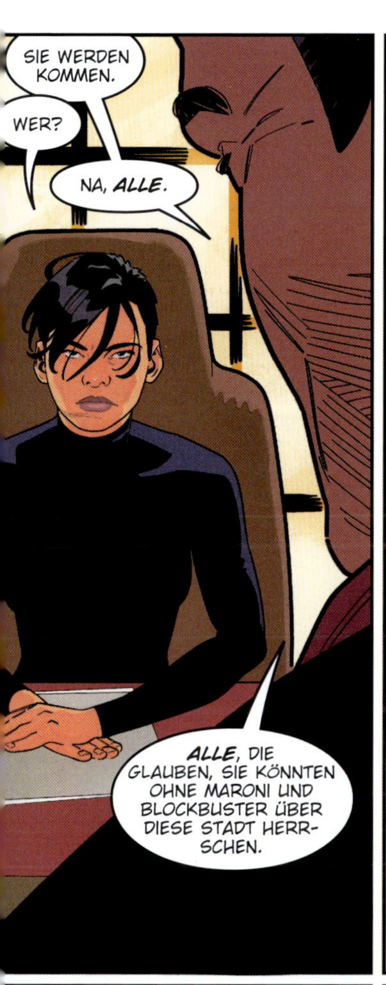
SIE WERDEN KOMMEN.
WER?
NA, ALLE.
ALLE, DIE GLAUBEN, SIE KÖNNTEN OHNE MARONI UND BLOCKBUSTER ÜBER DIESE STADT HERRSCHEN.

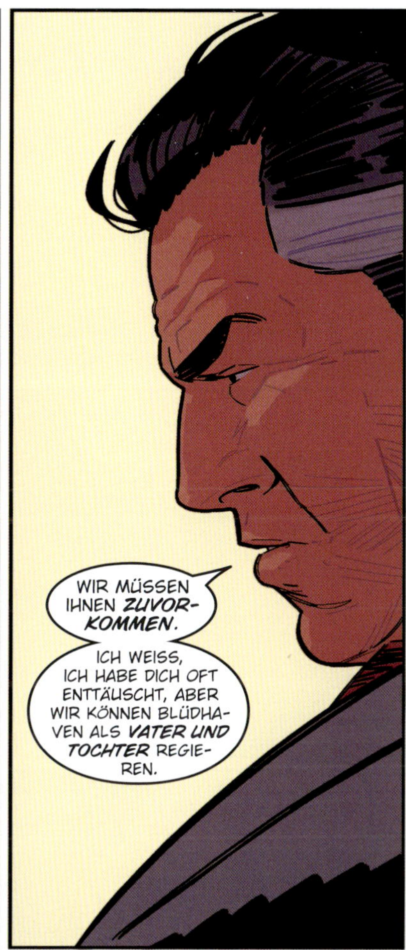
WIR MÜSSEN IHNEN ZUVORKOMMEN.
ICH WEISS, ICH HABE DICH OFT ENTTÄUSCHT, ABER WIR KÖNNEN BLÜDHAVEN ALS VATER UND TOCHTER REGIEREN.

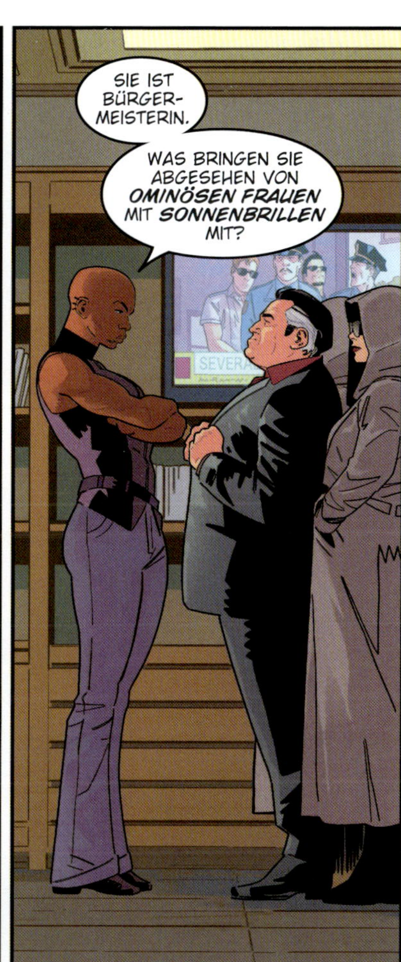
SIE IST BÜRGERMEISTERIN.
WAS BRINGEN SIE ABGESEHEN VON OMINÖSEN FRAUEN MIT SONNENBRILLEN MIT?

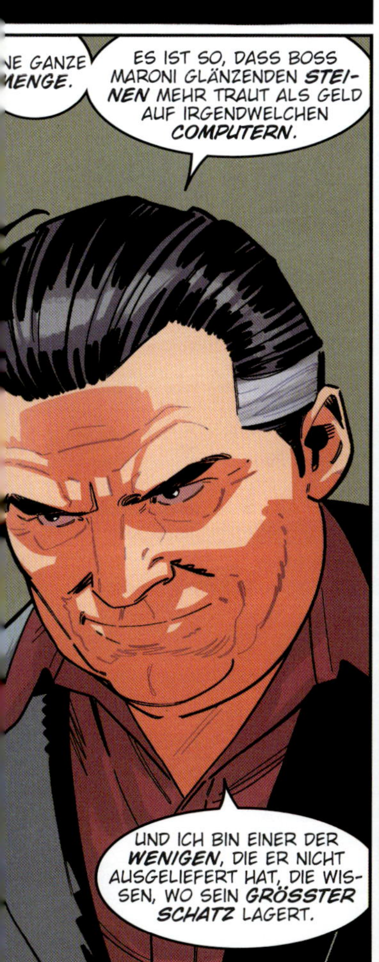
NE GANZE MENGE.
ES IST SO, DASS BOSS MARONI GLÄNZENDEN STEINEN MEHR TRAUT ALS GELD AUF IRGENDWELCHEN COMPUTERN.
UND ICH BIN EINER DER WENIGEN, DIE ER NICHT AUSGELIEFERT HAT, DIE WISSEN, WO SEIN GRÖSSTER SCHATZ LAGERT.

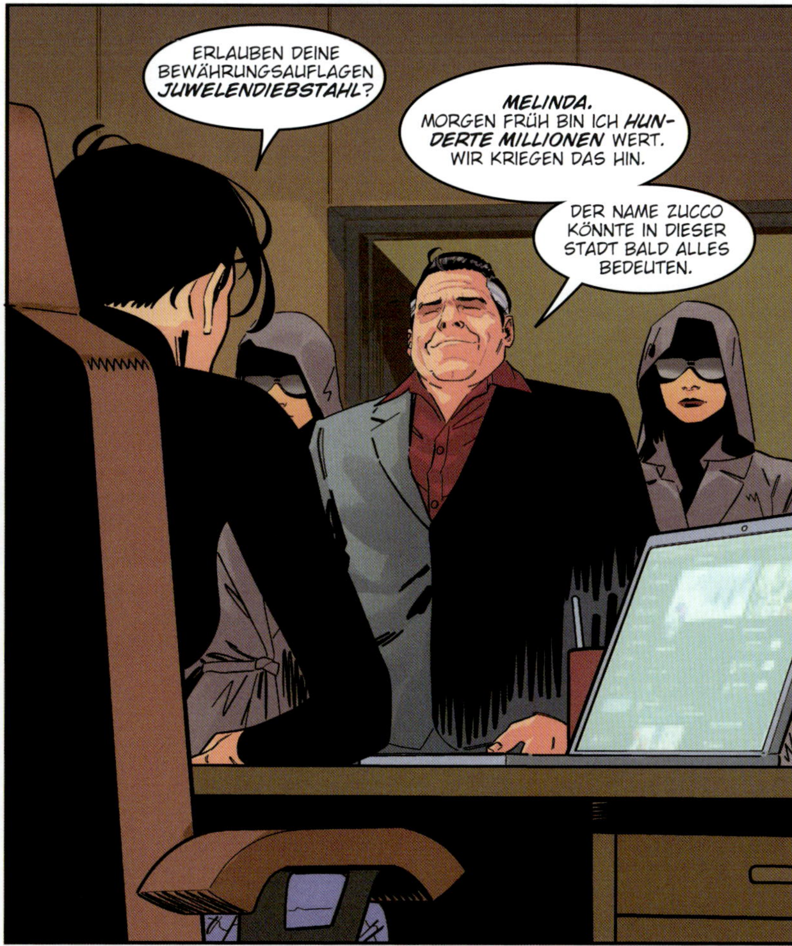
ERLAUBEN DEINE BEWÄHRUNGSAUFLAGEN JUWELENDIEBSTAHL?
MELINDA. MORGEN FRÜH BIN ICH HUNDERTE MILLIONEN WERT. WIR KRIEGEN DAS HIN.
DER NAME ZUCCO KÖNNTE IN DIESER STADT BALD ALLES BEDEUTEN.

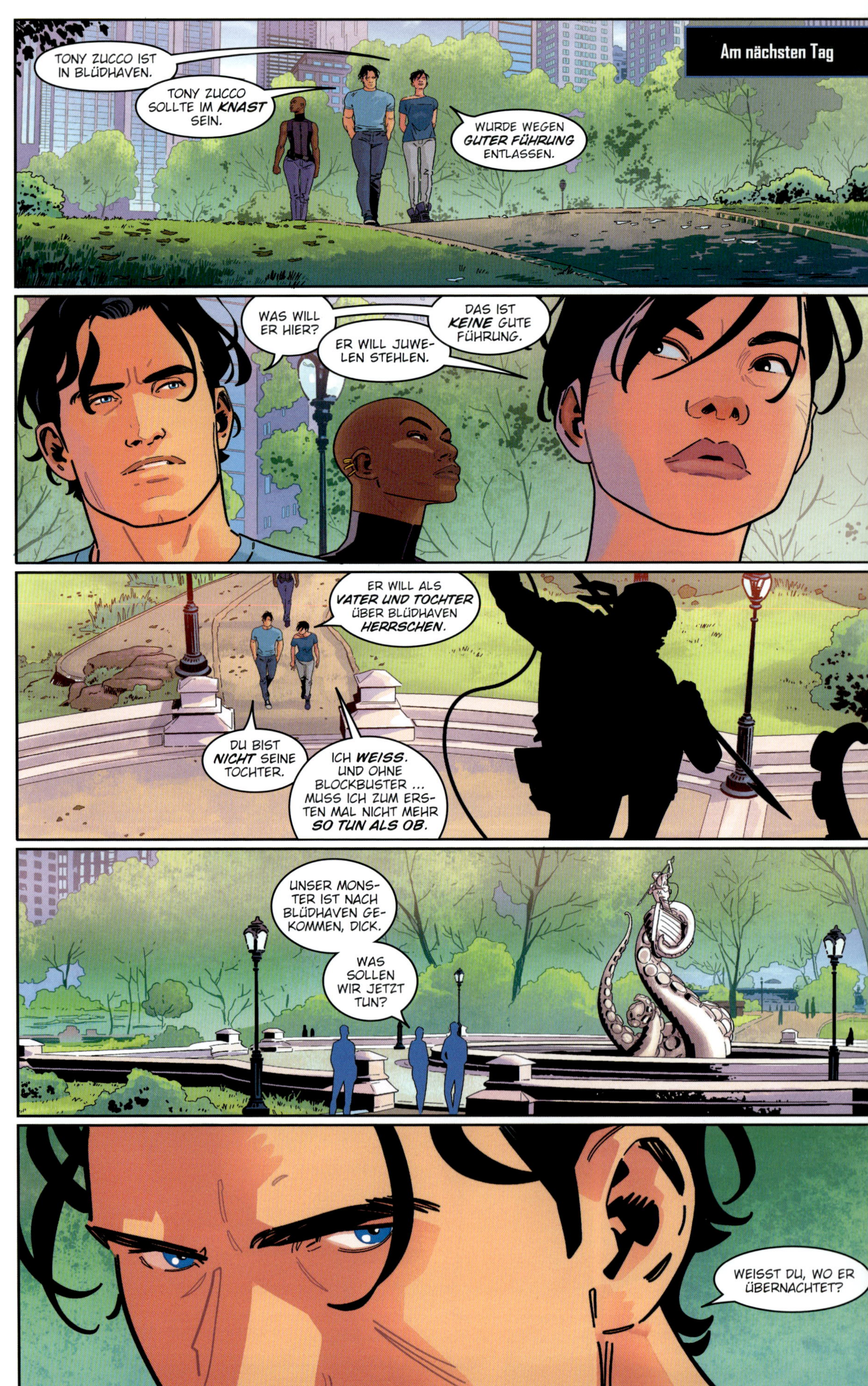

Am nächsten Tag
TONY ZUCCO IST IN BLÜDHAVEN.
TONY ZUCCO SOLLTE IM **KNAST** SEIN.
WURDE WEGEN **GUTER FÜHRUNG** ENTLASSEN.
WAS WILL ER HIER?
DAS IST **KEINE** GUTE FÜHRUNG.
ER WILL JUWELEN STEHLEN.
ER WILL ALS **VATER UND TOCHTER** ÜBER BLÜDHAVEN **HERRSCHEN**.
DU BIST **NICHT** SEINE TOCHTER.
ICH **WEISS**. UND OHNE BLOCKBUSTER ... MUSS ICH ZUM ERSTEN MAL NICHT MEHR **SO TUN ALS OB**.
UNSER MONSTER IST NACH BLÜDHAVEN GEKOMMEN, DICK.
WAS SOLLEN WIR JETZT TUN?
WEISST DU, WO ER ÜBERNACHTET?

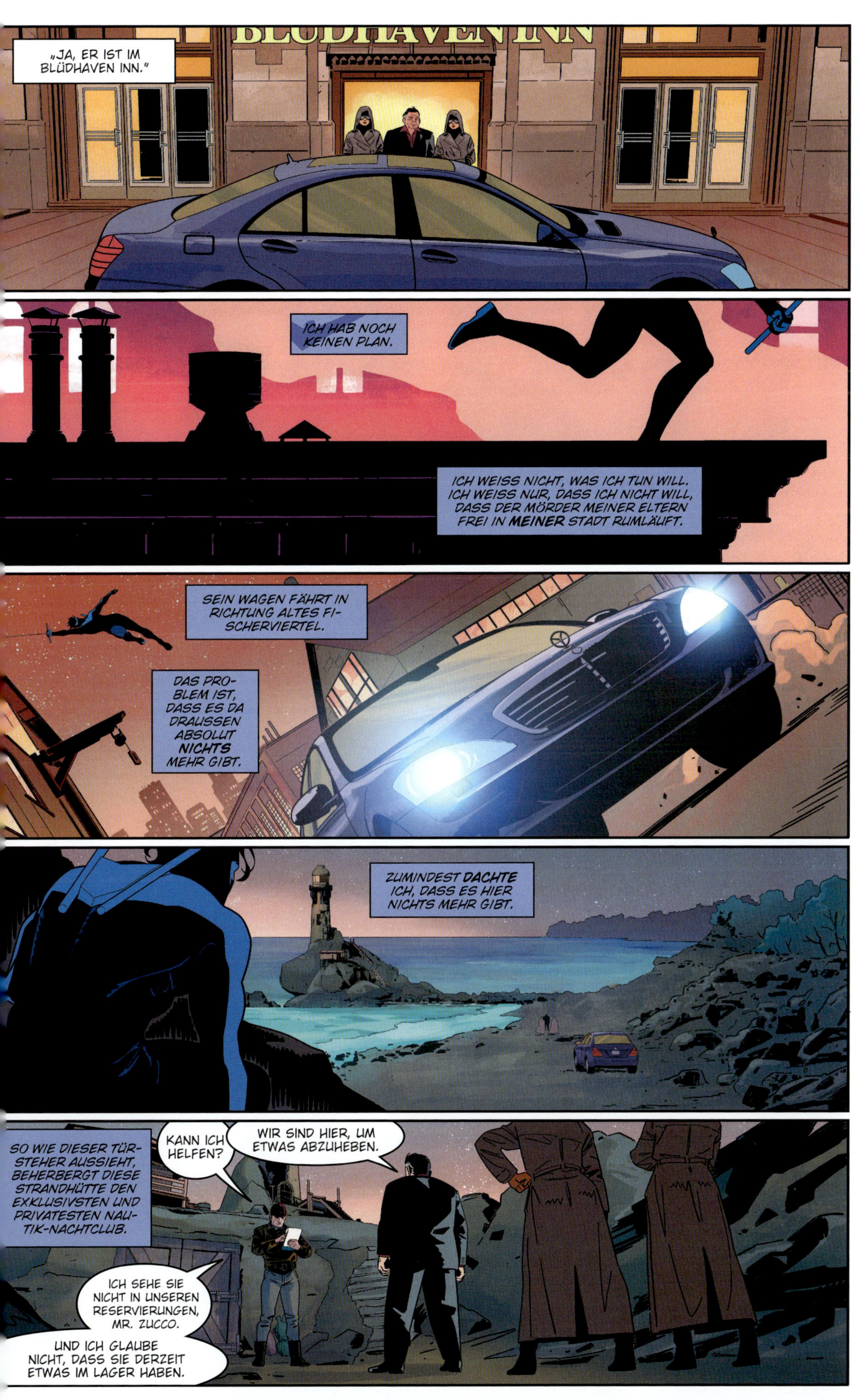
BLÜDHAVEN INN
„JA, ER IST IM BLÜDHAVEN INN."
ICH HAB NOCH KEINEN PLAN.
ICH WEISS NICHT, WAS ICH TUN WILL. ICH WEISS NUR, DASS ICH NICHT WILL, DASS DER MÖRDER MEINER ELTERN FREI IN MEINER STADT RUMLÄUFT.
SEIN WAGEN FÄHRT IN RICHTUNG ALTES FI-SCHERVIERTEL.
DAS PRO-BLEM IST, DASS ES DA DRAUSSEN ABSOLUT NICHTS MEHR GIBT.
ZUMINDEST DACHTE ICH, DASS ES HIER NICHTS MEHR GIBT.
SO WIE DIESER TÜR-STEHER AUSSIEHT, BEHERBERGT DIESE STRANDHÜTTE DEN EXKLUSIVSTEN UND PRIVATESTEN NAUTIK-NACHTCLUB.
KANN ICH HELFEN?
WIR SIND HIER, UM ETWAS ABZUHEBEN.
ICH SEHE SIE NICHT IN UNSEREN RESERVIERUNGEN, MR. ZUCCO.
UND ICH GLAUBE NICHT, DASS SIE DERZEIT ETWAS IM LAGER HABEN.

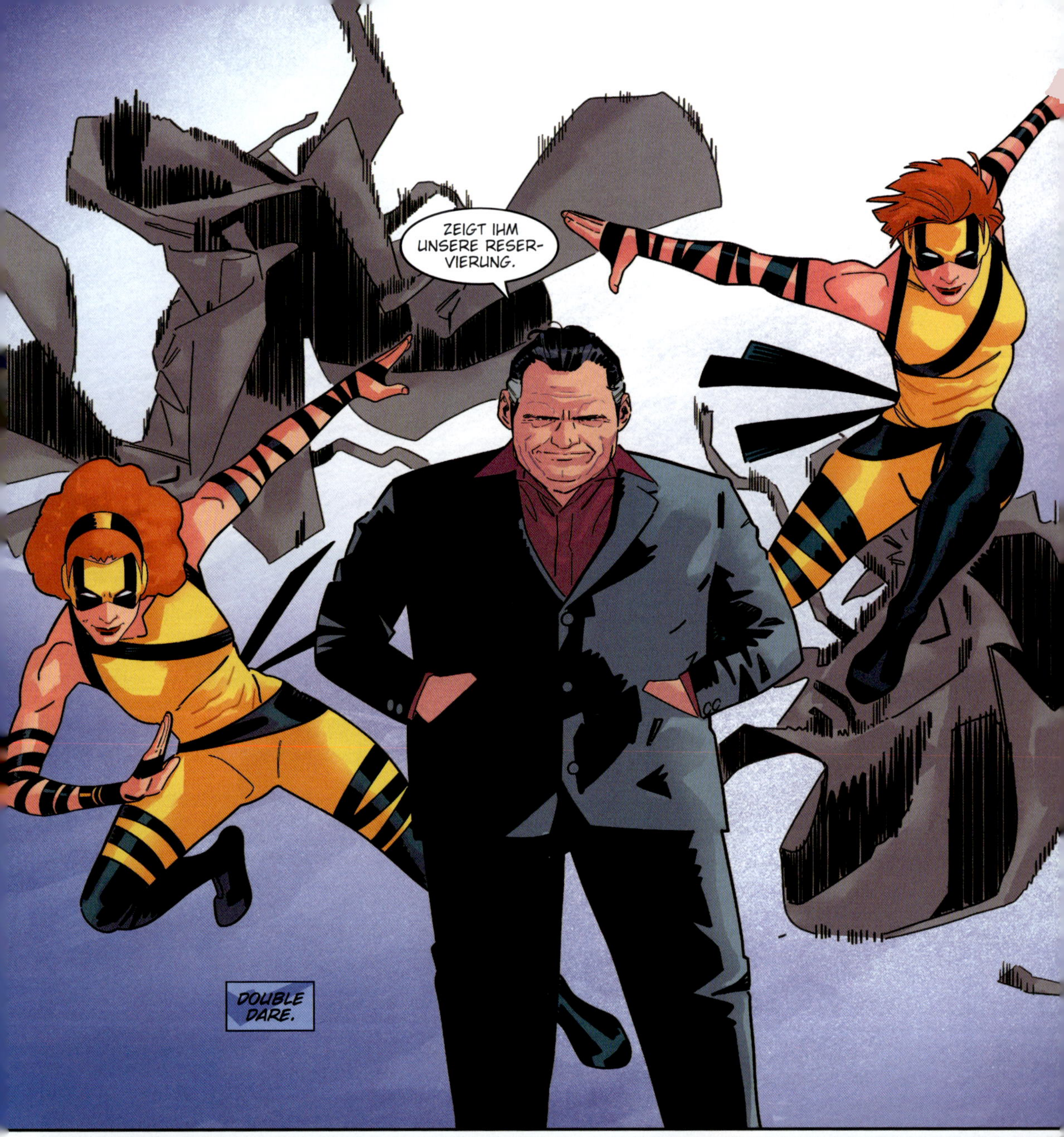

ZEIGT IHM UNSERE RESERVIERUNG.

DOUBLE DARE.

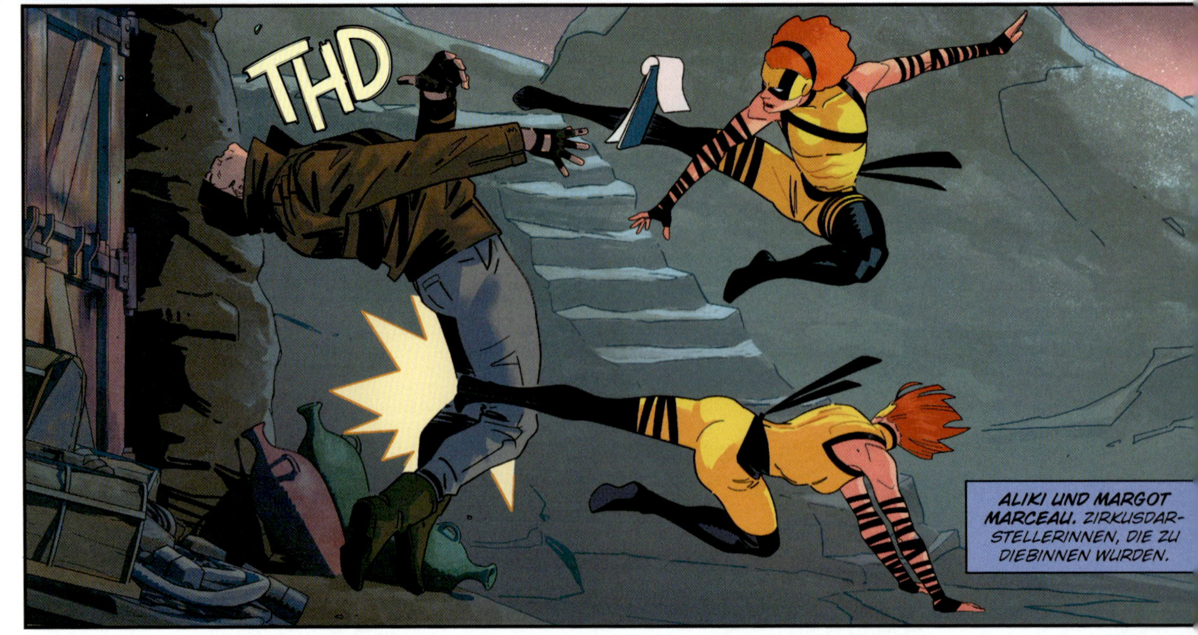

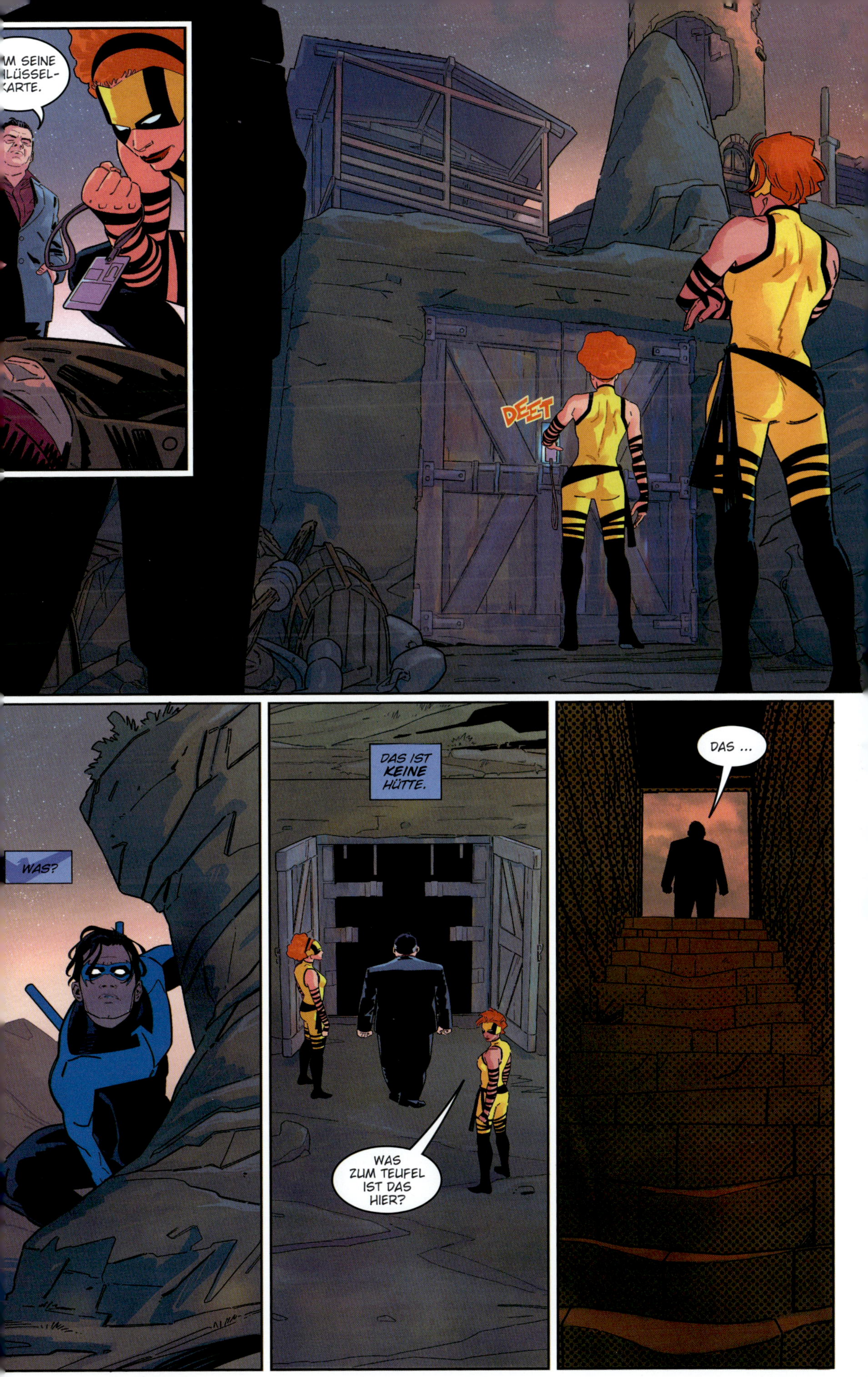

M SEINE
LÜSSEL-
KARTE.
DEET

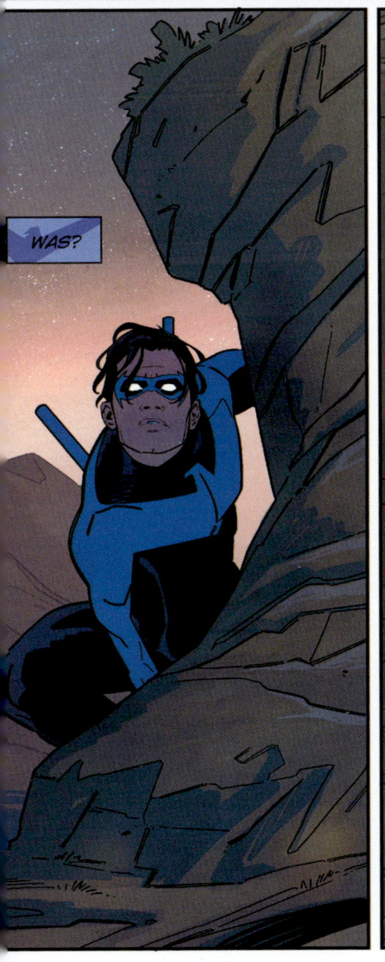
WAS?

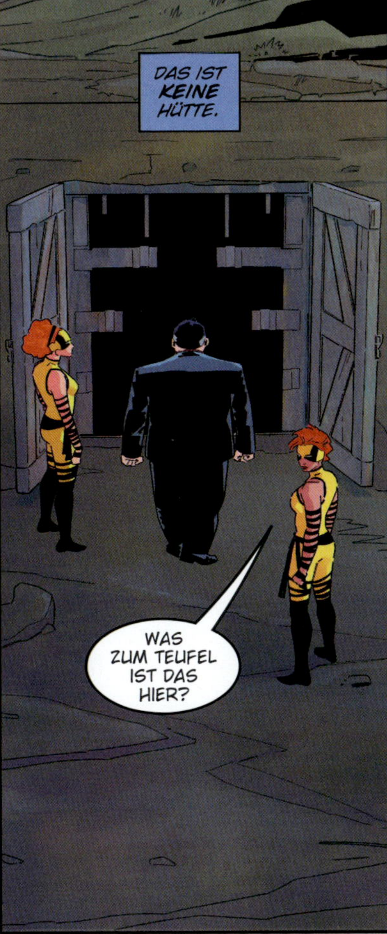
DAS IST KEINE HÜTTE.
WAS ZUM TEUFEL IST DAS HIER?

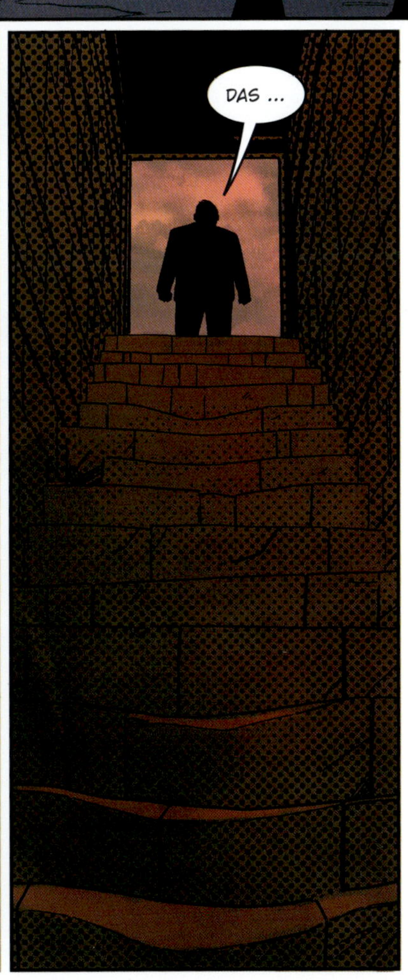
DAS ...

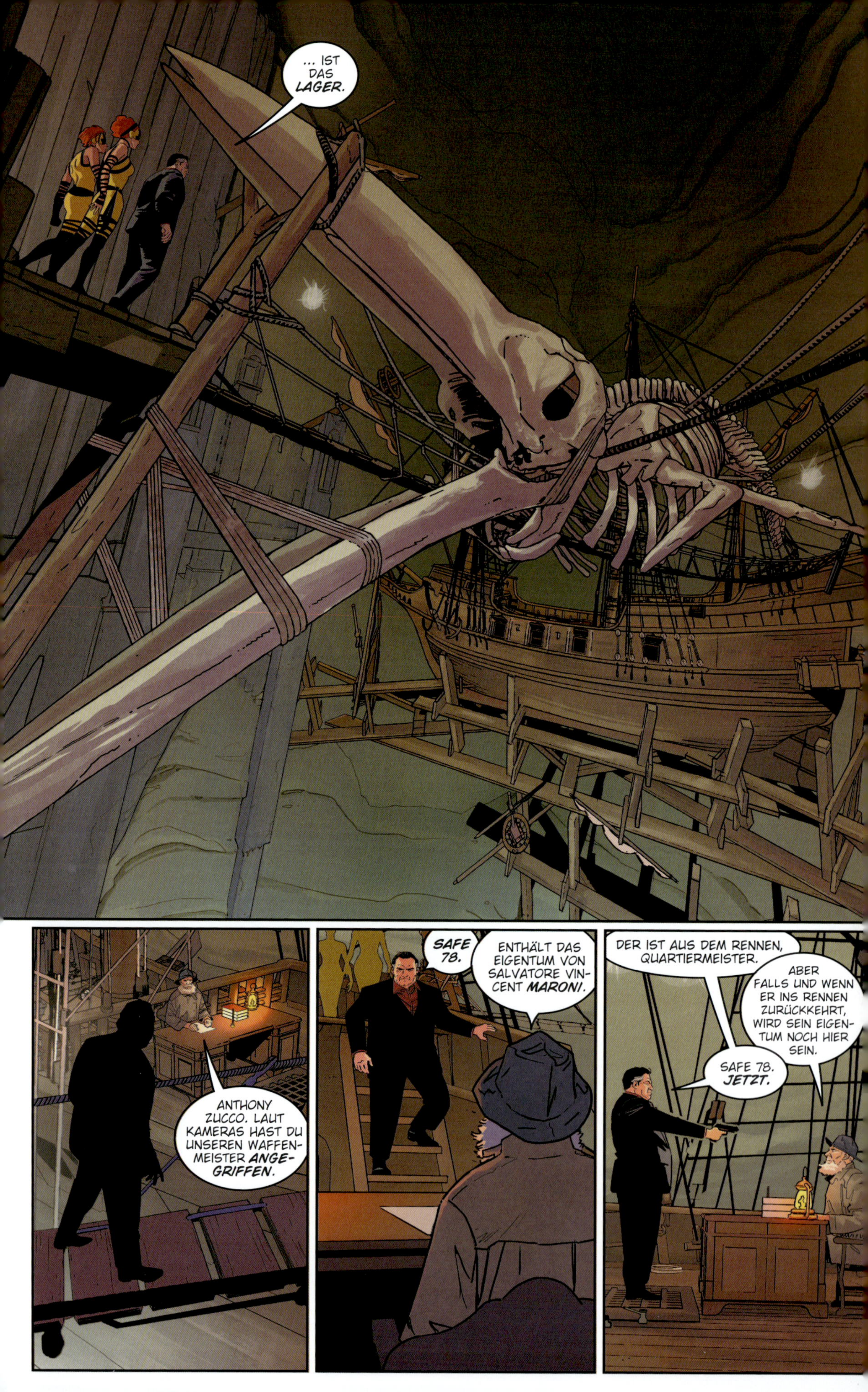

... IST DAS *LAGER.*

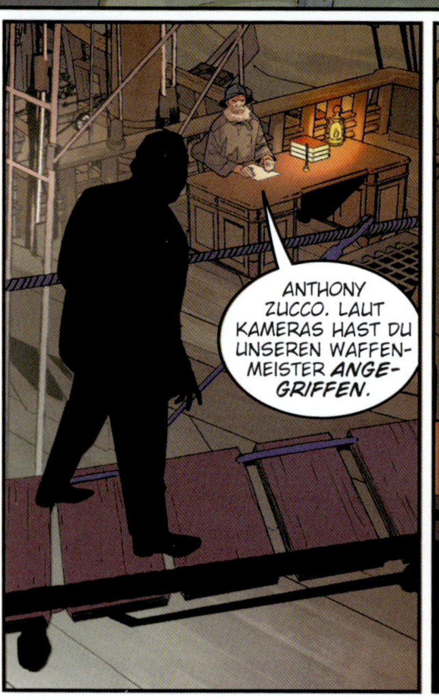
ANTHONY ZUCCO. LAUT KAMERAS HAST DU UNSEREN WAFFENMEISTER *ANGEGRIFFEN.*

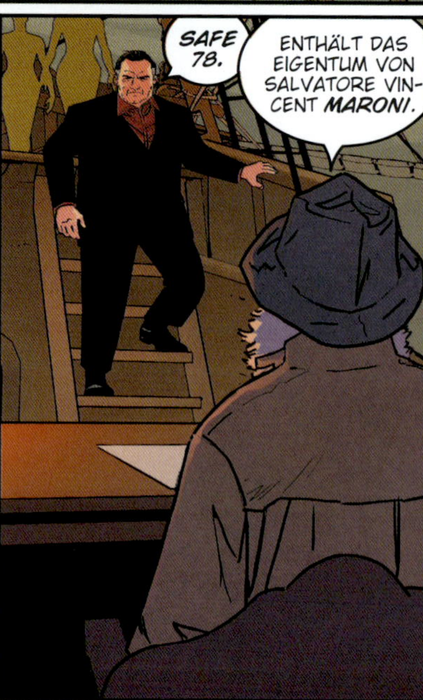
SAFE 78.
ENTHÄLT DAS EIGENTUM VON SALVATORE VINCENT *MARONI.*

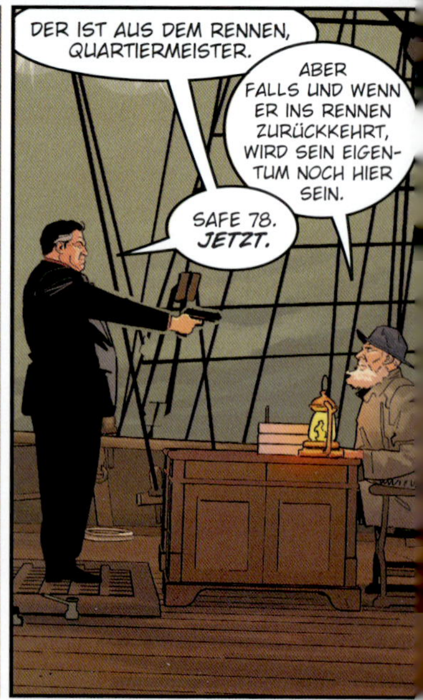
DER IST AUS DEM RENNEN, QUARTIERMEISTER.
ABER FALLS UND WENN ER INS RENNEN ZURÜCKKEHRT, WIRD SEIN EIGENTUM NOCH HIER SEIN.
SAFE 78. *JETZT.*

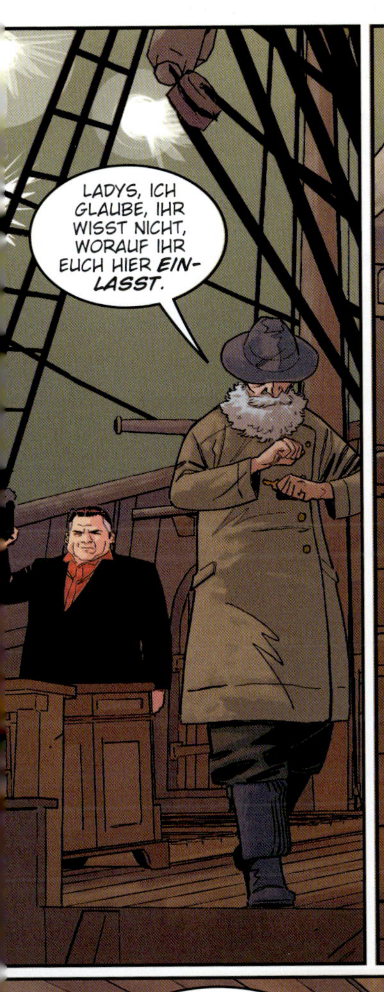
LADYS, ICH GLAUBE, IHR WISST NICHT, WORAUF IHR EUCH HIER EINLASST.

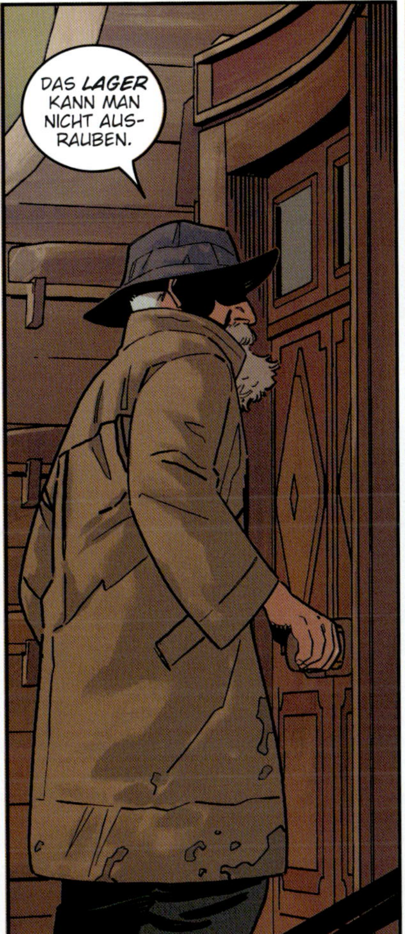
DAS LAGER KANN MAN NICHT AUSRAUBEN.

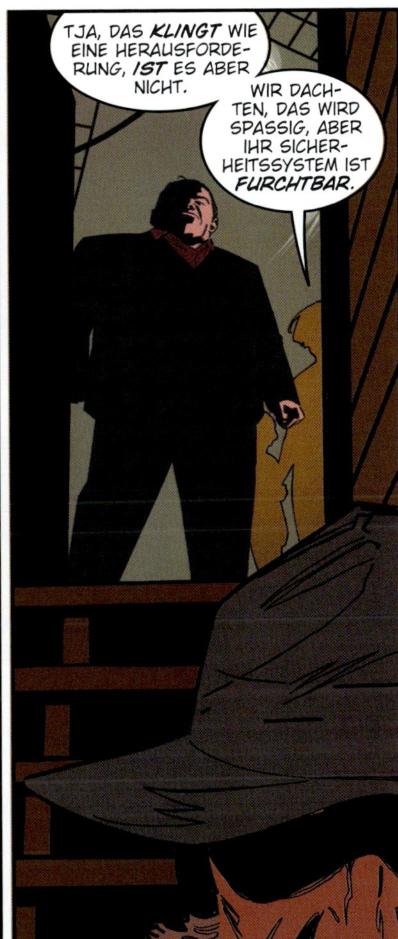
TJA, DAS KLINGT WIE EINE HERAUSFORDERUNG, IST ES ABER NICHT.
WIR DACHTEN, DAS WIRD SPASSIG, ABER IHR SICHERHEITSSYSTEM IST FURCHTBAR.

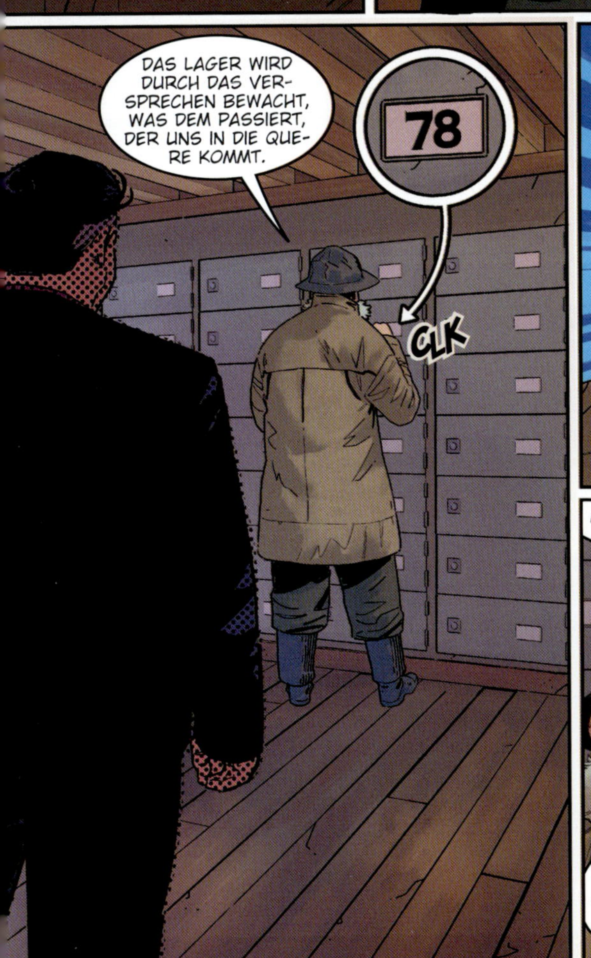
DAS LAGER WIRD DURCH DAS VERSPRECHEN BEWACHT, WAS DEM PASSIERT, DER UNS IN DIE QUERE KOMMT.
78
CLK

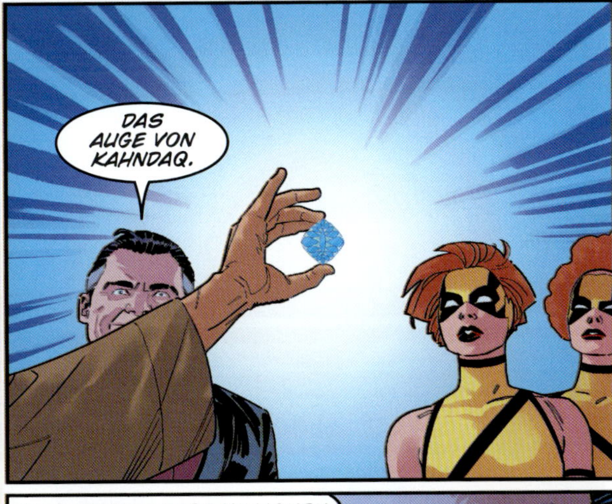
DAS AUGE VON KAHNDAQ.

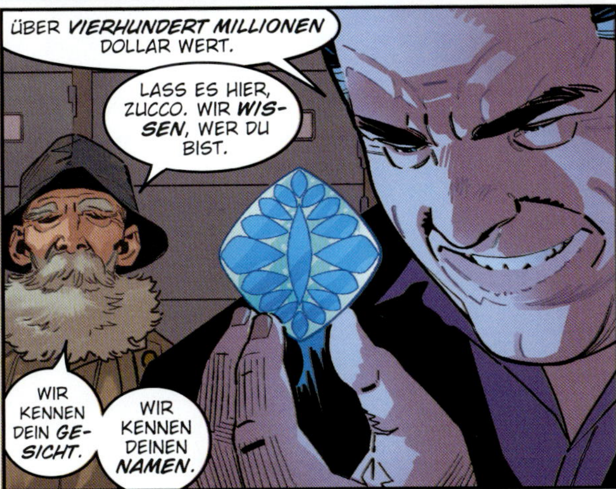
ÜBER VIERHUNDERT MILLIONEN DOLLAR WERT.
LASS ES HIER, ZUCCO. WIR WISSEN, WER DU BIST.
WIR KENNEN DEIN GESICHT.
WIR KENNEN DEINEN NAMEN.

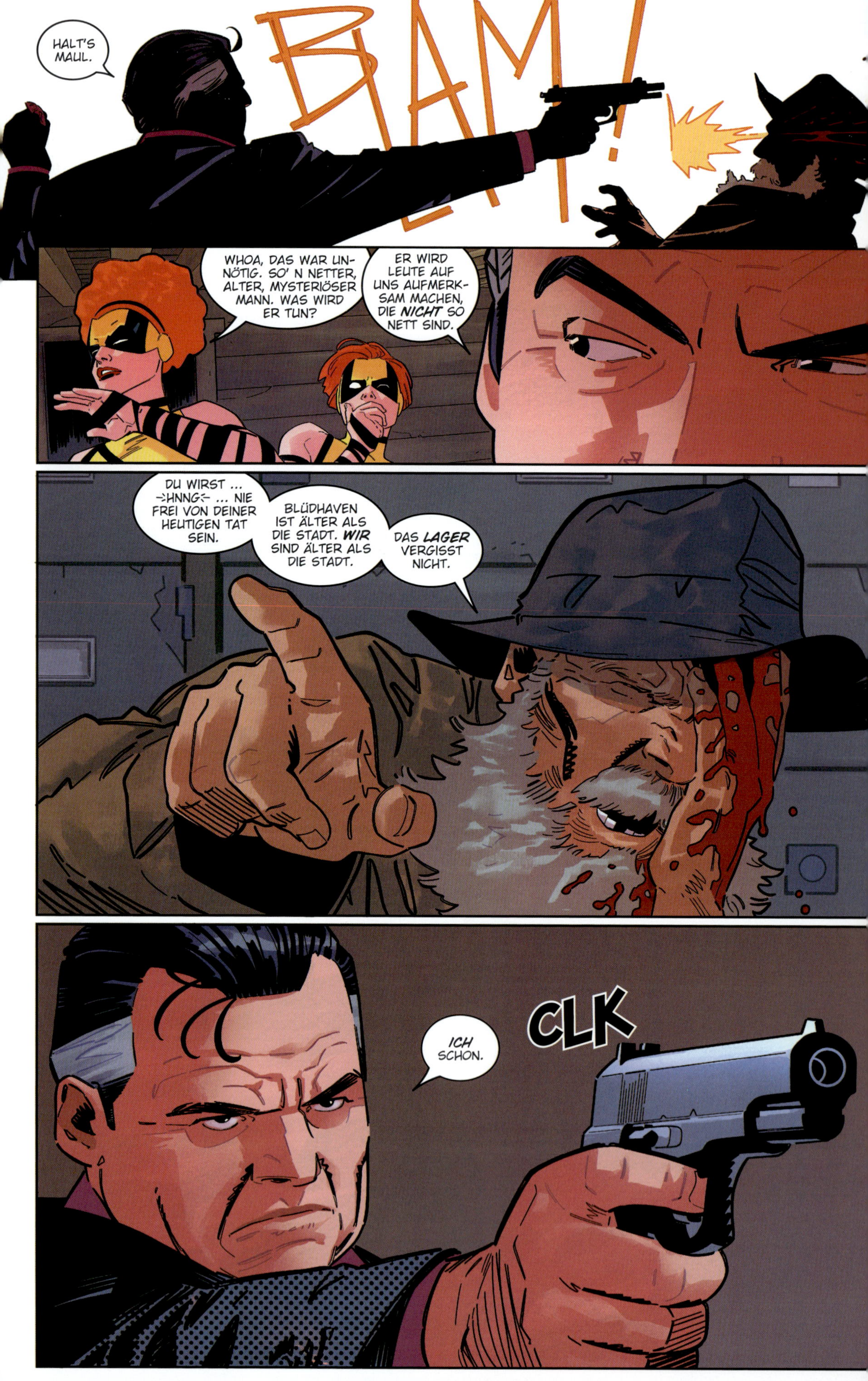
HALT'S MAUL.
BRAM!
WHOA, DAS WAR UNNÖTIG. SO' N NETTER, ALTER, MYSTERIÖSER MANN. WAS WIRD ER TUN?
ER WIRD LEUTE AUF UNS AUFMERKSAM MACHEN, DIE NICHT SO NETT SIND.
DU WIRST ... ~HNNG~ ... NIE FREI VON DEINER HEUTIGEN TAT SEIN.
BLÜDHAVEN IST ÄLTER ALS DIE STADT. WIR SIND ÄLTER ALS DIE STADT.
DAS LAGER VERGISST NICHT.
ICH SCHON.
CLK

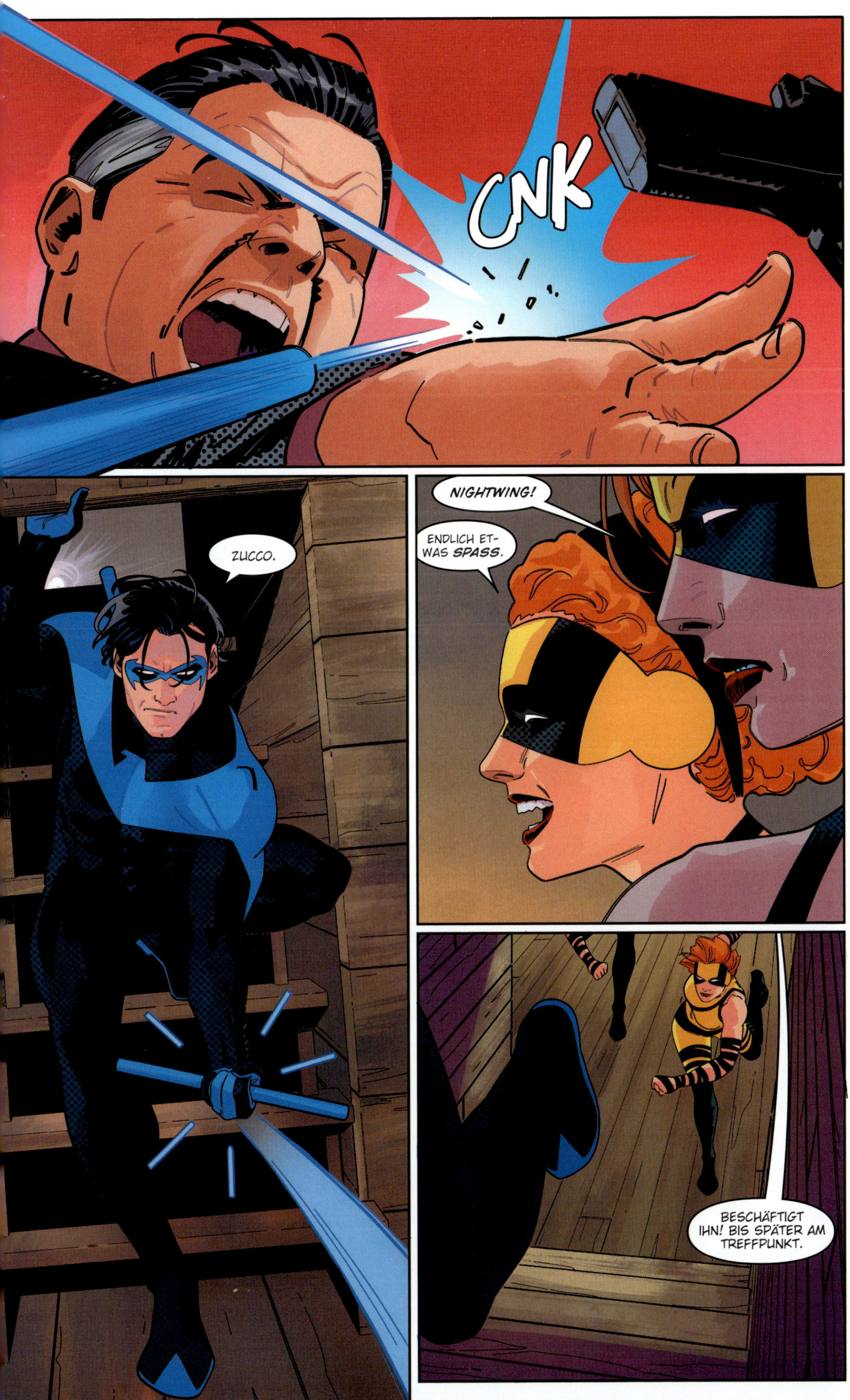

CNK

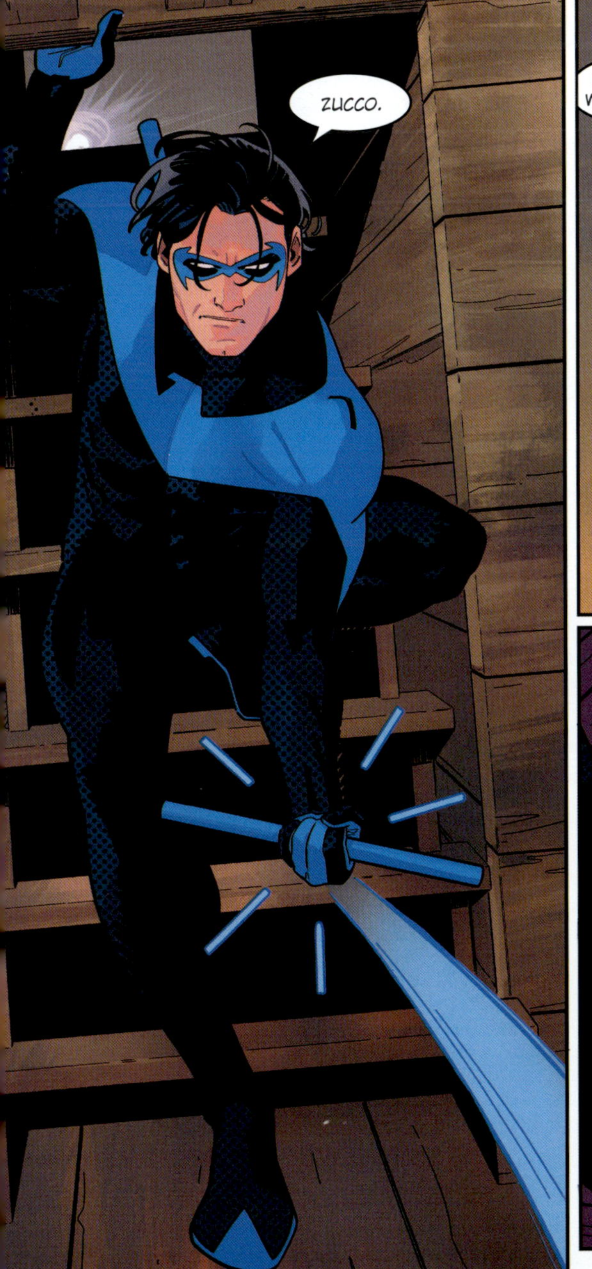
ZUCCO.

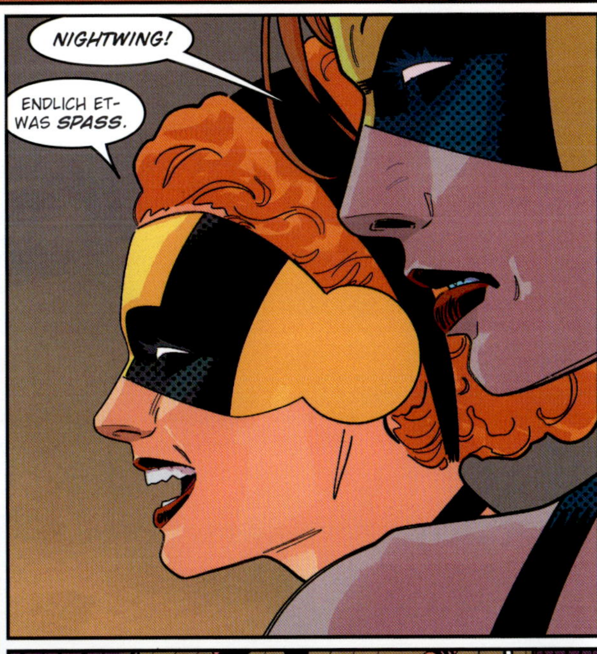
NIGHTWING!
ENDLICH ET-
WAS SPASS.

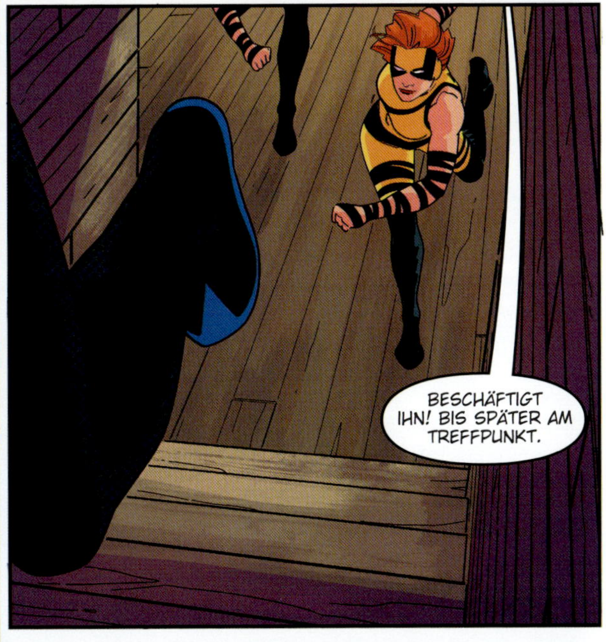
BESCHÄFTIGT
IHN! BIS SPÄTER AM
TREFFPUNKT.

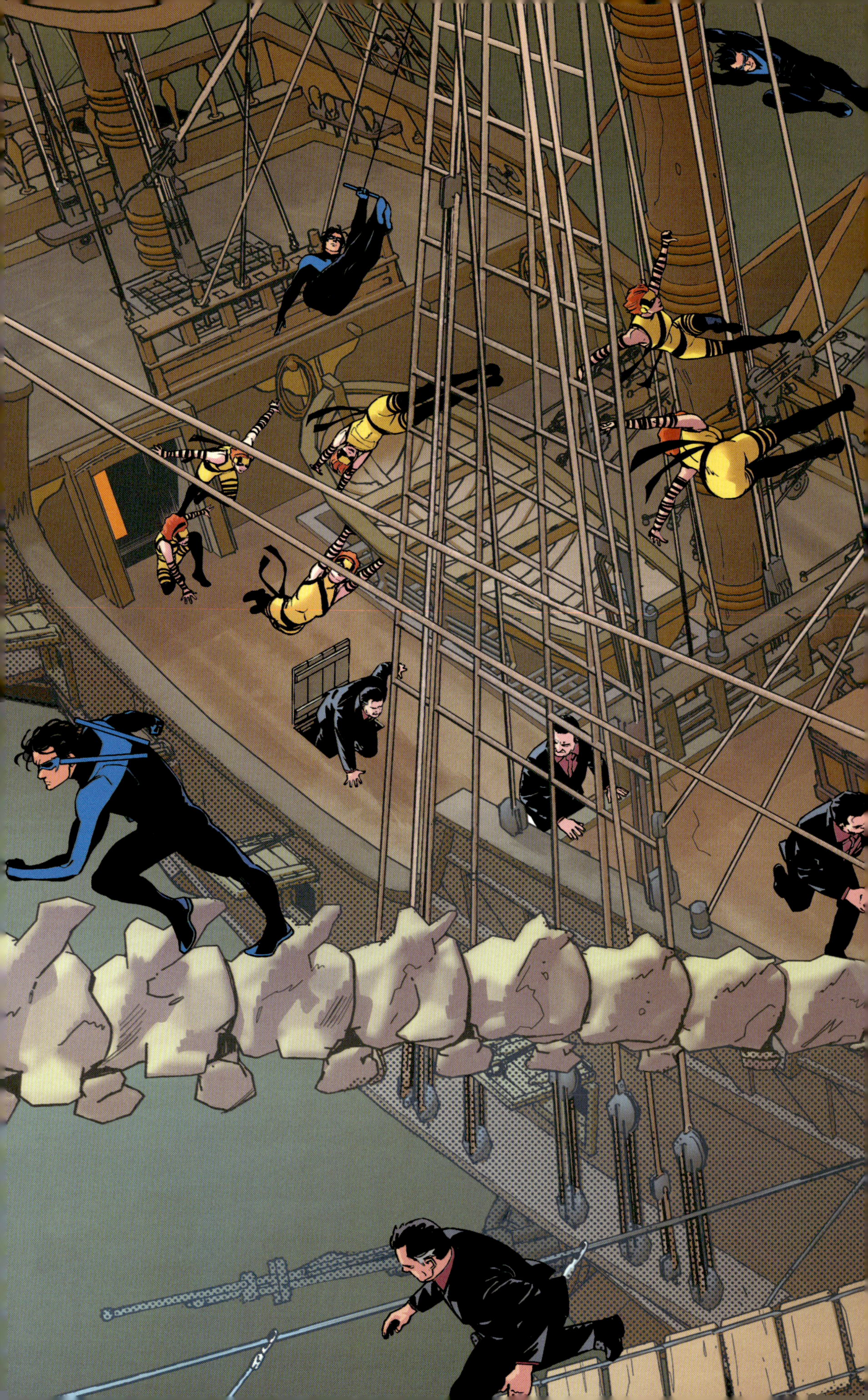

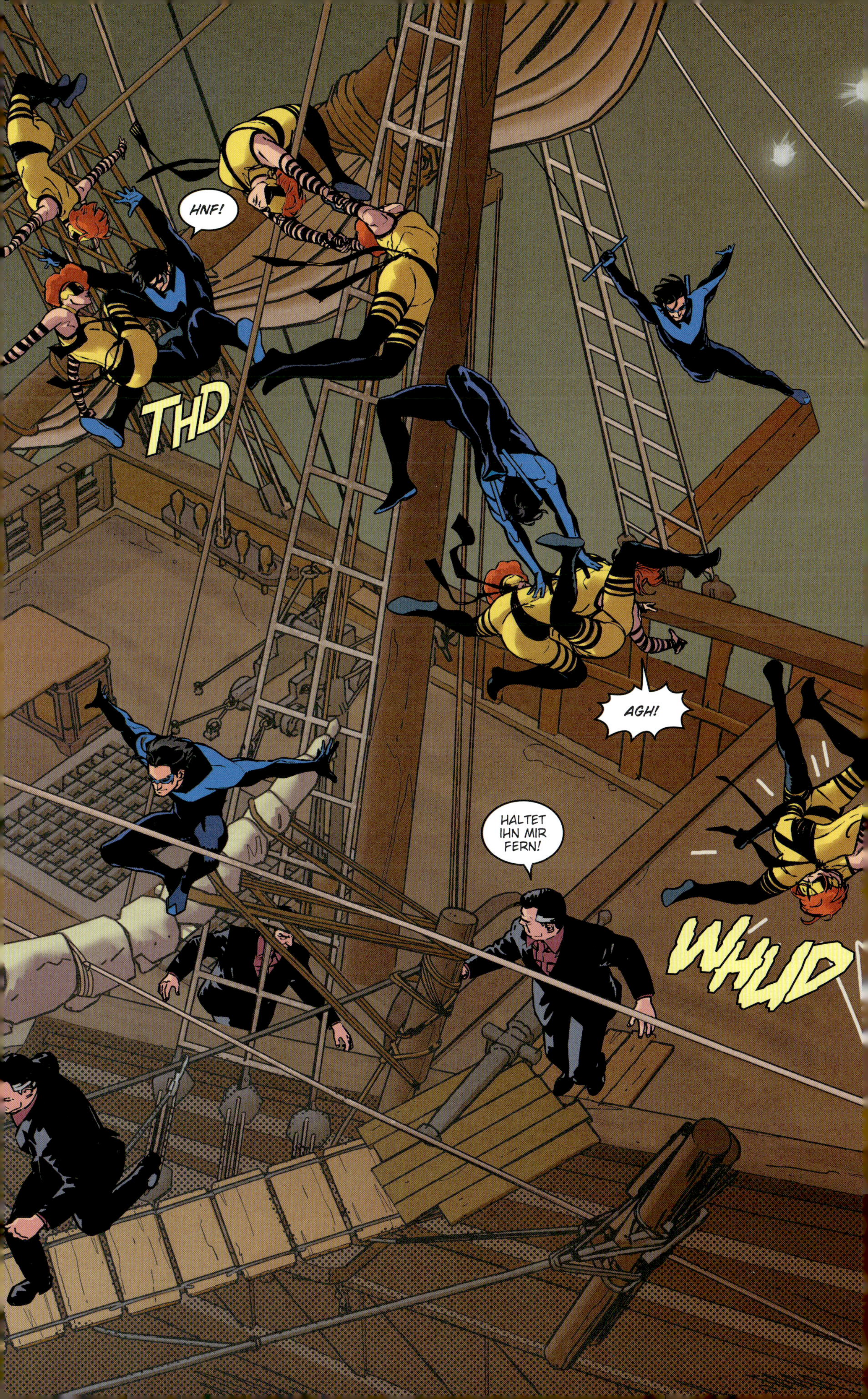
HNF!
THD
AGH!
HALTET IHN MIR FERN!
WHUD

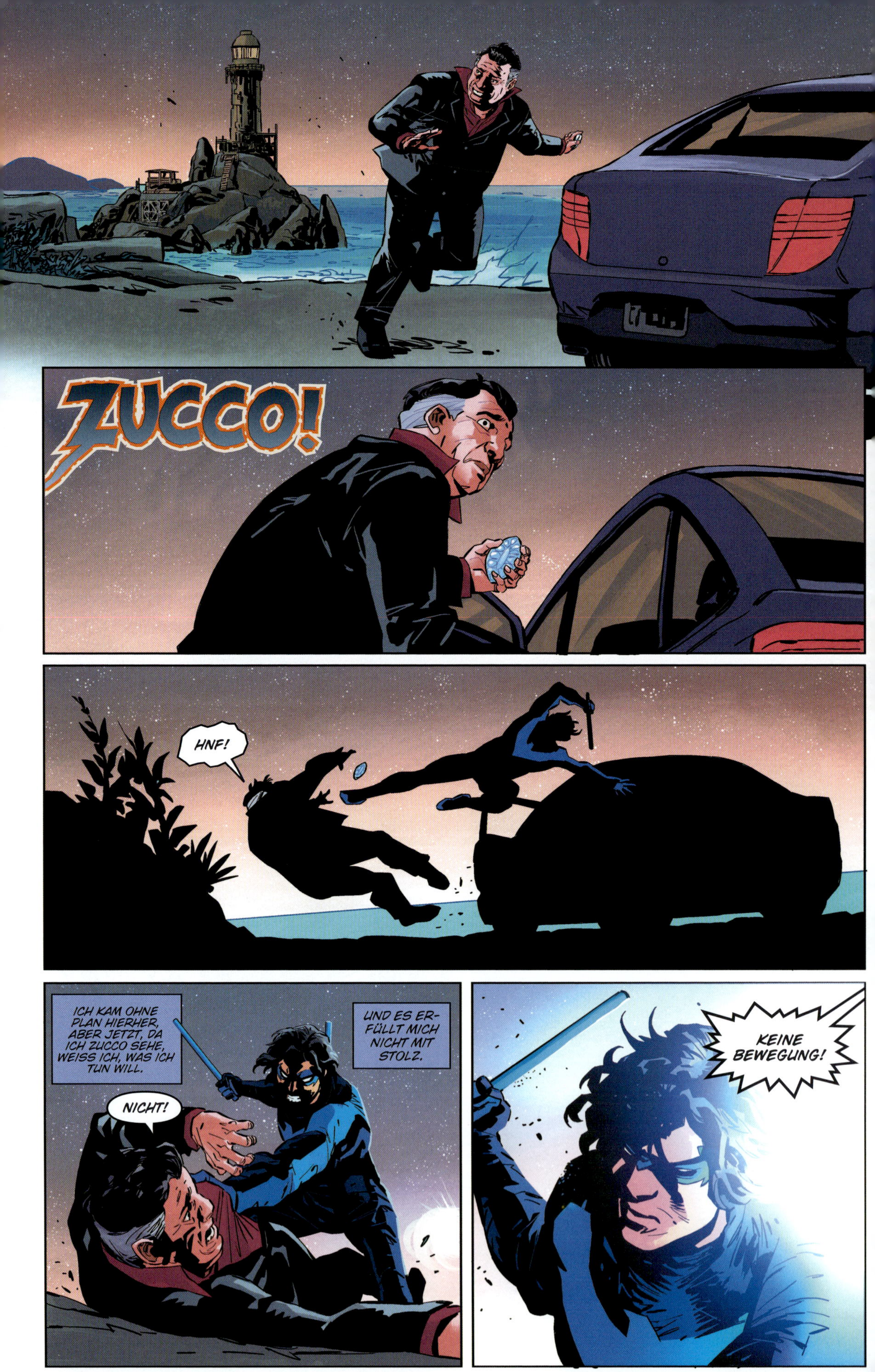

ZUCCO!

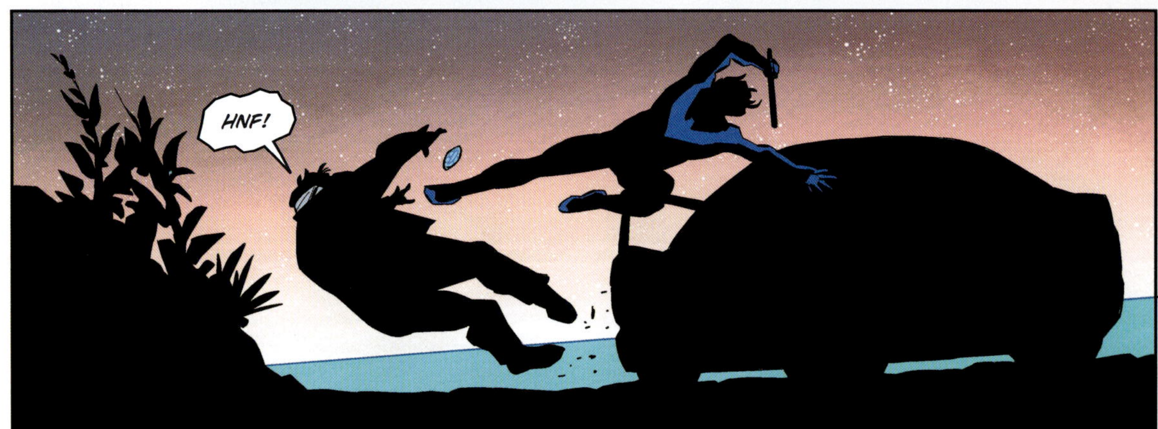
HNF!

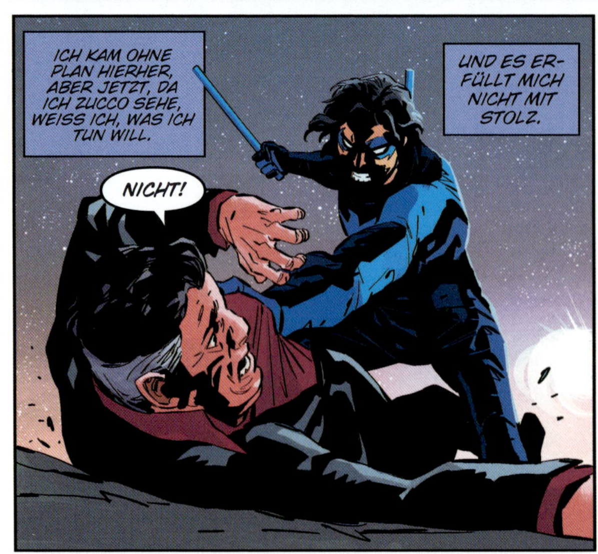
ICH KAM OHNE PLAN HIERHER, ABER JETZT, DA ICH ZUCCO SEHE, WEISS ICH, WAS ICH TUN WILL.
UND ES ERFÜLLT MICH NICHT MIT STOLZ.
NICHT!

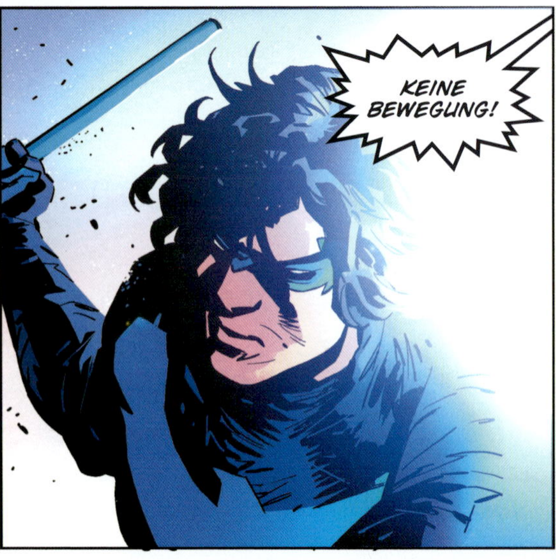
KEINE BEWEGUNG!

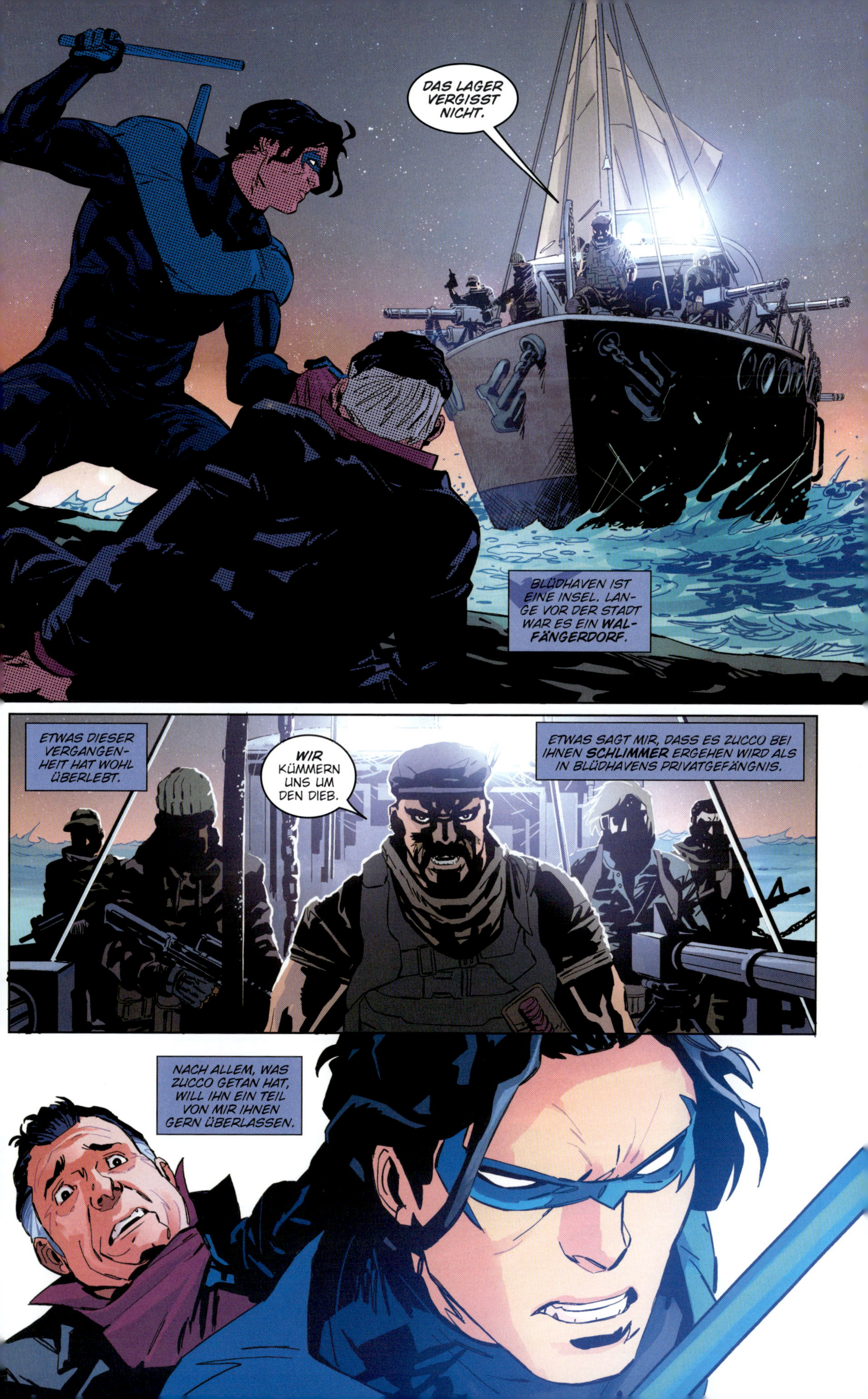

DAS LAGER VERGISST NICHT.

BLÜDHAVEN IST EINE INSEL. LANGE VOR DER STADT WAR ES EIN **WALFÄNGERDORF**.

ETWAS DIESER VERGANGENHEIT HAT WOHL ÜBERLEBT.

WIR KÜMMERN UNS UM DEN DIEB.

ETWAS SAGT MIR, DASS ES ZUCCO BEI IHNEN **SCHLIMMER** ERGEHEN WIRD ALS IN BLÜDHAVENS PRIVATGEFÄNGNIS.

NACH ALLEM, WAS ZUCCO GETAN HAT, WILL IHN EIN TEIL VON MIR IHNEN GERN ÜBERLASSEN.

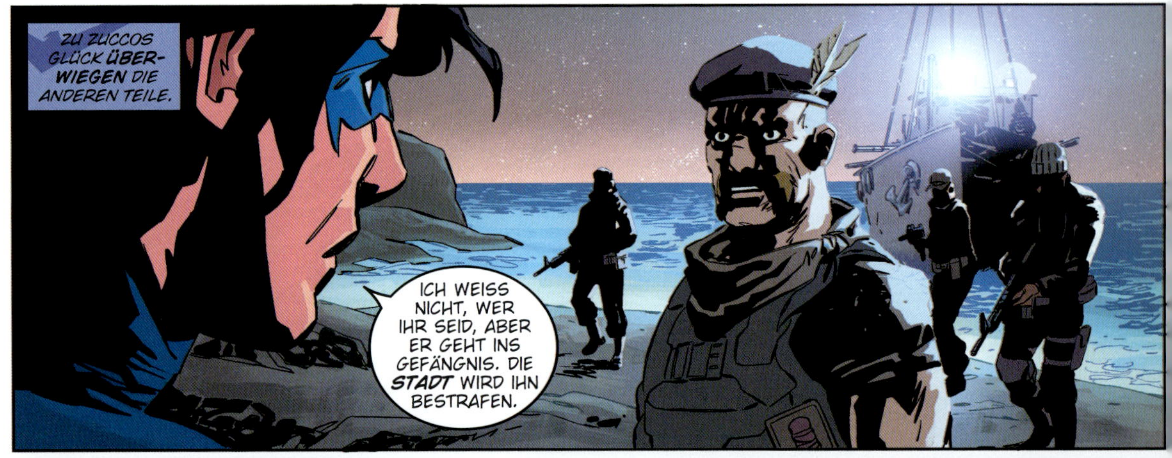
ZU ZUCCOS GLÜCK ÜBERWIEGEN DIE ANDEREN TEILE.
ICH WEISS NICHT, WER IHR SEID, ABER ER GEHT INS GEFÄNGNIS. DIE STADT WIRD IHN BESTRAFEN.

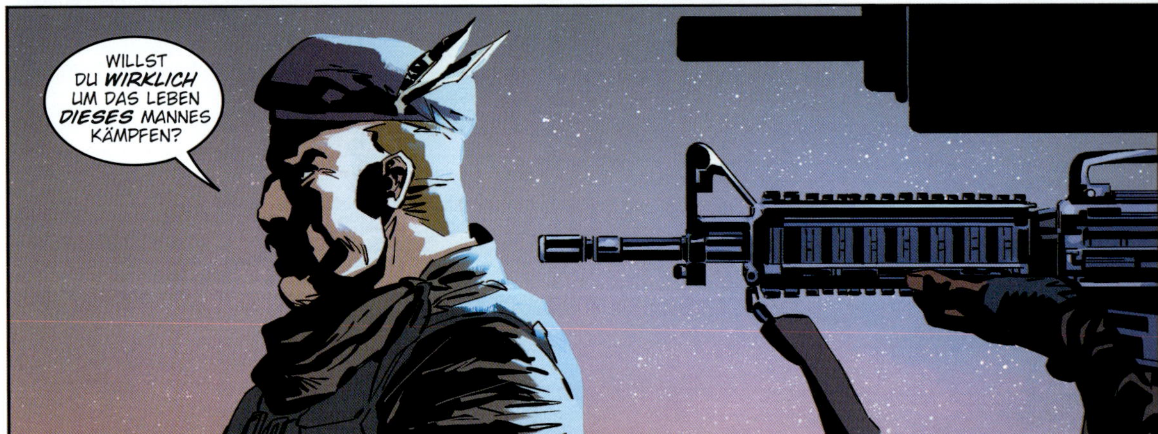
WILLST DU WIRKLICH UM DAS LEBEN DIESES MANNES KÄMPFEN?

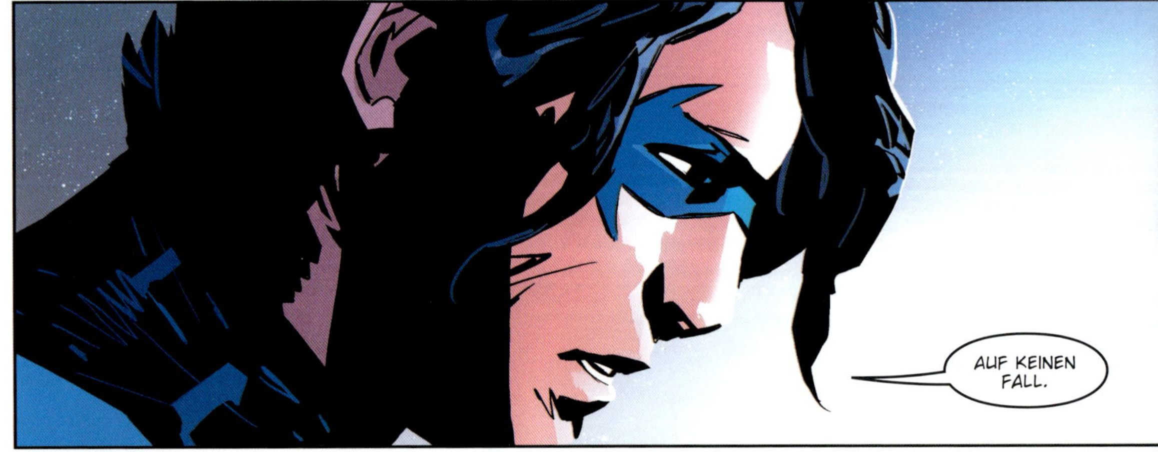
AUF KEINEN FALL.

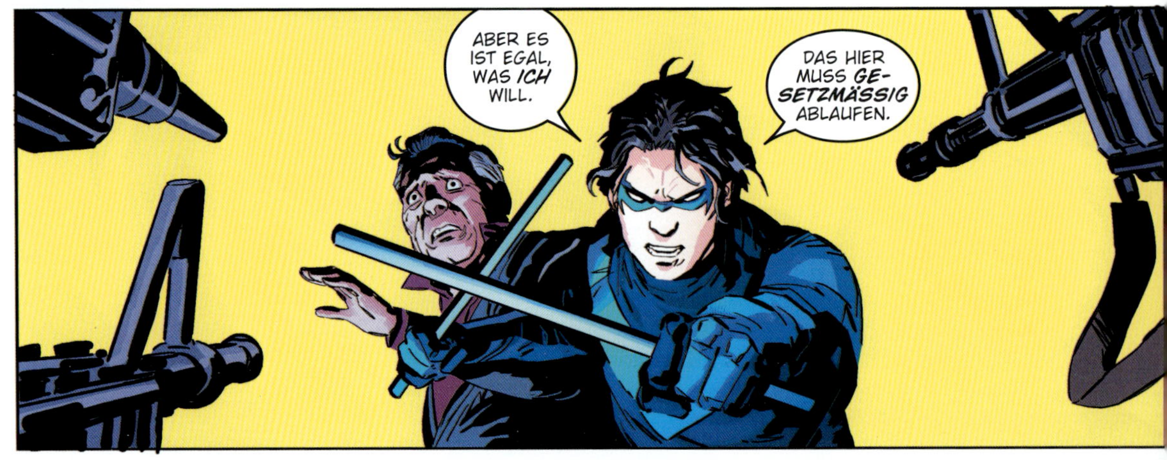
ABER ES IST EGAL, WAS ICH WILL.
DAS HIER MUSS GESETZMÄSSIG ABLAUFEN.

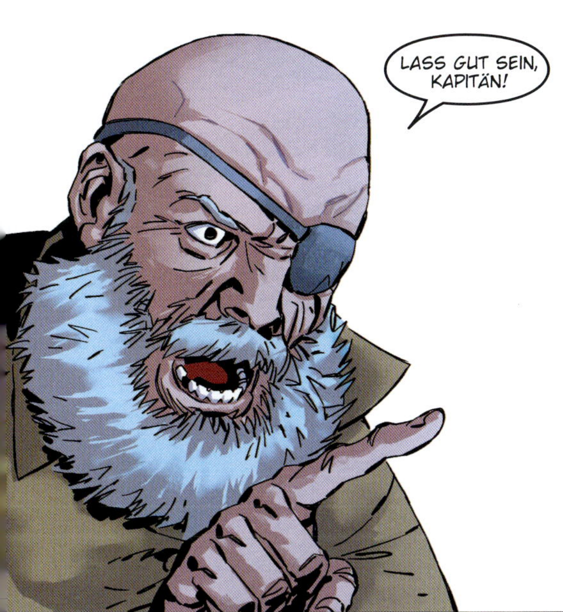
LASS GUT SEIN, KAPITÄN!

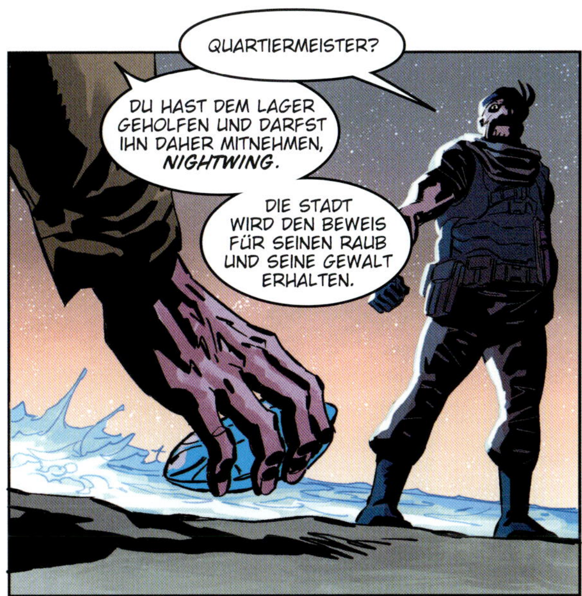
QUARTIERMEISTER?
DU HAST DEM LAGER GEHOLFEN UND DARFST IHN DAHER MITNEHMEN, NIGHTWING.
DIE STADT WIRD DEN BEWEIS FÜR SEINEN RAUB UND SEINE GEWALT ERHALTEN.

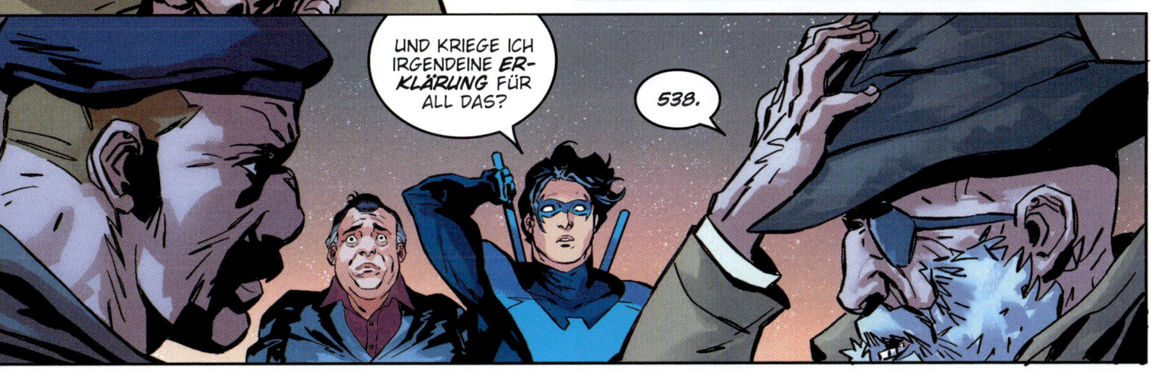
UND KRIEGE ICH IRGENDEINE ERKLÄRUNG FÜR ALL DAS?
538.

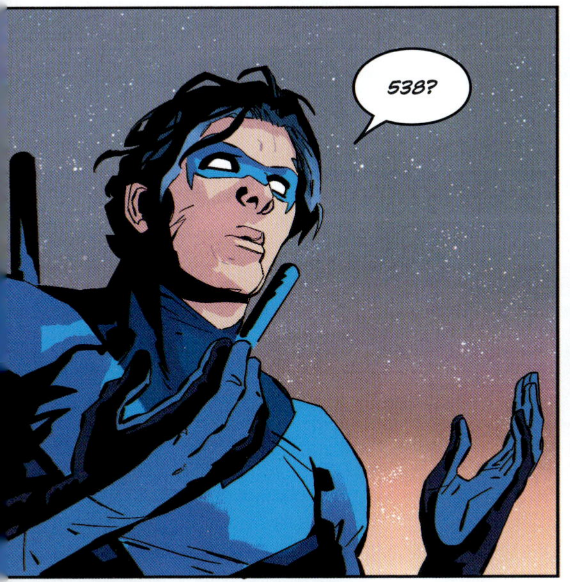
538?

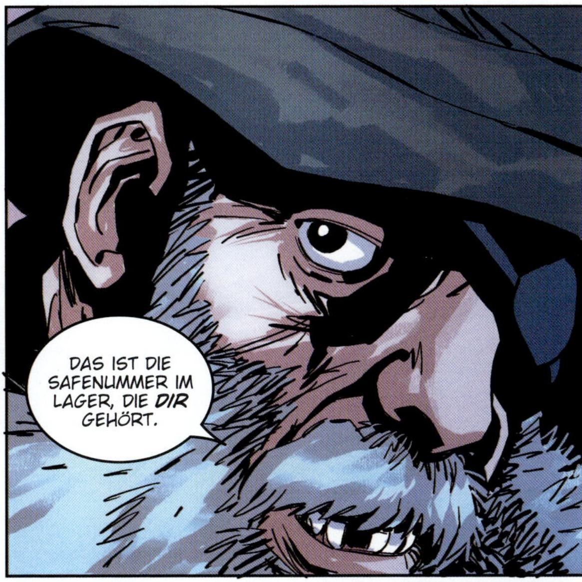
DAS IST DIE SAFENUMMER IM LAGER, DIE DIR GEHÖRT.

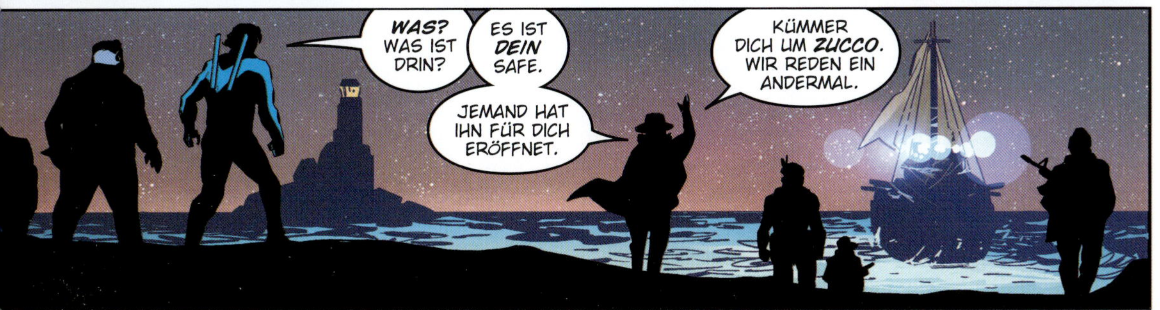
WAS? WAS IST DRIN?
ES IST DEIN SAFE.
JEMAND HAT IHN FÜR DICH ERÖFFNET.
KÜMMER DICH UM ZUCCO. WIR REDEN EIN ANDERMAL.

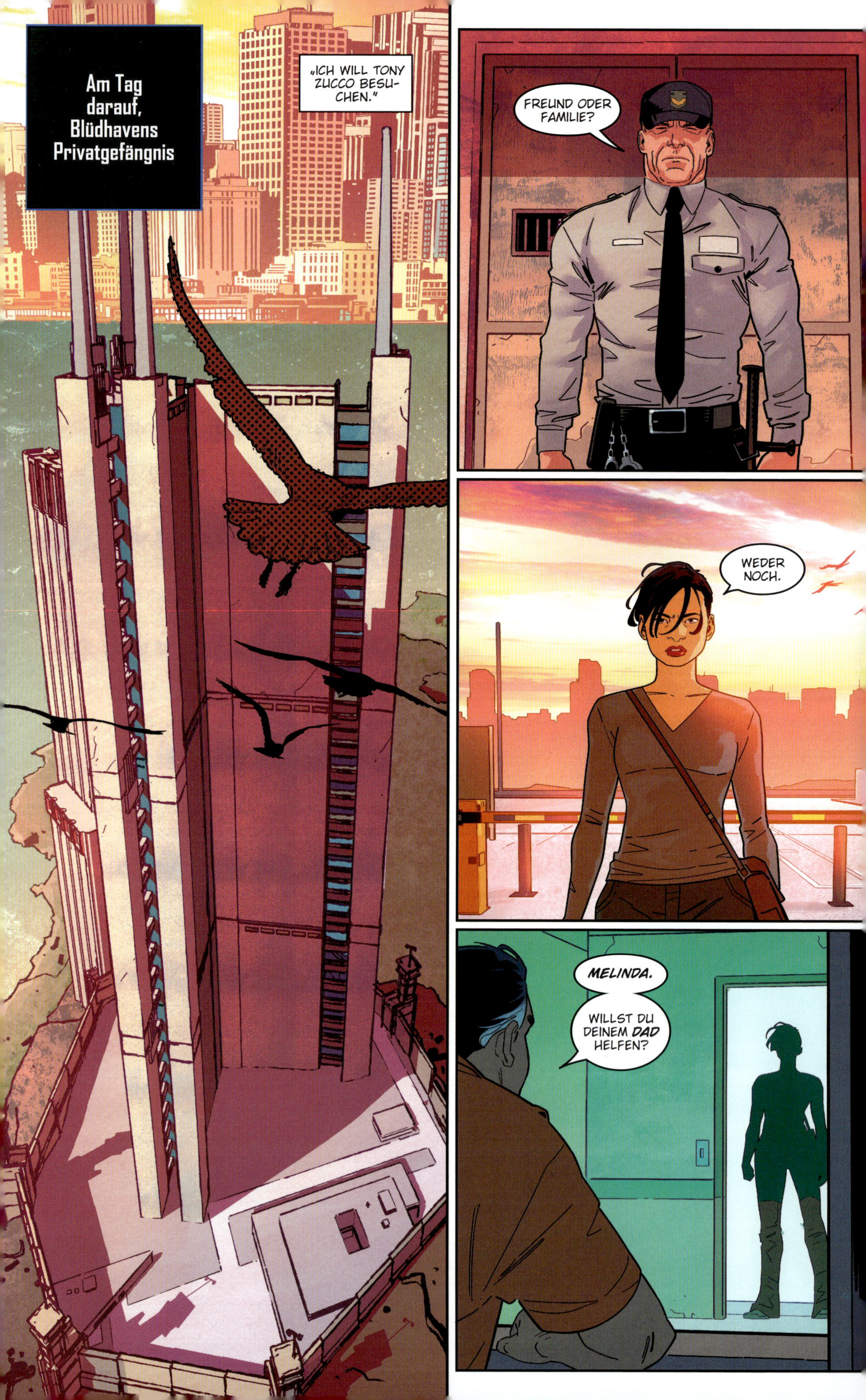

Am Tag darauf, Blüdhavens Privatgefängnis

„ICH WILL TONY ZUCCO BESUCHEN."

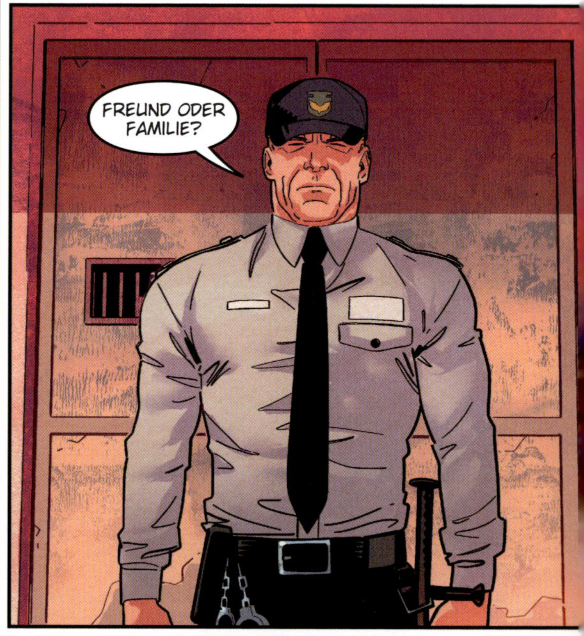

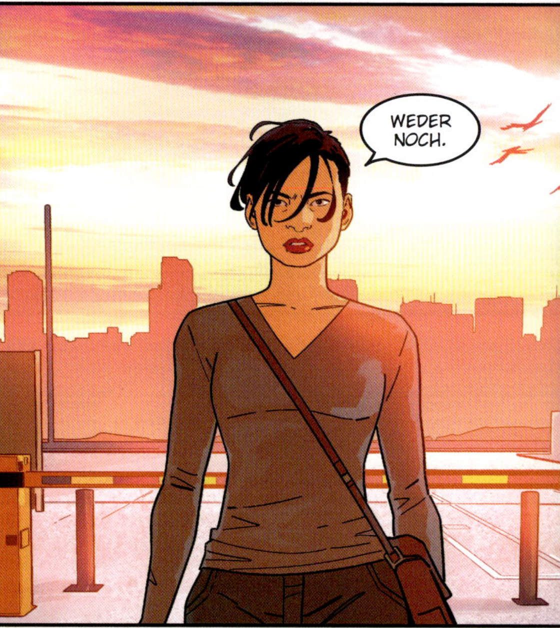

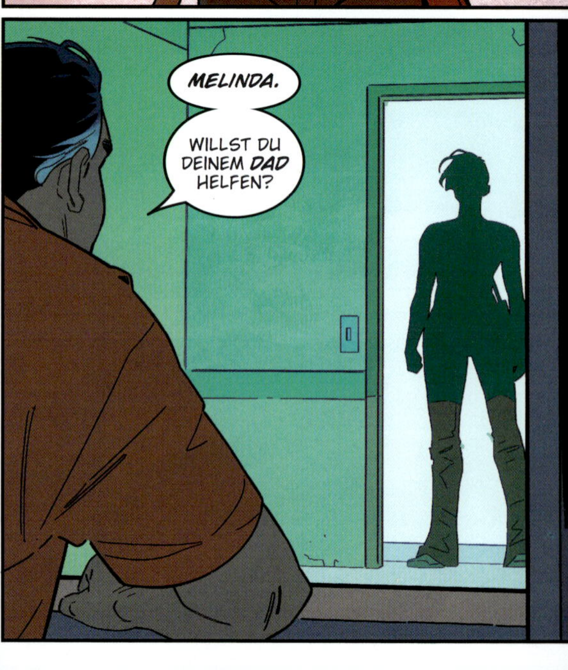

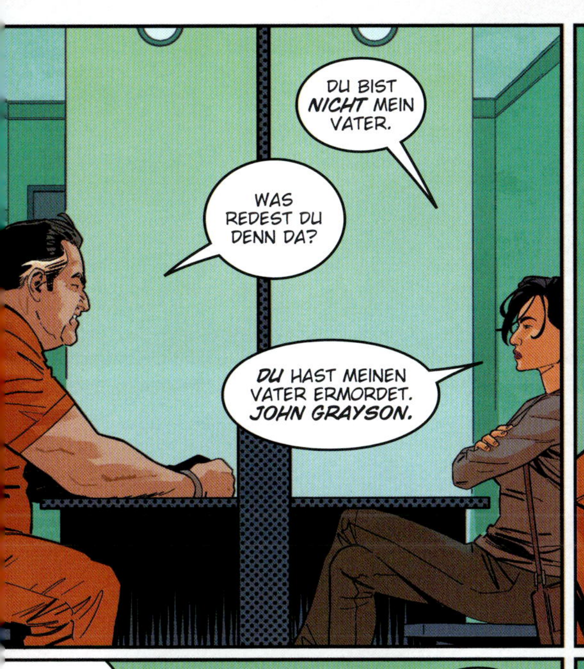
DU BIST NICHT MEIN VATER.
WAS REDEST DU DENN DA?
DU HAST MEINEN VATER ERMORDET. JOHN GRAYSON.

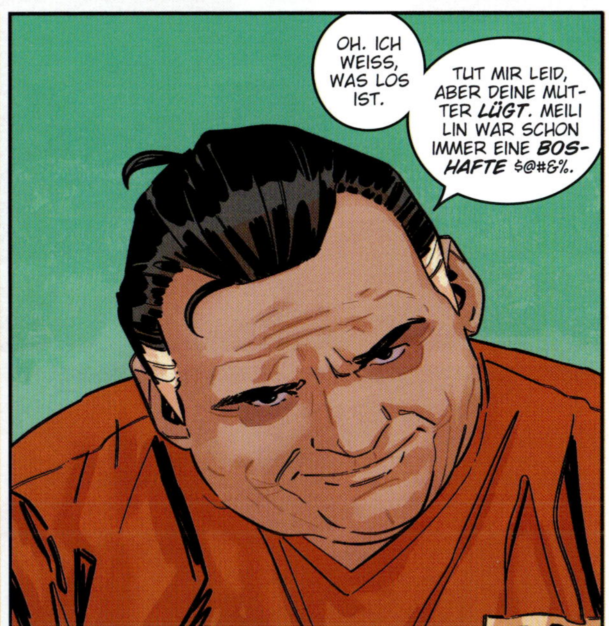
OH. ICH WEISS, WAS LOS IST.
TUT MIR LEID, ABER DEINE MUTTER LÜGT. MEILI LIN WAR SCHON IMMER EINE BOSHAFTE $@#&%.

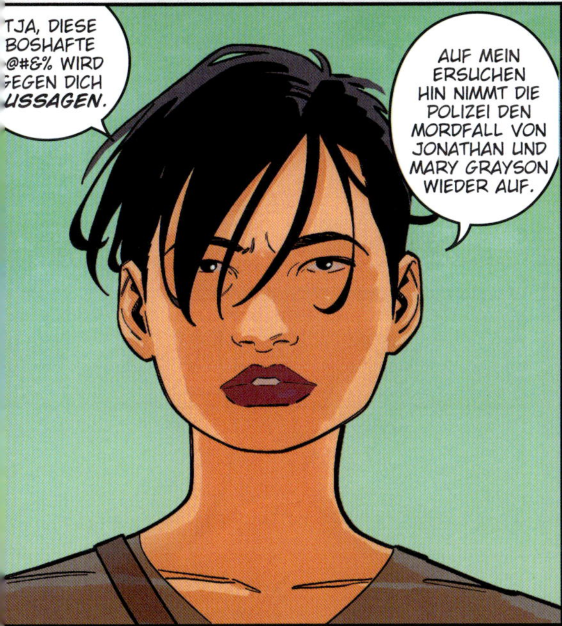
TJA, DIESE BOSHAFTE @#&% WIRD EGEN DICH USSAGEN.
AUF MEIN ERSUCHEN HIN NIMMT DIE POLIZEI DEN MORDFALL VON JONATHAN UND MARY GRAYSON WIEDER AUF.

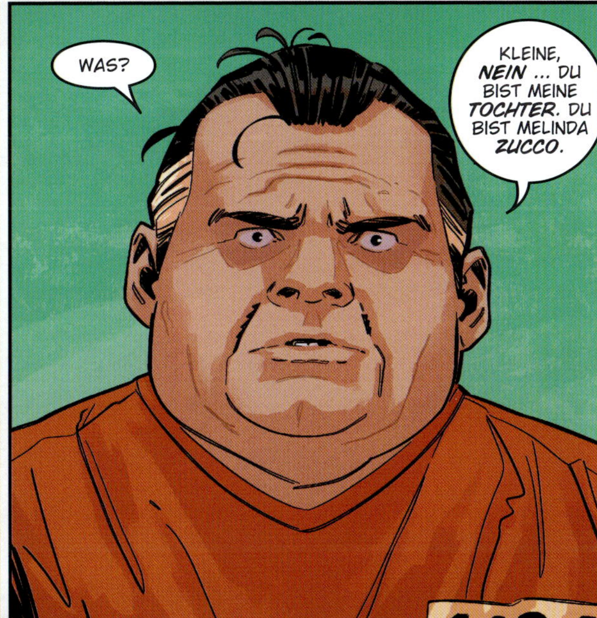
WAS?
KLEINE, NEIN ... DU BIST MEINE TOCHTER. DU BIST MELINDA ZUCCO.

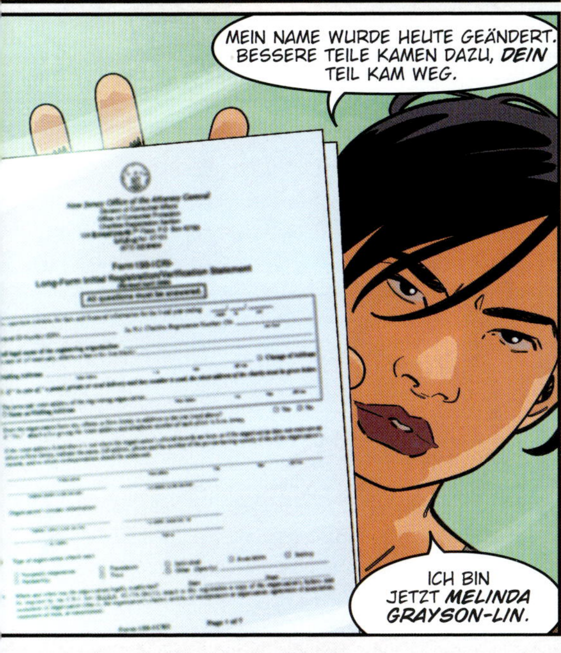
MEIN NAME WURDE HEUTE GEÄNDERT. BESSERE TEILE KAMEN DAZU, DEIN TEIL KAM WEG.
ICH BIN JETZT MELINDA GRAYSON-LIN.

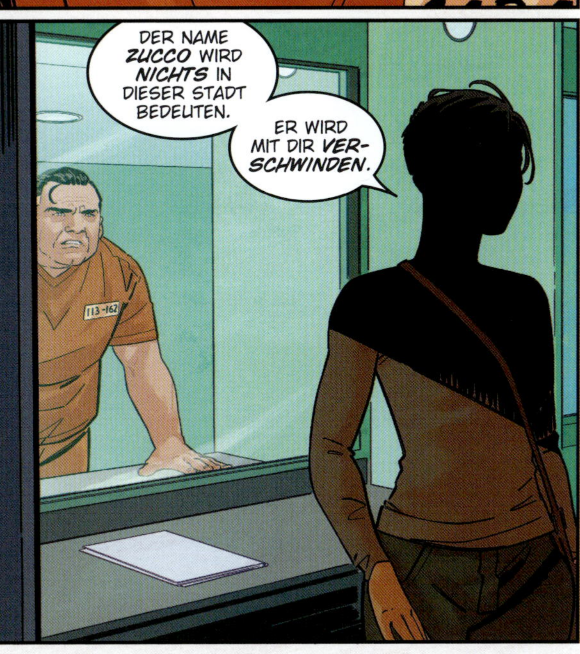
DER NAME ZUCCO WIRD NICHTS IN DIESER STADT BEDEUTEN.
ER WIRD MIT DIR VERSCHWINDEN.
113-462

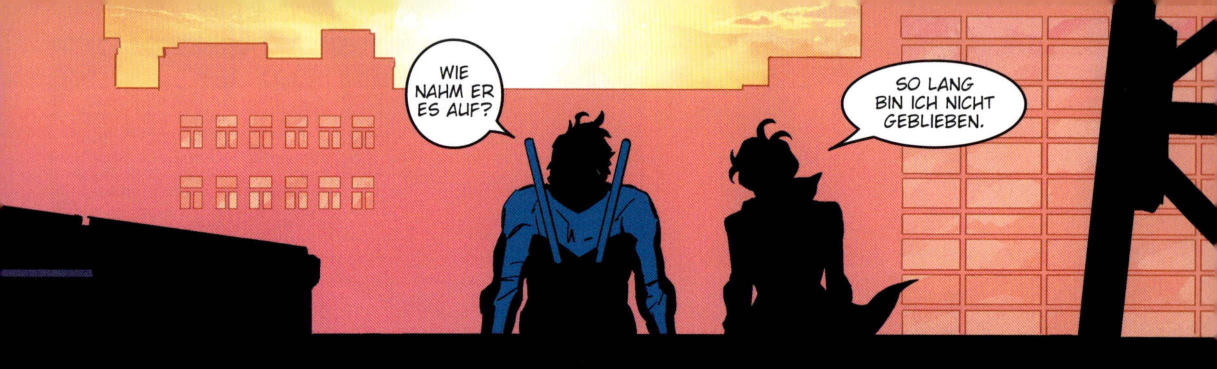
WIE NAHM ER ES AUF?
SO LANG BIN ICH NICHT GEBLIEBEN.

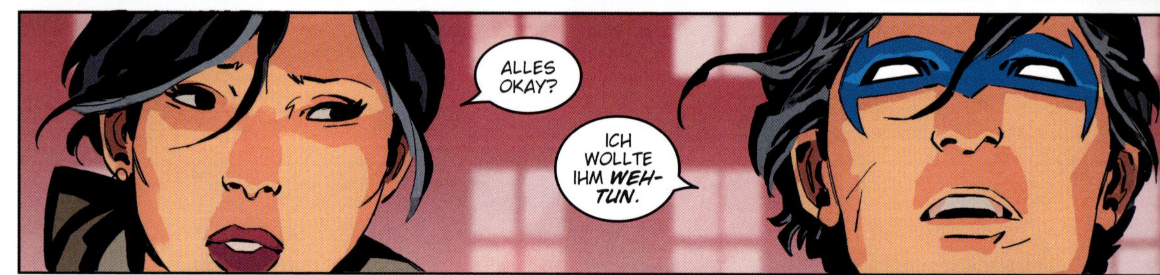
ALLES OKAY?
ICH WOLLTE IHM **WEH-TUN**.

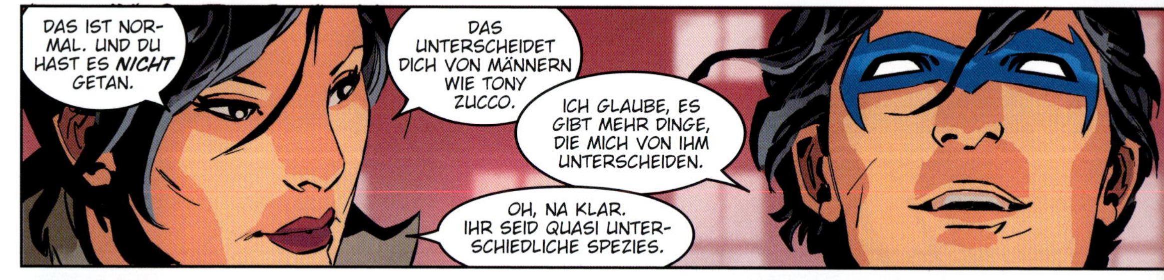
DAS IST NOR-MAL. UND DU HAST ES **NICHT** GETAN.
DAS UNTERSCHEIDET DICH VON MÄNNERN WIE TONY ZUCCO.
ICH GLAUBE, ES GIBT MEHR DINGE, DIE MICH VON IHM UNTERSCHEIDEN.
OH, NA KLAR. IHR SEID QUASI UNTER-SCHIEDLICHE SPEZIES.

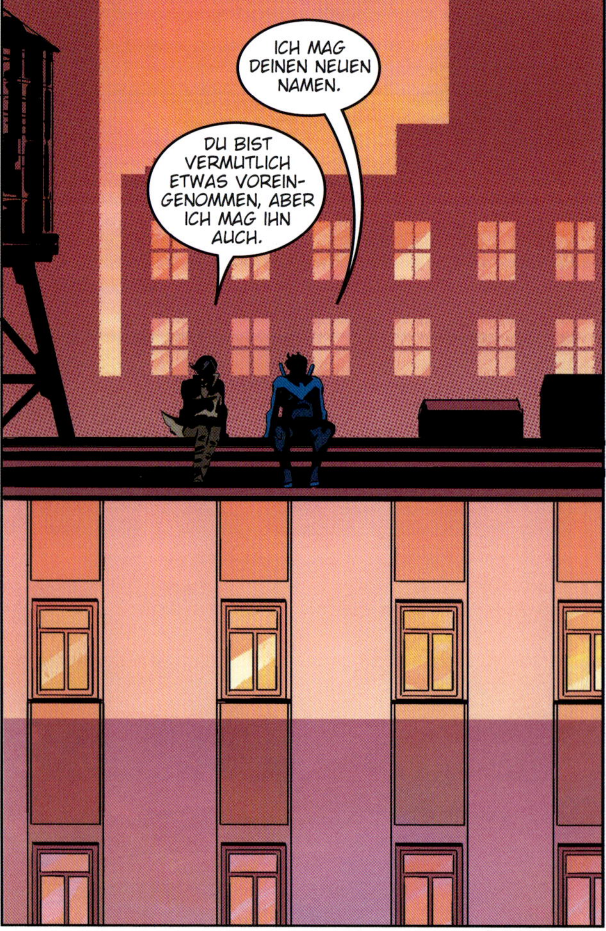
ICH MAG DEINEN NEUEN NAMEN.
DU BIST VERMUTLICH ETWAS VOREIN-GENOMMEN, ABER ICH MAG IHN AUCH.

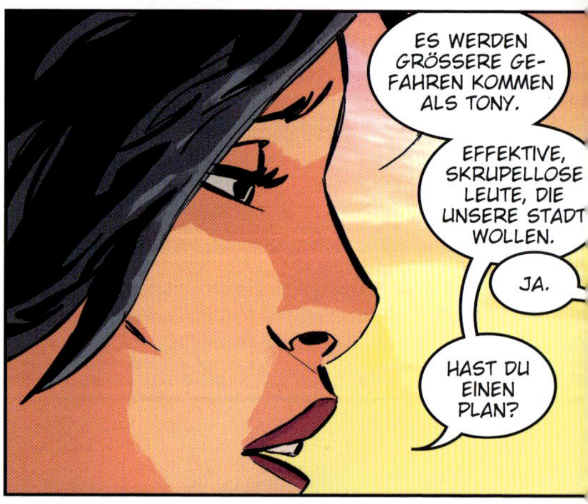
ES WERDEN GRÖSSERE GE-FAHREN KOMMEN ALS TONY.
EFFEKTIVE, SKRUPELLOSE LEUTE, DIE UNSERE STADT WOLLEN.
JA.
HAST DU EINEN PLAN?

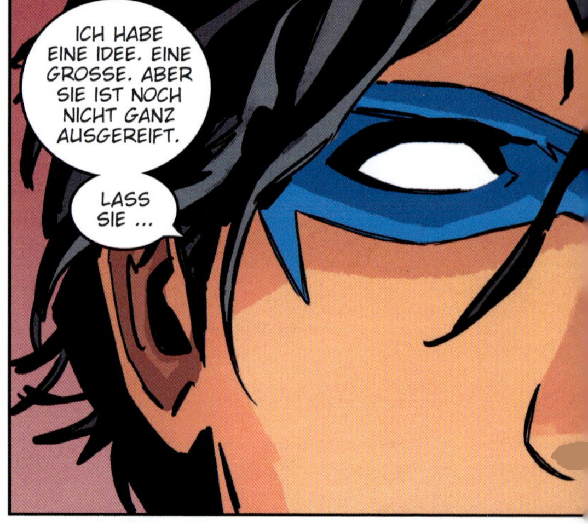
ICH HABE EINE IDEE. EINE GROSSE. ABER SIE IST NOCH NICHT GANZ AUSGEREIFT.
LASS SIE ...

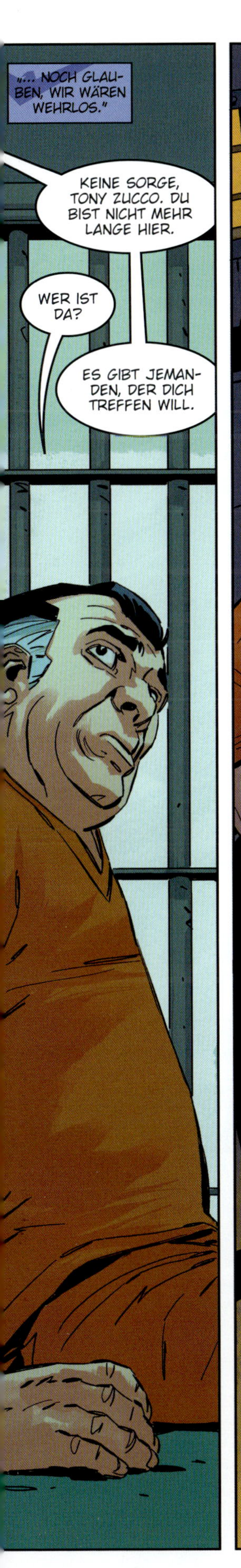
„… NOCH GLAUBEN, WIR WÄREN WEHRLOS."
KEINE SORGE, TONY ZUCCO. DU BIST NICHT MEHR LANGE HIER.
WER IST DA?
ES GIBT JEMANDEN, DER DICH TREFFEN WILL.

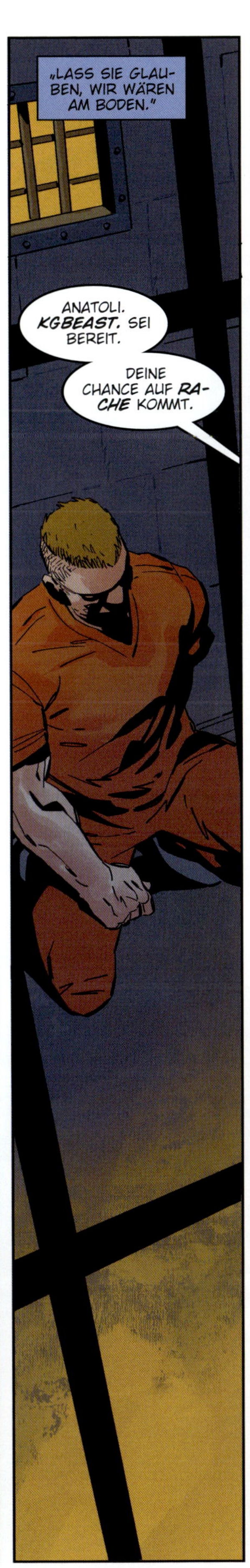
„LASS SIE GLAUBEN, WIR WÄREN AM BODEN."
ANATOLI. KGBEAST. SEI BEREIT.
DEINE CHANCE AUF RACHE KOMMT.

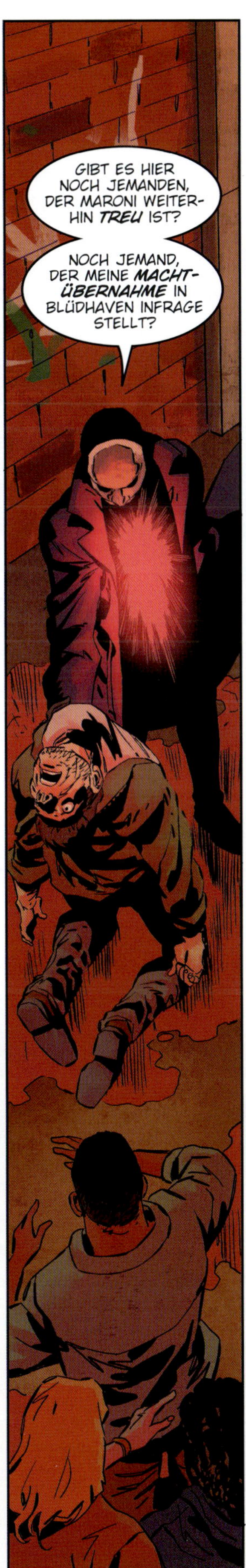
GIBT ES HIER NOCH JEMANDEN, DER MARONI WEITERHIN TREU IST?
NOCH JEMAND, DER MEINE MACHTÜBERNAHME IN BLÜDHAVEN INFRAGE STELLT?

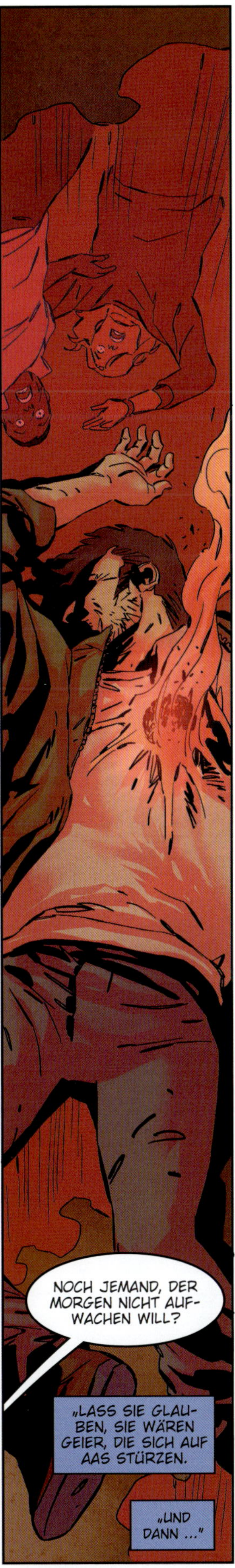
NOCH JEMAND, DER MORGEN NICHT AUFWACHEN WILL?
„LASS SIE GLAUBEN, SIE WÄREN GEIER, DIE SICH AUF AAS STÜRZEN.
„UND DANN …"

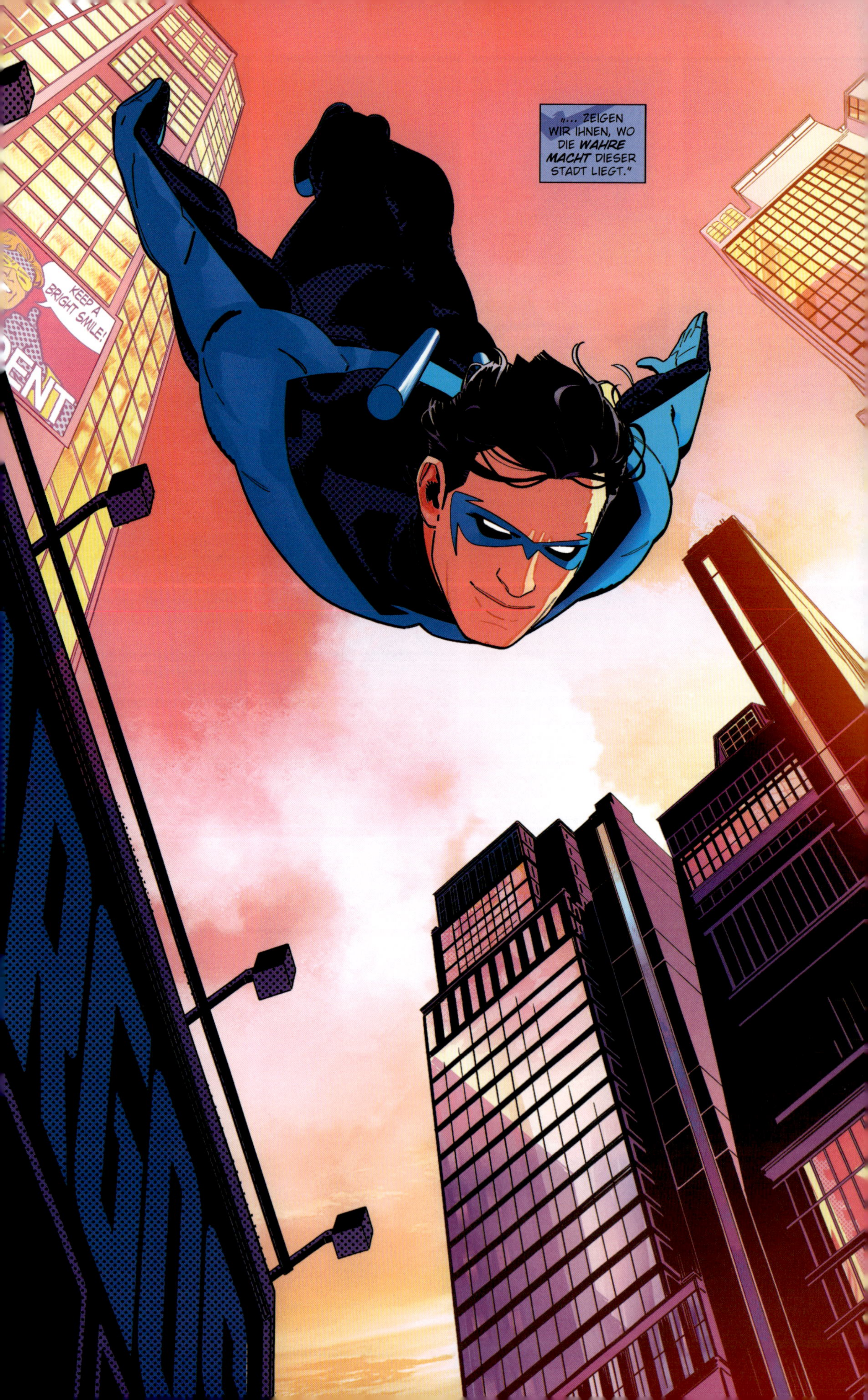
„... ZEIGEN WIR IHNEN, WO DIE WAHRE MACHT DIESER STADT LIEGT."
KEEP A BRIGHT SMILE!

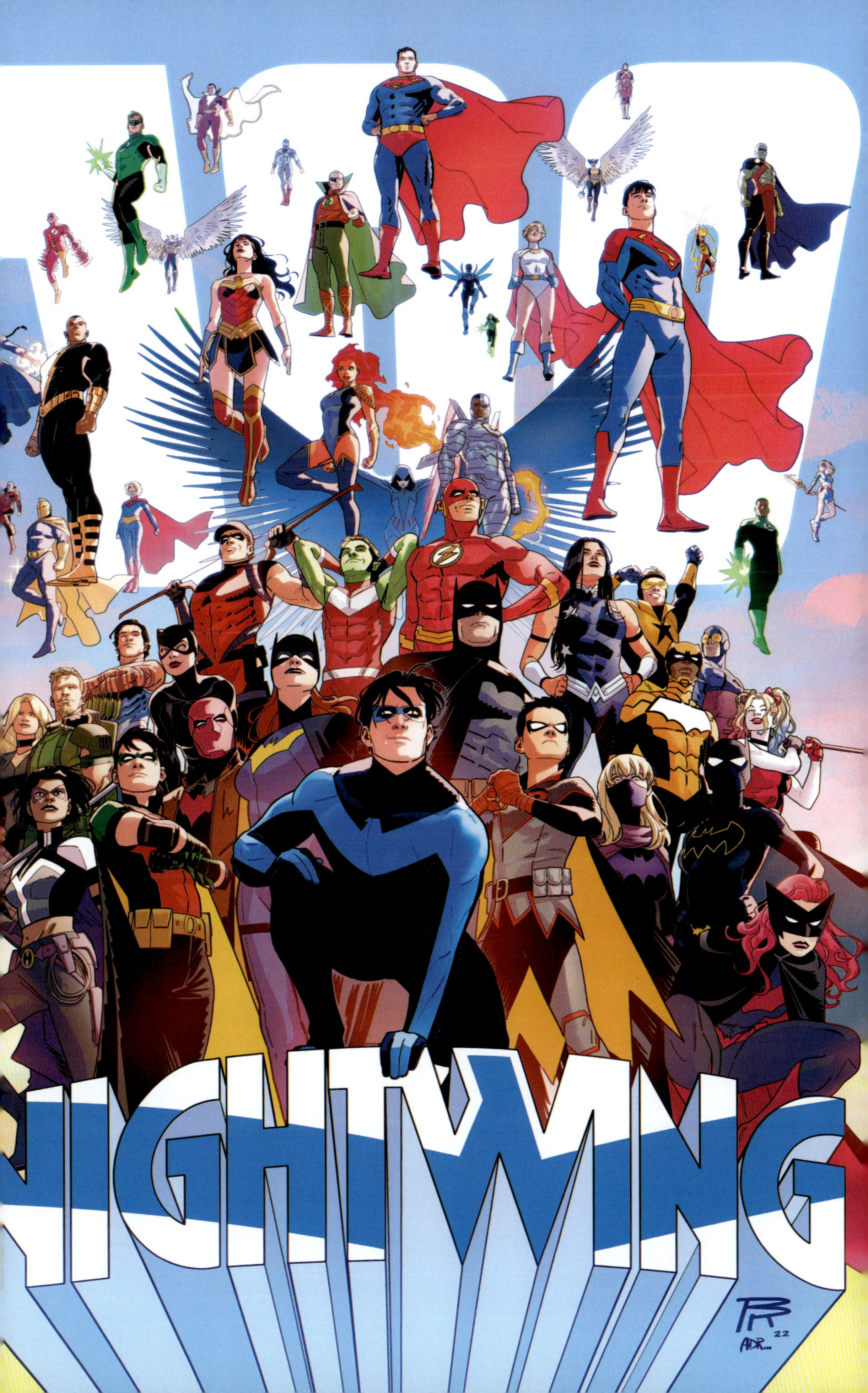
NIGHTWING

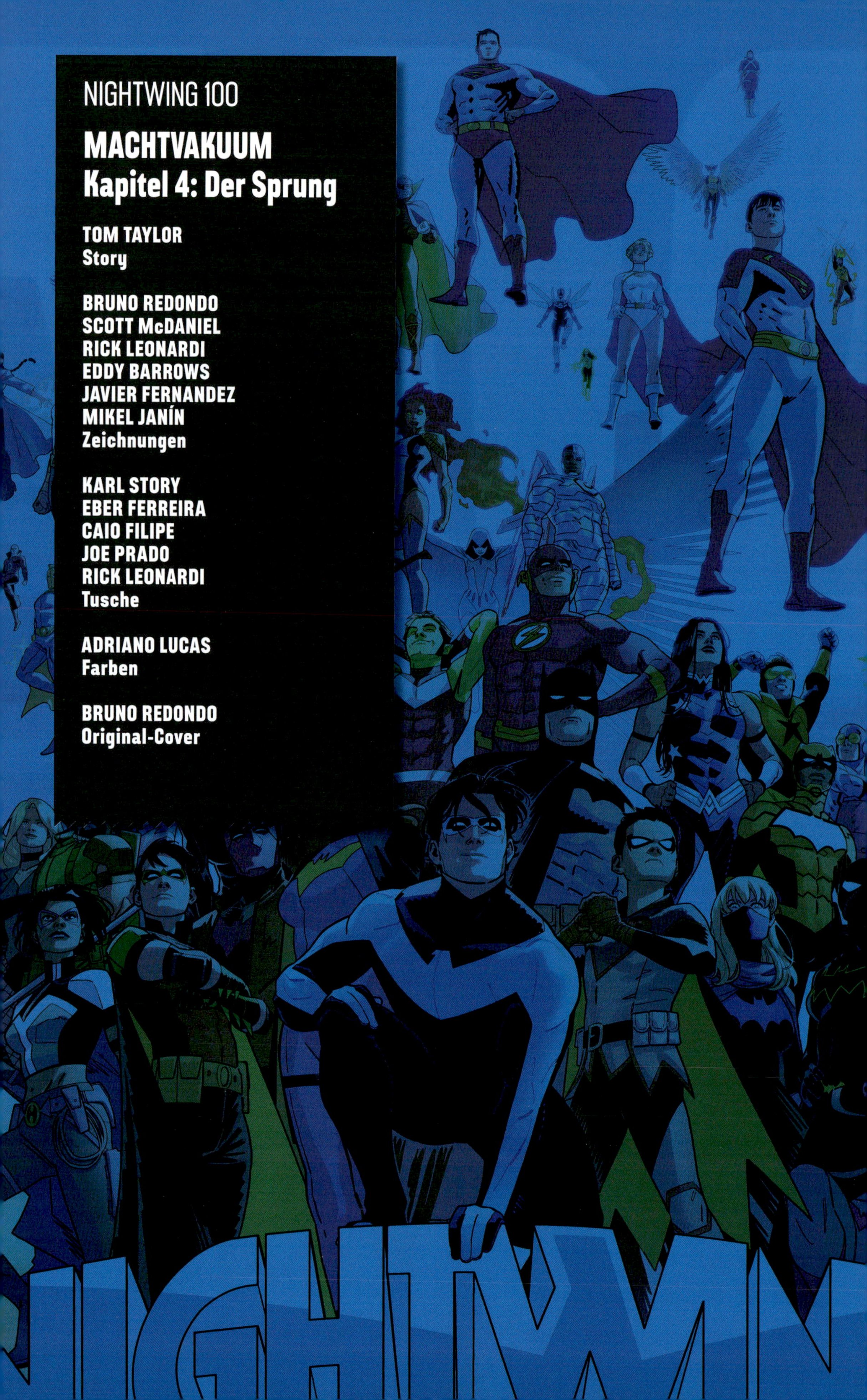

NIGHTWING 100

MACHTVAKUUM
Kapitel 4: Der Sprung

TOM TAYLOR
Story

BRUNO REDONDO
SCOTT McDANIEL
RICK LEONARDI
EDDY BARROWS
JAVIER FERNANDEZ
MIKEL JANÍN
Zeichnungen

KARL STORY
EBER FERREIRA
CAIO FILIPE
JOE PRADO
RICK LEONARDI
Tusche

ADRIANO LUCAS
Farben

BRUNO REDONDO
Original-Cover

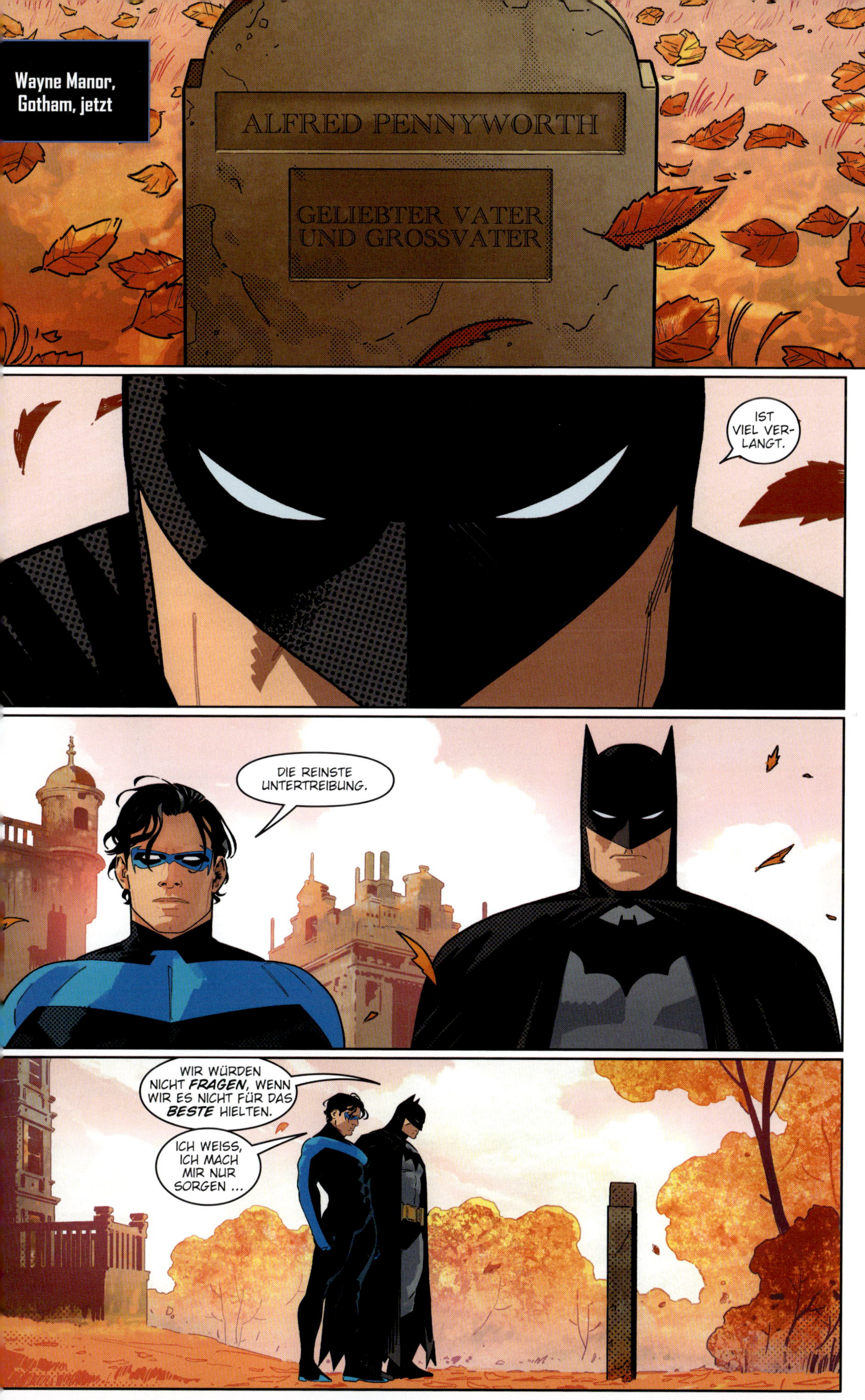
Wayne Manor, Gotham, jetzt
ALFRED PENNYWORTH
GELIEBTER VATER UND GROSSVATER
IST VIEL VERLANGT.
DIE REINSTE UNTERTREIBUNG.
WIR WÜRDEN NICHT FRAGEN, WENN WIR ES NICHT FÜR DAS BESTE HIELTEN.
ICH WEISS, ICH MACH MIR NUR SORGEN ...

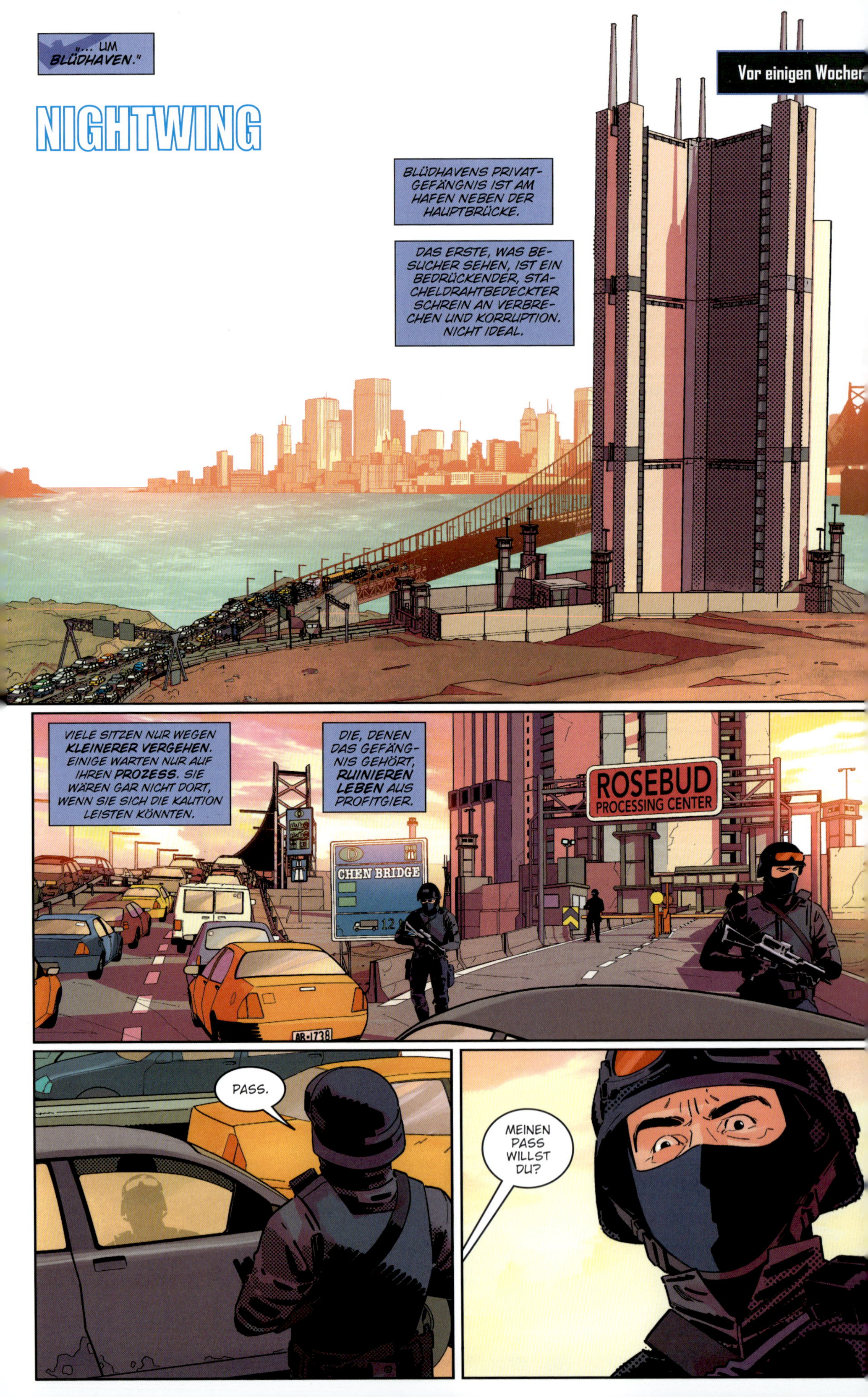

„... UM BLÜDHAVEN."

NIGHTWING

Vor einigen Woche

BLÜDHAVENS PRIVATGEFÄNGNIS IST AM HAFEN NEBEN DER HAUPTBRÜCKE.

DAS ERSTE, WAS BESUCHER SEHEN, IST EIN BEDRÜCKENDER, STACHELDRAHTBEDECKTER SCHREIN AN VERBRECHEN UND KORRUPTION. NICHT IDEAL.

VIELE SITZEN NUR WEGEN **KLEINERER VERGEHEN.** EINIGE WARTEN NUR AUF IHREN **PROZESS.** SIE WÄREN GAR NICHT DORT, WENN SIE SICH DIE KAUTION LEISTEN KÖNNTEN.

DIE, DENEN DAS GEFÄNGNIS GEHÖRT, **RUINIEREN LEBEN** AUS PROFITGIER.

CHEN BRIDGE

ROSEBUD PROCESSING CENTER

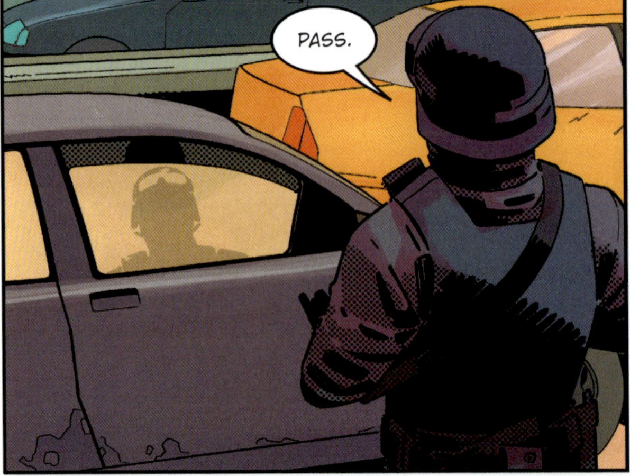

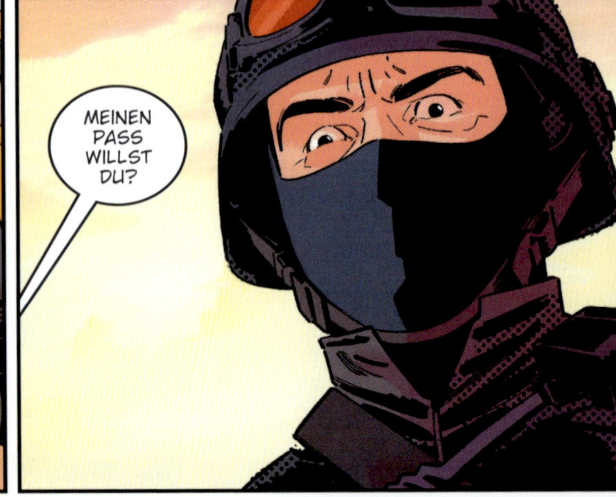

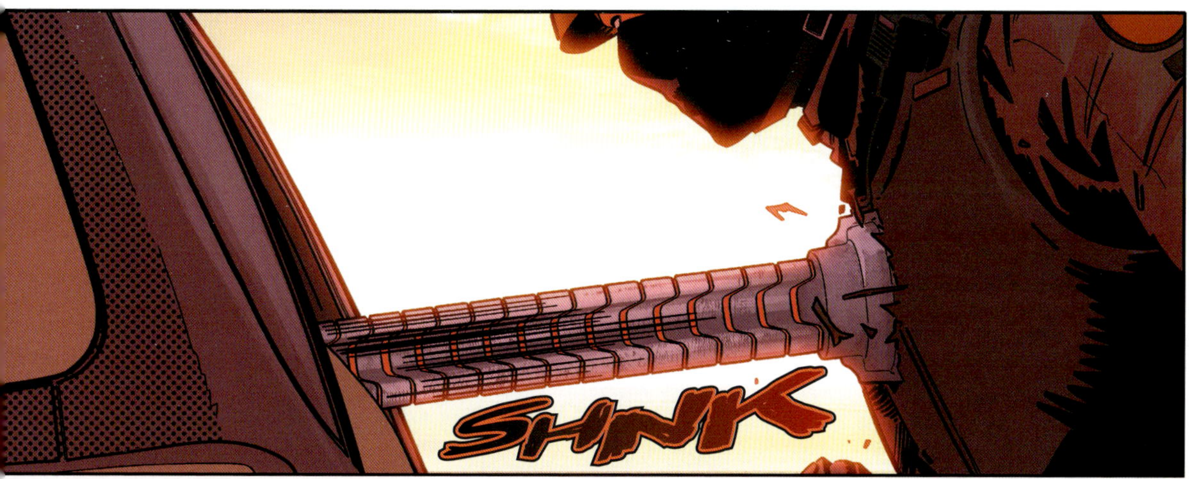

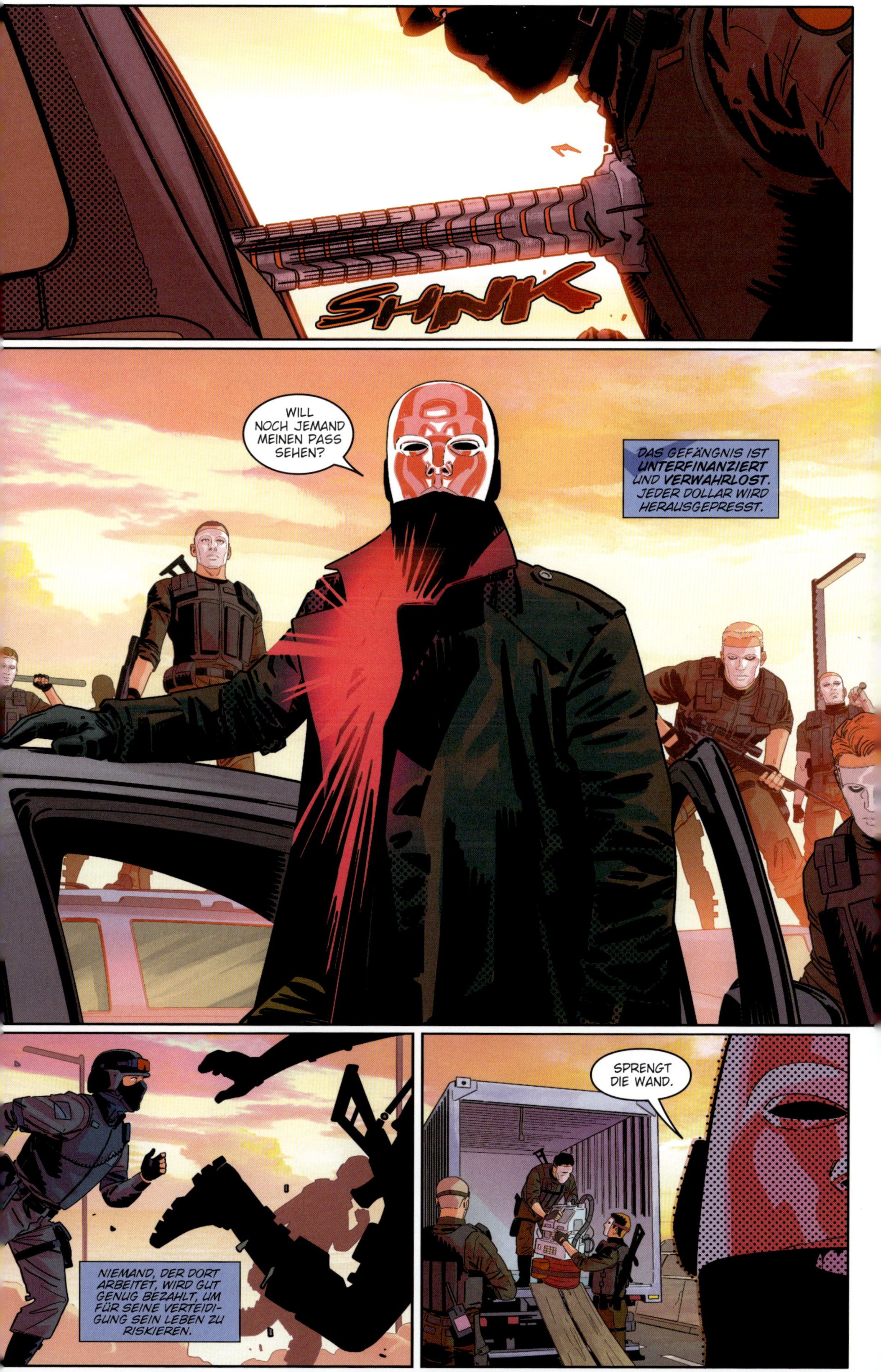

WILL NOCH JEMAND MEINEN PASS SEHEN?

DAS GEFÄNGNIS IST **UNTERFINANZIERT** UND **VERWAHRLOST**. JEDER DOLLAR WIRD HERAUSGEPRESST.

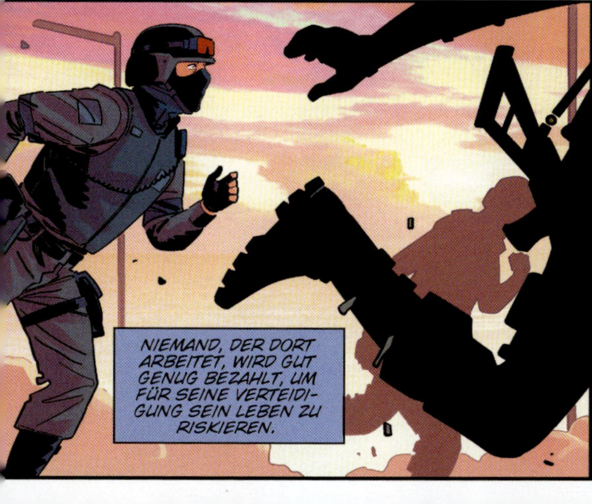

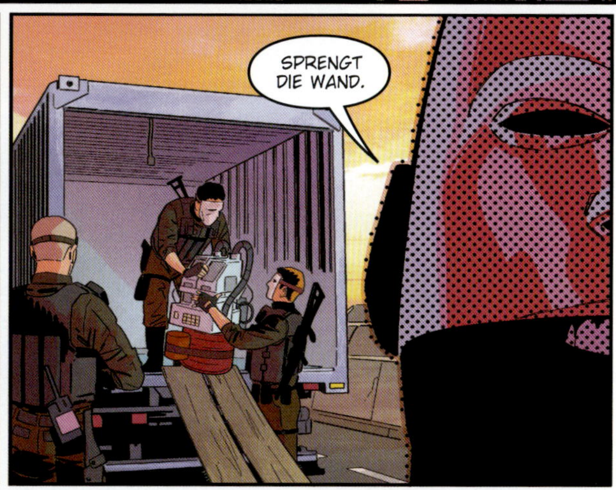

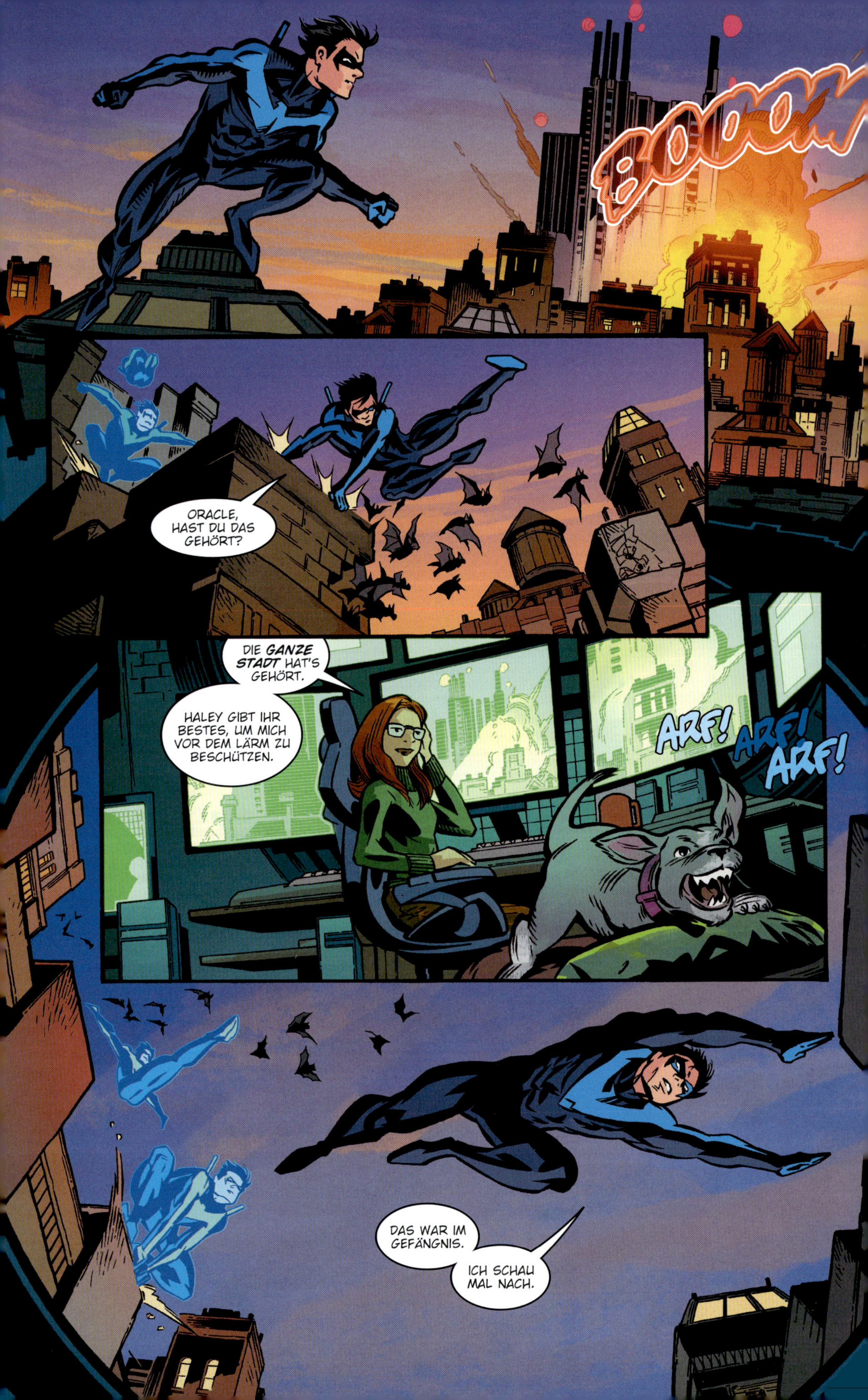
BOOOM
ORACLE, HAST DU DAS GEHÖRT?
DIE GANZE STADT HAT'S GEHÖRT.
HALEY GIBT IHR BESTES, UM MICH VOR DEM LÄRM ZU BESCHÜTZEN.
ARF! ARF! ARF!
DAS WAR IM GEFÄNGNIS.
ICH SCHAU MAL NACH.

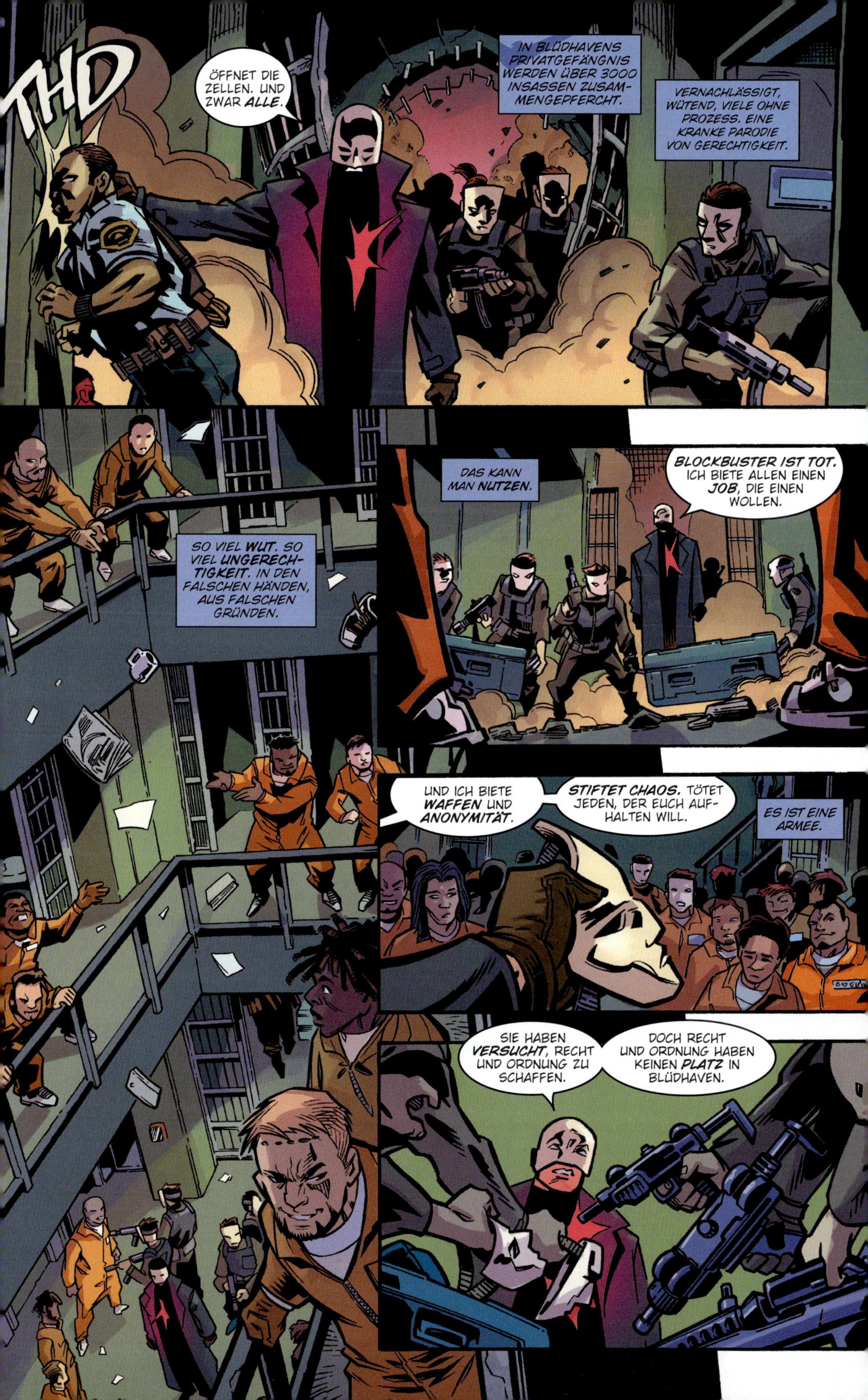
THD
ÖFFNET DIE ZELLEN. UND ZWAR ALLE.
IN BLÜDHAVENS PRIVATGEFÄNGNIS WERDEN ÜBER 3000 INSASSEN ZUSAMMENGEPFERCHT.
VERNACHLÄSSIGT, WÜTEND, VIELE OHNE PROZESS. EINE KRANKE PARODIE VON GERECHTIGKEIT.
SO VIEL WUT. SO VIEL UNGERECHTIGKEIT. IN DEN FALSCHEN HÄNDEN, AUS FALSCHEN GRÜNDEN.
DAS KANN MAN NUTZEN.
BLOCKBUSTER IST TOT. ICH BIETE ALLEN EINEN JOB, DIE EINEN WOLLEN.
UND ICH BIETE WAFFEN UND ANONYMITÄT.
STIFTET CHAOS. TÖTET JEDEN, DER EUCH AUFHALTEN WILL.
ES IST EINE ARMEE.
SIE HABEN VERSUCHT, RECHT UND ORDNUNG ZU SCHAFFEN.
DOCH RECHT UND ORDNUNG HABEN KEINEN PLATZ IN BLÜDHAVEN.

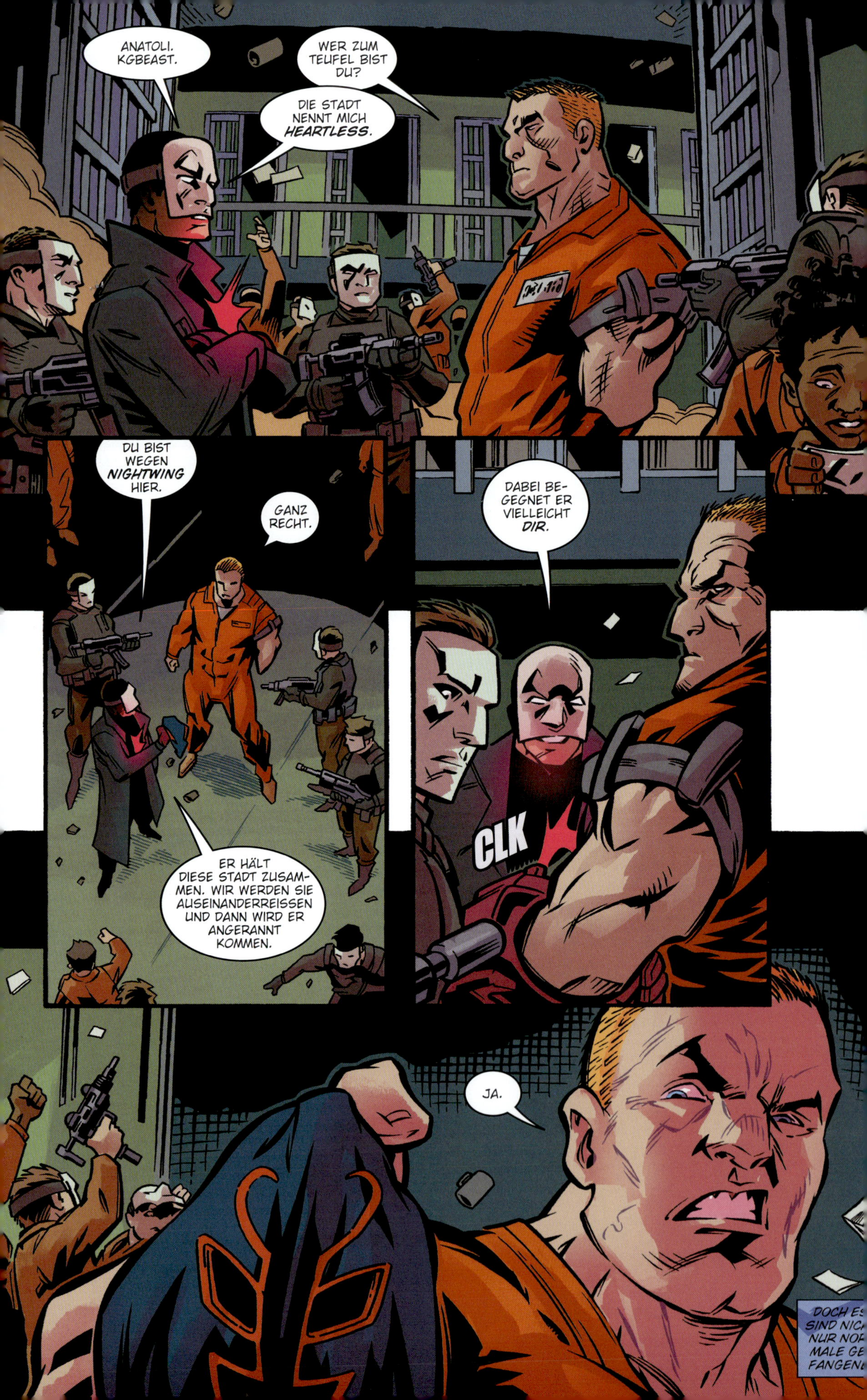
ANATOLI. KGBEAST.
WER ZUM TEUFEL BIST DU?
DIE STADT NENNT MICH **HEARTLESS**.
DU BIST WEGEN **NIGHTWING** HIER.
GANZ RECHT.
ER HÄLT DIESE STADT ZUSAMMEN. WIR WERDEN SIE AUSEINANDERREISSEN UND DANN WIRD ER ANGERANNT KOMMEN.
DABEI BEGEGNET ER VIELLEICHT **DIR**.
CLK
JA.
DOCH ES
SIND NIC
NUR NOR
MALE GE
FANGEN

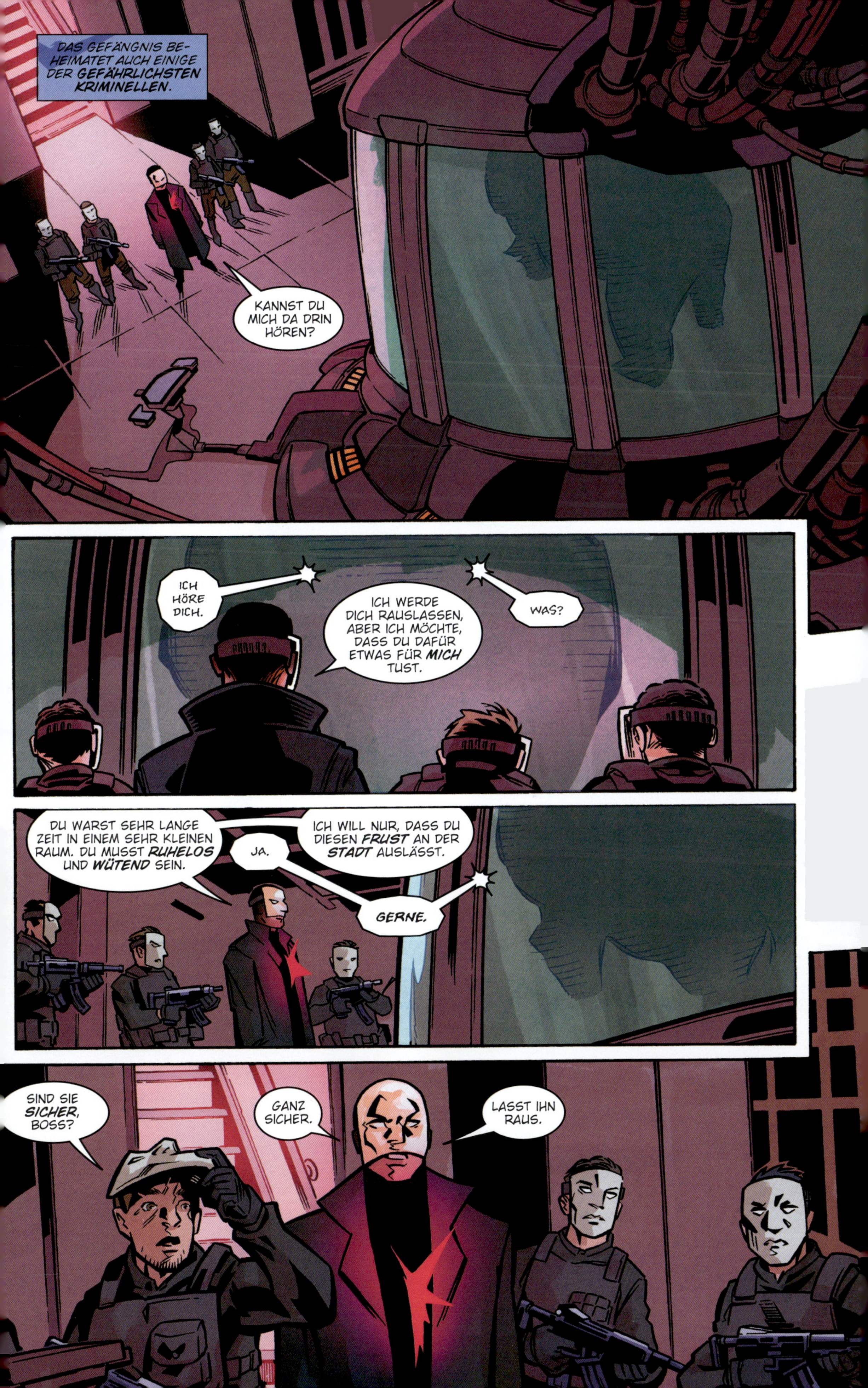
DAS GEFÄNGNIS BEHEIMATET AUCH EINIGE DER GEFÄHRLICHSTEN KRIMINELLEN.
KANNST DU MICH DA DRIN HÖREN?
ICH HÖRE DICH.
ICH WERDE DICH RAUSLASSEN, ABER ICH MÖCHTE, DASS DU DAFÜR ETWAS FÜR MICH TUST.
WAS?
DU WARST SEHR LANGE ZEIT IN EINEM SEHR KLEINEN RAUM. DU MUSST RUHELOS UND WÜTEND SEIN.
JA.
ICH WILL NUR, DASS DU DIESEN FRUST AN DER STADT AUSLÄSST.
GERNE.
SIND SIE SICHER, BOSS?
GANZ SICHER.
LASST IHN RAUS.

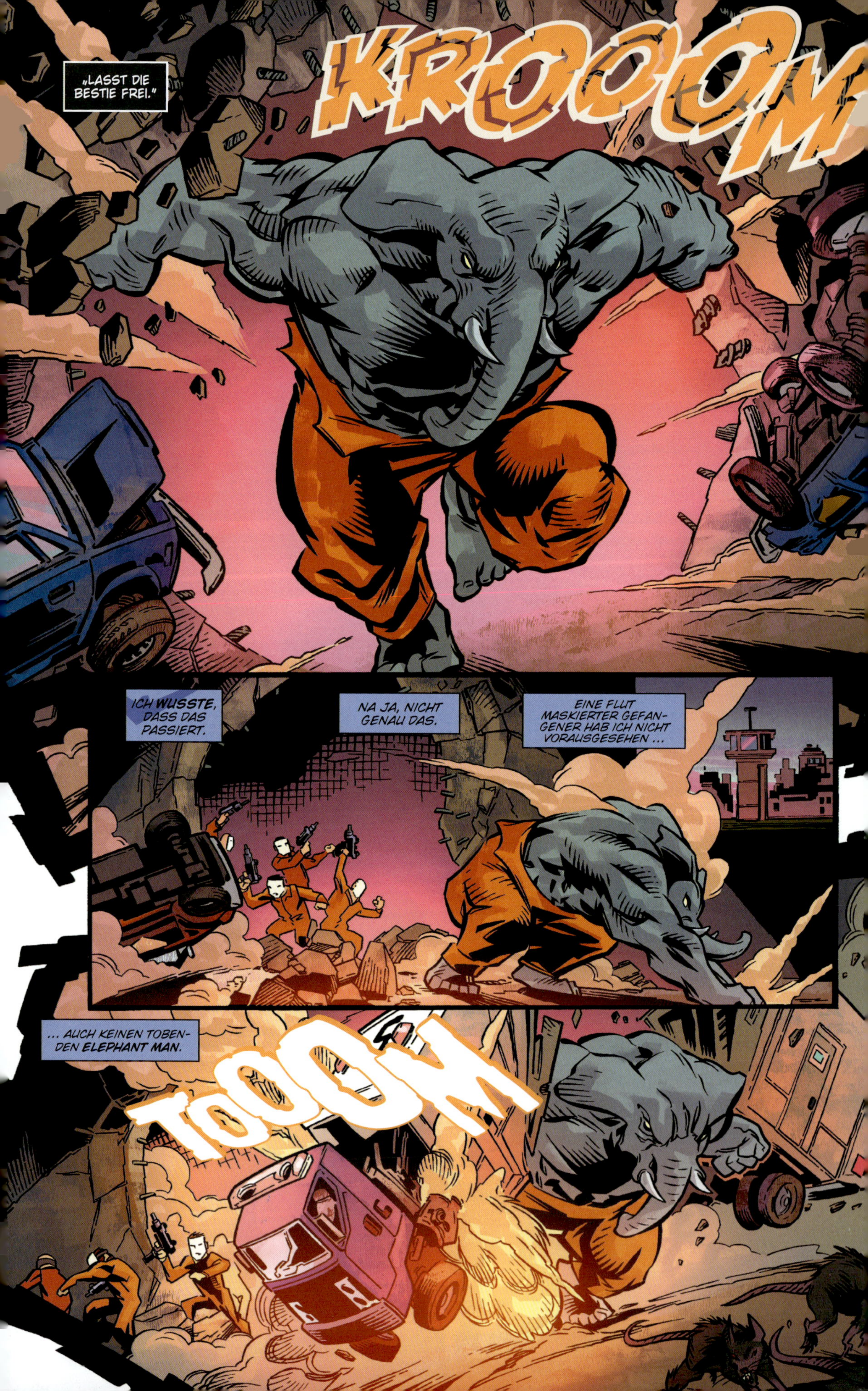
„LASST DIE BESTIE FREI."
KROOOM
ICH WUSSTE, DASS DAS PASSIERT.
NA JA, NICHT GENAU DAS.
EINE FLUT MASKIERTER GEFANGENER HAB ICH NICHT VORAUSGESEHEN …
… AUCH KEINEN TOBENDEN ELEPHANT MAN.
TOOOM

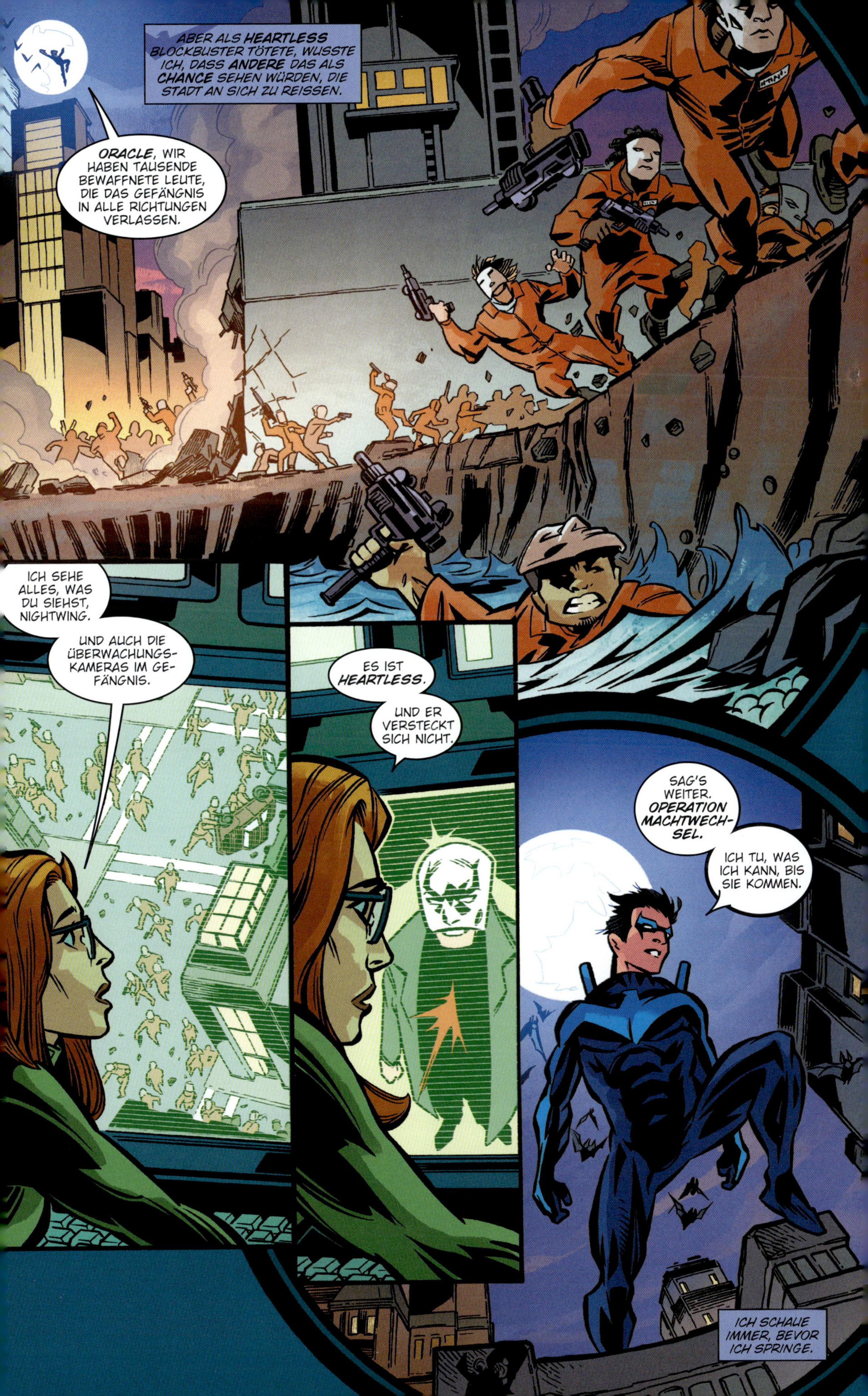
ABER ALS HEARTLESS BLOCKBUSTER TÖTETE, WUSSTE ICH, DASS ANDERE DAS ALS CHANCE SEHEN WÜRDEN, DIE STADT AN SICH ZU REISSEN.
ORACLE, WIR HABEN TAUSENDE BEWAFFNETE LEUTE, DIE DAS GEFÄNGNIS IN ALLE RICHTUNGEN VERLASSEN.
ICH SEHE ALLES, WAS DU SIEHST, NIGHTWING.
UND AUCH DIE ÜBERWACHUNGS-KAMERAS IM GE-FÄNGNIS.
ES IST HEARTLESS.
UND ER VERSTECKT SICH NICHT.
SAG'S WEITER. OPERATION MACHTWECH-SEL.
ICH TU, WAS ICH KANN, BIS SIE KOMMEN.
ICH SCHAUE IMMER, BEVOR ICH SPRINGE.

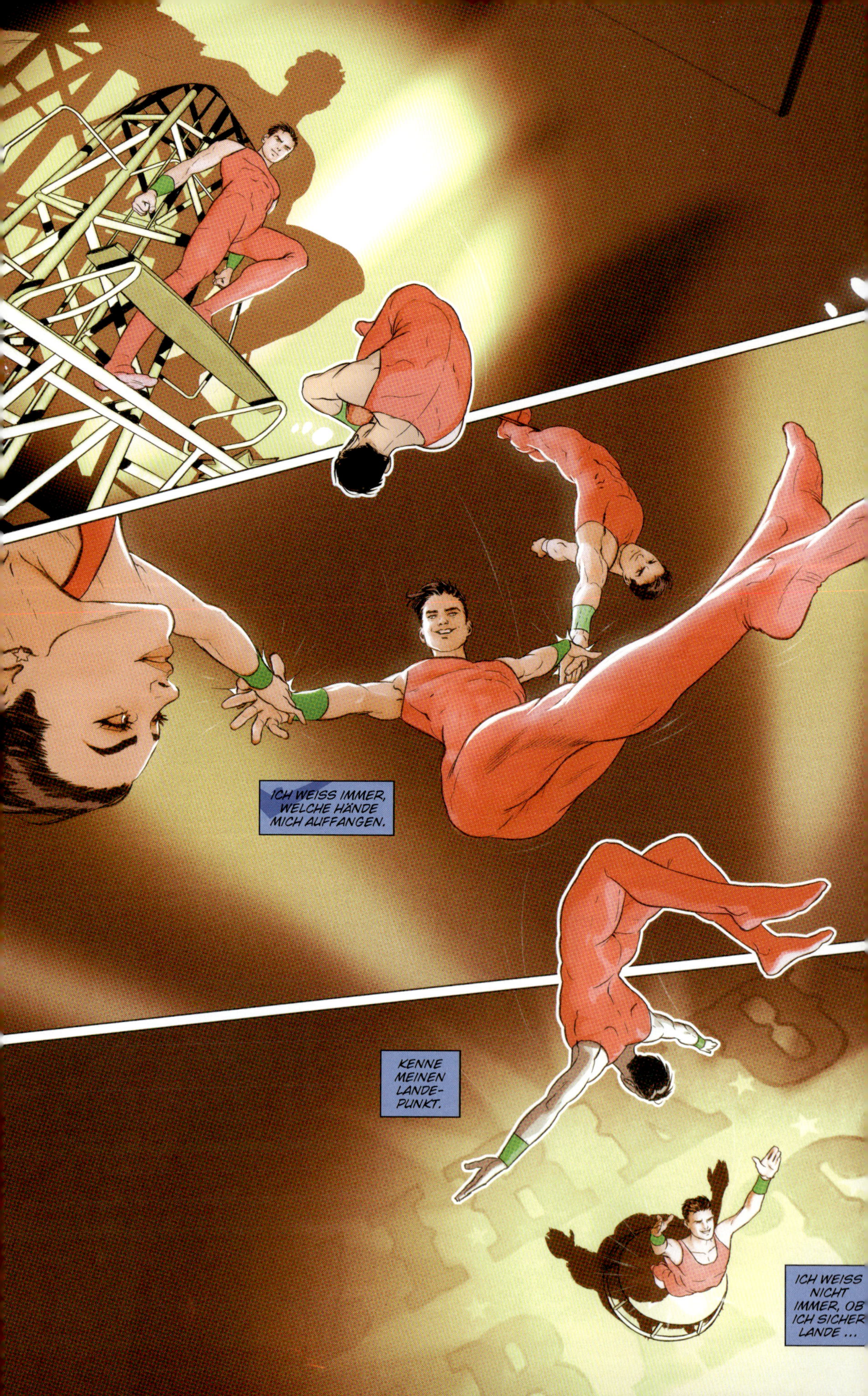
ICH WEISS IMMER, WELCHE HÄNDE MICH AUFFANGEN.
KENNE MEINEN LANDE-PUNKT.
ICH WEISS NICHT IMMER, OB ICH SICHER LANDE ...

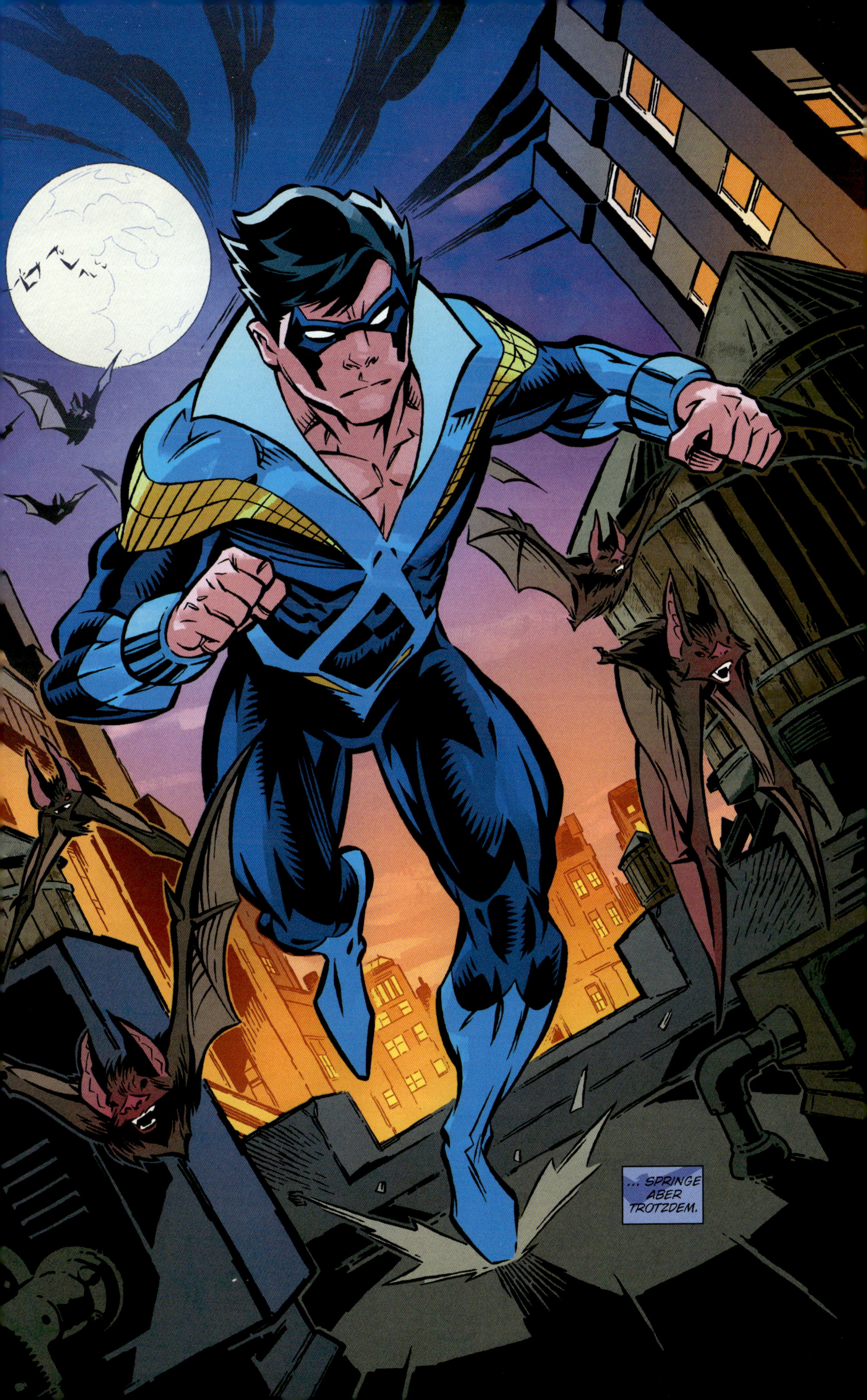
... SPRINGE ABER TROTZDEM.

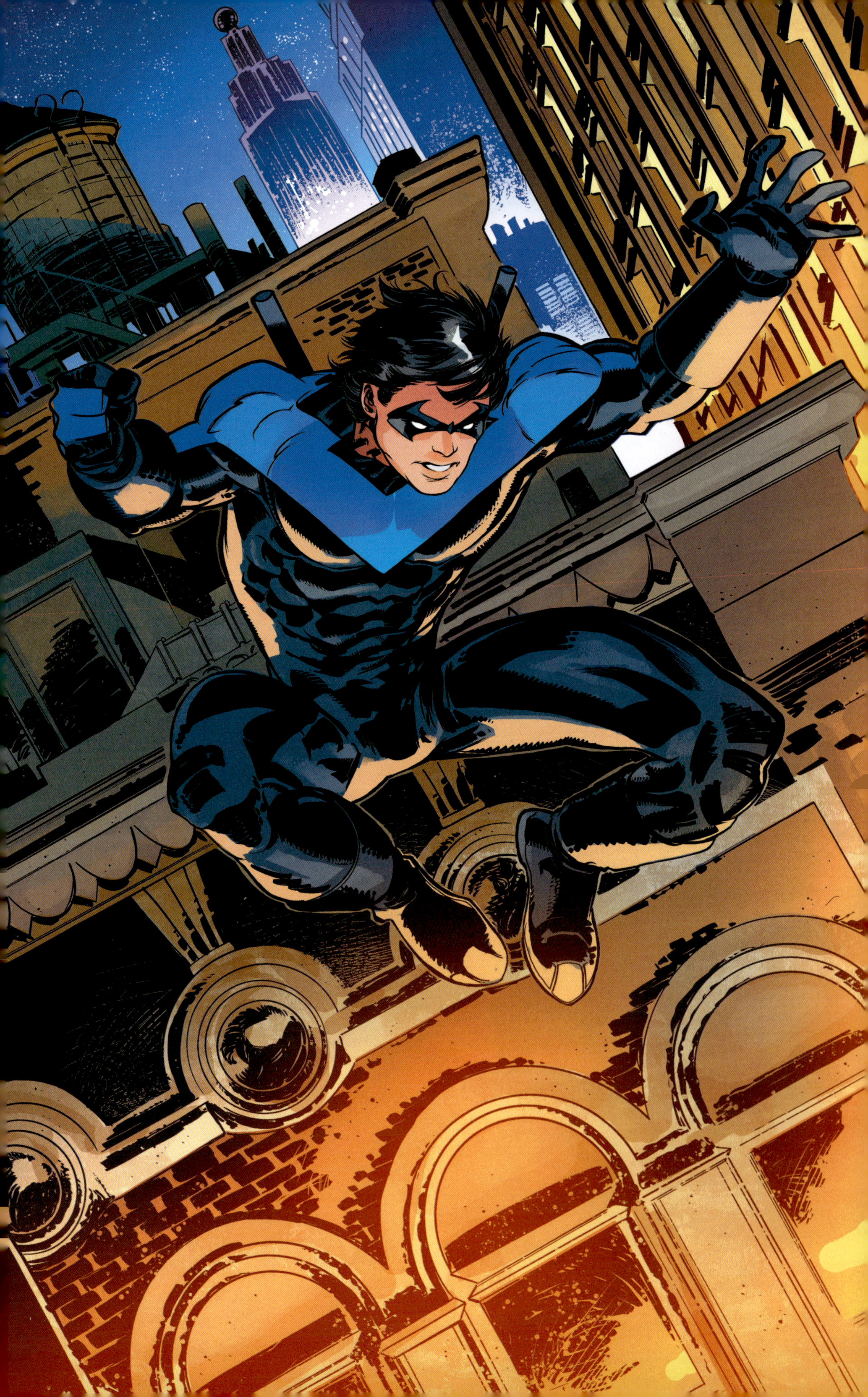

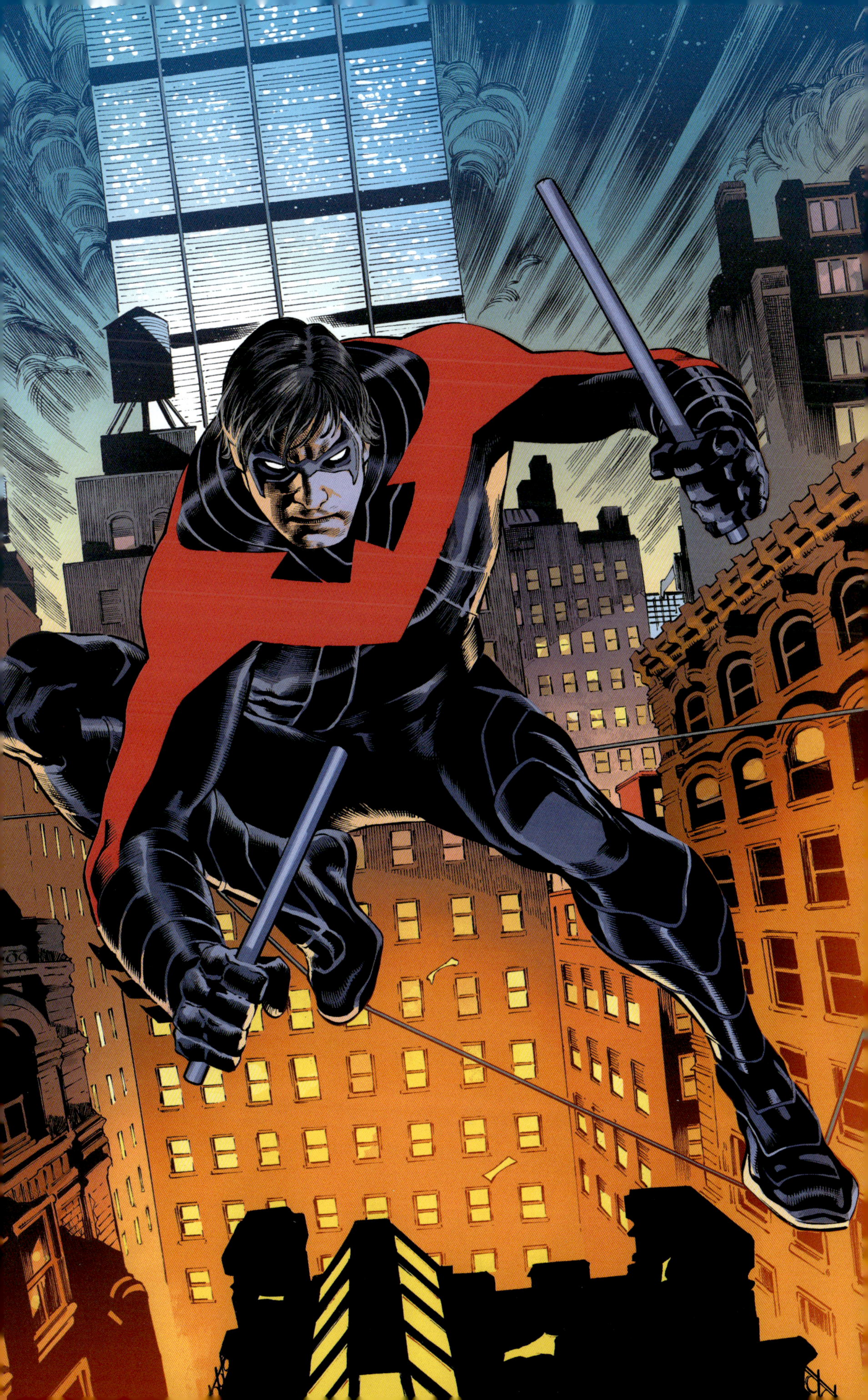

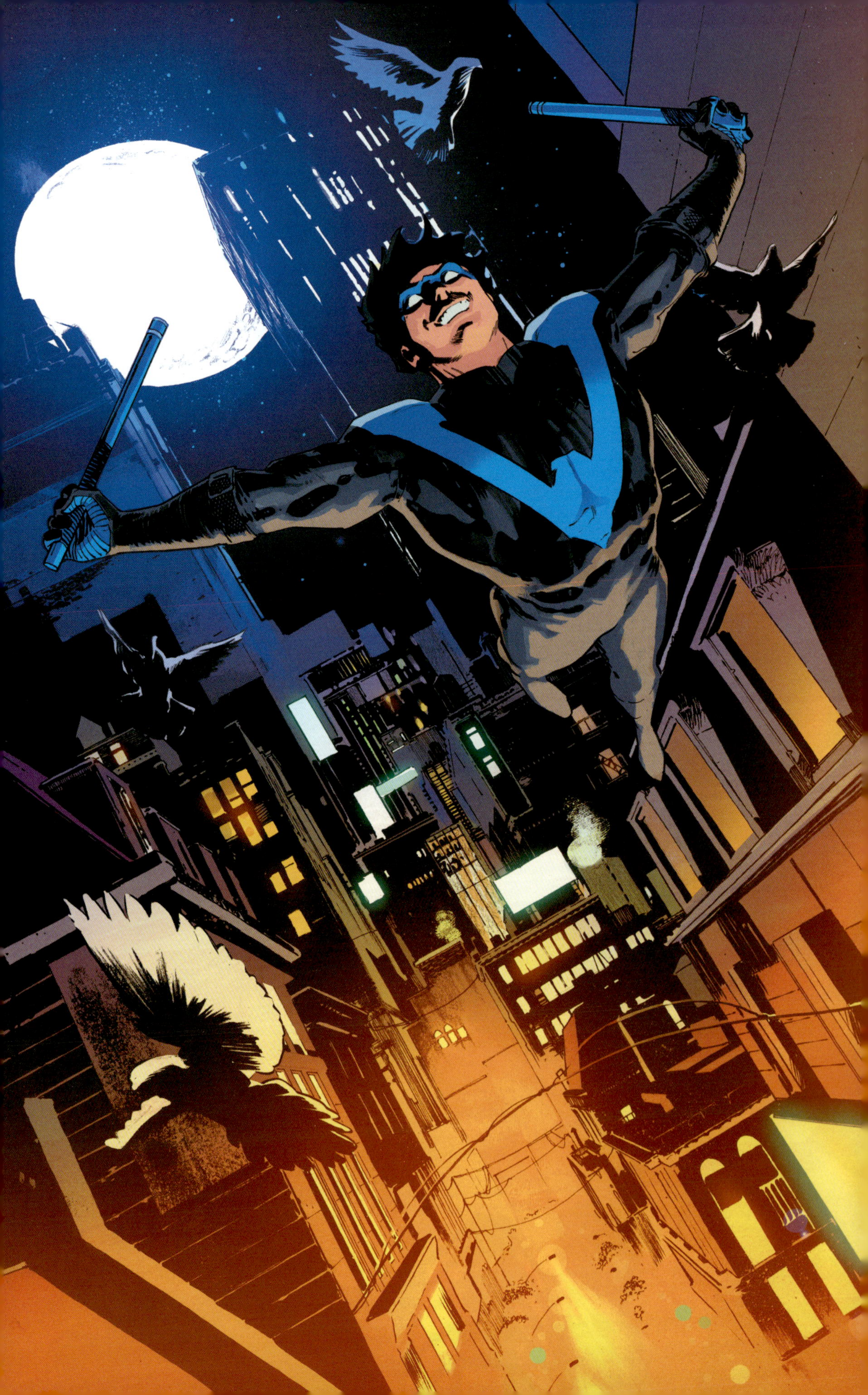

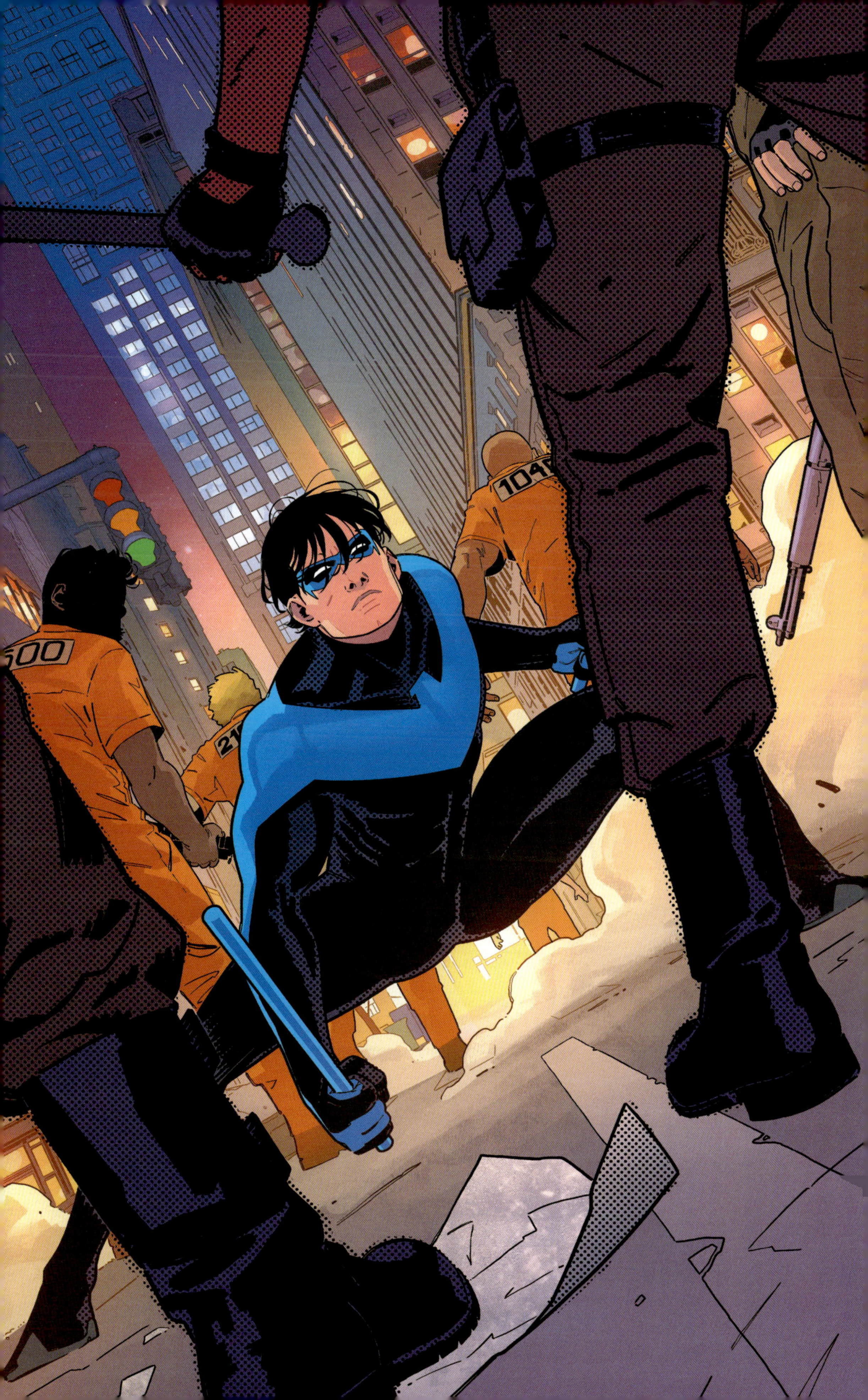

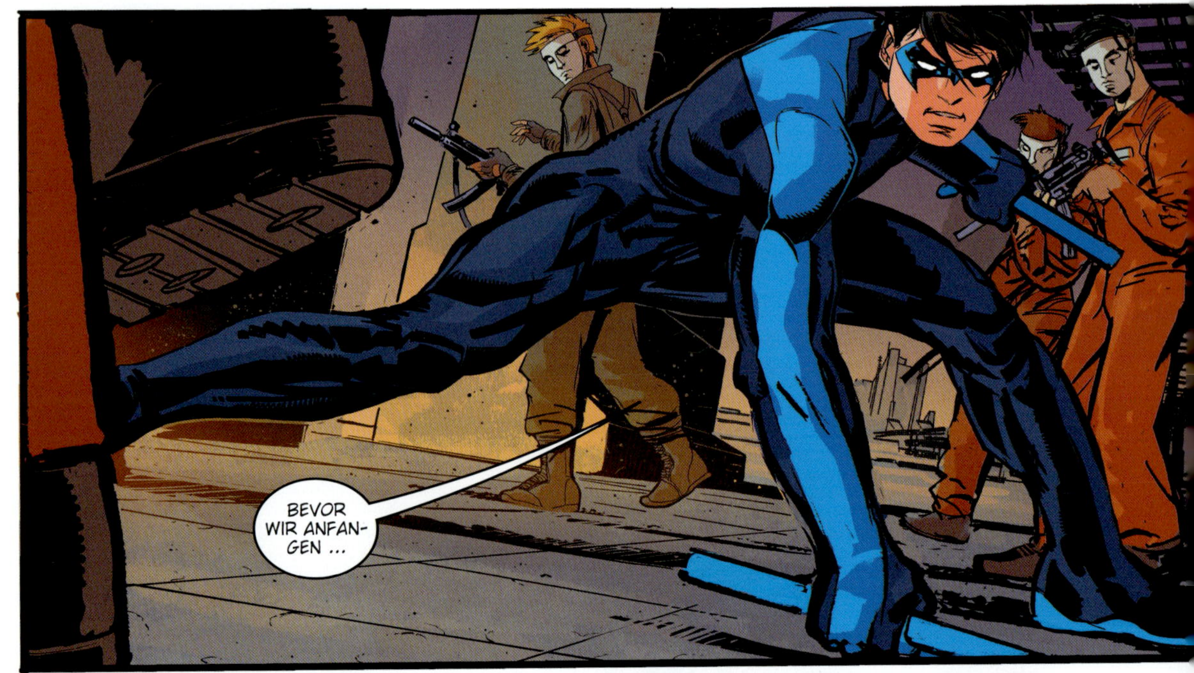
BEVOR WIR ANFANGEN …

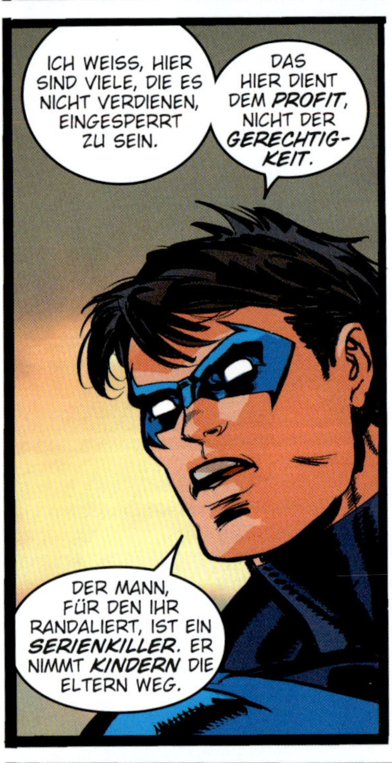
ICH WEISS, HIER SIND VIELE, DIE ES NICHT VERDIENEN, EINGESPERRT ZU SEIN.
DAS HIER DIENT DEM PROFIT, NICHT DER GERECHTIGKEIT.
DER MANN, FÜR DEN IHR RANDALIERT, IST EIN SERIENKILLER. ER NIMMT KINDERN DIE ELTERN WEG.

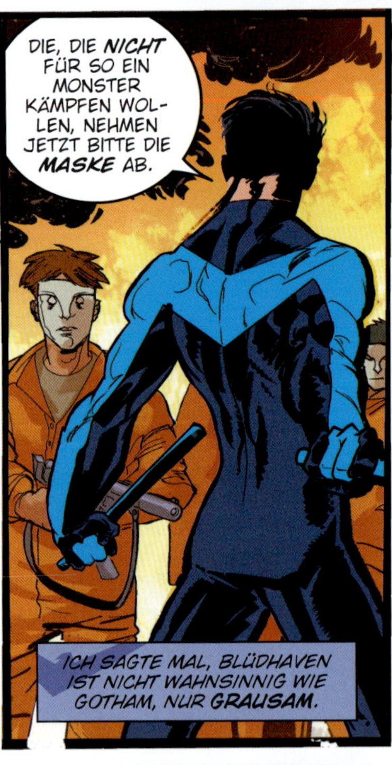
DIE, DIE NICHT FÜR SO EIN MONSTER KÄMPFEN WOLLEN, NEHMEN JETZT BITTE DIE MASKE AB.
ICH SAGTE MAL, BLÜDHAVEN IST NICHT WAHNSINNIG WIE GOTHAM, NUR GRAUSAM.

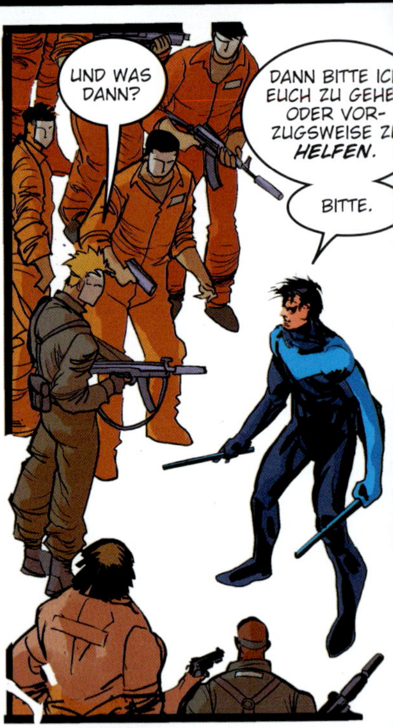
UND WAS DANN?
BITTE.

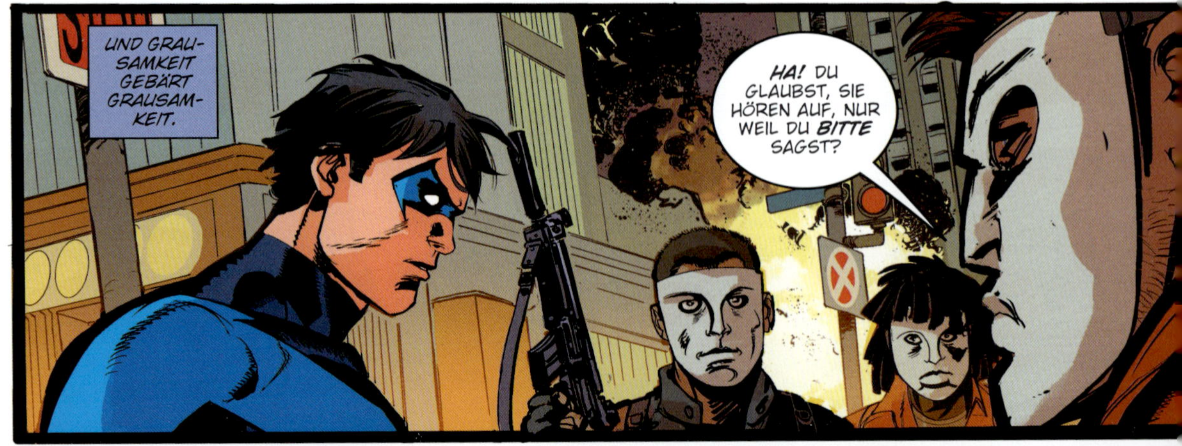
UND GRAUSAMKEIT GEBÄRT GRAUSAMKEIT.
HA! DU GLAUBST, SIE HÖREN AUF, NUR WEIL DU BITTE SAGST?

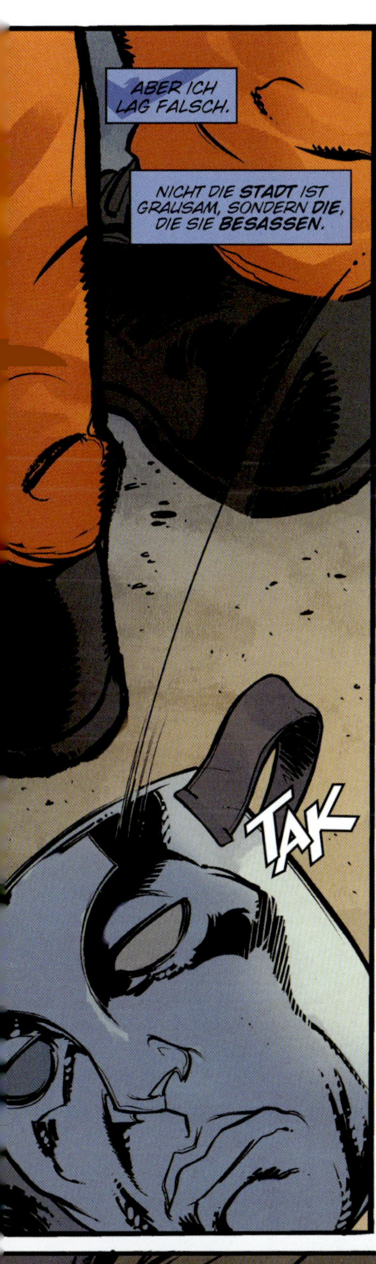
ABER ICH LAG FALSCH.
NICHT DIE STADT IST GRAUSAM, SONDERN DIE, DIE SIE BESASSEN.
TAK

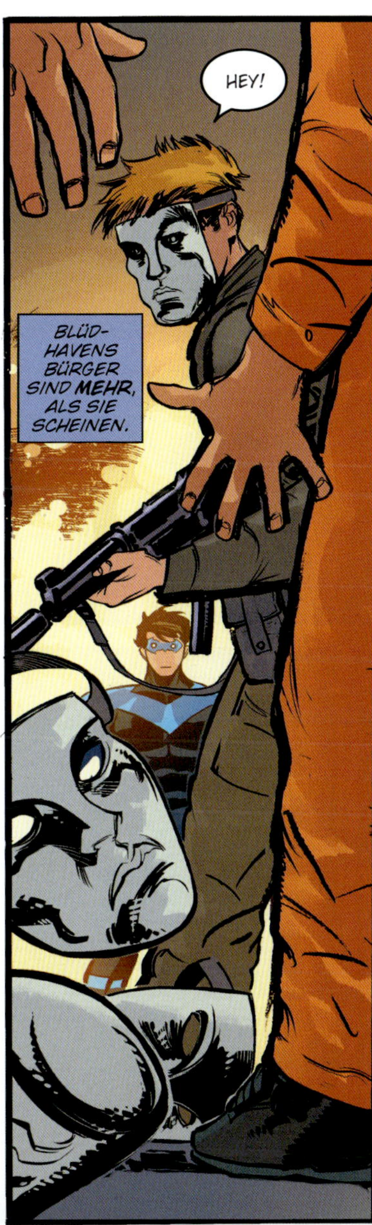
HEY!
BLÜDHAVENS BÜRGER SIND MEHR, ALS SIE SCHEINEN.

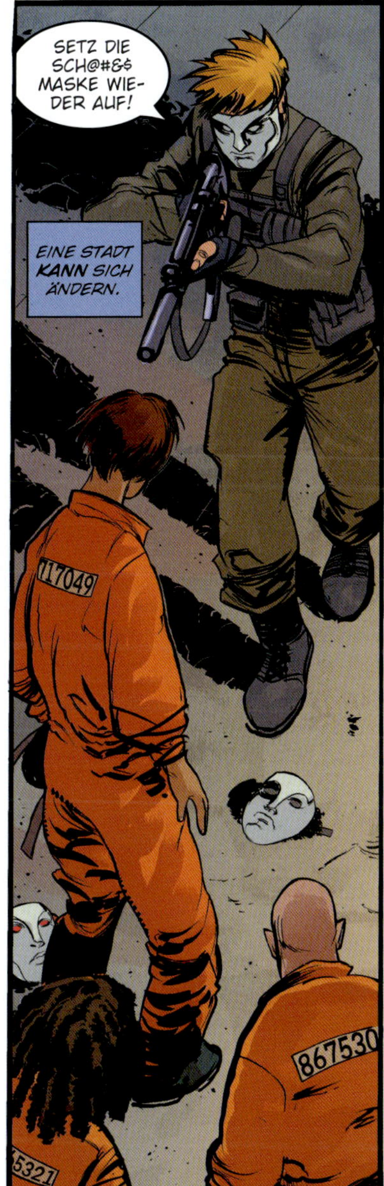
SETZ DIE SCH@#&$ MASKE WIEDER AUF!
EINE STADT KANN SICH ÄNDERN.
717049
867530
5321

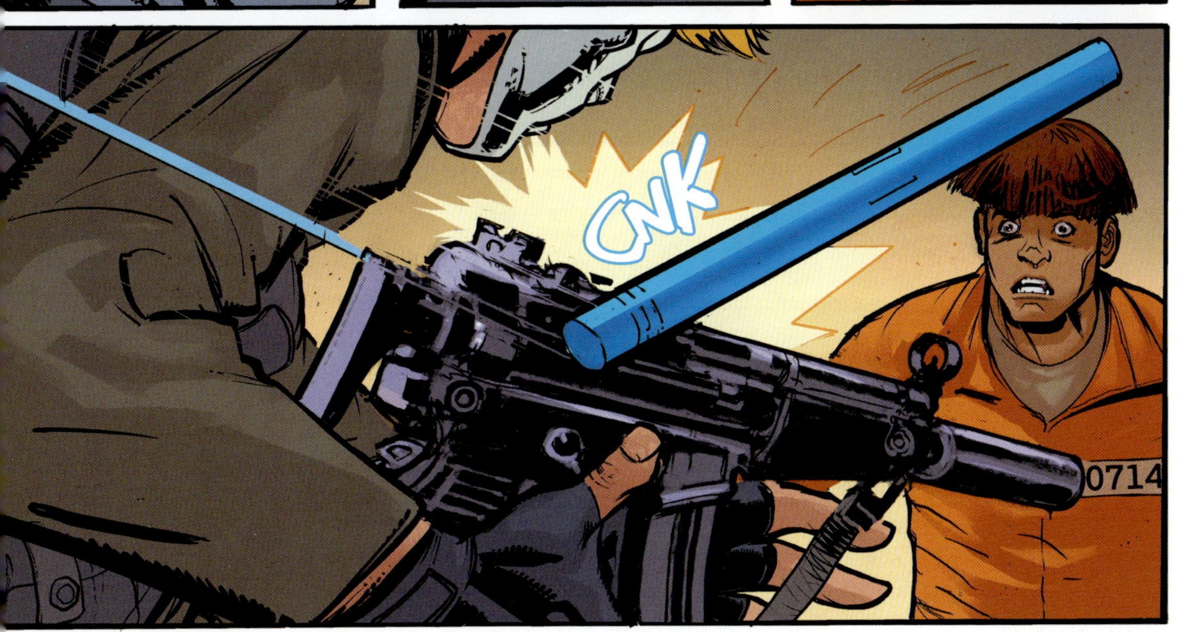
CNK
0714

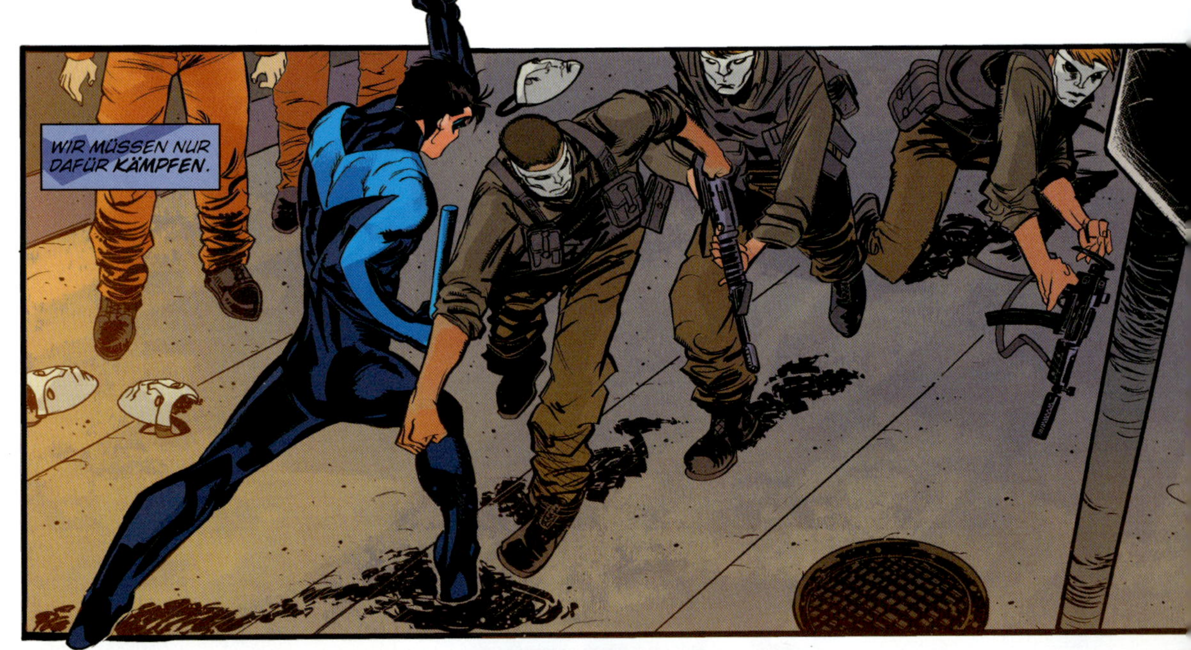
WIR MÜSSEN NUR DAFÜR KÄMPFEN.

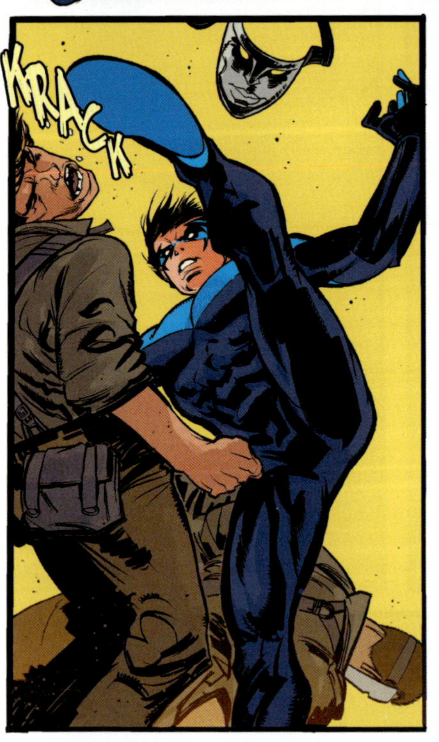
KRACK

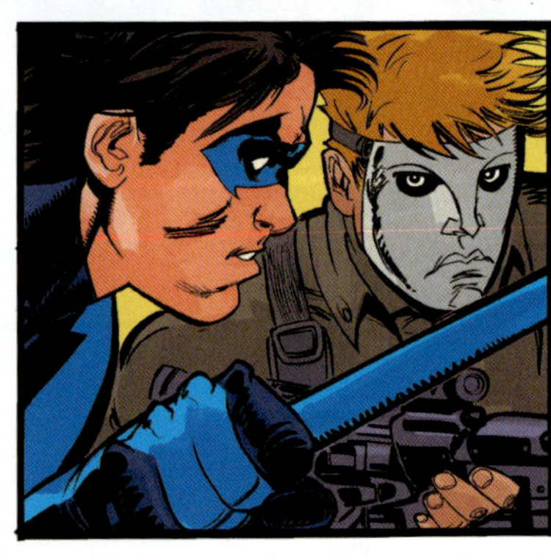

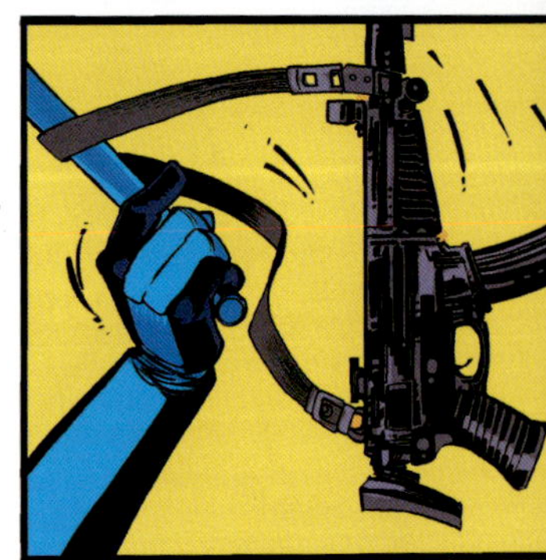

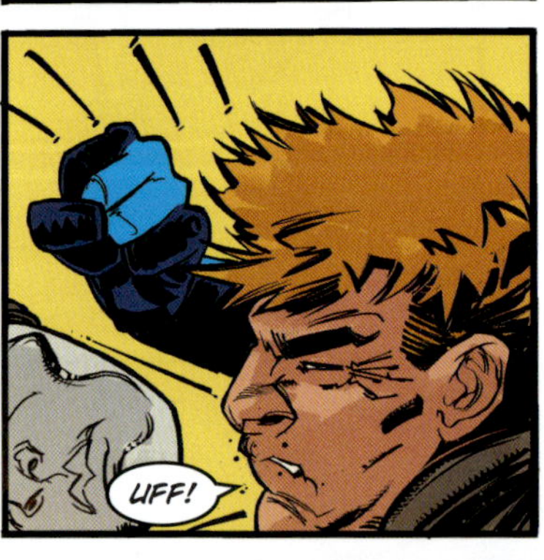
UFF!

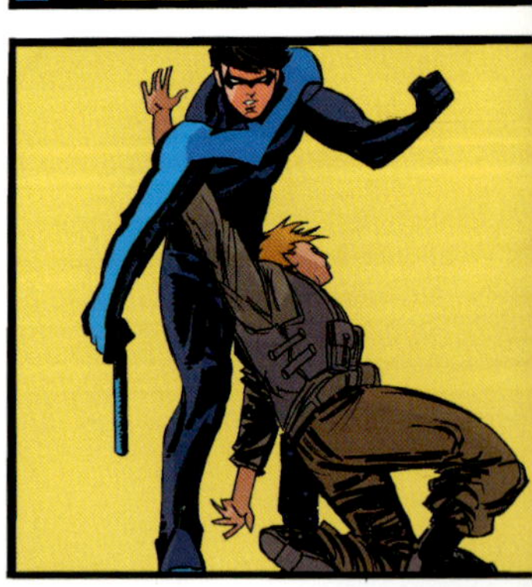

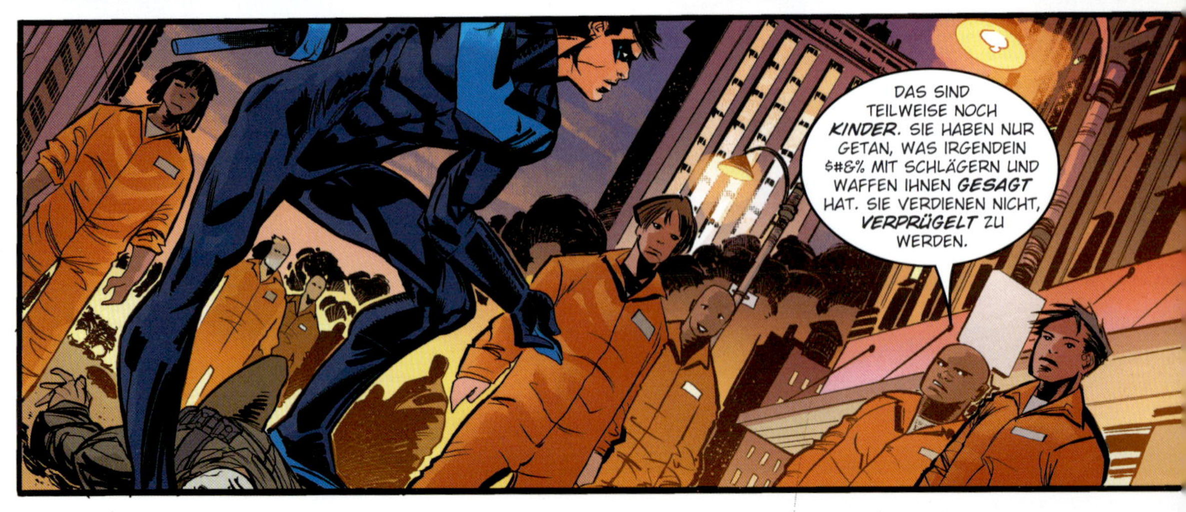
DAS SIND TEILWEISE NOCH KINDER. SIE HABEN NUR GETAN, WAS IRGENDEIN $#&% MIT SCHLÄGERN UND WAFFEN IHNEN GESAGT HAT. SIE VERDIENEN NICHT, VERPRÜGELT ZU WERDEN.

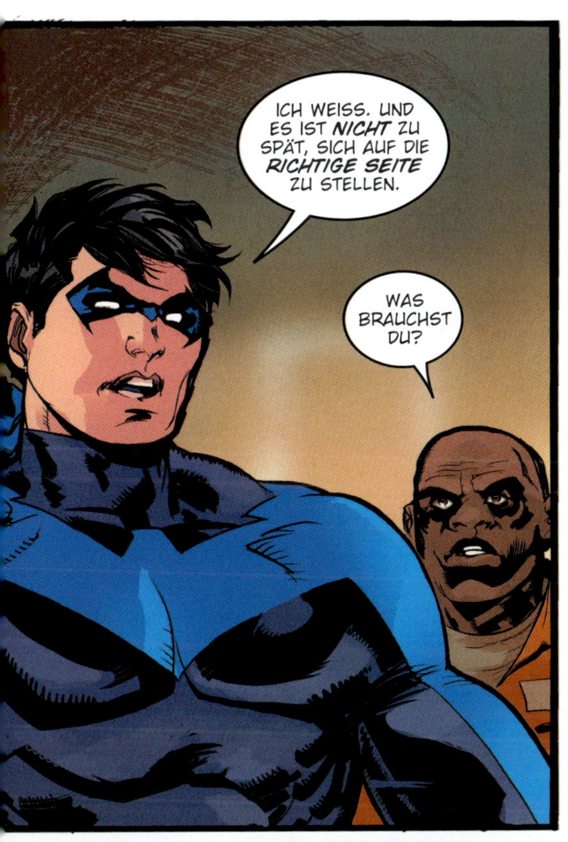
ICH WEISS. UND ES IST *NICHT* ZU SPÄT, SICH AUF DIE *RICHTIGE SEITE* ZU STELLEN.
WAS BRAUCHST DU?

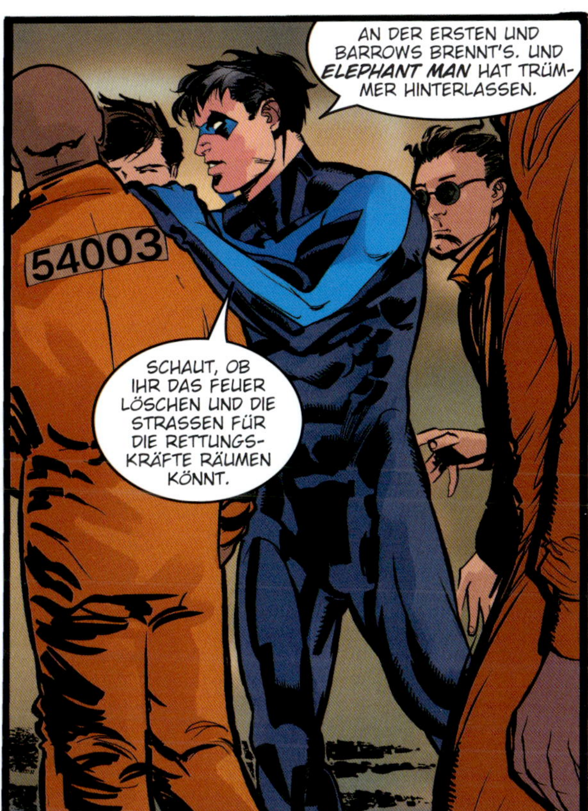
AN DER ERSTEN UND BARROWS BRENNT'S. UND *ELEPHANT MAN* HAT TRÜMMER HINTERLASSEN.
54003
SCHAUT, OB IHR DAS FEUER LÖSCHEN UND DIE STRASSEN FÜR DIE RETTUNGSKRÄFTE RÄUMEN KÖNNT.

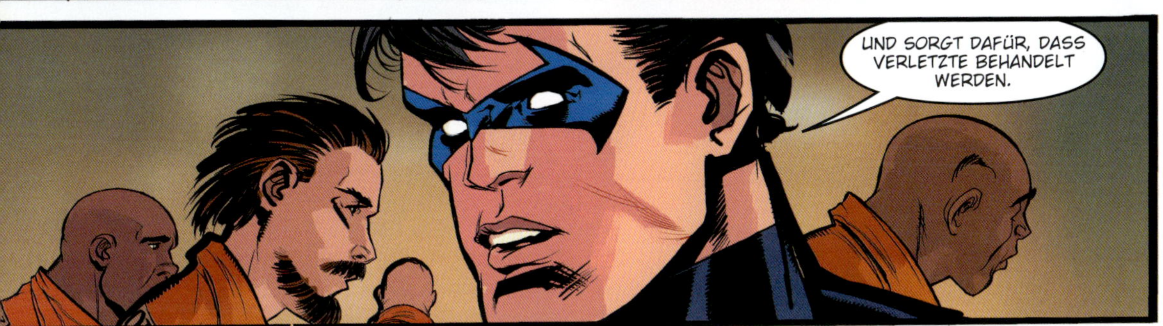
UND SORGT DAFÜR, DASS VERLETZTE BEHANDELT WERDEN.

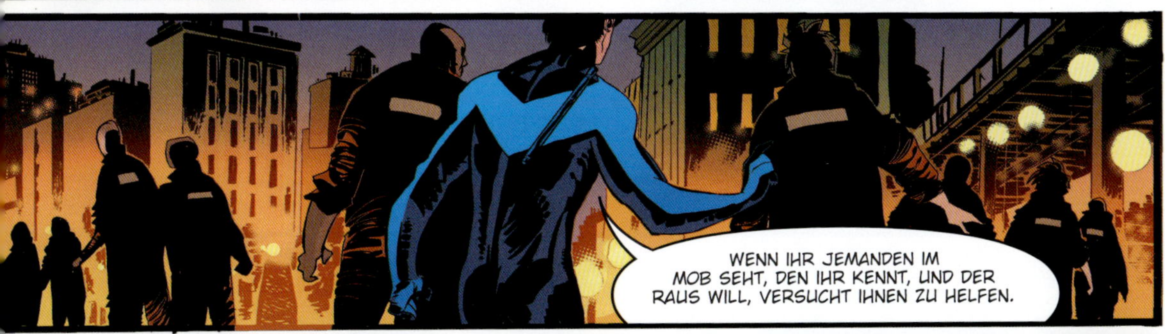
WENN IHR JEMANDEN IM MOB SEHT, DEN IHR KENNT, UND DER RAUS WILL, VERSUCHT IHNEN ZU HELFEN.

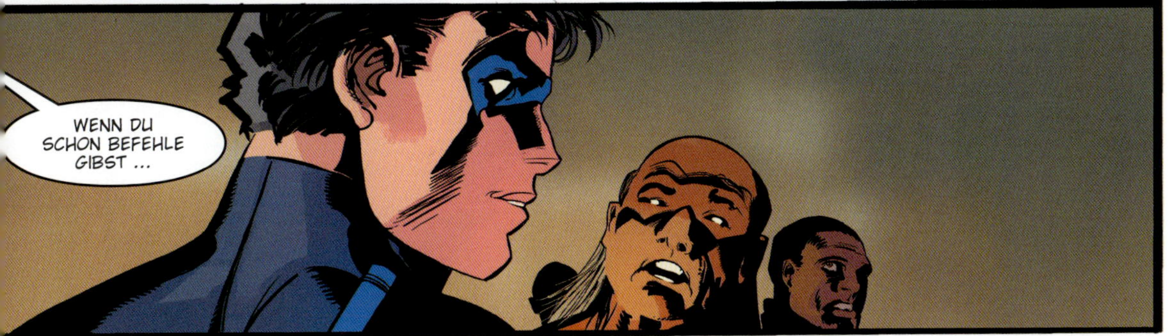
WENN DU SCHON BEFEHLE GIBST ...

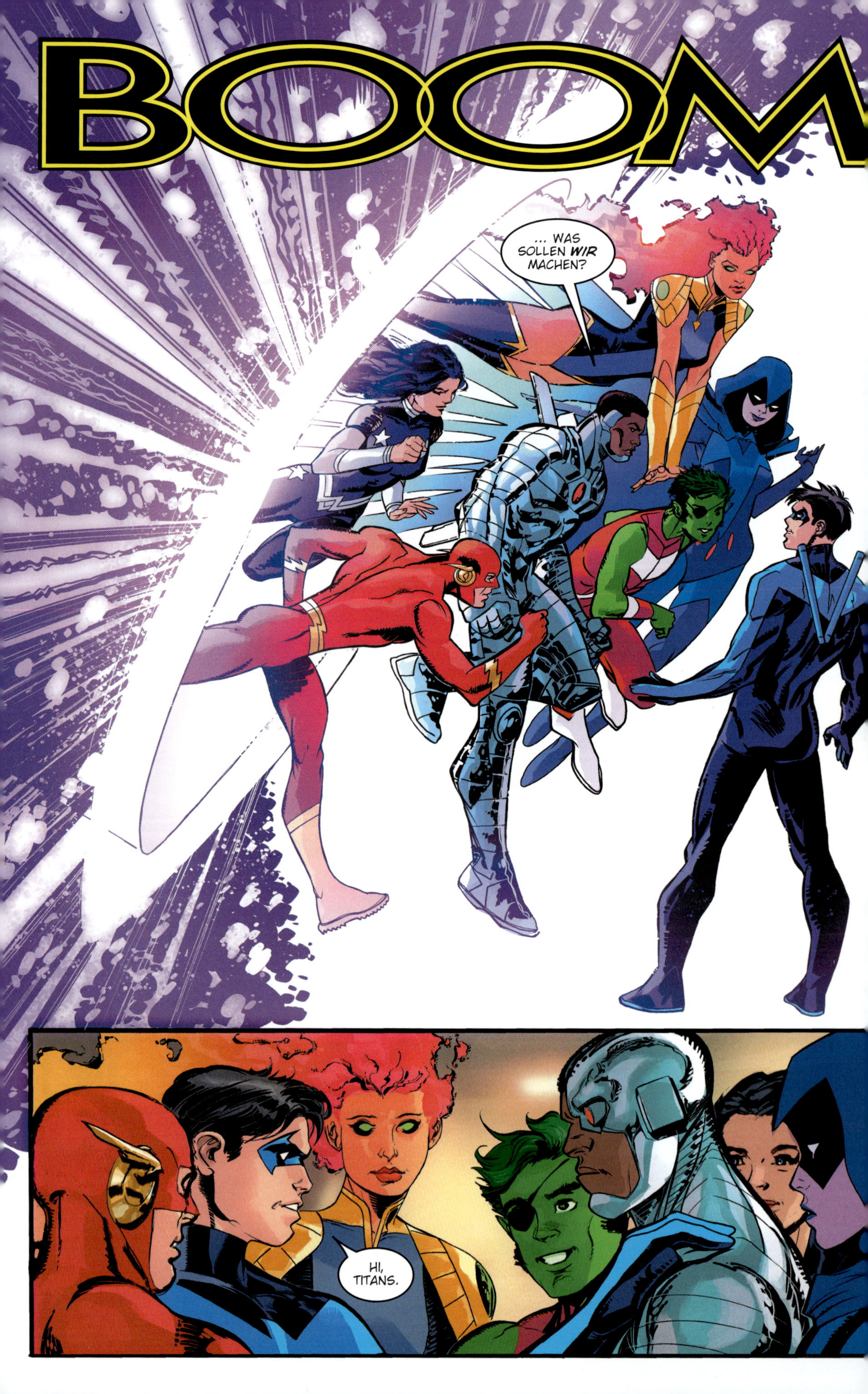
BOOM
... WAS SOLLEN WIR MACHEN?
HI, TITANS.

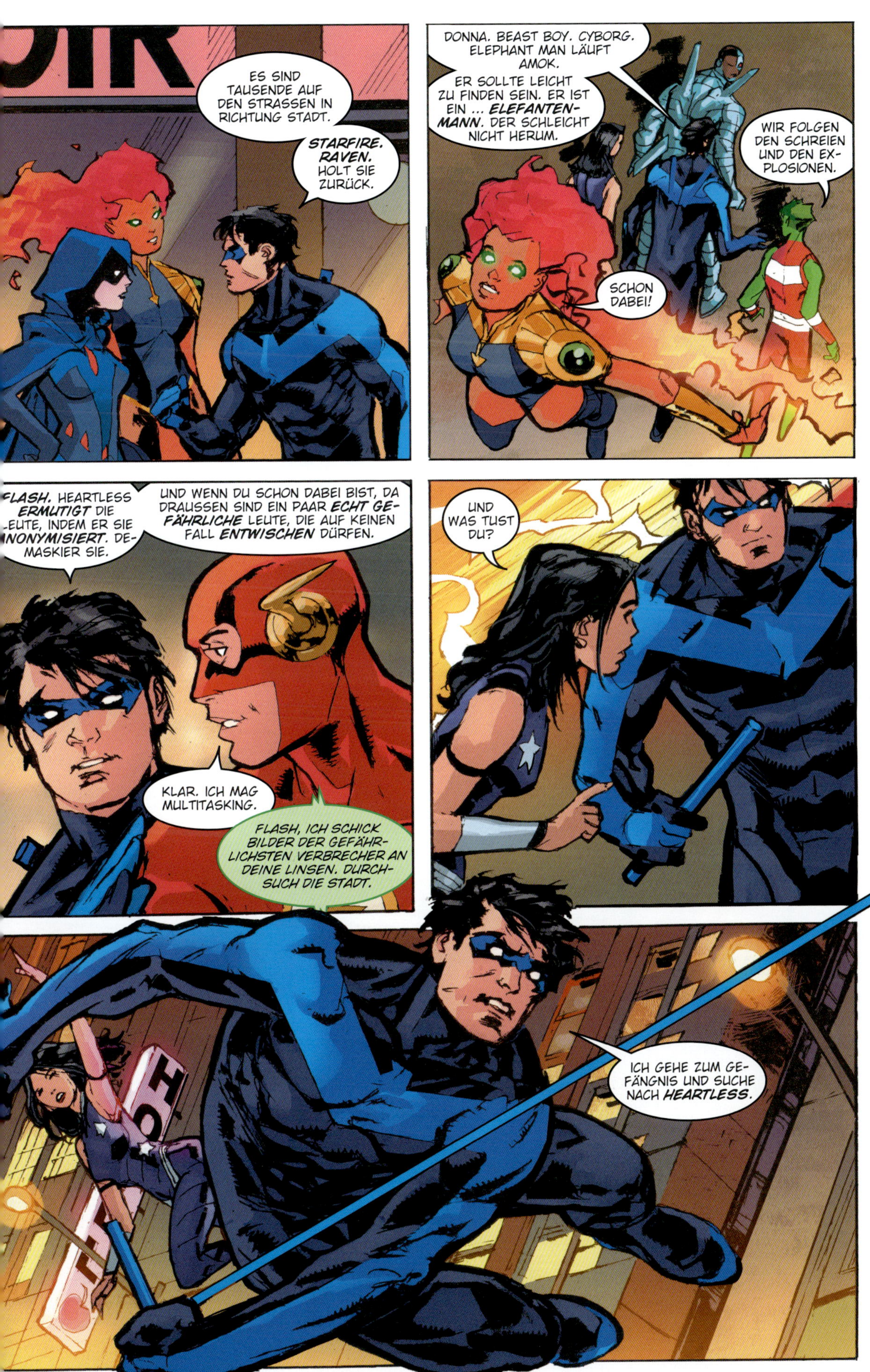

ES SIND TAUSENDE AUF DEN STRASSEN IN RICHTUNG STADT.
STARFIRE. RAVEN. HOLT SIE ZURÜCK.
DONNA. BEAST BOY. CYBORG. ELEPHANT MAN LÄUFT AMOK.
ER SOLLTE LEICHT ZU FINDEN SEIN. ER IST EIN ... ELEFANTEN-MANN. DER SCHLEICHT NICHT HERUM.
WIR FOLGEN DEN SCHREIEN UND DEN EXPLOSIONEN.
SCHON DABEI!
FLASH. HEARTLESS ERMUTIGT DIE LEUTE, INDEM ER SIE ANONYMISIERT. DEMASKIER SIE.
UND WENN DU SCHON DABEI BIST, DA DRAUSSEN SIND EIN PAAR ECHT GEFÄHRLICHE LEUTE, DIE AUF KEINEN FALL ENTWISCHEN DÜRFEN.
KLAR. ICH MAG MULTITASKING.
FLASH, ICH SCHICK BILDER DER GEFÄHRLICHSTEN VERBRECHER AN DEINE LINSEN. DURCHSUCH DIE STADT.
UND WAS TUST DU?
ICH GEHE ZUM GEFÄNGNIS UND SUCHE NACH HEARTLESS.

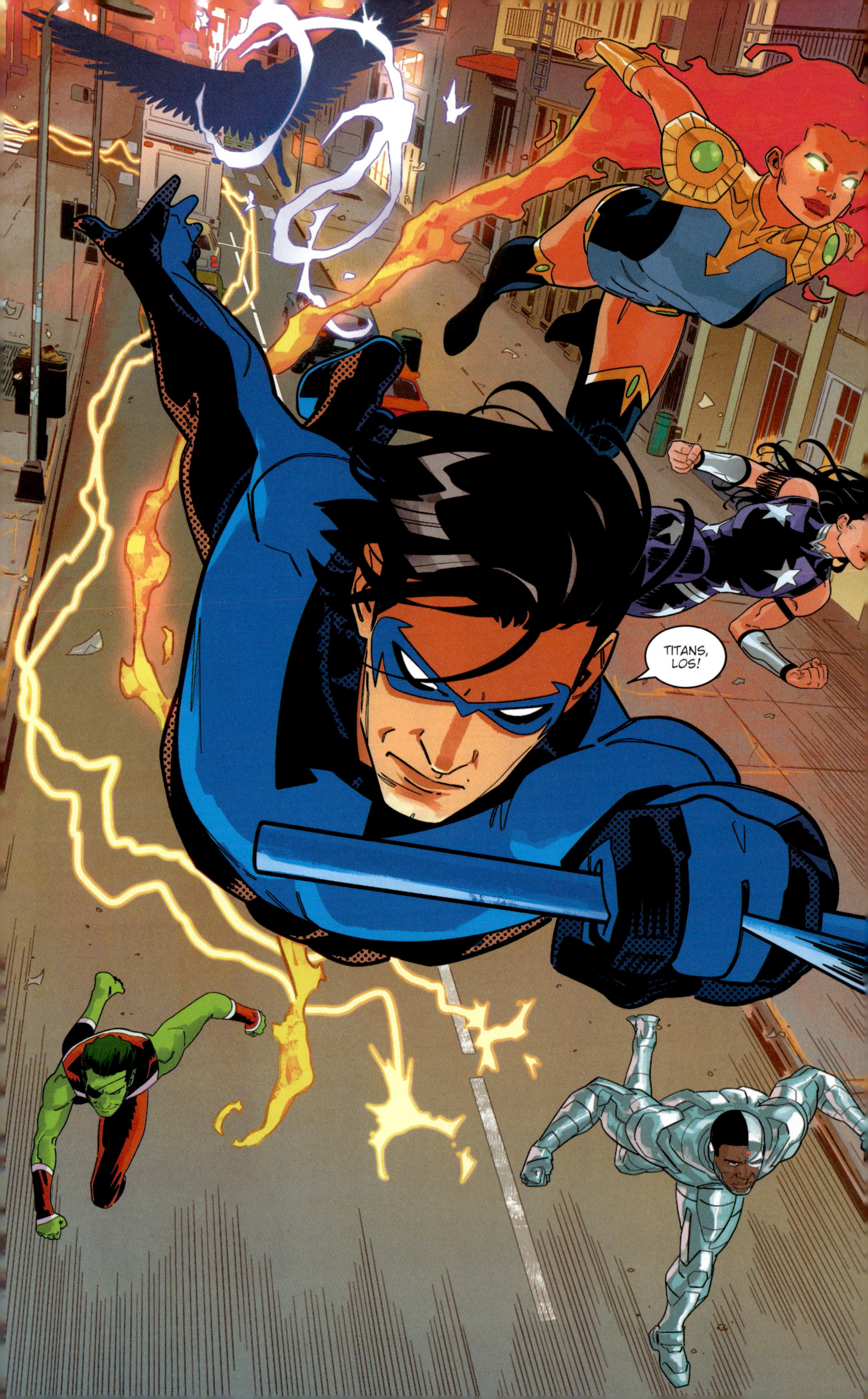
TITANS, LOS!

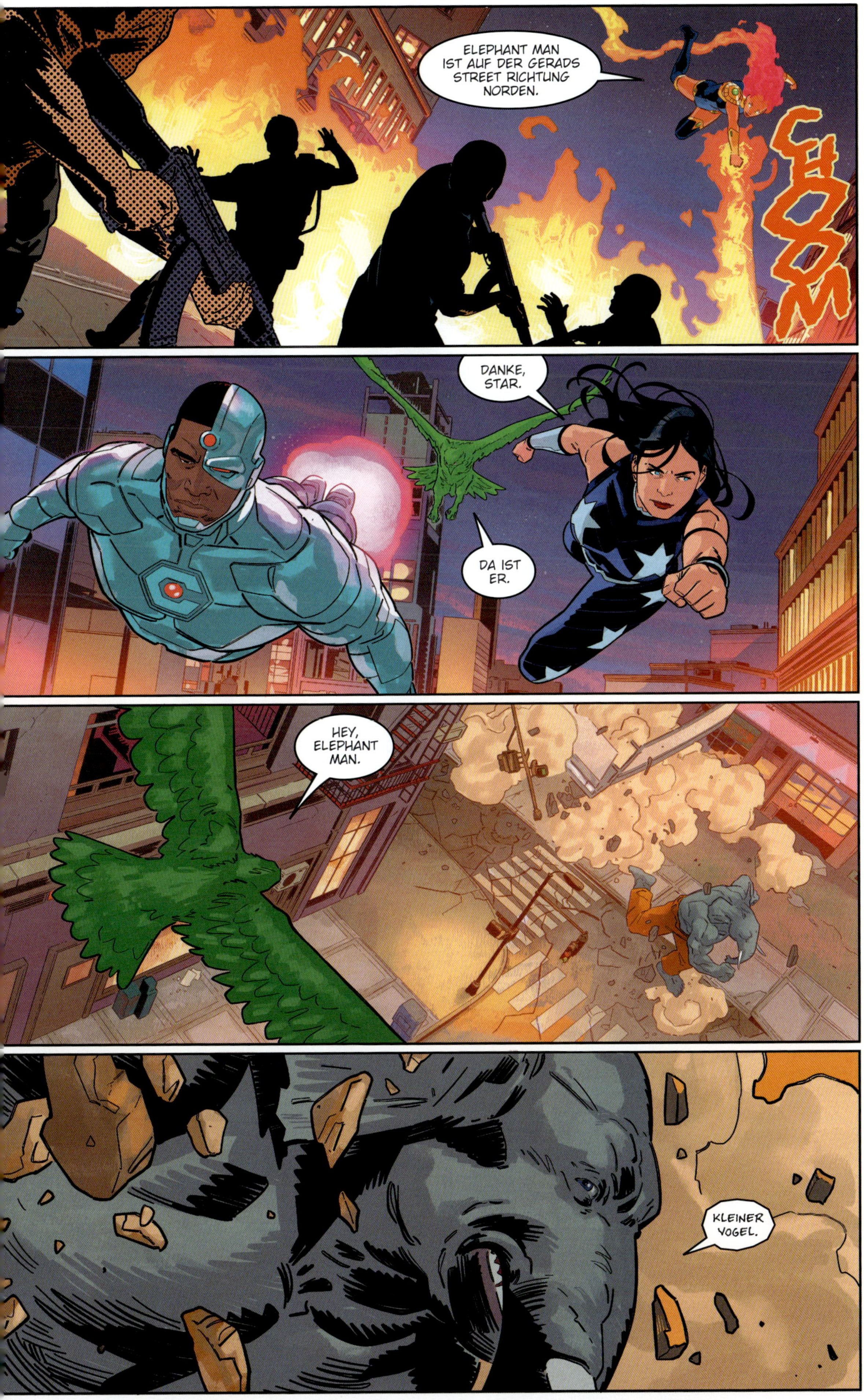

ELEPHANT MAN IST AUF DER GERADS STREET RICHTUNG NORDEN.
CHOOM

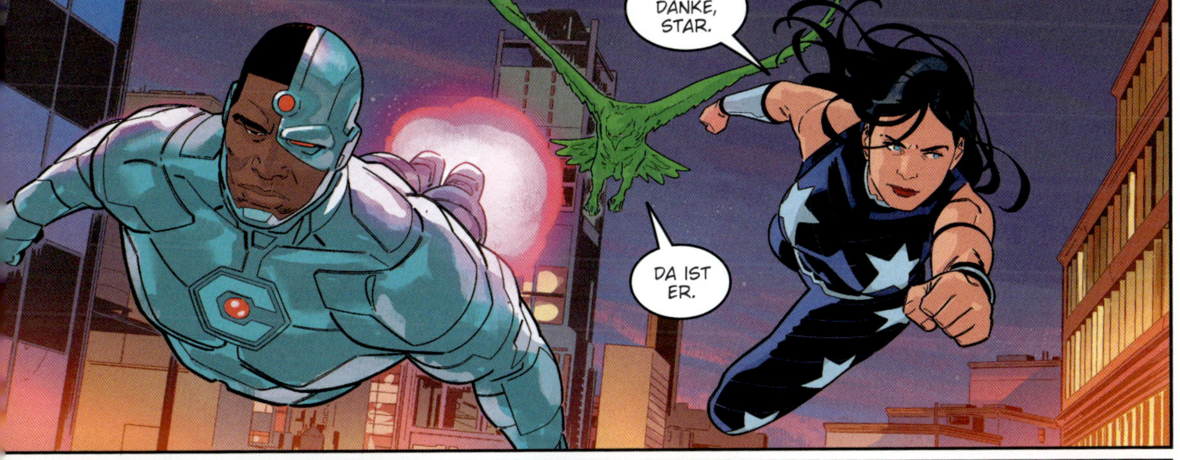

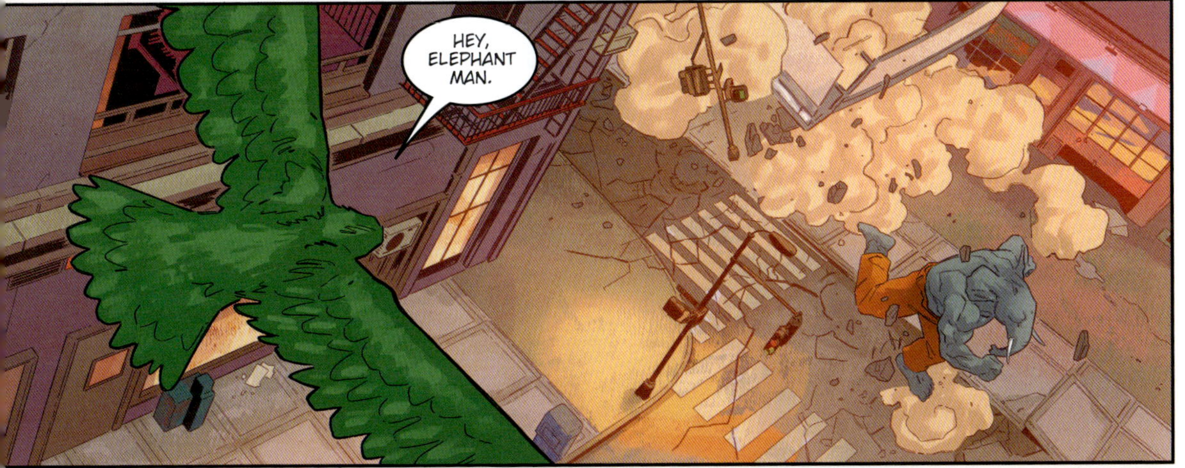

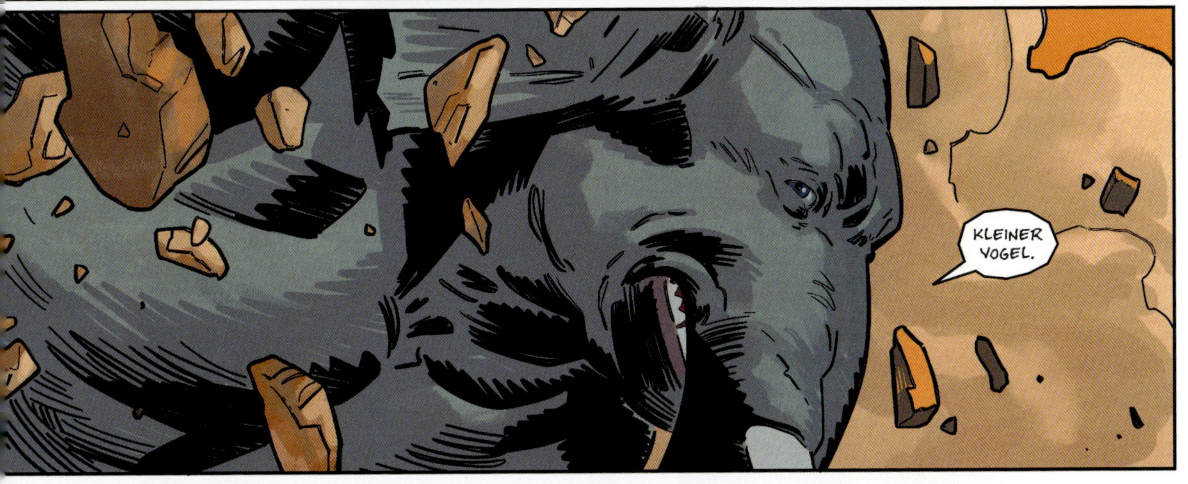

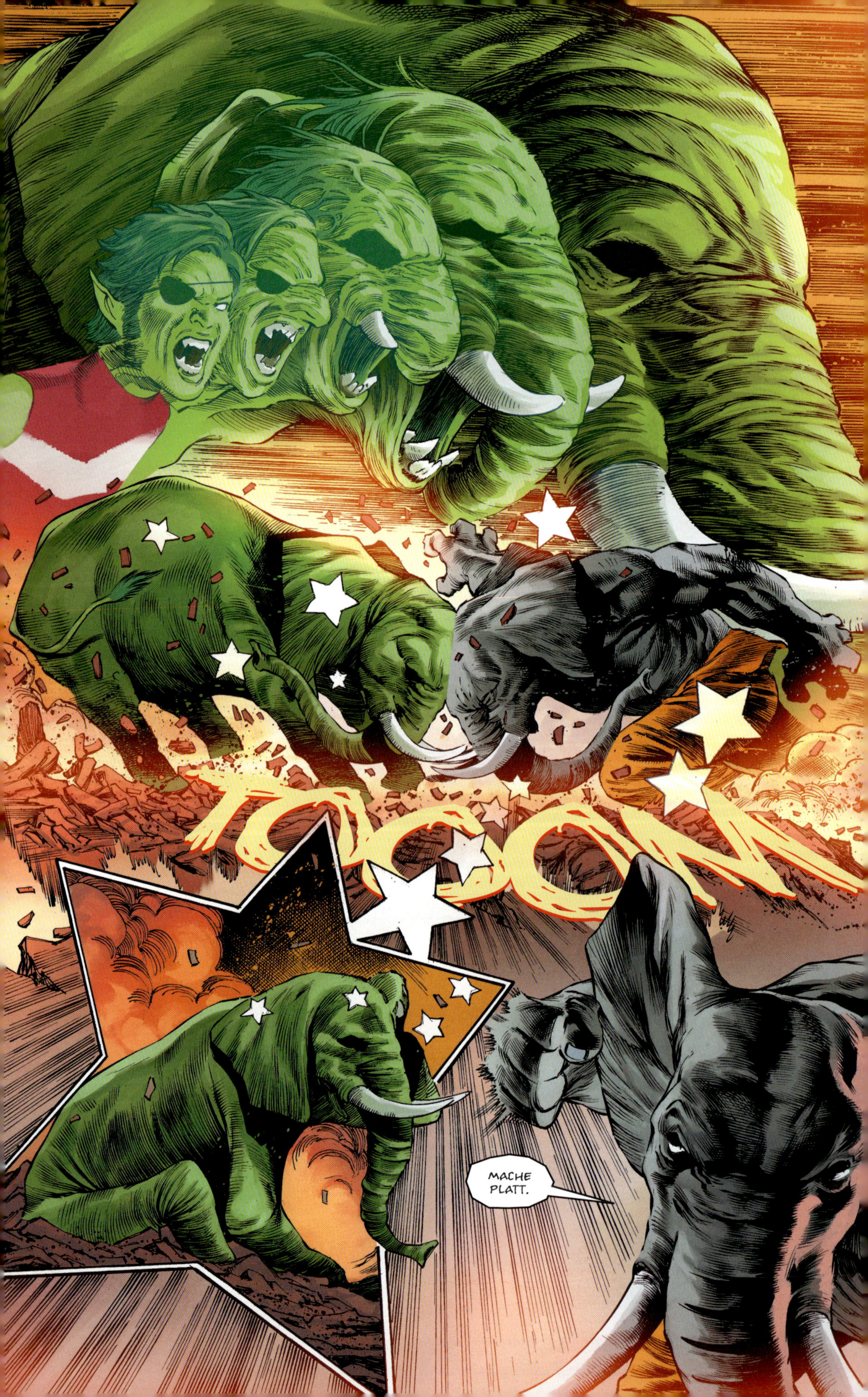
TOOOM
MACHE PLATT.

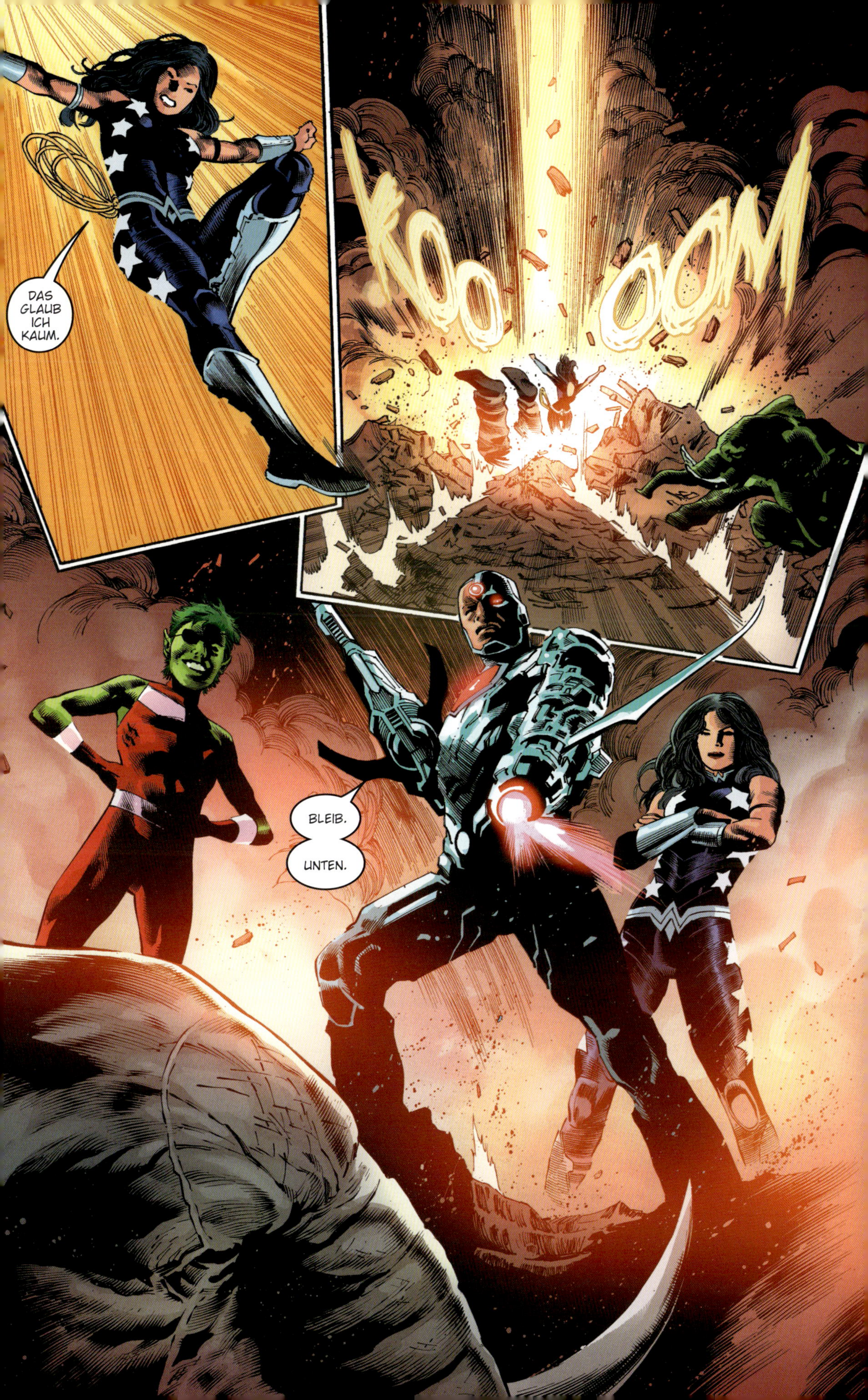
DAS GLAUB ICH KAUM.
KOOOOM
BLEIB.
UNTEN.

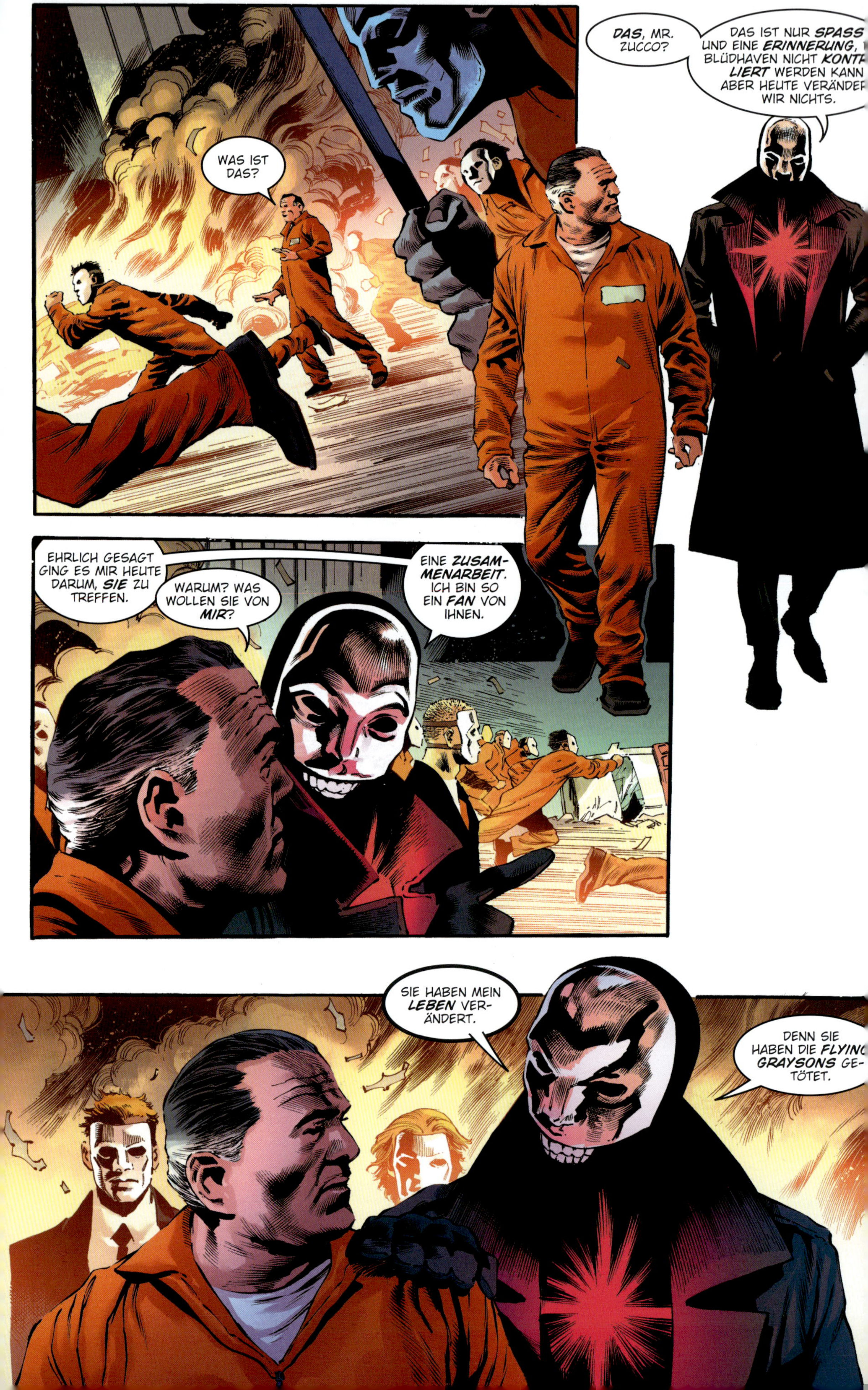

WAS IST DAS?

DAS, MR. ZUCCO?

DAS IST NUR **SPASS** UND EINE **ERINNERUNG**, BLÜDHAVEN NICHT **KONTR** **LIERT** WERDEN KANN ABER HEUTE VERÄNDER WIR NICHTS.

EHRLICH GESAGT GING ES MIR HEUTE DARUM, **SIE** ZU TREFFEN.

WARUM? WAS WOLLEN SIE VON **MIR**?

EINE **ZUSAMMENARBEIT**. ICH BIN SO EIN **FAN** VON IHNEN.

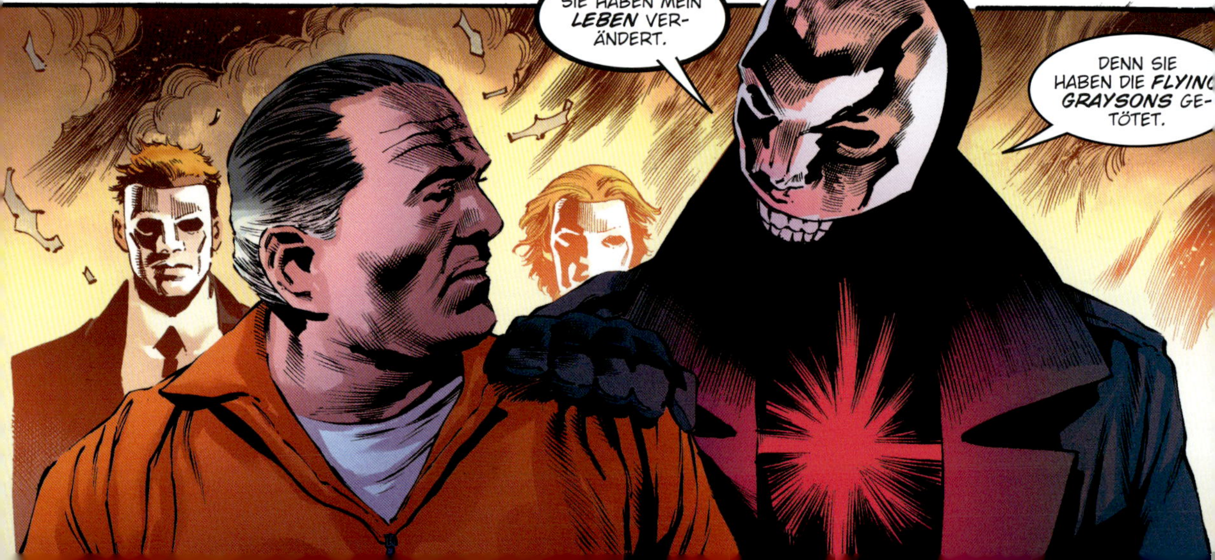

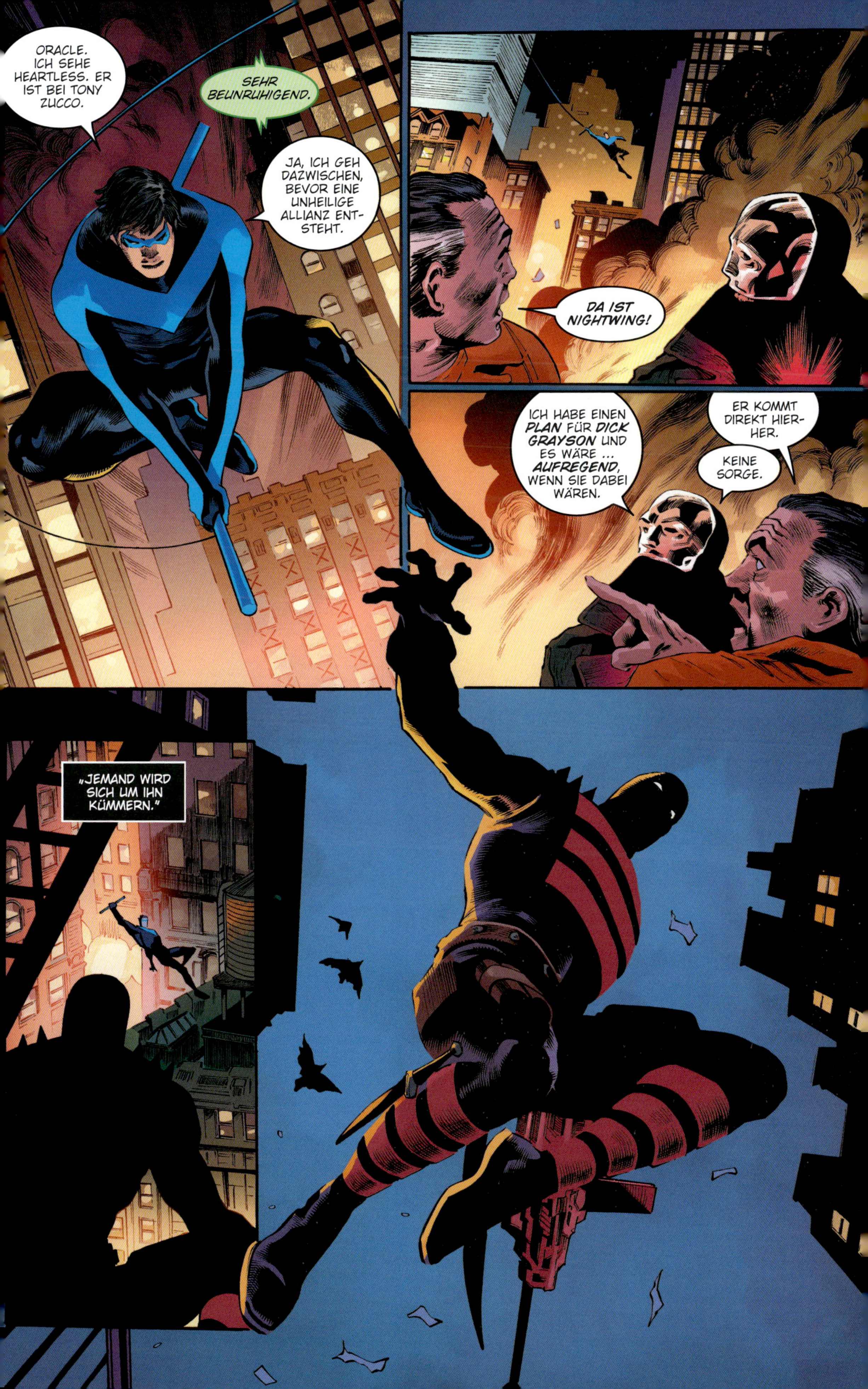
ORACLE. ICH SEHE HEARTLESS. ER IST BEI TONY ZUCCO.
SEHR BEUNRUHIGEND.
JA, ICH GEH DAZWISCHEN, BEVOR EINE UNHEILIGE ALLIANZ ENTSTEHT.
DA IST NIGHTWING!
ER KOMMT DIREKT HIERHER.
KEINE SORGE.
ICH HABE EINEN PLAN FÜR DICK GRAYSON UND ES WÄRE ... AUFREGEND, WENN SIE DABEI WÄREN.
„JEMAND WIRD SICH UM IHN KÜMMERN."

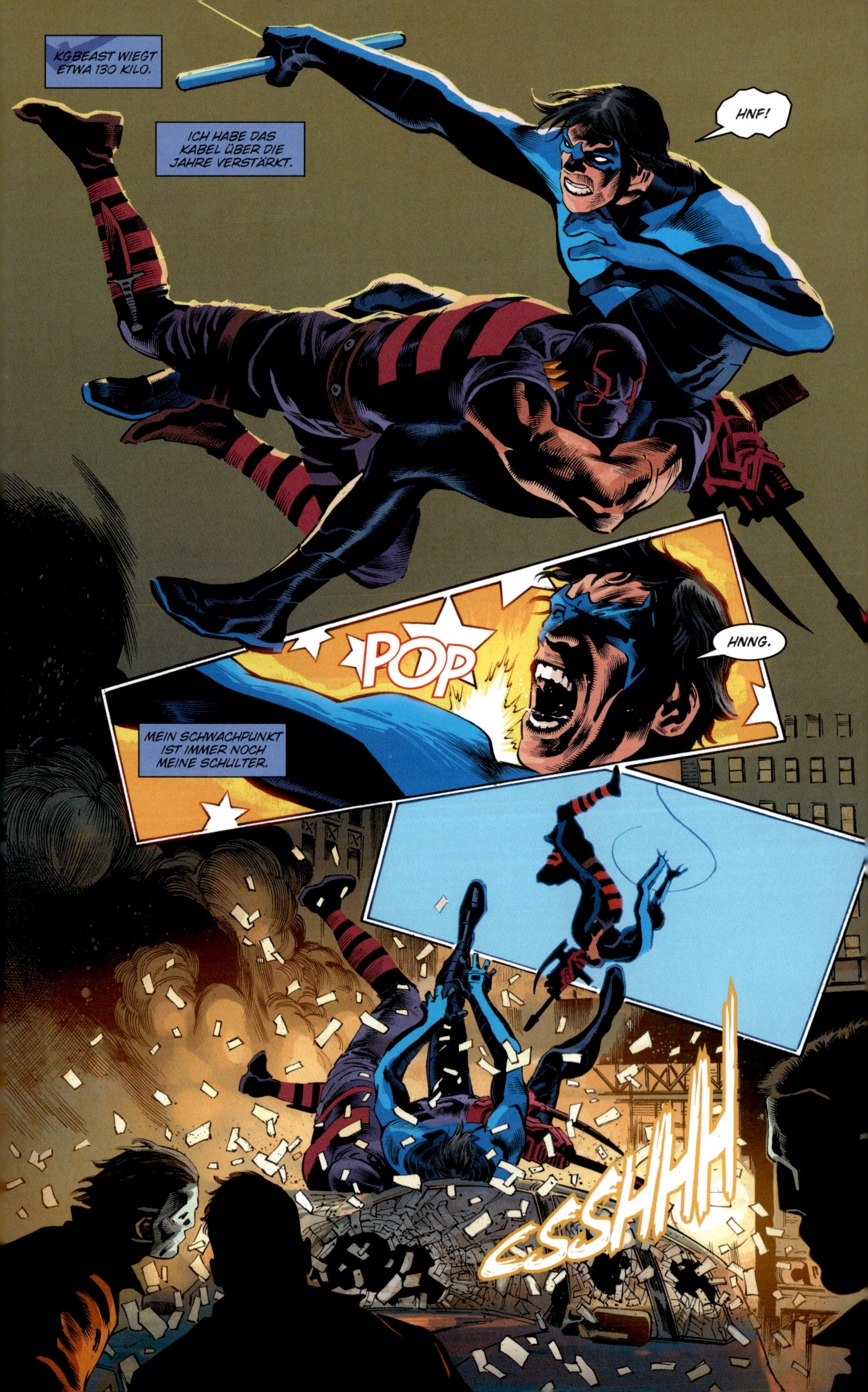
KGBEAST WIEGT ETWA 130 KILO.
ICH HABE DAS KABEL ÜBER DIE JAHRE VERSTÄRKT.
HNF!
POP
HNNG.
MEIN SCHWACHPUNKT IST IMMER NOCH MEINE SCHULTER.
CSSHHH

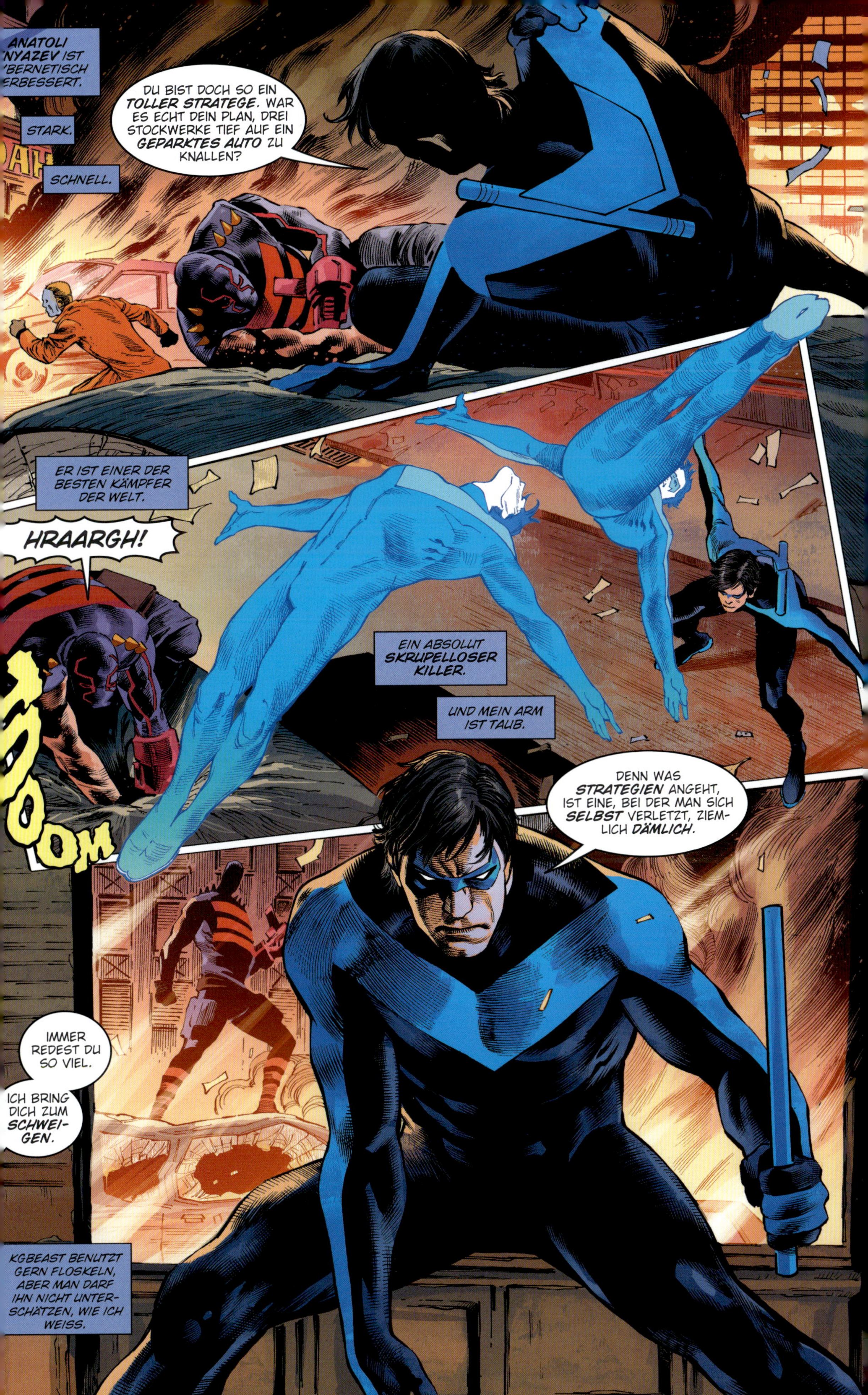

ANATOLI KNYAZEV IST KYBERNETISCH VERBESSERT.
STARK.
SCHNELL.
DU BIST DOCH SO EIN TOLLER STRATEGE. WAR ES ECHT DEIN PLAN, DREI STOCKWERKE TIEF AUF EIN GEPARKTES AUTO ZU KNALLEN?
ER IST EINER DER BESTEN KÄMPFER DER WELT.
HRAARGH!
WOOOM
EIN ABSOLUT SKRUPELLOSER KILLER.
UND MEIN ARM IST TAUB.
DENN WAS STRATEGIEN ANGEHT, IST EINE, BEI DER MAN SICH SELBST VERLETZT, ZIEMLICH DÄMLICH.
IMMER REDEST DU SO VIEL.
ICH BRING DICH ZUM SCHWEIGEN.
KGBEAST BENUTZT GERN FLOSKELN, ABER MAN DARF IHN NICHT UNTERSCHÄTZEN, WIE ICH WEISS.

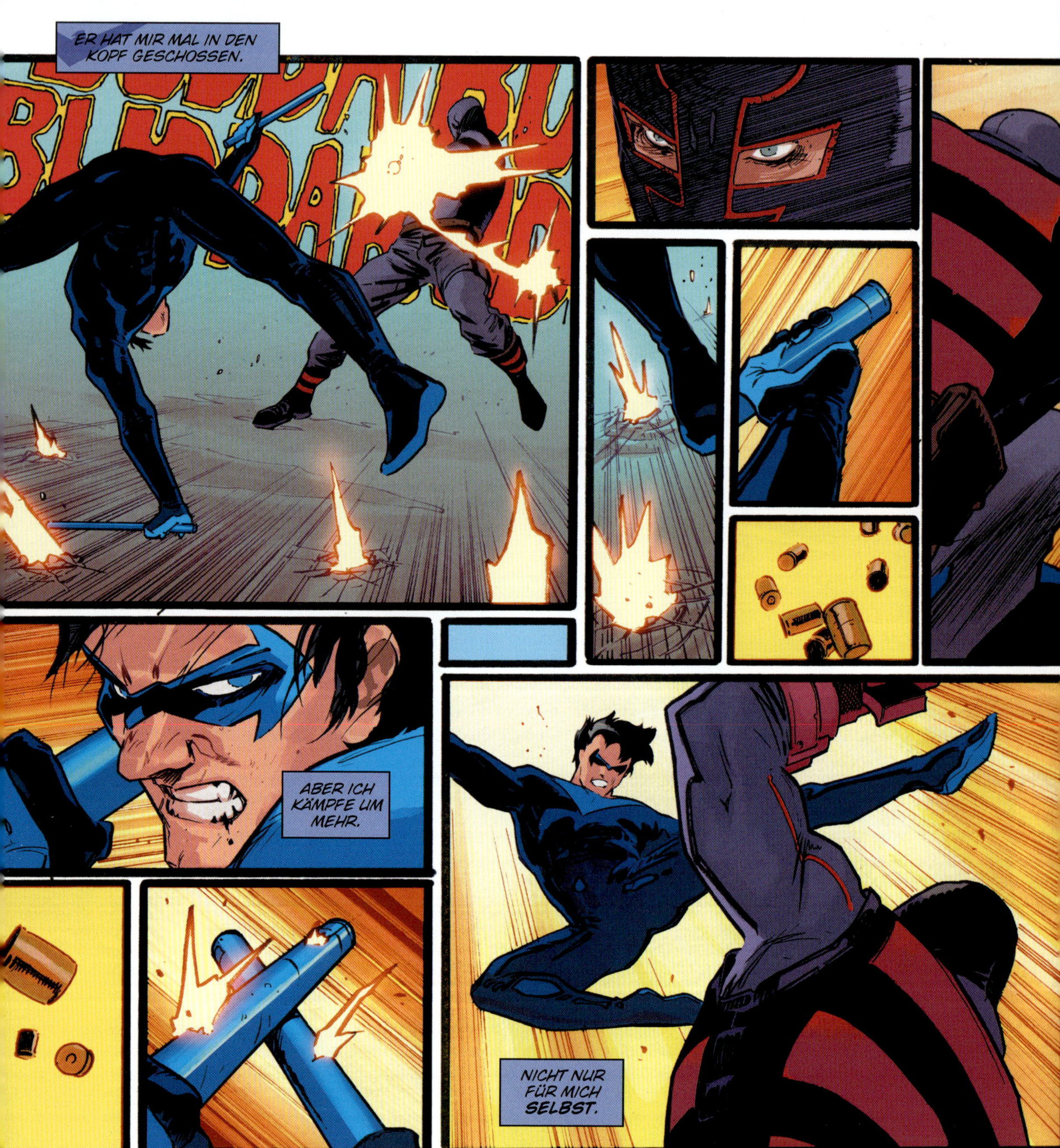
ER HAT MIR MAL IN DEN KOPF GESCHOSSEN.
ABER ICH KÄMPFE UM MEHR.
NICHT NUR FÜR MICH SELBST.

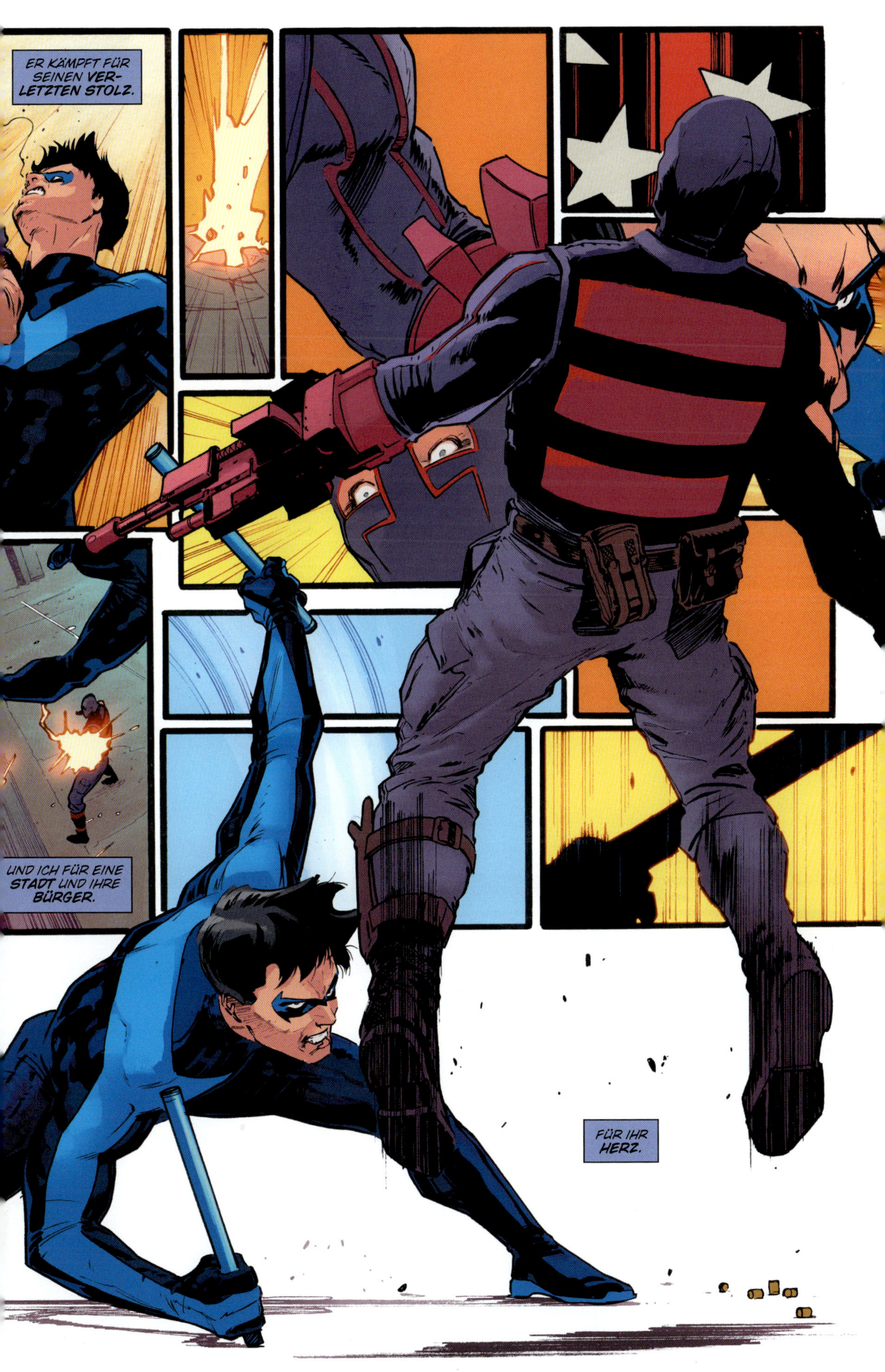
ER KÄMPFT FÜR SEINEN VERLETZTEN STOLZ.
UND ICH FÜR EINE STADT UND IHRE BÜRGER.
FÜR IHR HERZ.

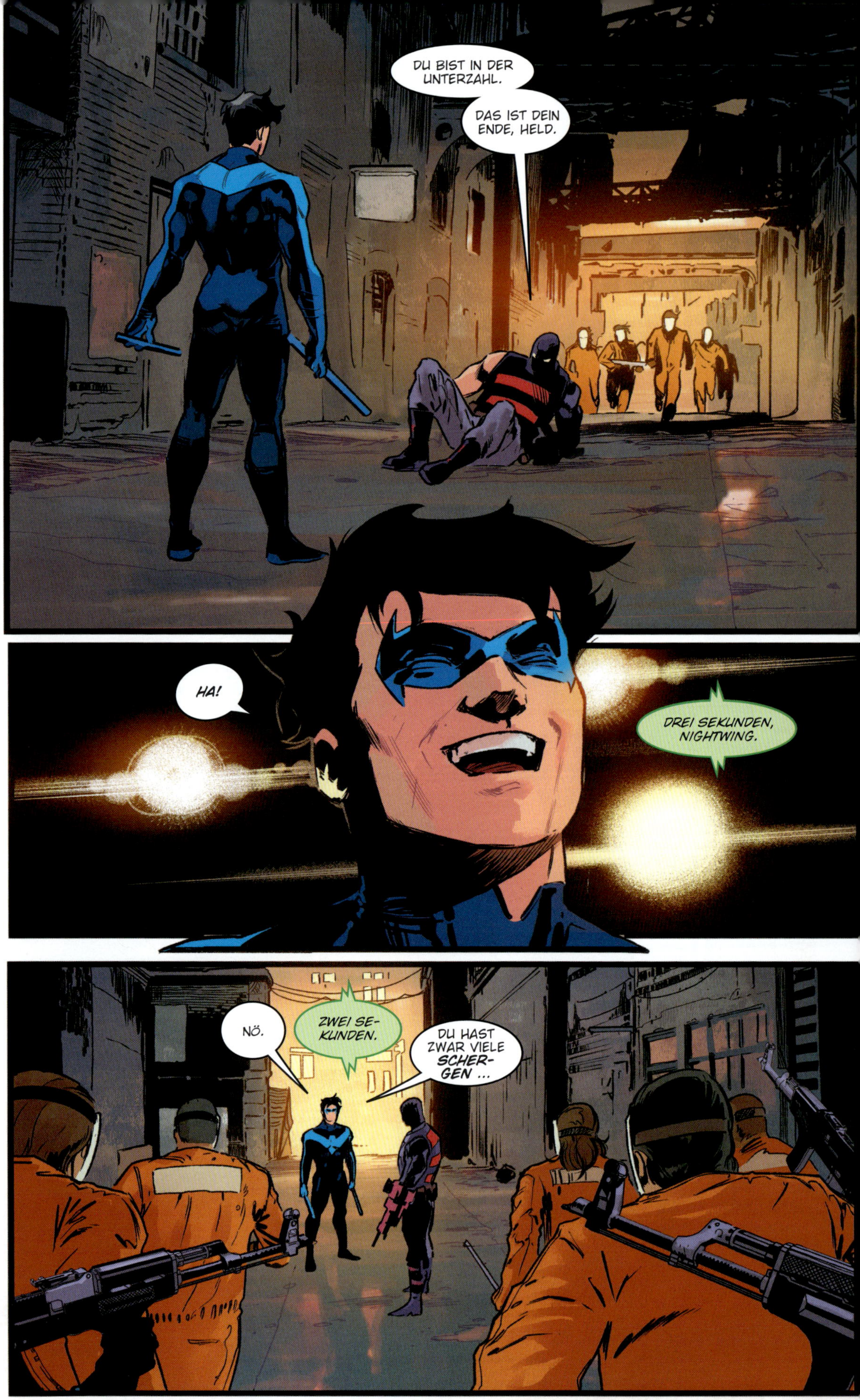

DU BIST IN DER UNTERZAHL.
DAS IST DEIN ENDE, HELD.
HA!
DREI SEKUNDEN, NIGHTWING.

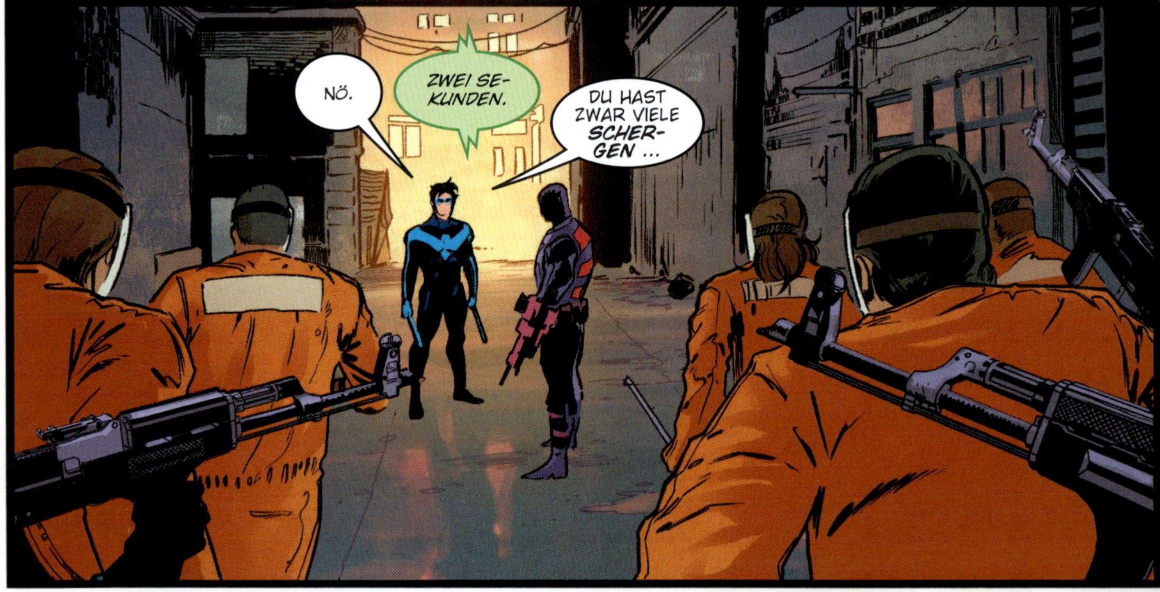

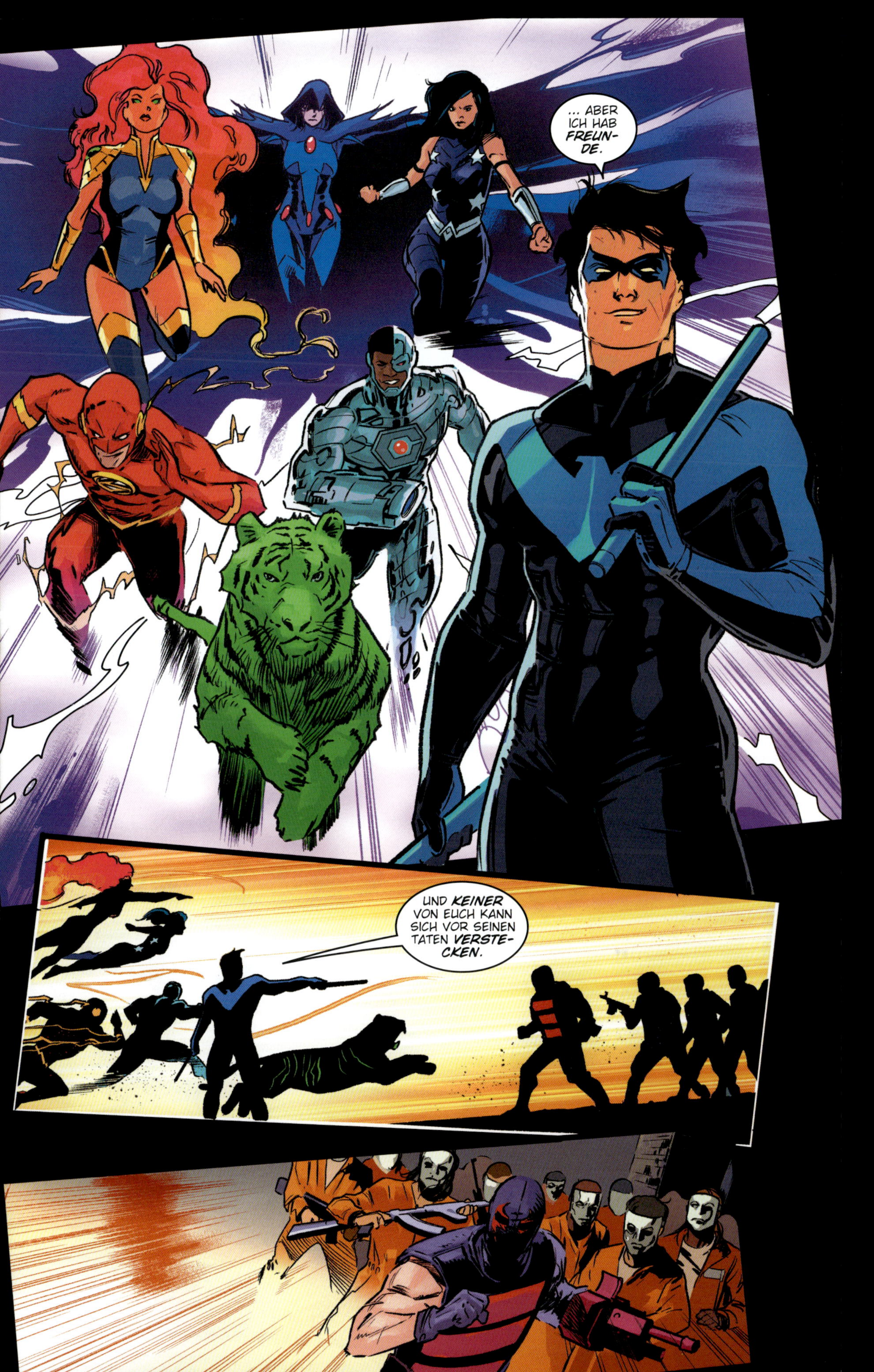
... ABER ICH HAB *FREUNDE*.
UND *KEINER* VON EUCH KANN SICH VOR SEINEN TATEN *VERSTECKEN*.

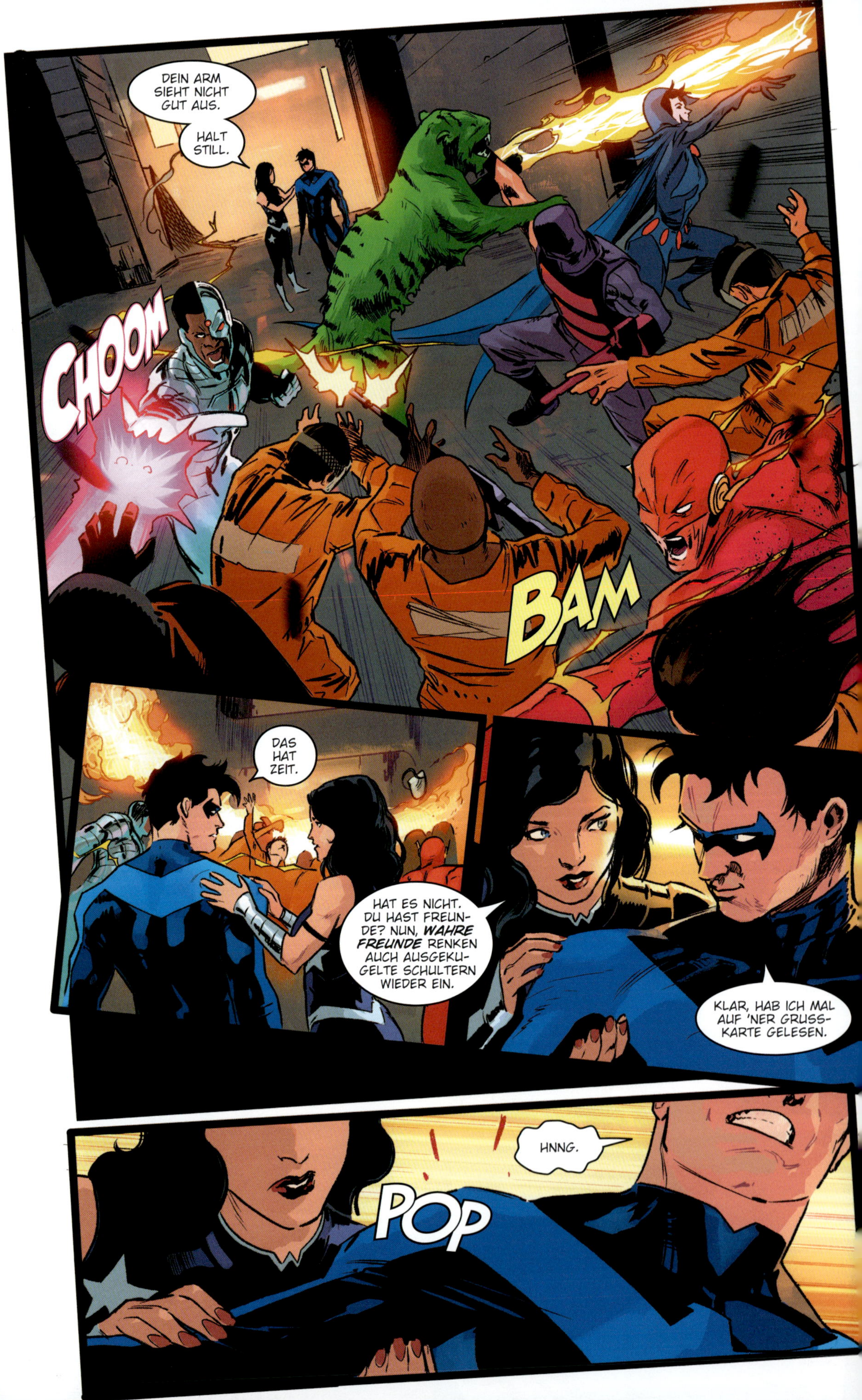
DEIN ARM SIEHT NICHT GUT AUS.
HALT STILL.
CHOOM
BAM
DAS HAT ZEIT.
HAT ES NICHT. DU HAST FREUNDE? NUN, WAHRE FREUNDE RENKEN AUCH AUSGEKUGELTE SCHULTERN WIEDER EIN.
KLAR, HAB ICH MAL AUF 'NER GRUSSKARTE GELESEN.
HNNG.
POP

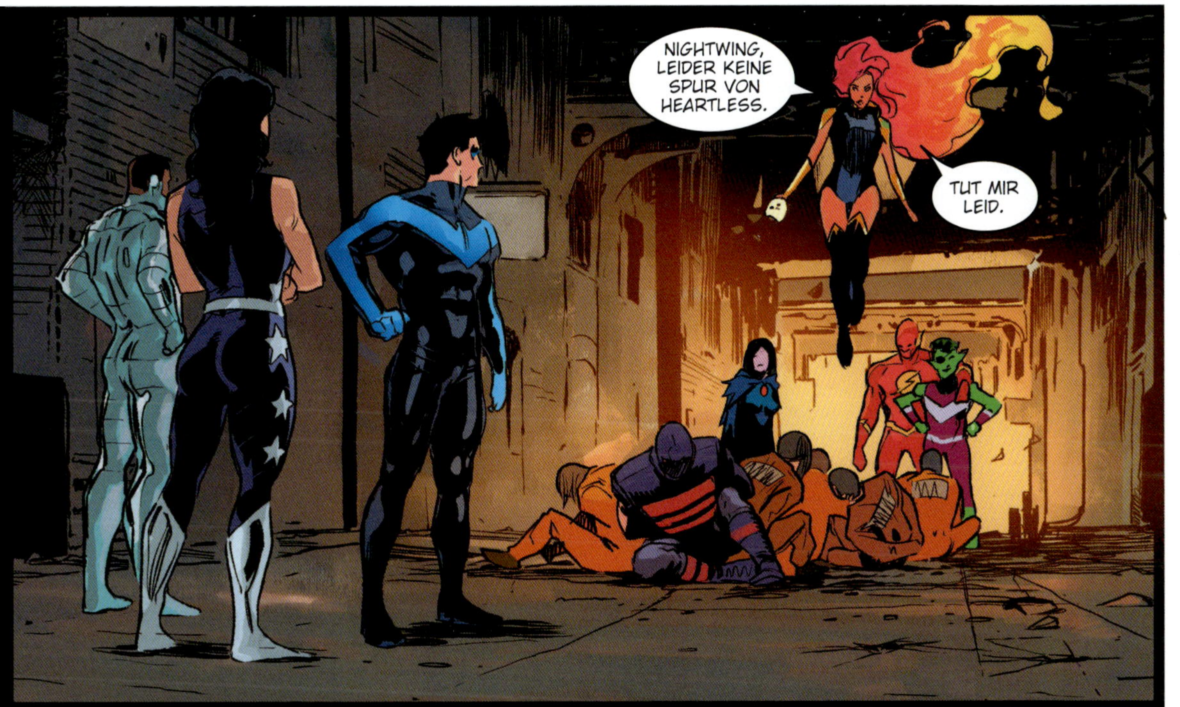

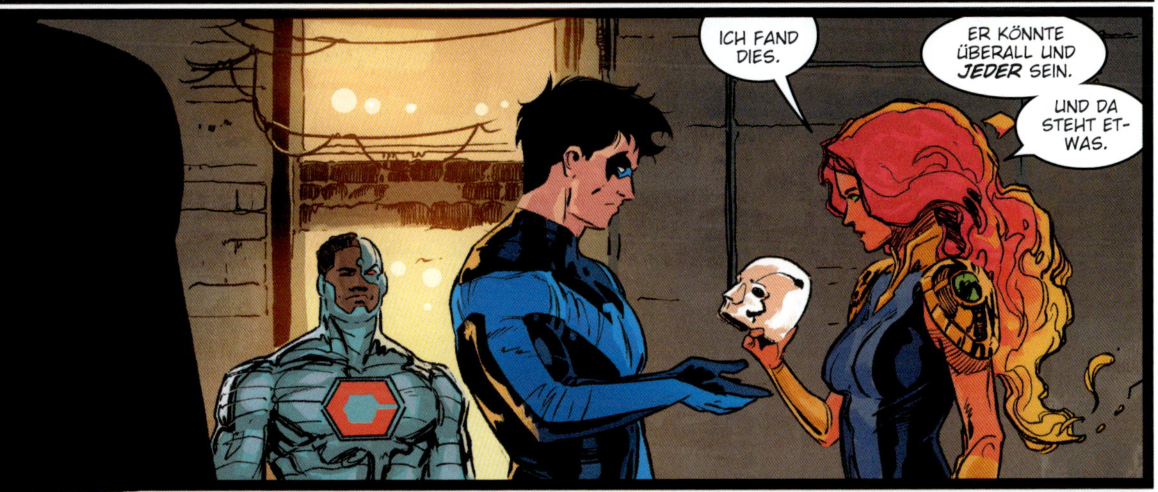

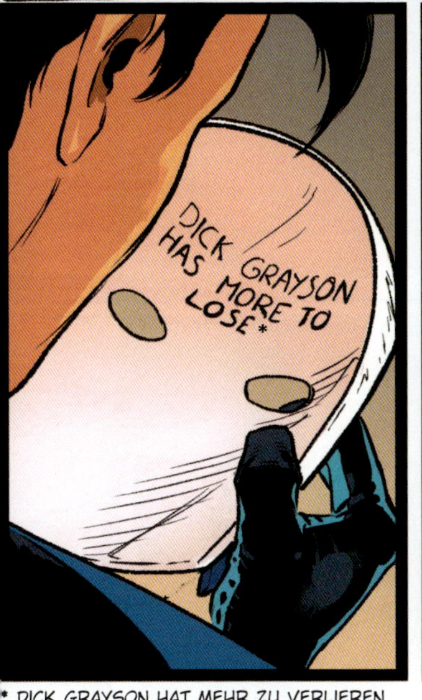

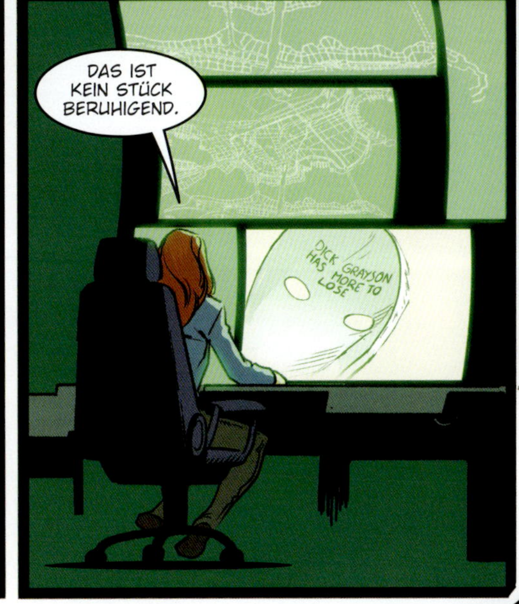

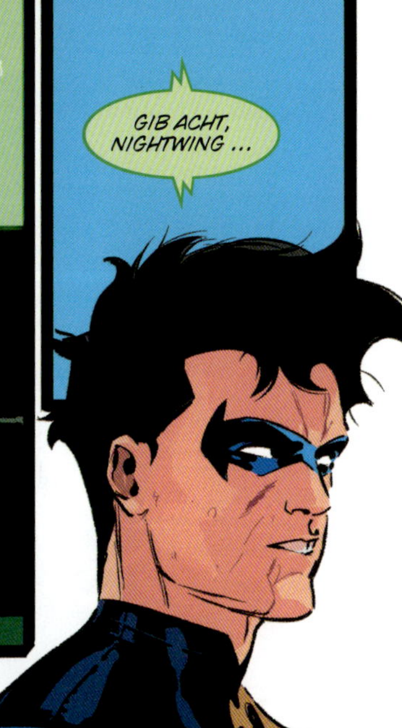

* DICK GRAYSON HAT MEHR ZU VERLIEREN

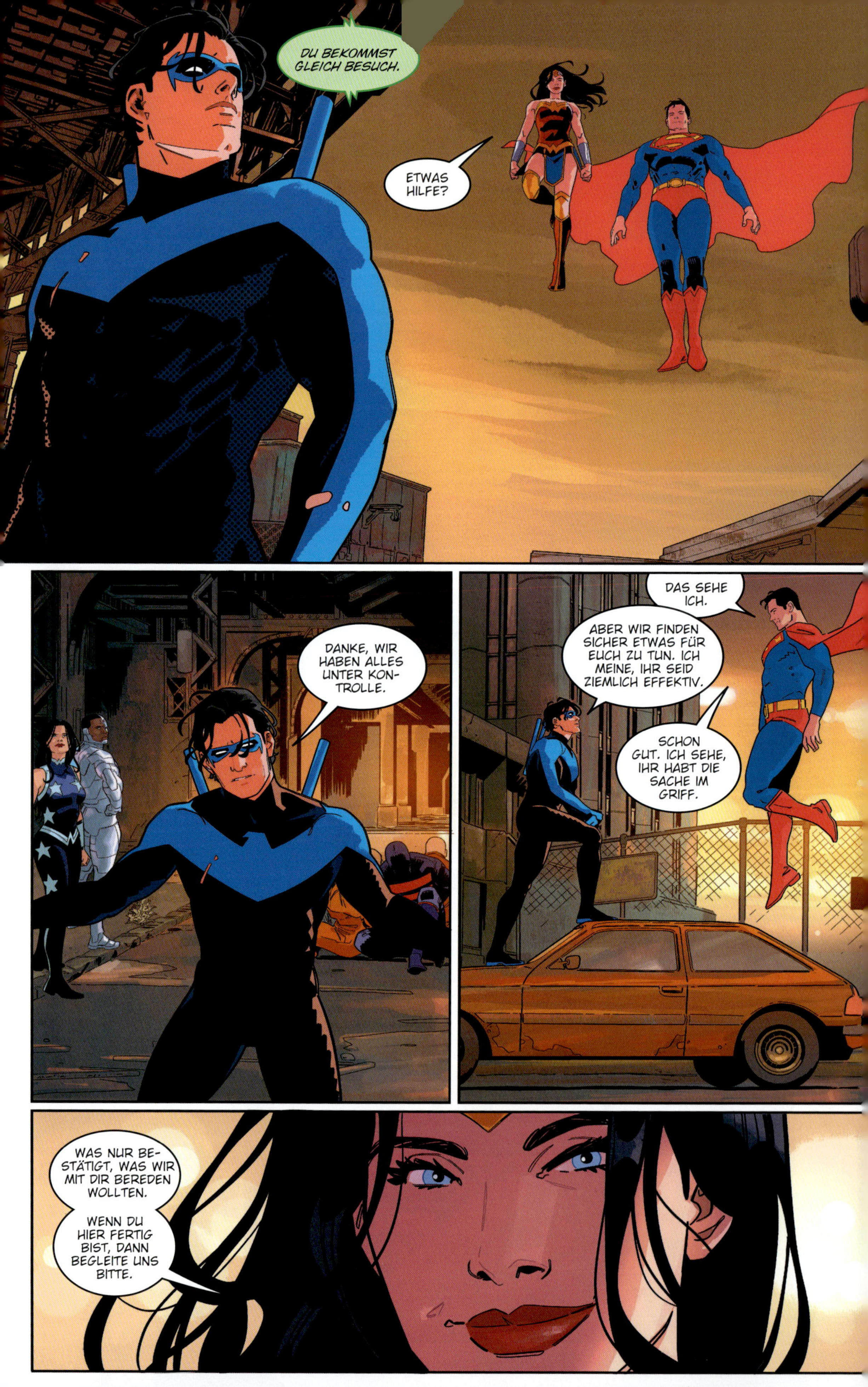

DU BEKOMMST GLEICH BESUCH.
ETWAS HILFE?

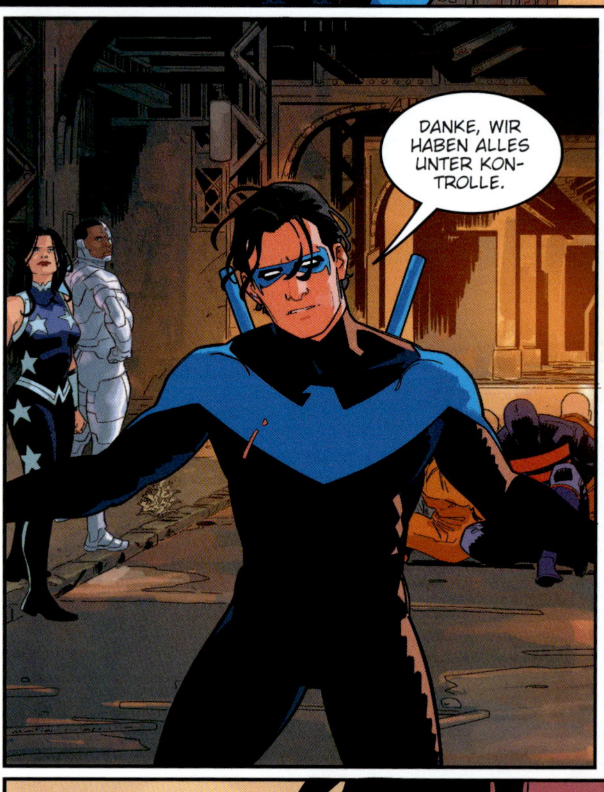

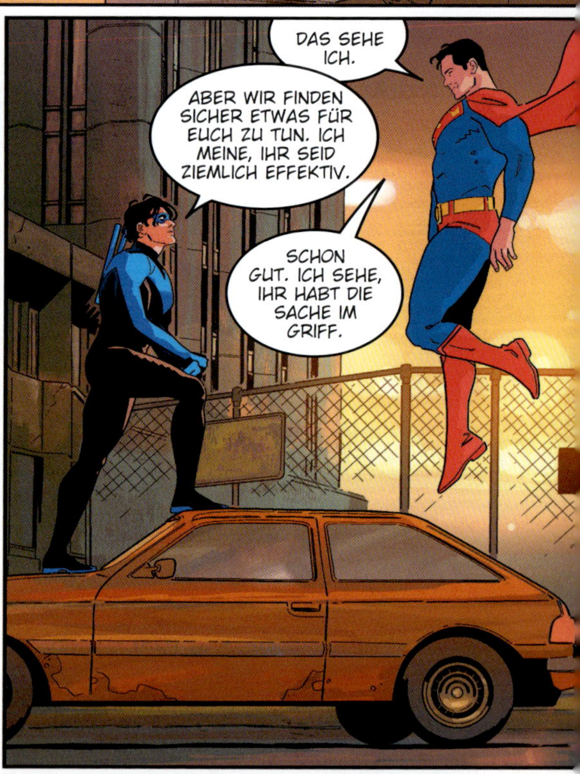

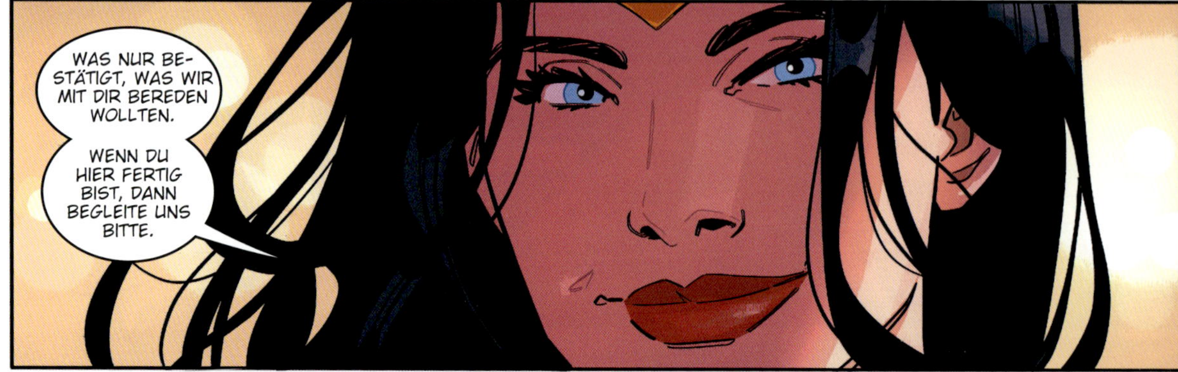

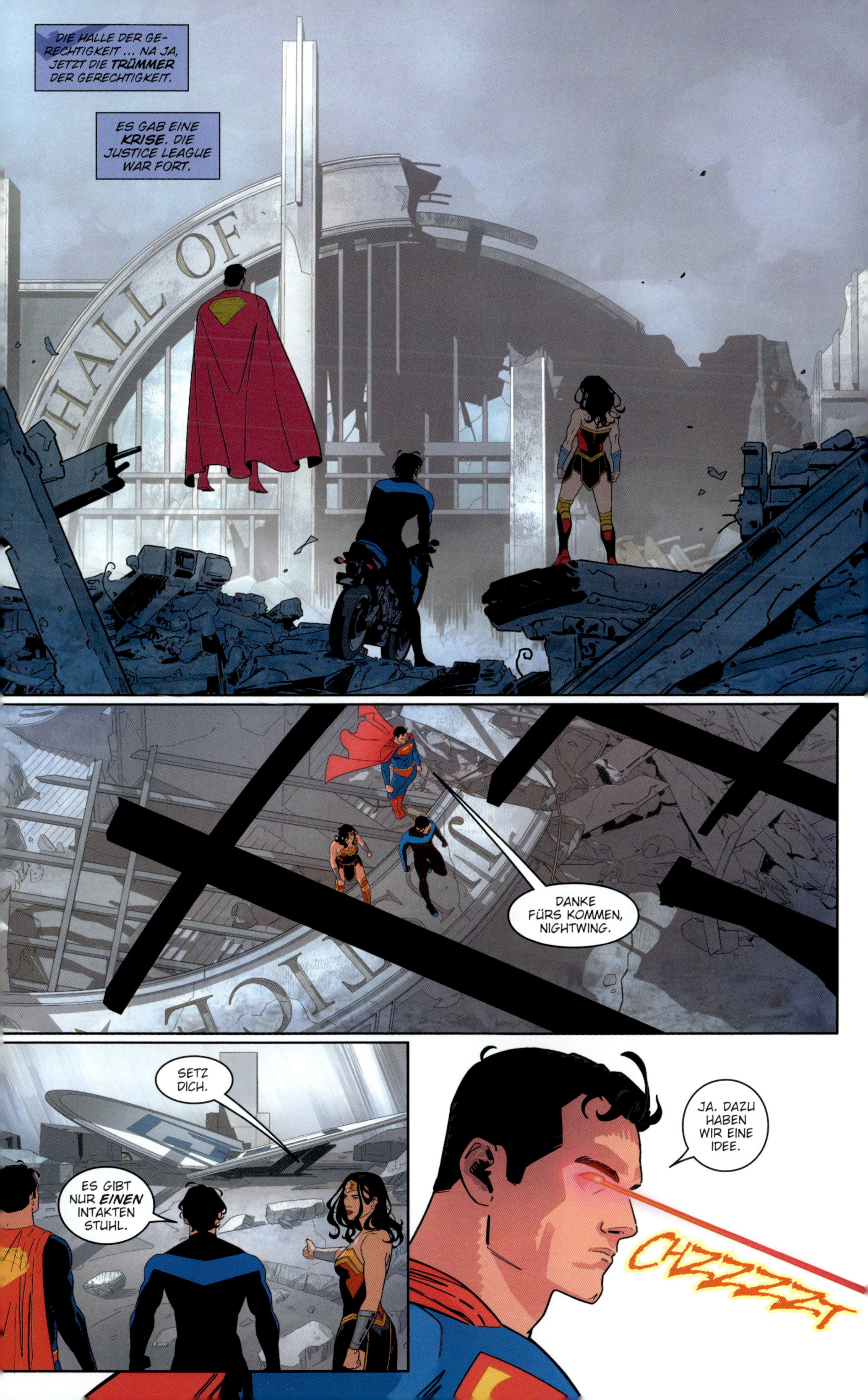

DIE HALLE DER GE-RECHTIGKEIT ... NA JA, JETZT DIE **TRÜMMER** DER GERECHTIGKEIT.

ES GAB EINE **KRISE**. DIE JUSTICE LEAGUE WAR FORT.

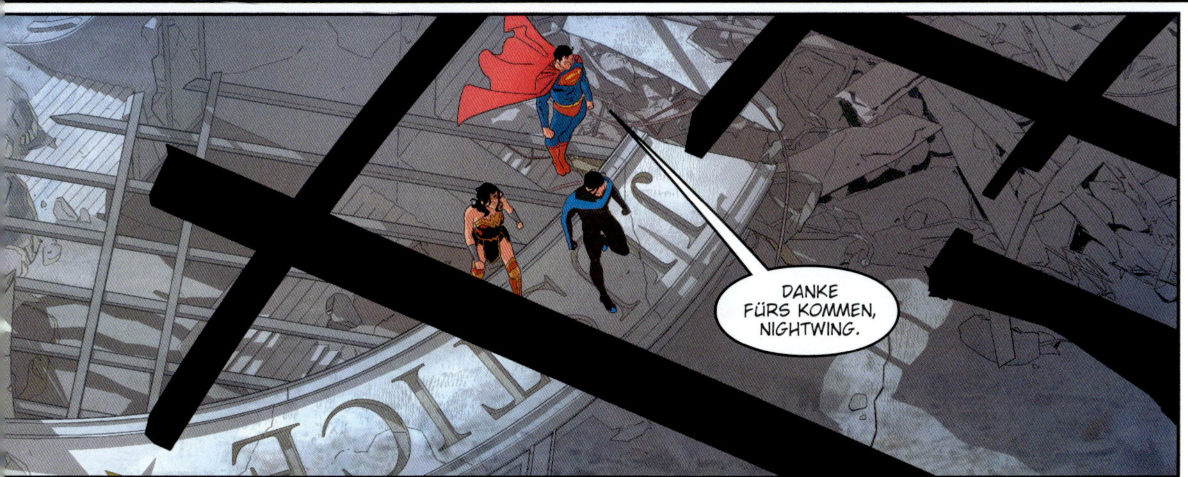

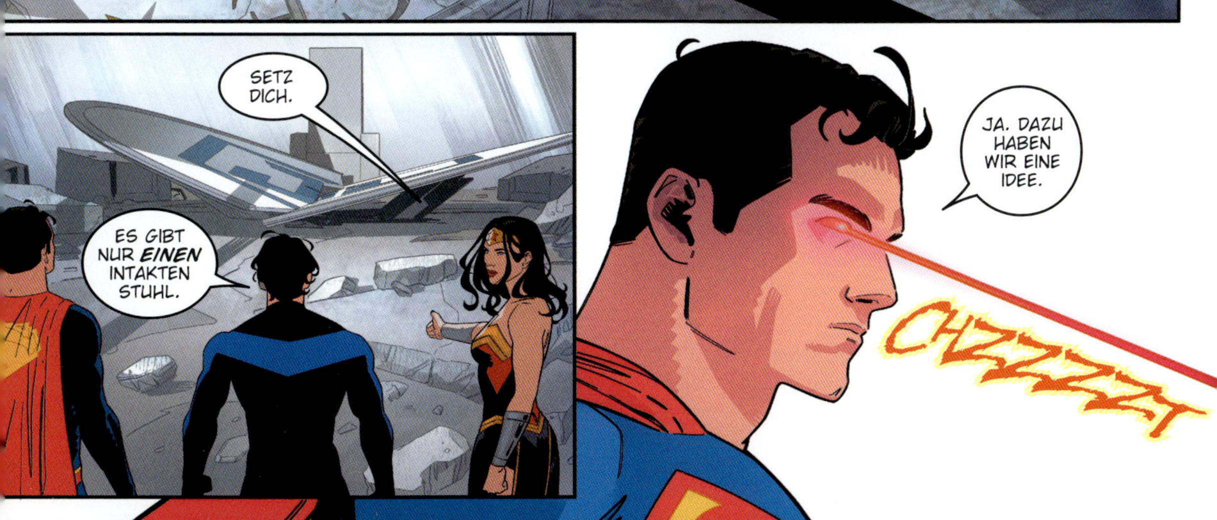

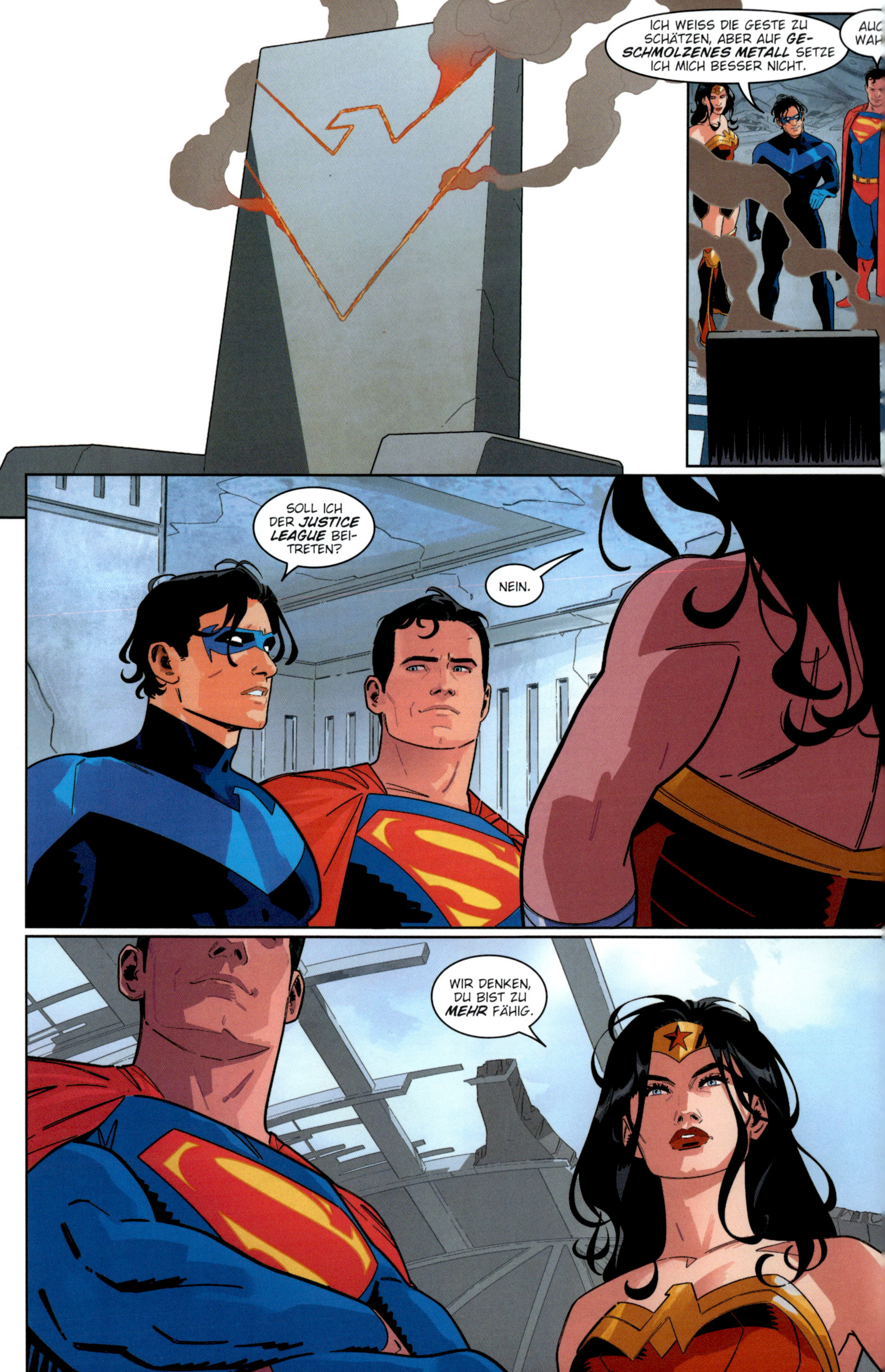

ICH WEISS DIE GESTE ZU SCHÄTZEN, ABER AUF GESCHMOLZENES METALL SETZE ICH MICH BESSER NICHT.
SOLL ICH DER JUSTICE LEAGUE BEITRETEN?
NEIN.
WIR DENKEN, DU BIST ZU MEHR FÄHIG.

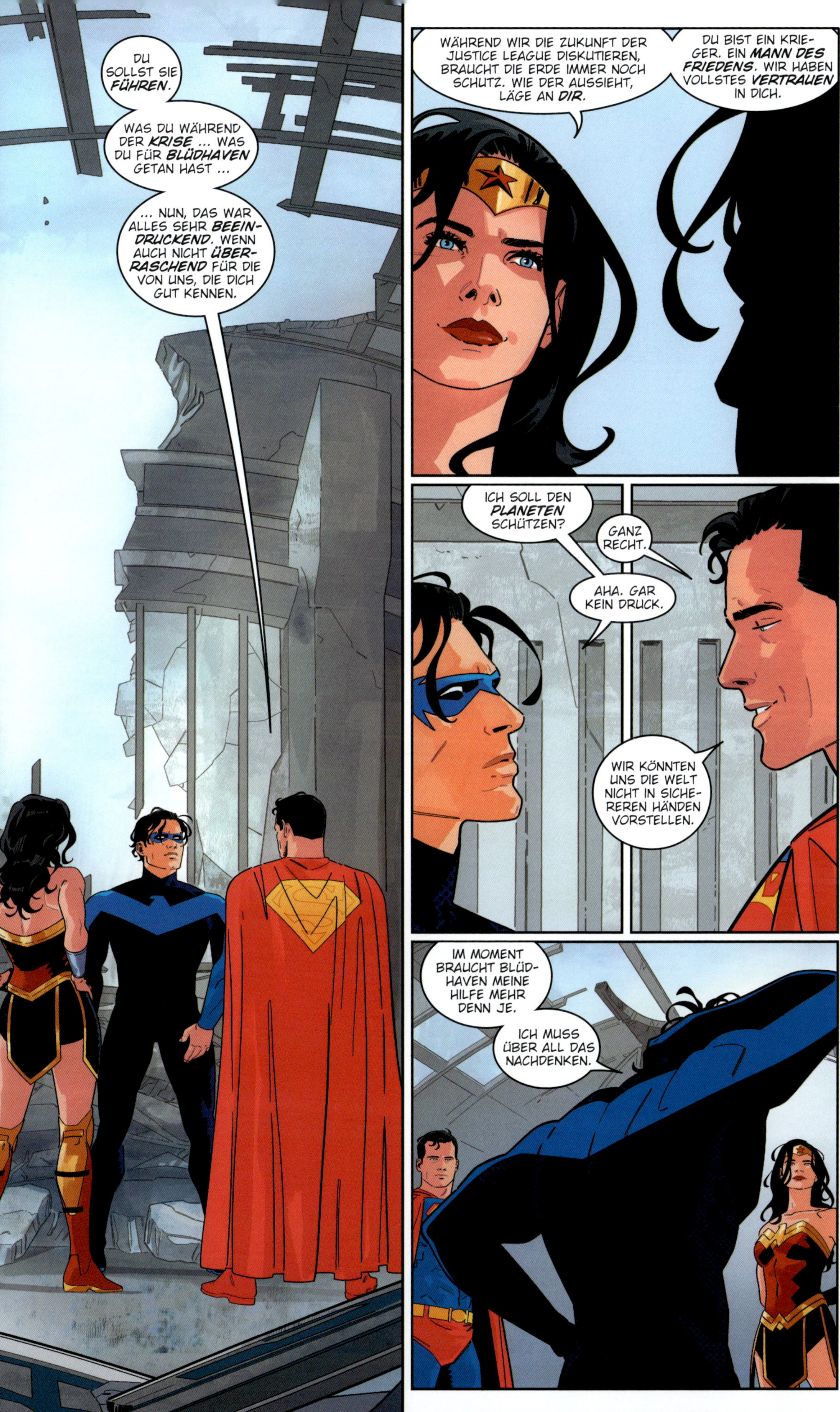
DU SOLLST SIE FÜHREN.
WAS DU WÄHREND DER KRISE ... WAS DU FÜR BLÜDHAVEN GETAN HAST ...
... NUN, DAS WAR ALLES SEHR BEEINDRUCKEND. WENN AUCH NICHT ÜBERRASCHEND FÜR DIE VON UNS, DIE DICH GUT KENNEN.
WÄHREND WIR DIE ZUKUNFT DER JUSTICE LEAGUE DISKUTIEREN, BRAUCHT DIE ERDE IMMER NOCH SCHUTZ. WIE DER AUSSIEHT, LÄGE AN DIR.
DU BIST EIN KRIEGER. EIN MANN DES FRIEDENS. WIR HABEN VOLLSTES VERTRAUEN IN DICH.
ICH SOLL DEN PLANETEN SCHÜTZEN?
GANZ RECHT.
AHA. GAR KEIN DRUCK.
WIR KÖNNTEN UNS DIE WELT NICHT IN SICHEREREN HÄNDEN VORSTELLEN.
IM MOMENT BRAUCHT BLÜDHAVEN MEINE HILFE MEHR DENN JE.
ICH MUSS ÜBER ALL DAS NACHDENKEN.

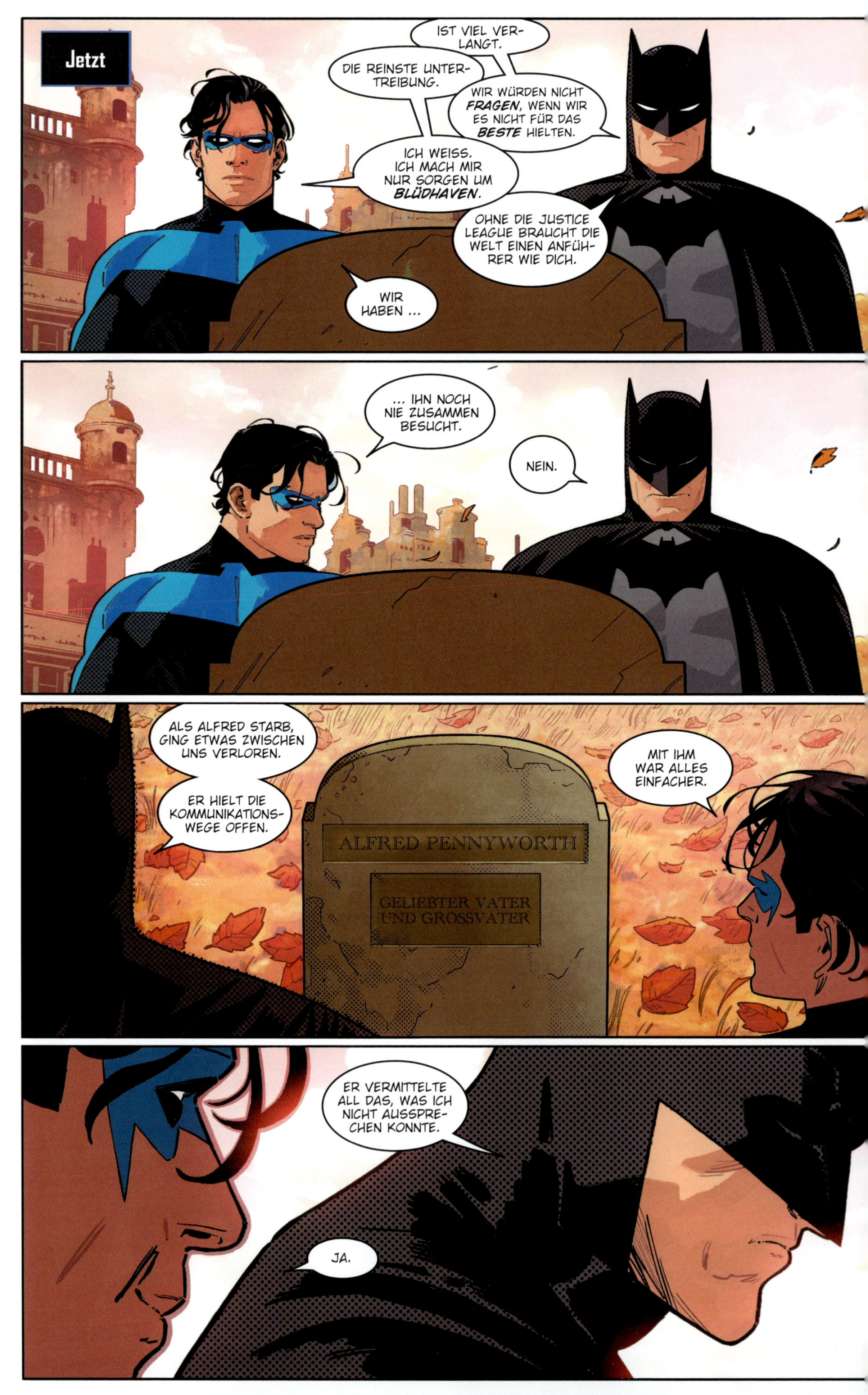
Jetzt
IST VIEL VERLANGT.
DIE REINSTE UNTERTREIBUNG.
WIR WÜRDEN NICHT *FRAGEN*, WENN WIR ES NICHT FÜR DAS *BESTE* HIELTEN.
ICH WEISS. ICH MACH MIR NUR SORGEN UM *BLÜDHAVEN*.
OHNE DIE JUSTICE LEAGUE BRAUCHT DIE WELT EINEN ANFÜHRER WIE DICH.
WIR HABEN …
… IHN NOCH NIE ZUSAMMEN BESUCHT.
NEIN.
ALS ALFRED STARB, GING ETWAS ZWISCHEN UNS VERLOREN.
ER HIELT DIE KOMMUNIKATIONSWEGE OFFEN.
ALFRED PENNYWORTH
GELIEBTER VATER UND GROSSVATER
MIT IHM WAR ALLES EINFACHER.
ER VERMITTELTE ALL DAS, WAS ICH NICHT AUSSPRECHEN KONNTE.
JA.

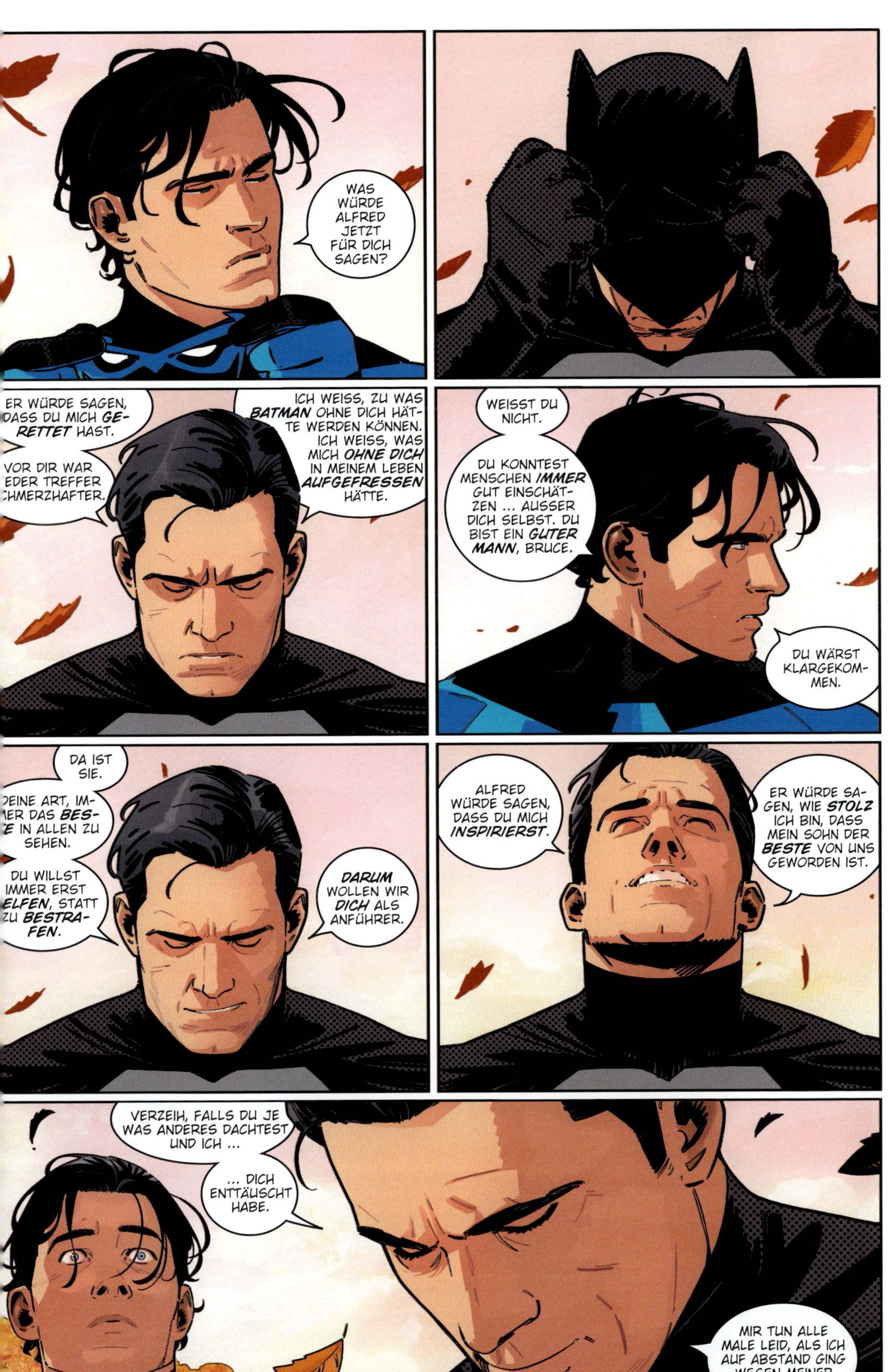
WAS WÜRDE ALFRED JETZT FÜR DICH SAGEN?
ER WÜRDE SAGEN, DASS DU MICH GERETTET HAST.
VOR DIR WAR JEDER TREFFER SCHMERZHAFTER.
ICH WEISS, ZU WAS BATMAN OHNE DICH HÄTTE WERDEN KÖNNEN. ICH WEISS, WAS MICH OHNE DICH IN MEINEM LEBEN AUFGEFRESSEN HÄTTE.
WEISST DU NICHT.
DU KONNTEST MENSCHEN IMMER GUT EINSCHÄTZEN ... AUSSER DICH SELBST. DU BIST EIN GUTER MANN, BRUCE.
DU WÄRST KLARGEKOMMEN.
DA IST SIE.
DEINE ART, IMMER DAS BESTE IN ALLEN ZU SEHEN.
DU WILLST IMMER ERST HELFEN, STATT ZU BESTRAFEN.
DARUM WOLLEN WIR DICH ALS ANFÜHRER.
ALFRED WÜRDE SAGEN, DASS DU MICH INSPIRIERST.
ER WÜRDE SAGEN, WIE STOLZ ICH BIN, DASS MEIN SOHN DER BESTE VON UNS GEWORDEN IST.
VERZEIH, FALLS DU JE WAS ANDERES DACHTEST UND ICH ...
... DICH ENTTÄUSCHT HABE.
MIR TUN ALLE MALE LEID, ALS ICH AUF ABSTAND GING WEGEN MEINER EIGENEN--

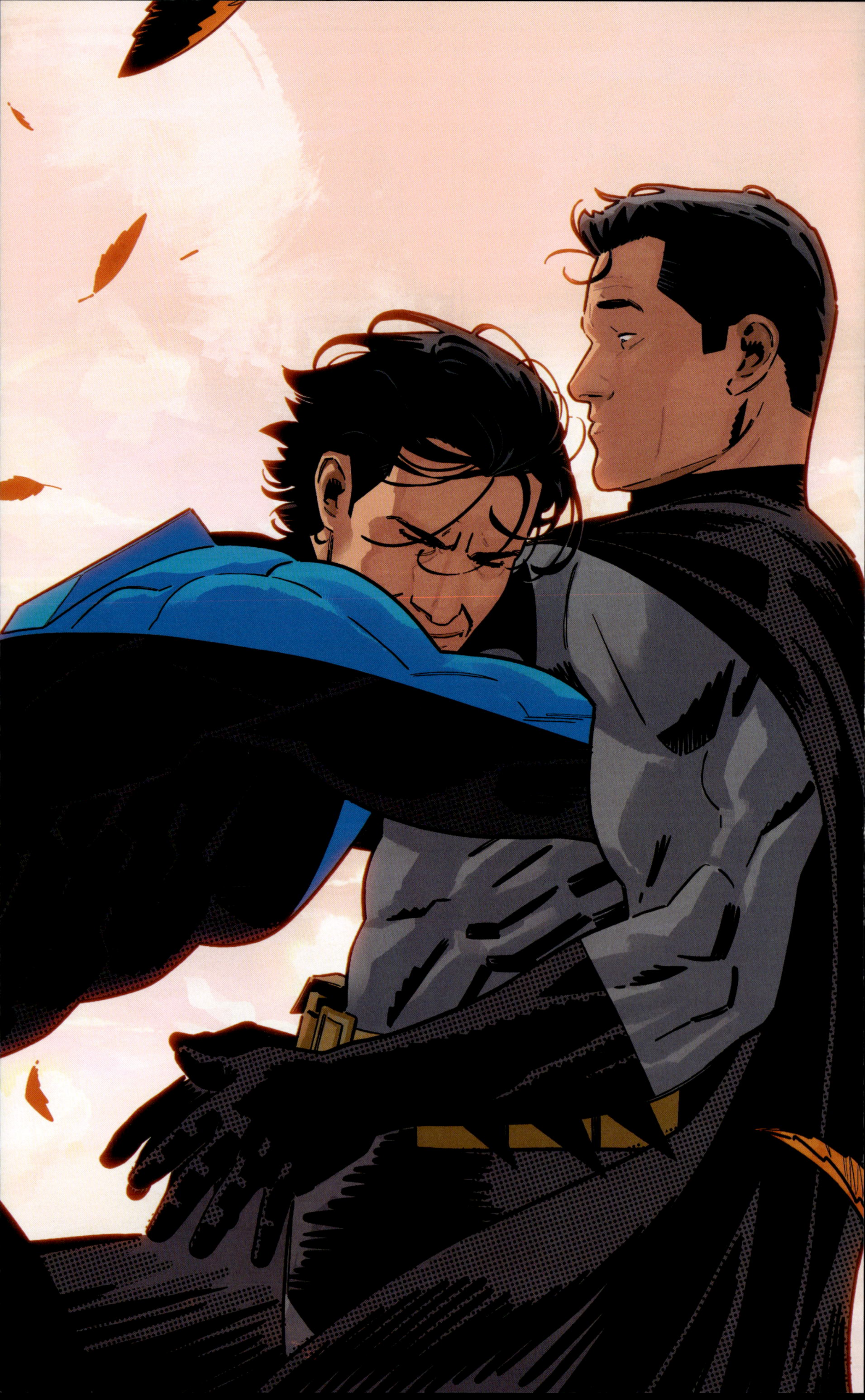

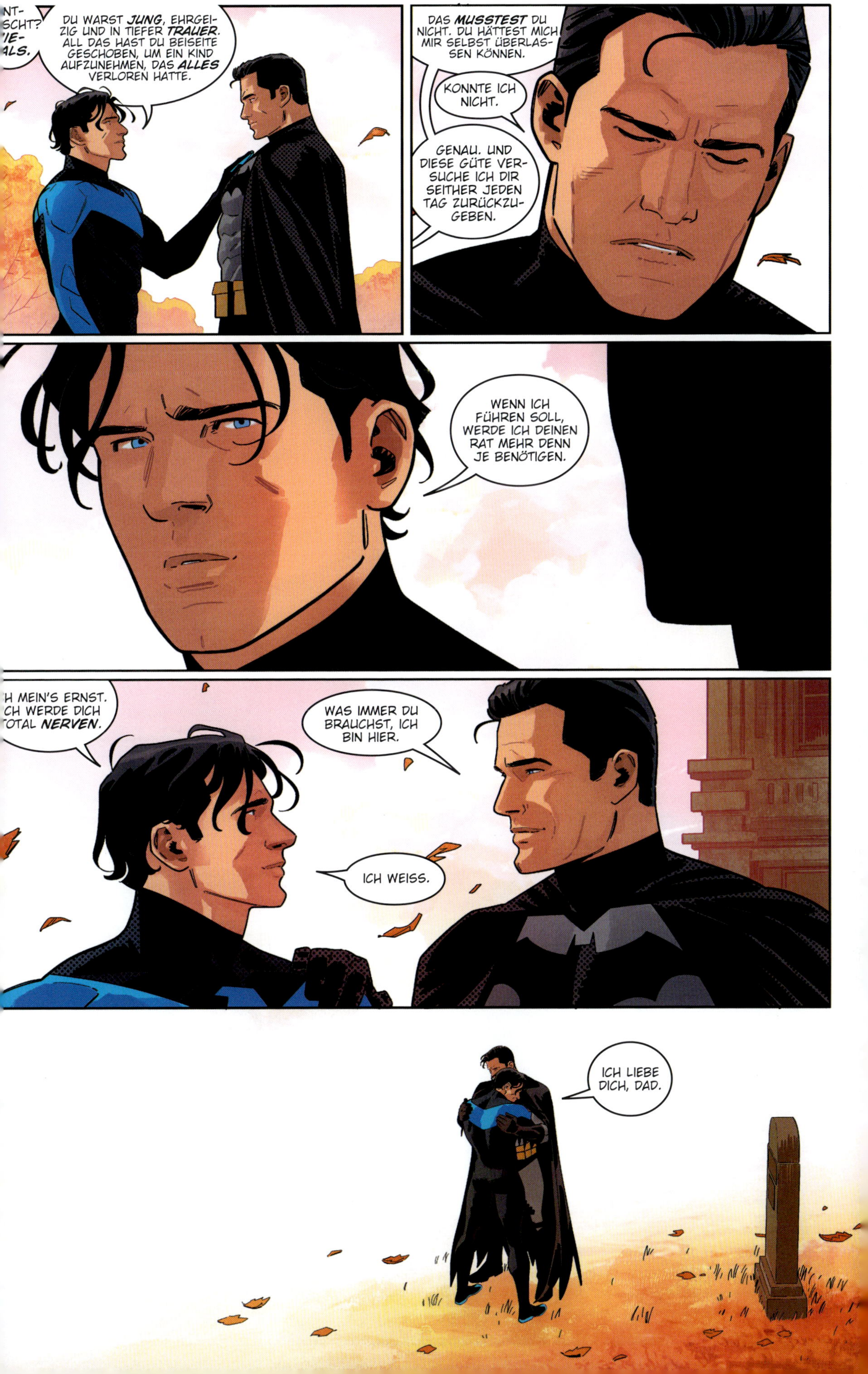

DU WARST JUNG, EHRGEIZIG UND IN TIEFER TRAUER. ALL DAS HAST DU BEISEITE GESCHOBEN, UM EIN KIND AUFZUNEHMEN, DAS ALLES VERLOREN HATTE.
DAS MUSSTEST DU NICHT. DU HÄTTEST MICH MIR SELBST ÜBERLASSEN KÖNNEN.
KONNTE ICH NICHT.
GENAU. UND DIESE GÜTE VERSUCHE ICH DIR SEITHER JEDEN TAG ZURÜCKZUGEBEN.
WENN ICH FÜHREN SOLL, WERDE ICH DEINEN RAT MEHR DENN JE BENÖTIGEN.

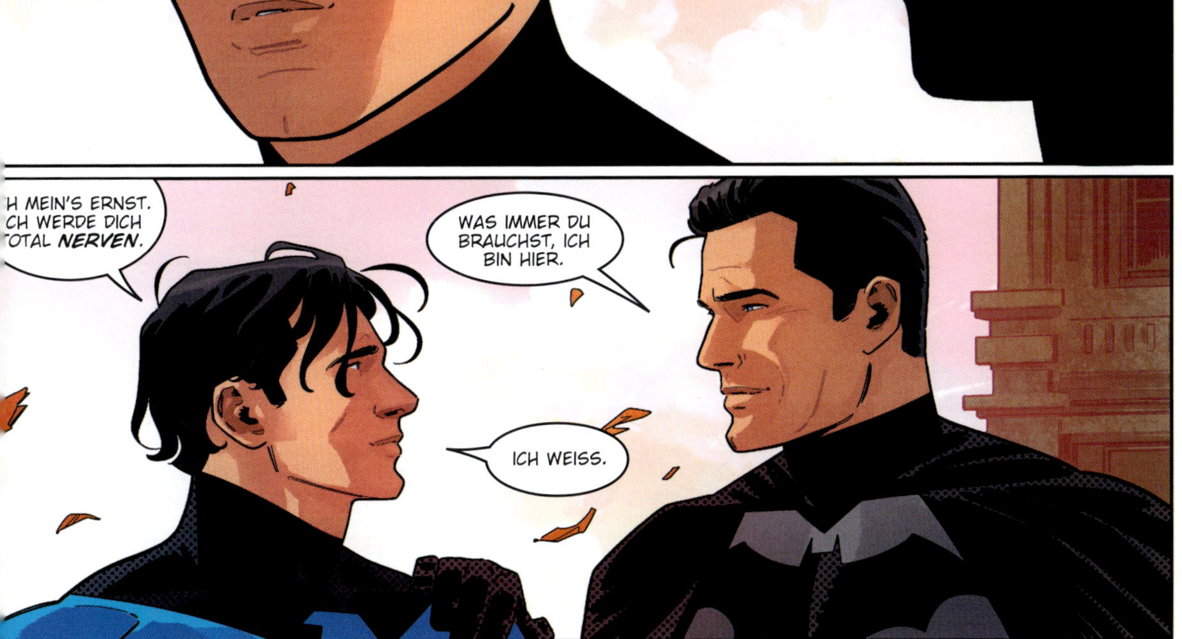
H MEIN'S ERNST. CH WERDE DICH OTAL NERVEN.
WAS IMMER DU BRAUCHST, ICH BIN HIER.
ICH WEISS.

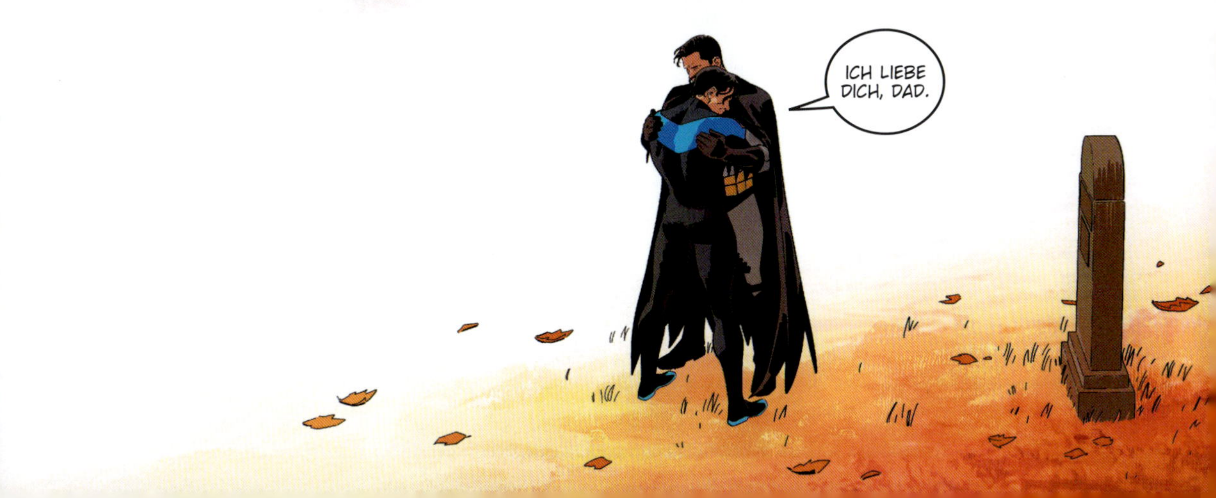
ICH LIEBE DICH, DAD.

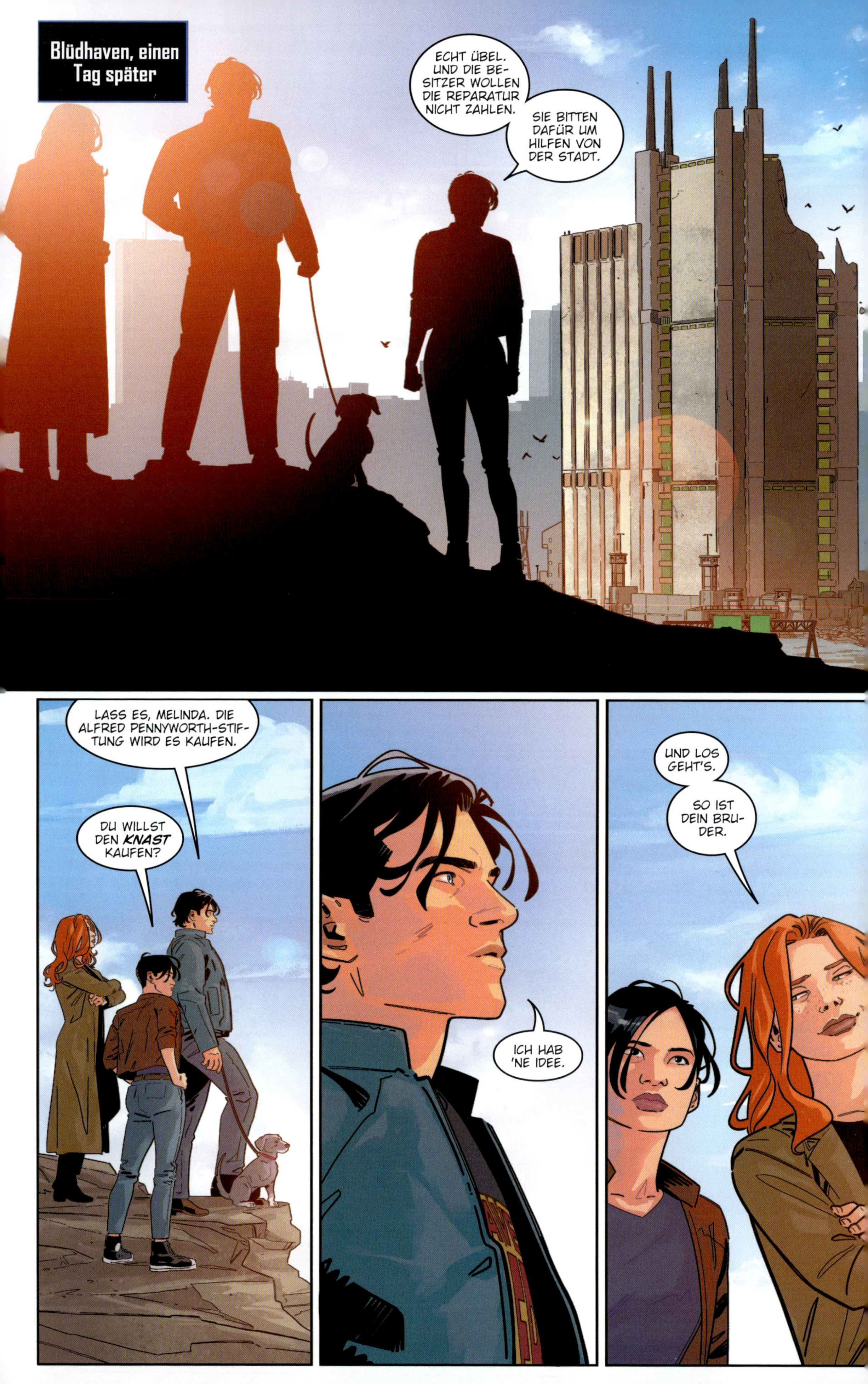

Blüdhaven, einen Tag später

ECHT ÜBEL. UND DIE BESITZER WOLLEN DIE REPARATUR NICHT ZAHLEN.

SIE BITTEN DAFÜR UM HILFEN VON DER STADT.

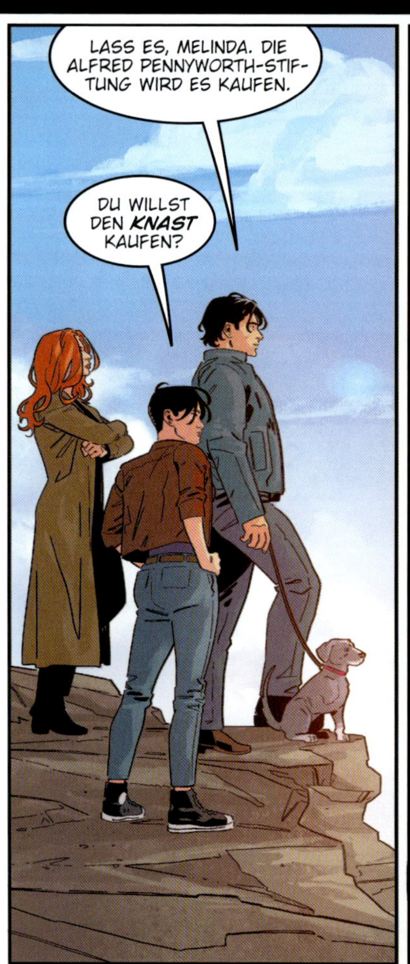

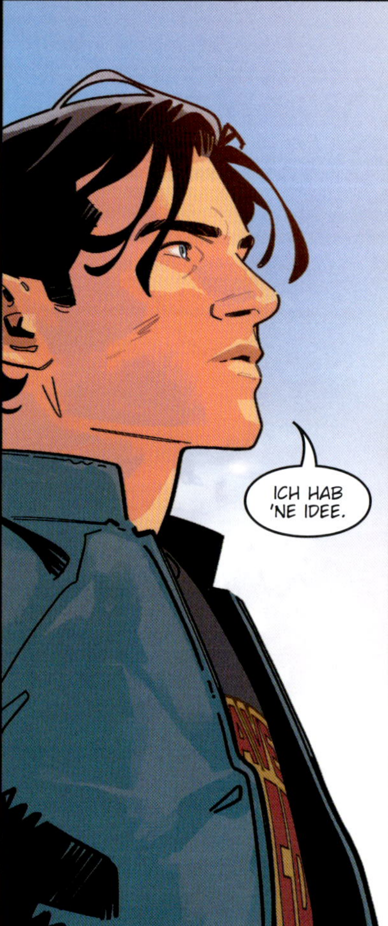

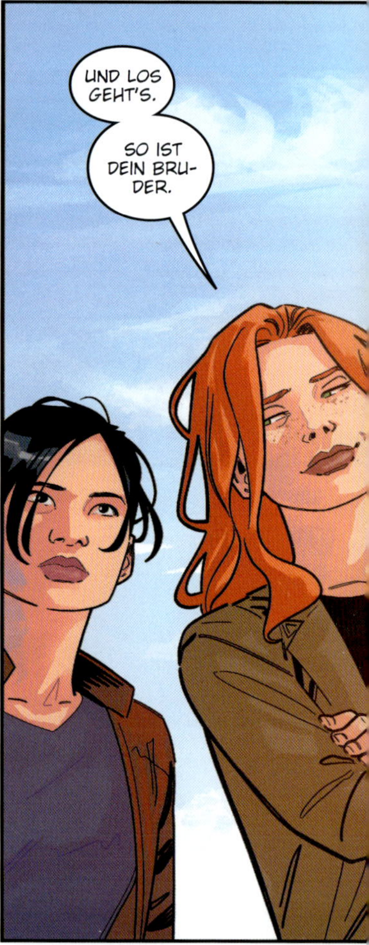

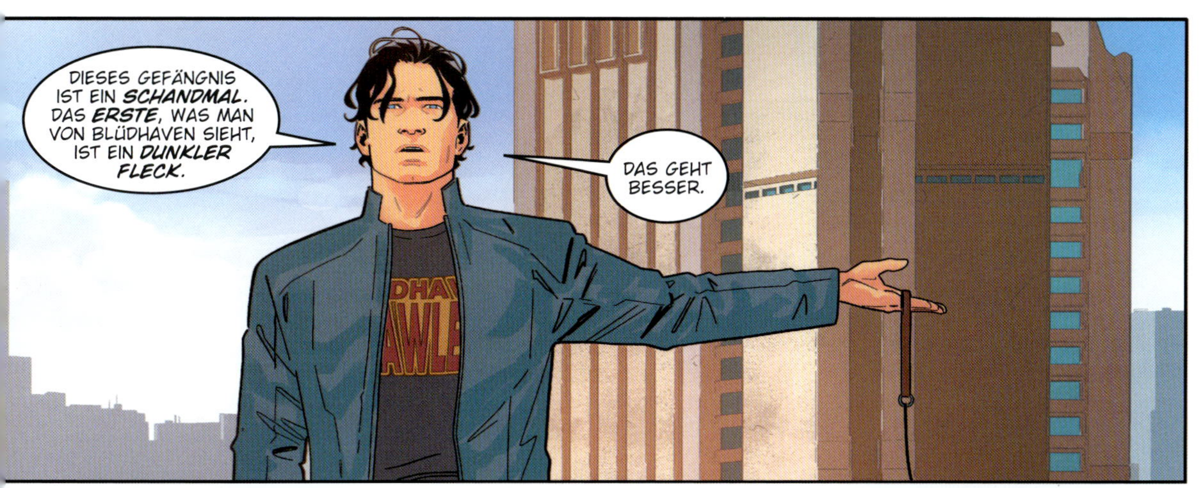
DIESES GEFÄNGNIS IST EIN SCHANDMAL. DAS ERSTE, WAS MAN VON BLÜDHAVEN SIEHT, IST EIN DUNKLER FLECK.
DAS GEHT BESSER.

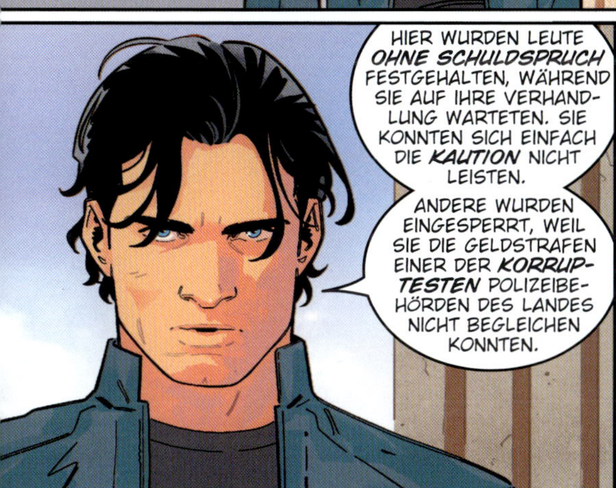
HIER WURDEN LEUTE OHNE SCHULDSPRUCH FESTGEHALTEN, WÄHREND SIE AUF IHRE VERHANDLUNG WARTETEN. SIE KONNTEN SICH EINFACH DIE KAUTION NICHT LEISTEN.
ANDERE WURDEN EINGESPERRT, WEIL SIE DIE GELDSTRAFEN EINER DER KORRUPTESTEN POLIZEIBEHÖRDEN DES LANDES NICHT BEGLEICHEN KONNTEN.

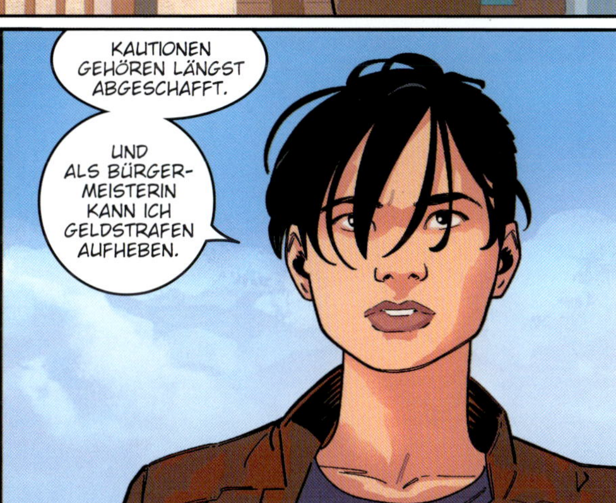
KAUTIONEN GEHÖREN LÄNGST ABGESCHAFFT.
UND ALS BÜRGERMEISTERIN KANN ICH GELDSTRAFEN AUFHEBEN.

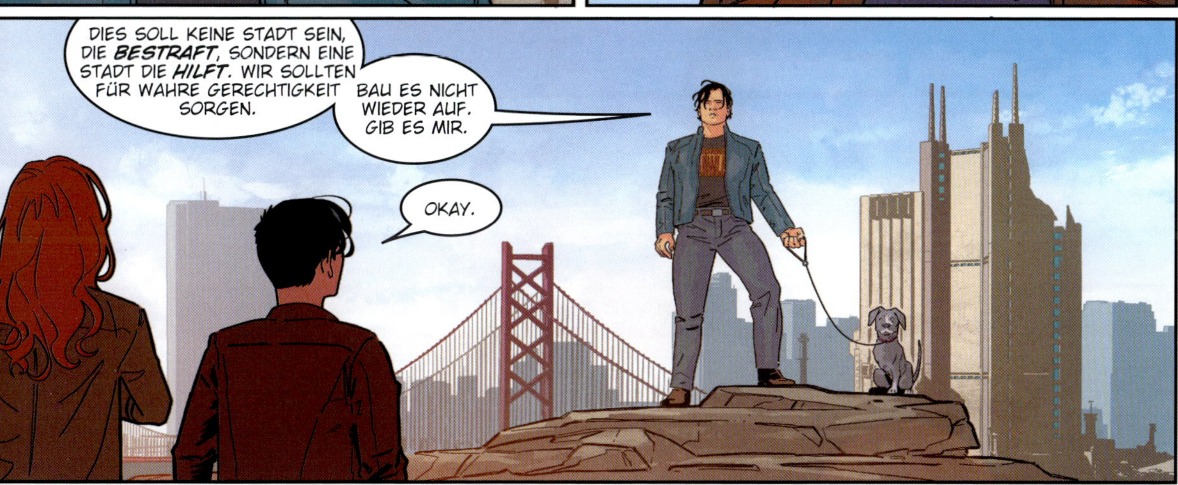
DIES SOLL KEINE STADT SEIN, DIE BESTRAFT, SONDERN EINE STADT DIE HILFT. WIR SOLLTEN FÜR WAHRE GERECHTIGKEIT SORGEN.
BAU ES NICHT WIEDER AUF. GIB ES MIR.
OKAY.

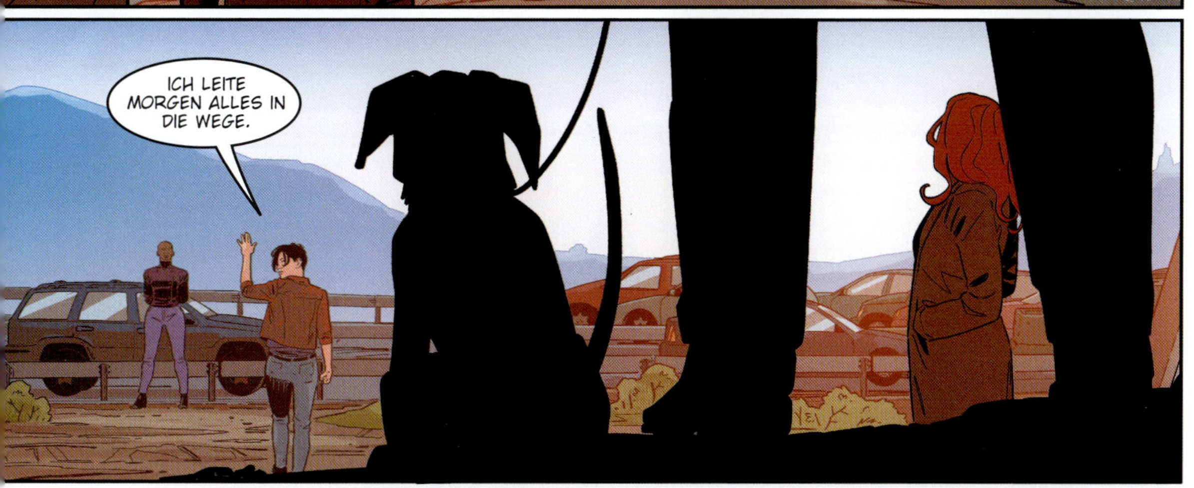
ICH LEITE MORGEN ALLES IN DIE WEGE.

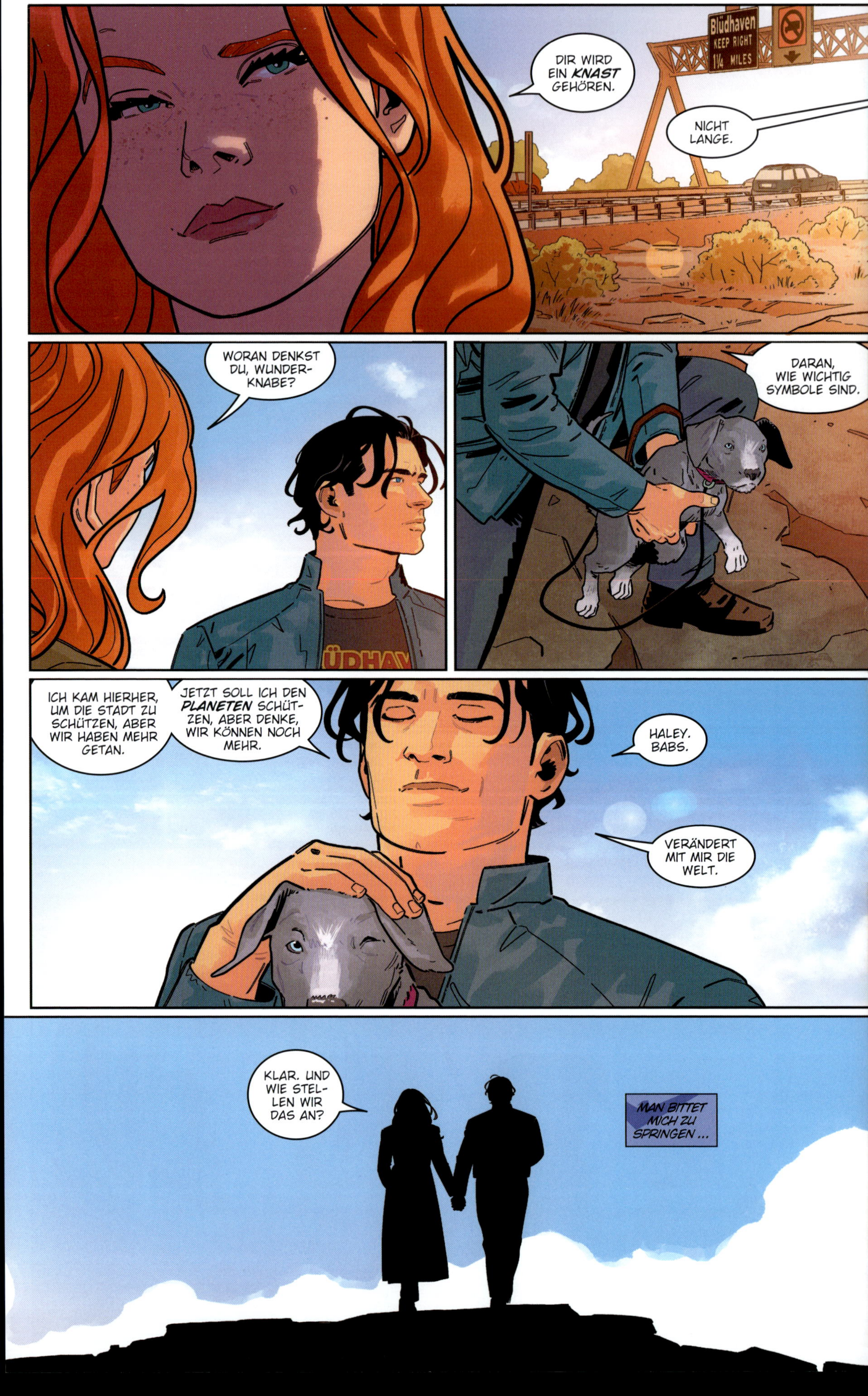

Blüdhaven
KEEP RIGHT
1¼ MILES

DIR WIRD EIN ***KNAST*** GEHÖREN.

NICHT LANGE.

WORAN DENKST DU, WUNDERKNABE?

DARAN, WIE WICHTIG SYMBOLE SIND.

ICH KAM HIERHER, UM DIE STADT ZU SCHÜTZEN, ABER WIR HABEN MEHR GETAN.

JETZT SOLL ICH DEN ***PLANETEN*** SCHÜTZEN, ABER DENKE, WIR KÖNNEN NOCH MEHR.

HALEY. BABS.

VERÄNDERT MIT MIR DIE WELT.

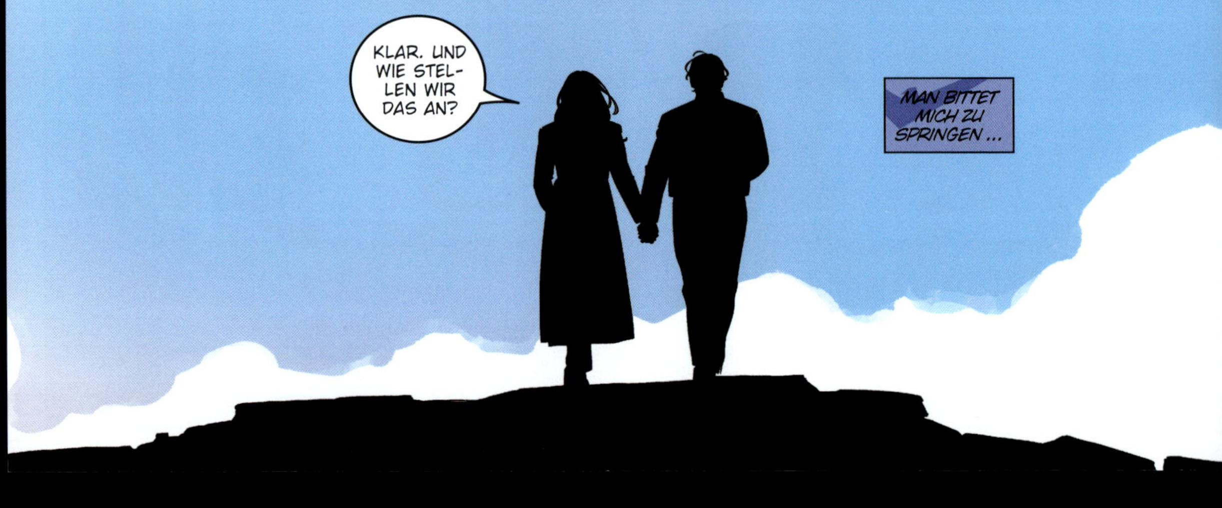

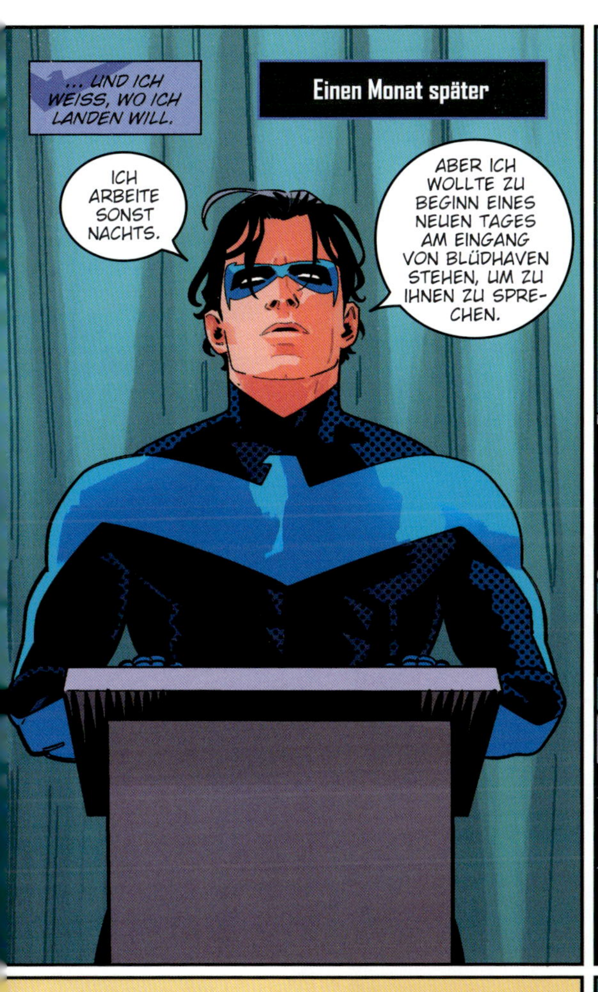
... UND ICH WEISS, WO ICH LANDEN WILL.
Einen Monat später
ICH ARBEITE SONST NACHTS.
ABER ICH WOLLTE ZU BEGINN EINES NEUEN TAGES AM EINGANG VON BLÜDHAVEN STEHEN, UM ZU IHNEN ZU SPRECHEN.

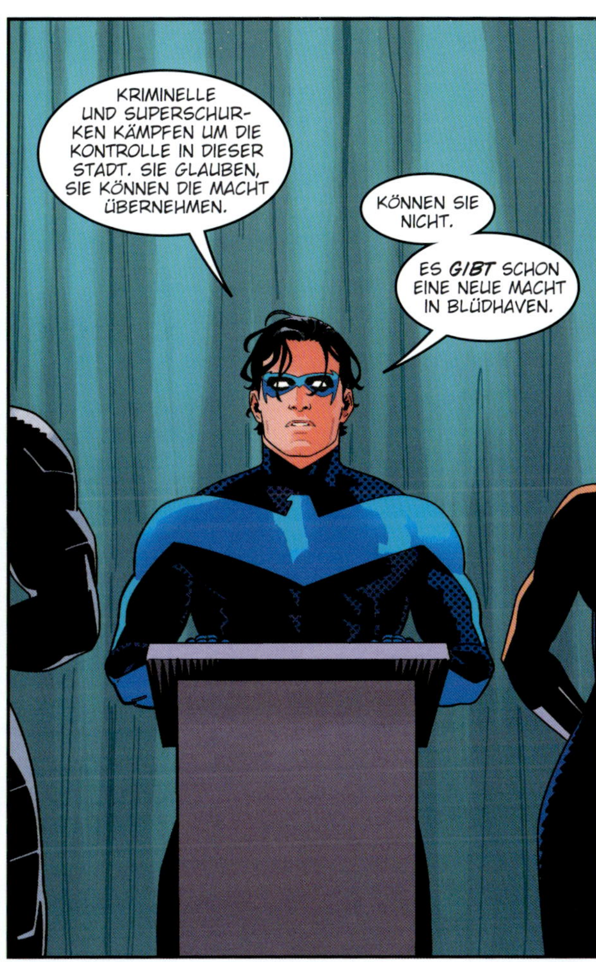
KRIMINELLE UND SUPERSCHURKEN KÄMPFEN UM DIE KONTROLLE IN DIESER STADT. SIE GLAUBEN, SIE KÖNNEN DIE MACHT ÜBERNEHMEN.
KÖNNEN SIE NICHT.
ES *GIBT* SCHON EINE NEUE MACHT IN BLÜDHAVEN.

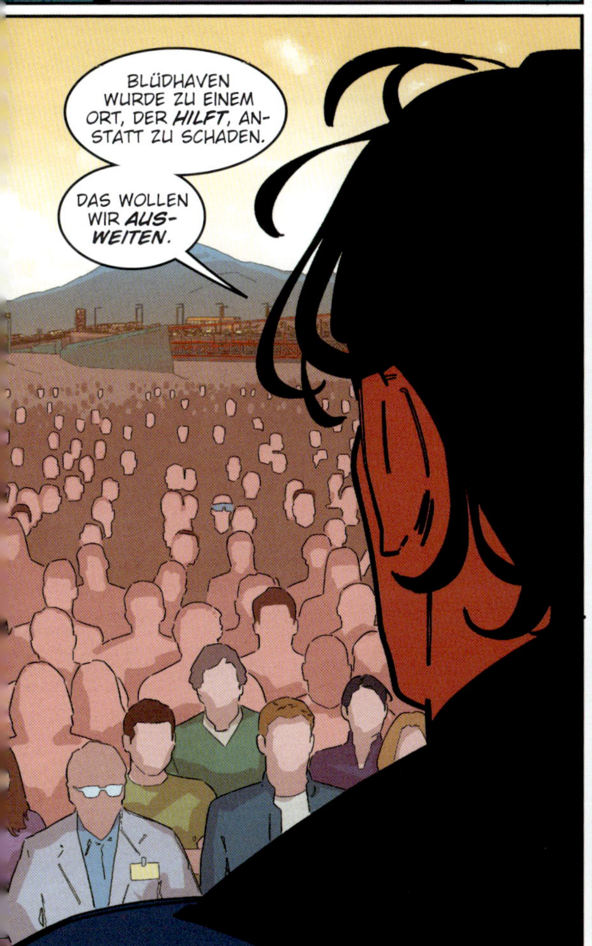
BLÜDHAVEN WURDE ZU EINEM ORT, DER *HILFT*, ANSTATT ZU SCHADEN.
DAS WOLLEN WIR *AUSWEITEN*.

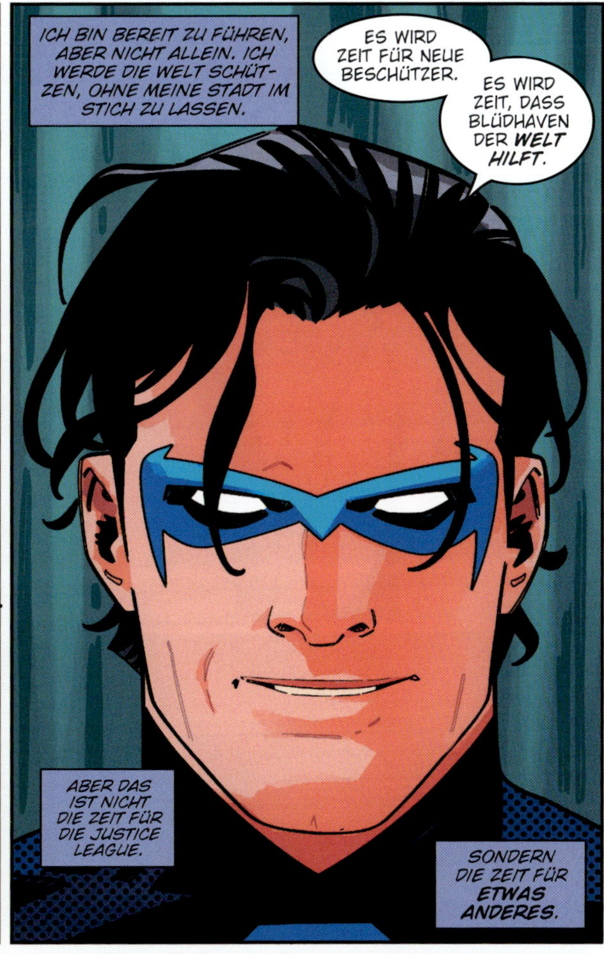
ICH BIN BEREIT ZU FÜHREN, ABER NICHT ALLEIN. ICH WERDE DIE WELT SCHÜTZEN, OHNE MEINE STADT IM STICH ZU LASSEN.
ES WIRD ZEIT FÜR NEUE BESCHÜTZER.
ES WIRD ZEIT, DASS BLÜDHAVEN DER *WELT HILFT*.
ABER DAS IST NICHT DIE ZEIT FÜR DIE JUSTICE LEAGUE.
SONDERN DIE ZEIT FÜR *ETWAS ANDERES*.

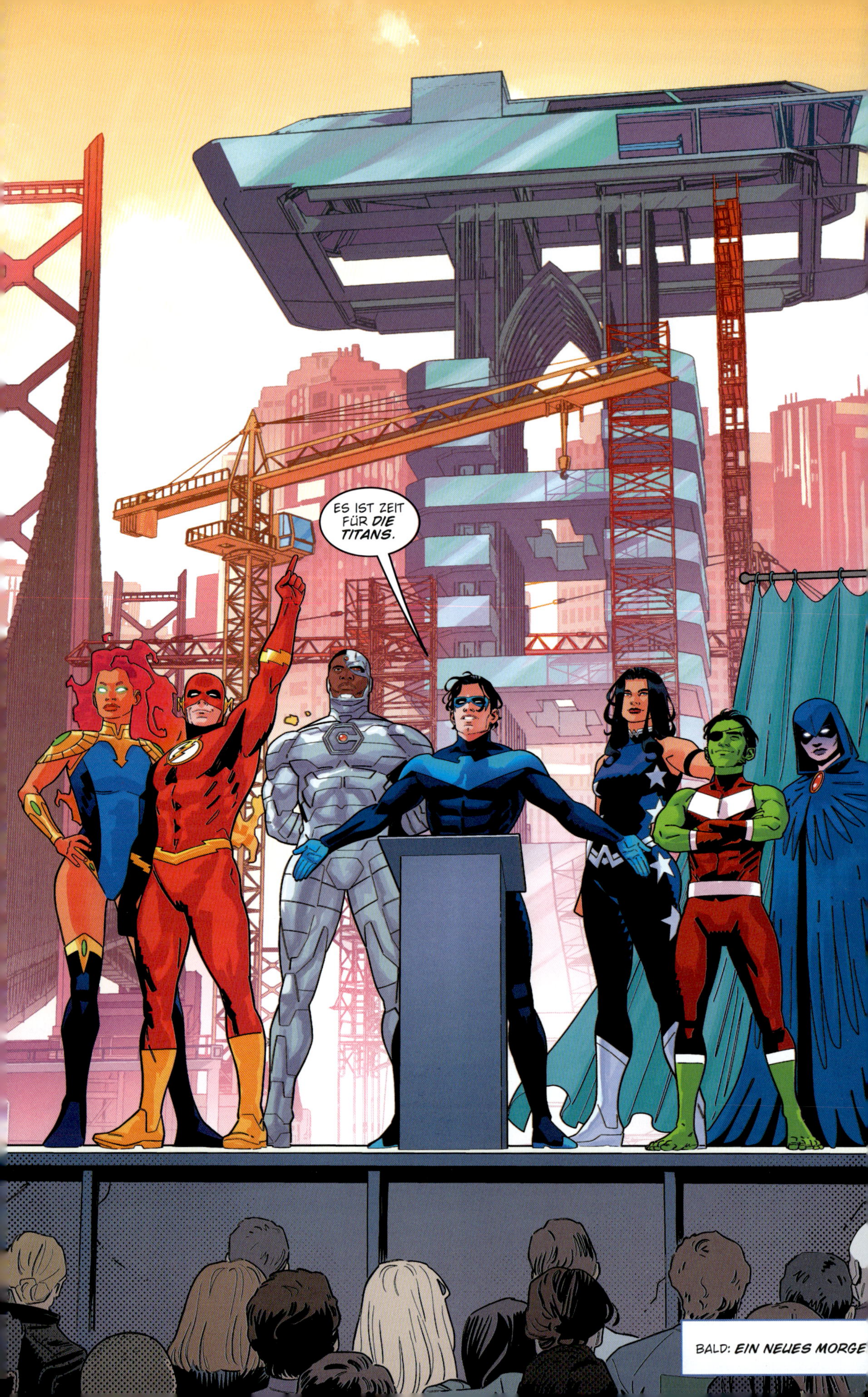
ES IST ZEIT FÜR *DIE TITANS.*
BALD: *EIN NEUES MORGE*

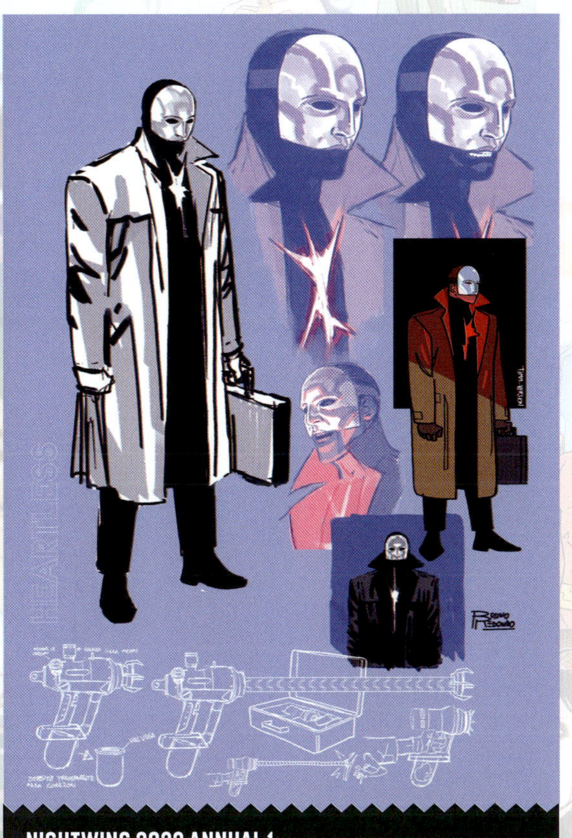

NIGHTWING 2022 ANNUAL 1
Variant-Cover von BRUNO REDONDO

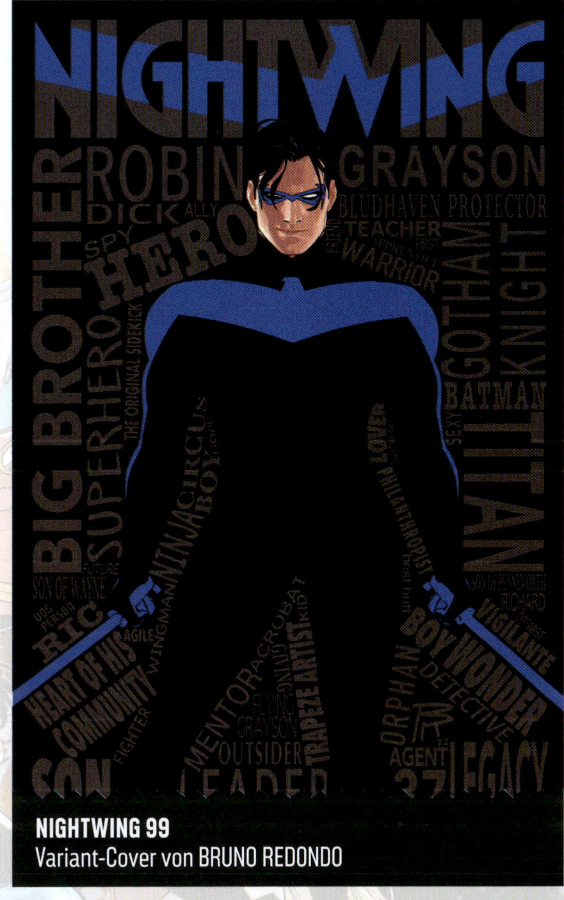

NIGHTWING 99
Variant-Cover von BRUNO REDONDO

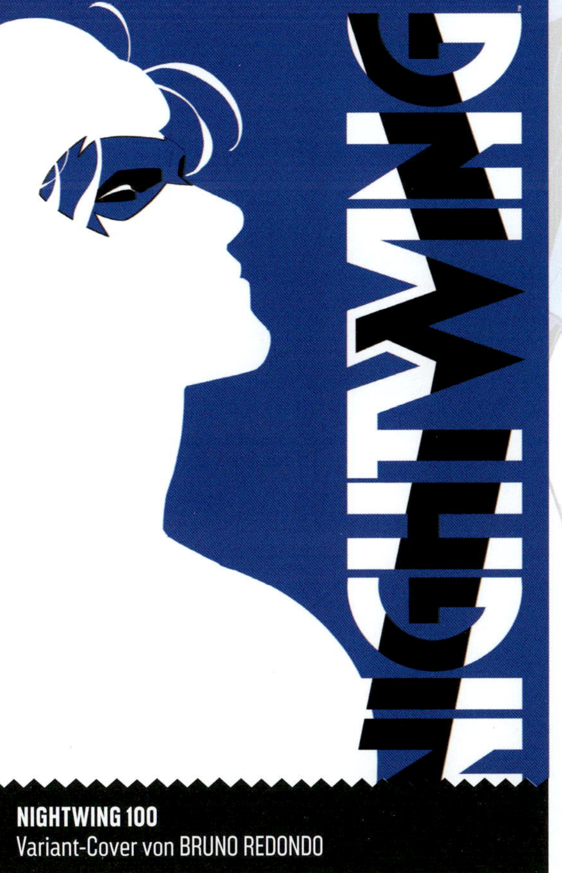

NIGHTWING 100
Variant-Cover von BRUNO REDONDO

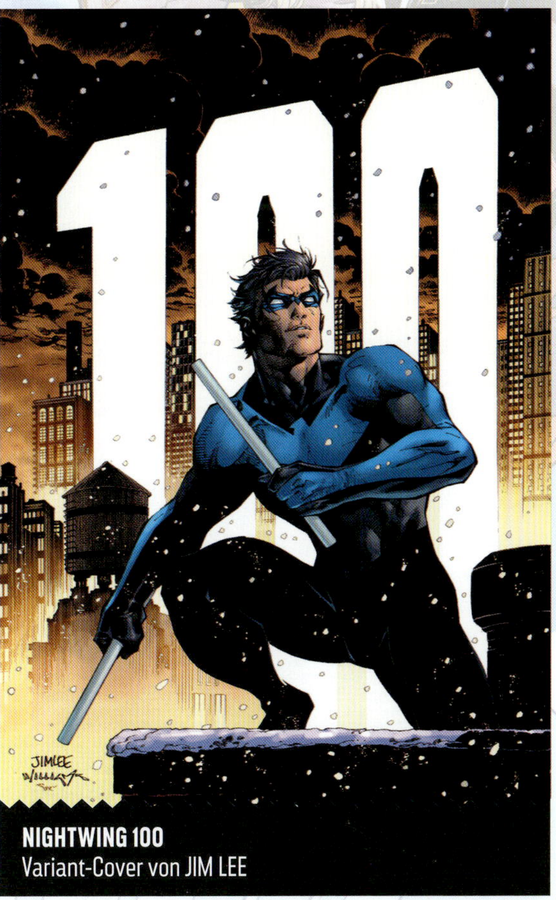

NIGHTWING 100
Variant-Cover von JIM LEE

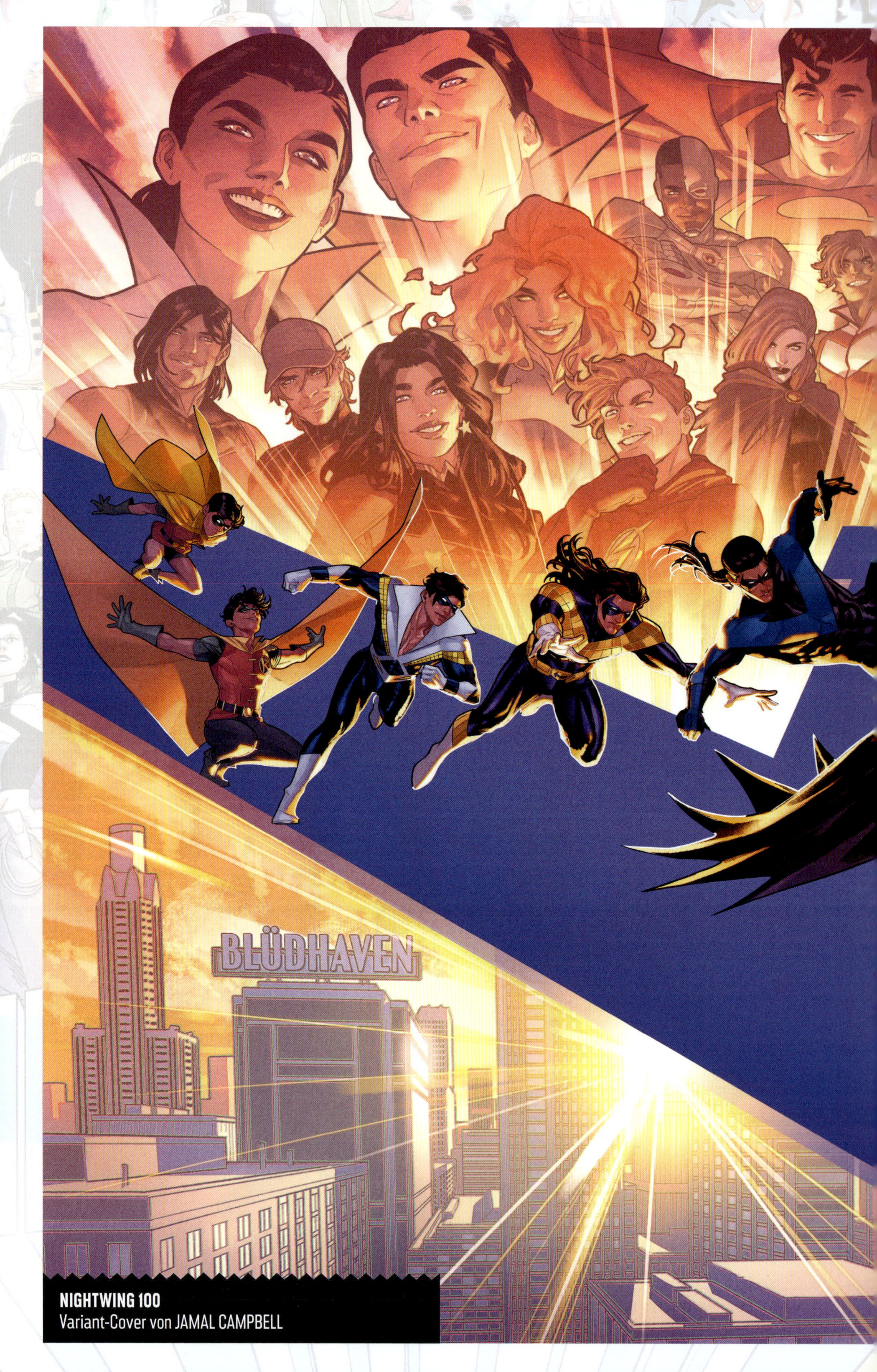

NIGHTWING 100
Variant-Cover von JAMAL CAMPBELL

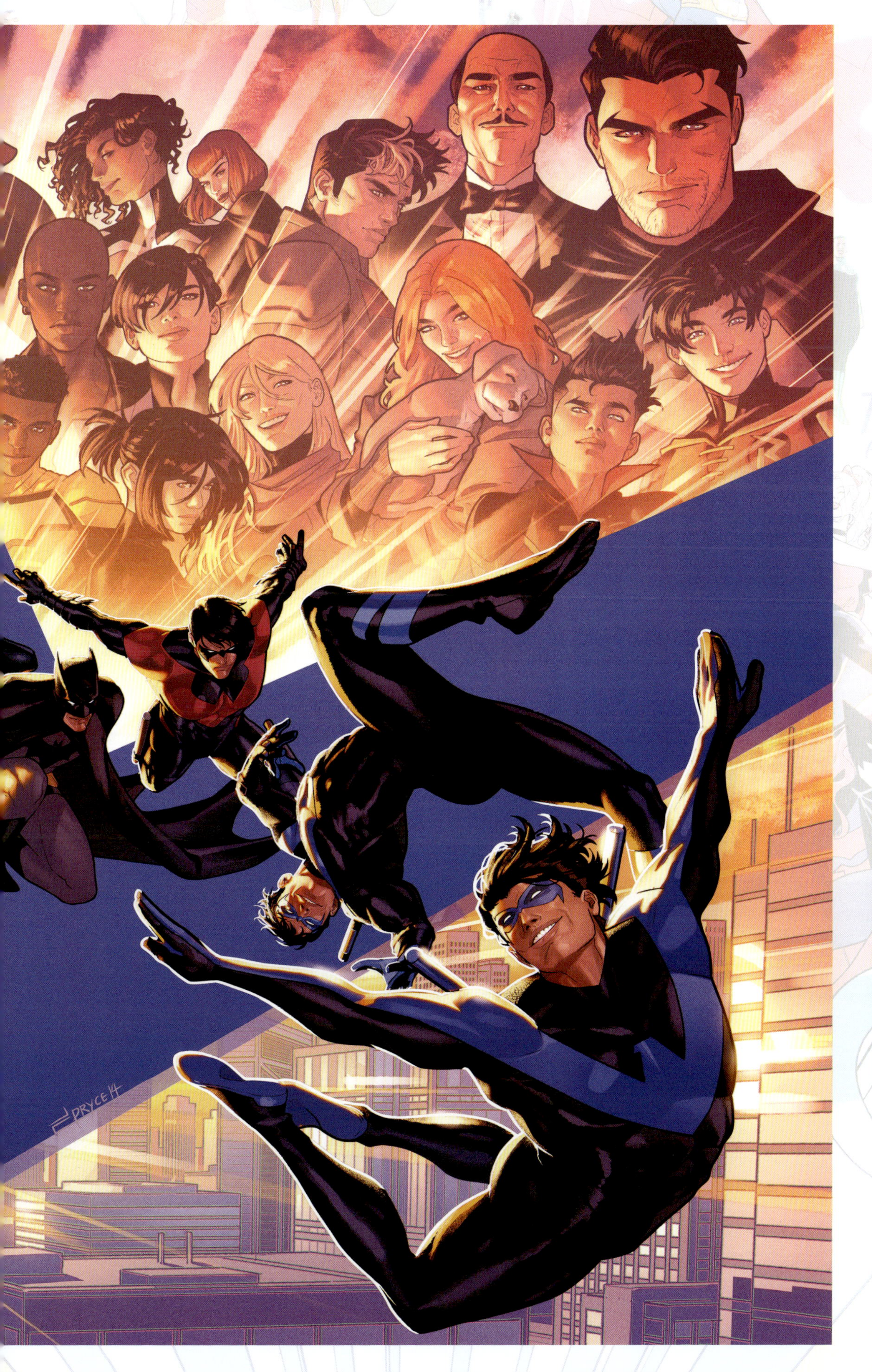

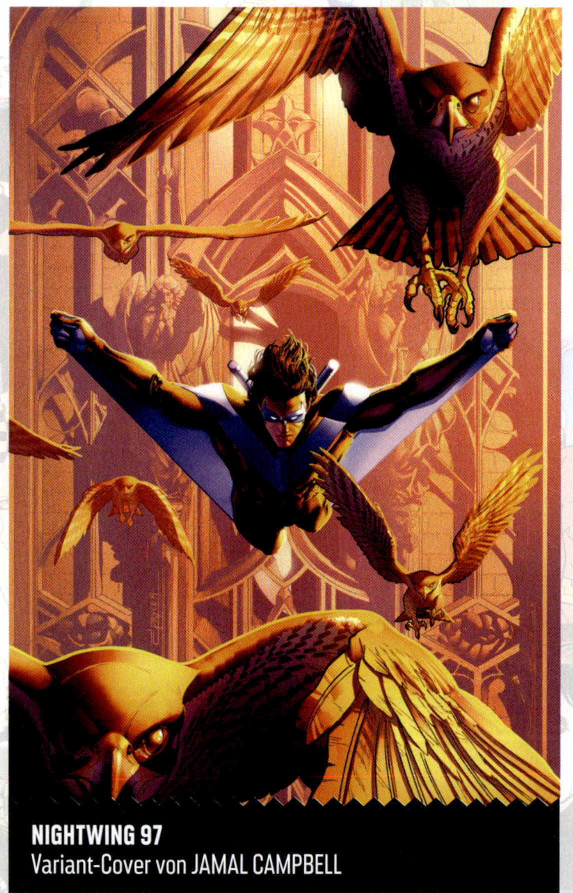

NIGHTWING 97
Variant-Cover von JAMAL CAMPBELL

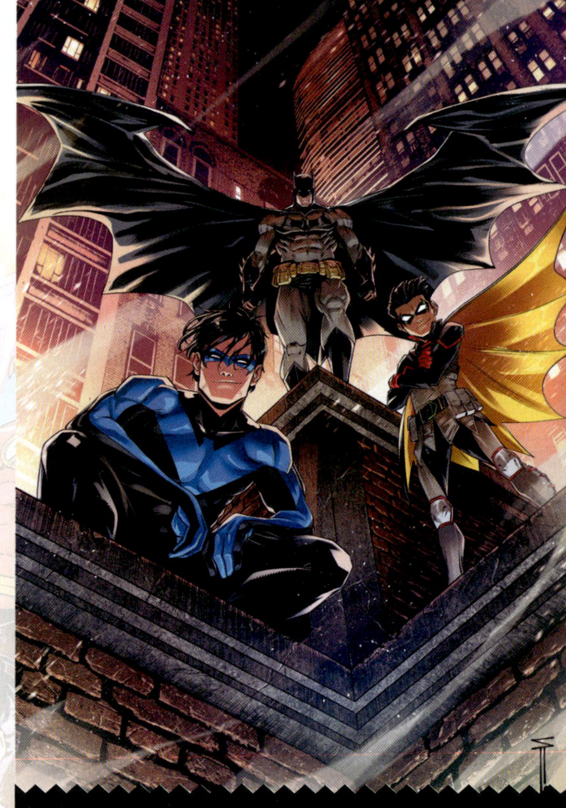

NIGHTWING 97
Variant-Cover von SERG ACUÑA

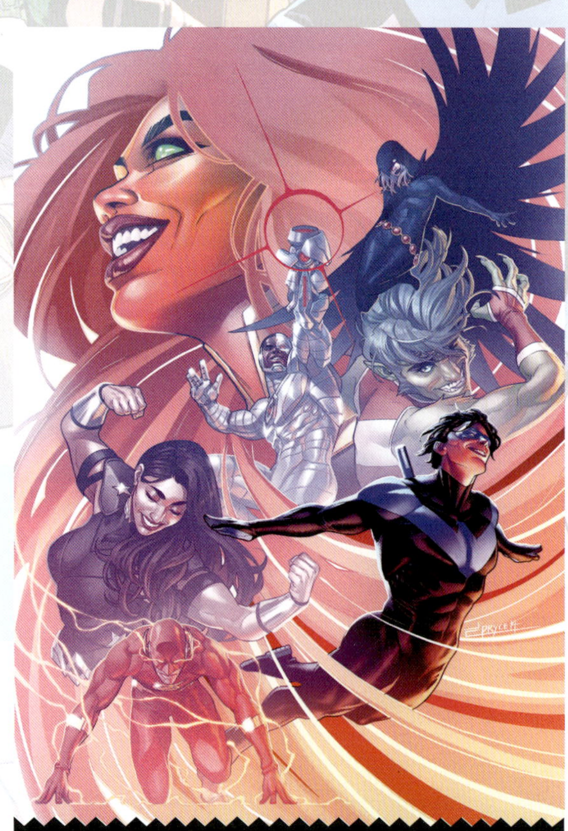

NIGHTWING 98
Variant-Cover von JAMAL CAMPBELL

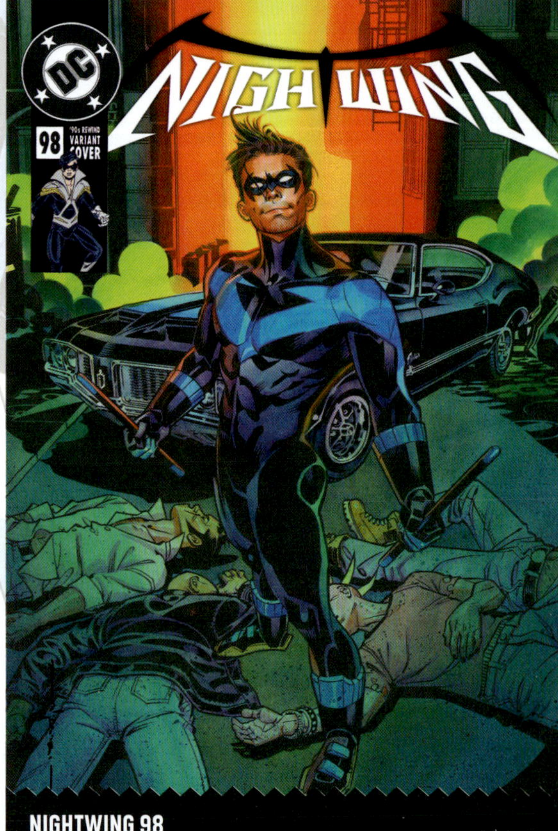

NIGHTWING 98
Variant-Cover von BRIAN STELFREEZE

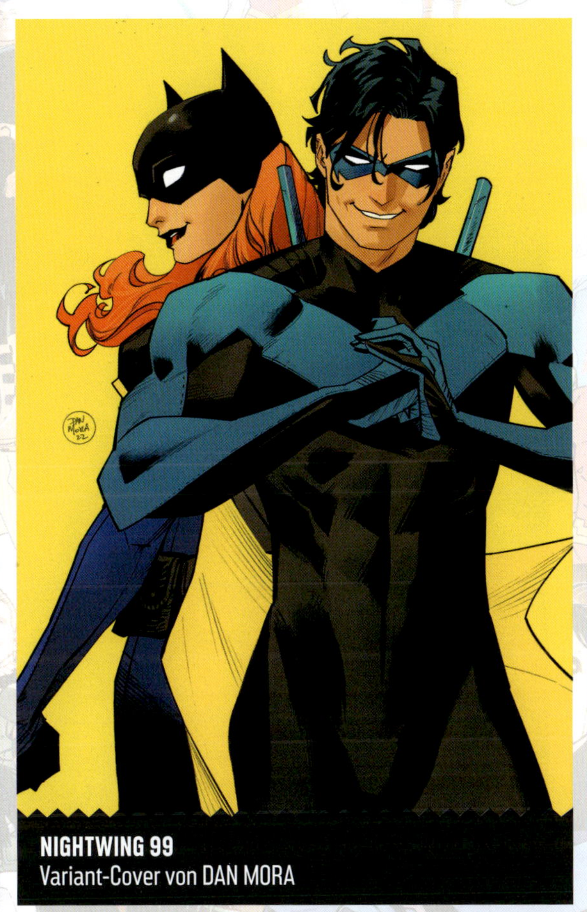

NIGHTWING 99
Variant-Cover von DAN MORA

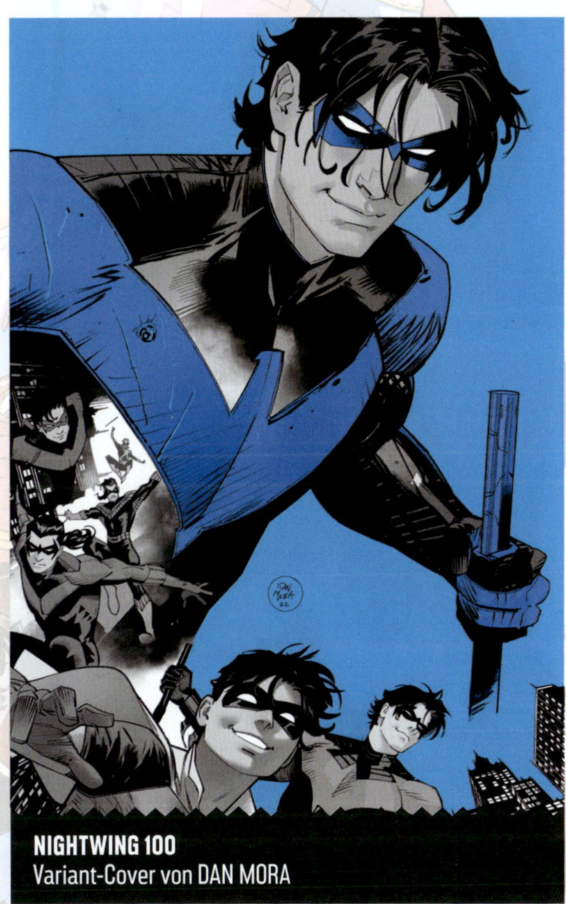

NIGHTWING 100
Variant-Cover von DAN MORA

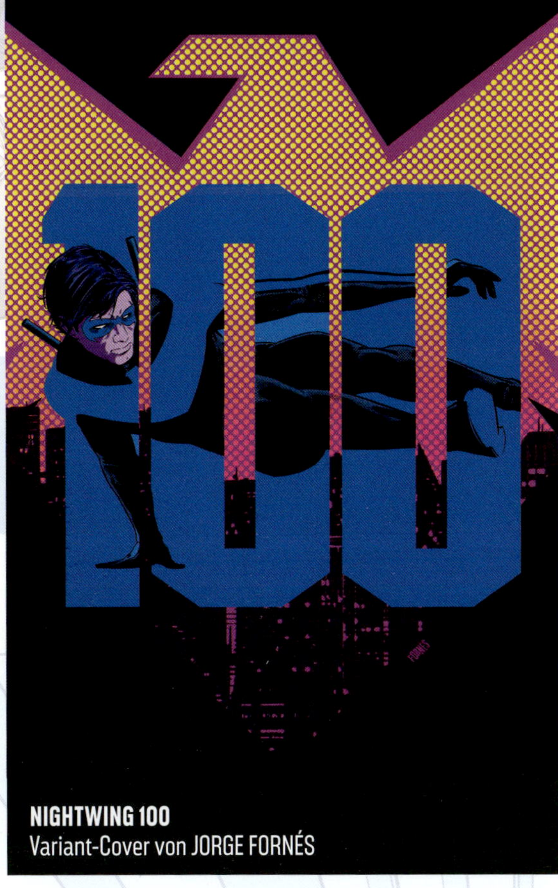

NIGHTWING 100
Variant-Cover von JORGE FORNÉS

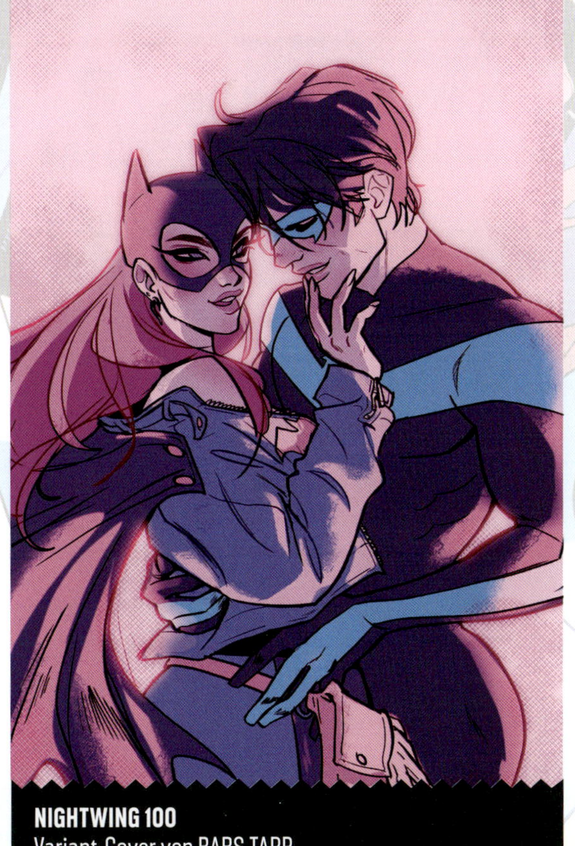

NIGHTWING 100
Variant-Cover von BABS TARR

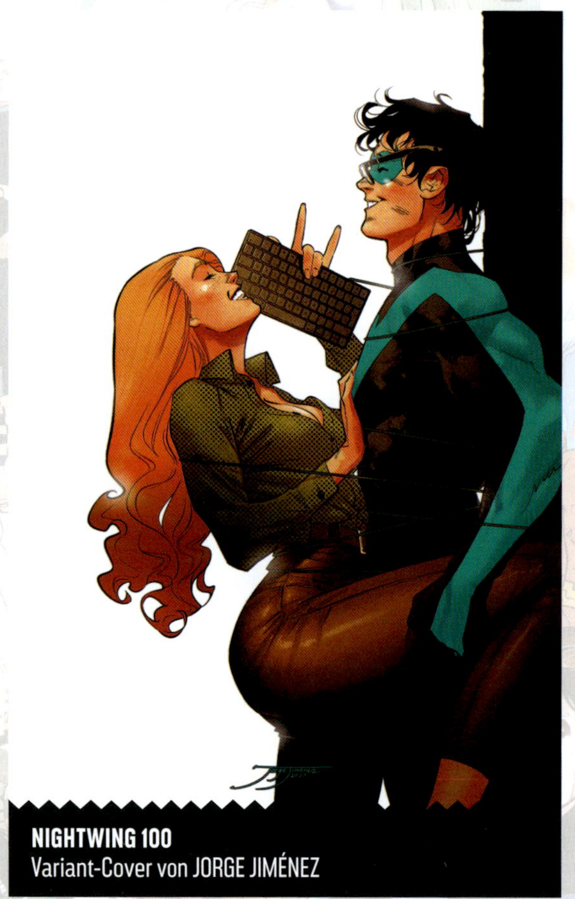

NIGHTWING 100
Variant-Cover von JORGE JIMÉNEZ

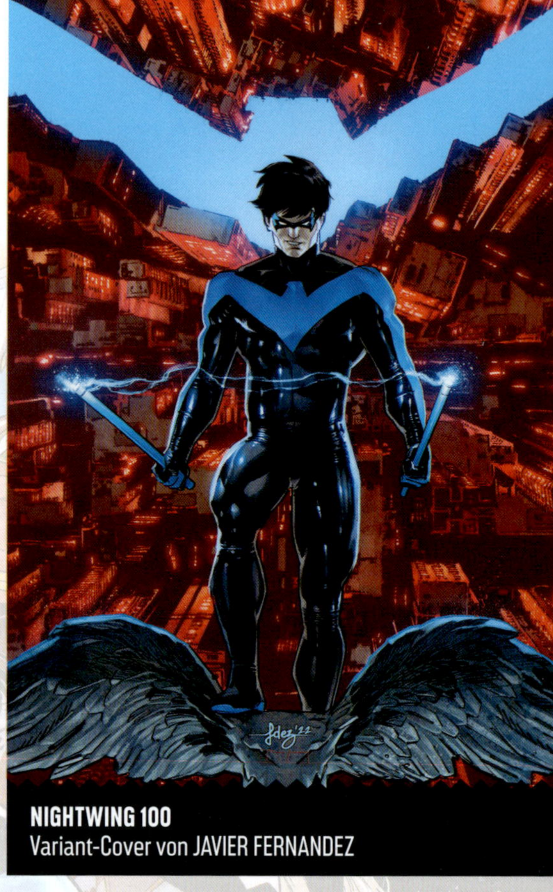

NIGHTWING 100
Variant-Cover von JAVIER FERNANDEZ

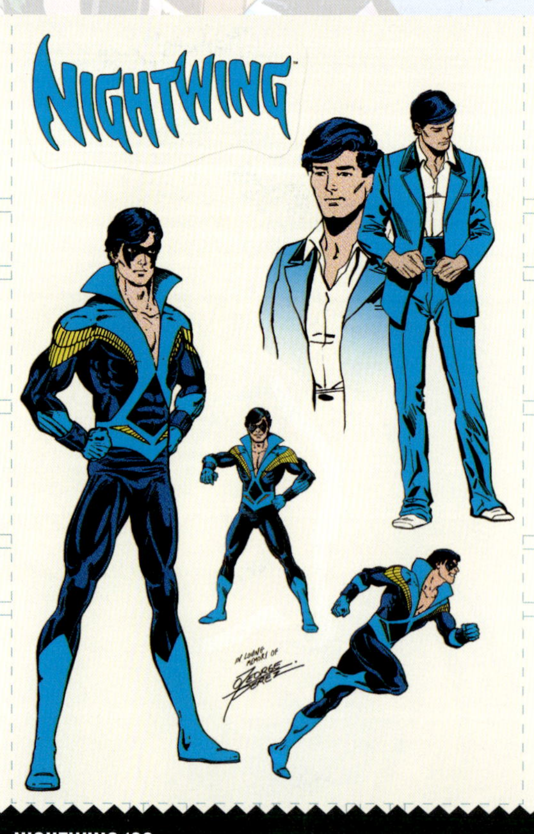

NIGHTWING 100
GEORGE PÉREZ TRIBUTE-Variant-Cover

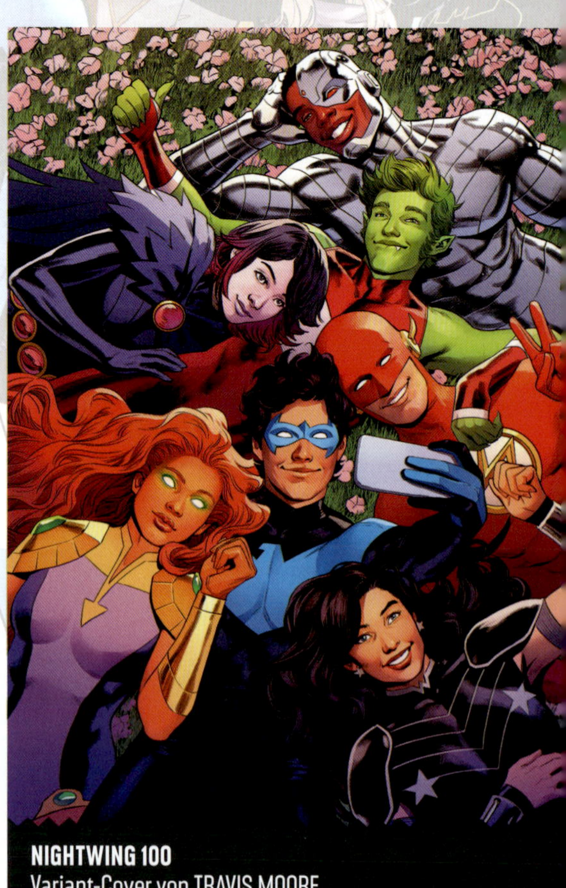

NIGHTWING 100
Variant-Cover von TRAVIS MOORE

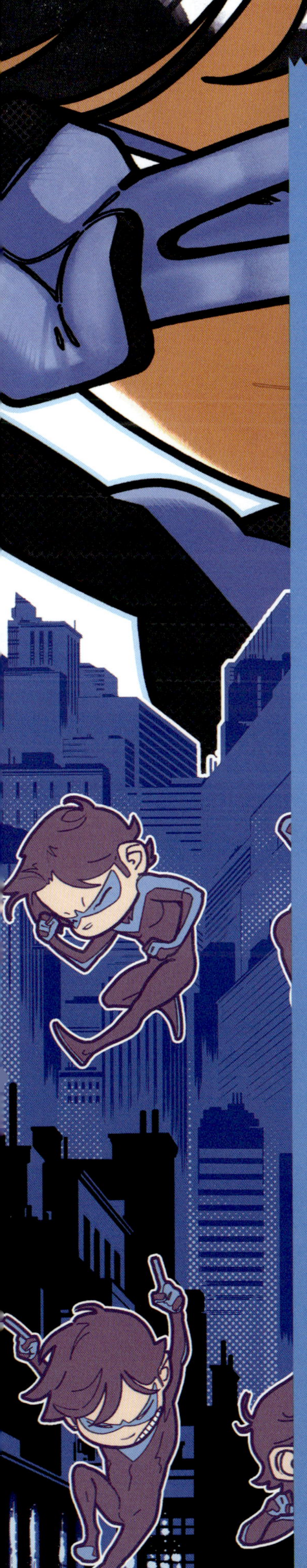

HELDEN-ZIRKUS

von **Christian Endres**

BAT-KOBOLDE

1959 debütierte der Kobold **Bat-Mite** als Plagegeist von **Bruce Wayne** und **Dick Grayson**, und zwar in einer Story für US-DETECTIVE COMICS 267 von **Bill Finger** und **Sheldon Moldoff**. Er war nicht so schurkisch wie **Supermans** Gegner **Mr. Mxyzptlk**, der ebenfalls aus der **fünften Dimension** stammt, konnte aber genauso viel Chaos anrichten, außerdem tat er sich bei mehreren Gelegenheiten in der Reihe WORLD'S FINEST COMICS mit Mxyzptlk gegen den **Dunklen Ritter** und den **Mann aus Stahl** zusammen. Als der einflussreiche Redakteur **Julius Schwartz** in den 1960ern die **Batman**-Comics wieder auf einen anderen Kurs brachte, wurden „typische Franchise-Figuren" wie Bat-Mite, **Ace der Bat-Hund**, das ursprüngliche **Bat-Girl** und die erste **Bat-Woman** aus den Geschichten verbannt. Bat-Mite kehrte allerdings in den 1970ern in der Zeichentrickserie *The New Adventures of Batman* zurück, in den 2010ern tauchte er überdies in der Animationsserie *Batman: The Brave and the Bold* auf und durchbrach die vierte Wand zwischen Fiktion und Realität. Und 2015 inszenierten Autor **Dan Jurgens** und Zeichner **Corin Howell** die erste Soloserie des Bat-Kobolds, die wir auf Deutsch in einem Band gebracht haben. Tja, und jetzt hat auch **Nightwing** seinen eigenen Kobold …

SCHURKEN-BIEST

KGBeast geht auf US-BATMAN 417 von **Jim Starlin** und **Jim Aparo** zurück, 1988 erschienen. **Anatoli Knyazev** wurde durch kybernetische Implantate wie einen Waffenarm zum perfekten Nahkämpfer und Auftragskiller gemacht. Er arbeitete für den **Hammer**, eine besonders extreme Abteilung des russischen Geheimdienstes KGB. Anatoli schaltete viele Ziele in Amerika aus, allerdings konnte **Batman** verhindern, dass er **Präsident Reagan** tötete. Später wurde KGBeast zum Söldner und arbeitete u. a. für den **Pinguin**. Im **Niemandsland**-Crossover rasselte er einst schon mal heftig mit Nightwing zusammen. Während er im alten DC-Kanon starb und als **Black Lantern** zurückkehrte, gehörte er nach dem Neustart des DC-Universums zur **Suicide Squad**. Autor **Tom King** initiierte in seiner BATMAN-Saga 2018 die Storyline, in der KGBeast **Dick** einen Kopfschuss verpasste, wodurch dessen Persönlichkeit verändert wurde und die **Ric Grayson**-Storyline in der vorangegangenen NIGHTWING-Serie begann. Im Mai 2023 enthüllte King auf Twitter, wohin er mit diesem Twist eigentlich gewollt hatte: Während Dick sich erholte, hätte **Tim Drake** als **neuer Nightwing** übernehmen sollen, und die beiden „Brüder" im Schatten der Fledermaus wären noch enger zusammengerückt, ehe Dick schließlich als Nightwing zurückgekehrt wäre.

DAS KREATIV-TEAM

TOM TAYLOR ist ein australischer Bestsellerautor. Er schrieb u. a. INJUSTICE – GÖTTER UNTER UNS, DC-HORROR: DER ZOMBIE-VIRUS, BATMAN UND DIE RITTER AUS STAHL, JUSTICE LEAGUE/POWER RANGERS, BATMAN: EQUILIBRIUM, *Wolverine* und *X-Men: Red*.

BRUNO REDONDO lebt in Spanien und zeichnete für die US-Verlage JUSTICE LEAGUE, INJUSTICE – GÖTTER UNTER UNS, SUICIDE SQUAD, BATMAN: ARKHAM CITY und *Star Wars: Darth Maul – Todesurteil*.

GERALDO BORGES stammt aus Brasilien, lebt jedoch in Chile. Er realisierte CATWOMAN, BATMAN & ROBIN ETERNAL, JUSTICE LEAGUE: RISE AND FALL, WONDER WOMAN, AQUAMAN und *X-Men: Gold*.

DANIELE DI NICUOLO illustrierte DC-HORROR: DIE ZOMBIE-APOKALYPSE, *Mighty Morphin Power Rangers*, *The Infinite Loop* und *West Coast Avengers*. Gemeinsam mit Tom Taylor schuf der Italiener *Seven Secrets*.

EDUARDO PANSICA zeichnete von Brasilien aus WONDER WOMAN, TEEN TITANS MEGABAND, BATWING, AQUAMAN: HELD VON ATLANTIS, SUICIDE SQUAD, DEATHSTROKE und HAWKMAN.

INAKI MIRANDA wurde in Argentinien geboren, wuchs in den USA auf und residiert nun in Spanien. Er visualisierte u. a. COFFIN HILL, FABLES, HARLEY QUINN, BATGIRL und CATWOMAN.

SCOTT McDANIEL bebilderte viele Comics mit dem Dunklen Ritter, Nightwing, Robin, Green Arrow, den Birds of Prey, Catwoman, Daredevil sowie dem Dreigestirn Superman, Wonder Woman und Batman.

RICK LEONARDI zeichnete einige Abenteuer von Spider-Man und Spider-Man 2099, Superman, Batgirl alias Cassandra Cain, Vigilante, den X-Men sowie Scarlet Witch und Vision.

EDDY BARROWS ist ein Fanliebling aus Brasilien, dank GREEN LANTERN, SUPERMAN, TEEN TITANS, JUSTICE LEAGUE OF AMERICA, BATMAN – DETECTIVE COMICS und TASK FORCE Z.

JAVIER FERNANDEZ kommt aus Spanien und inszenierte JUSTICE LEAUGUE, GREEN ARROW, BATMAN – DETECTIVE COMICS, *King Spawn* und *Magneto*.

MIKEL JANÍN zeichnete seit 2011 von Spanien aus Top-Comics wie BATMAN, GRAYSON, JUSTICE LEAGUE DARK, WONDER WOMAN und SUPERMAN UND DIE AUTHORITY.

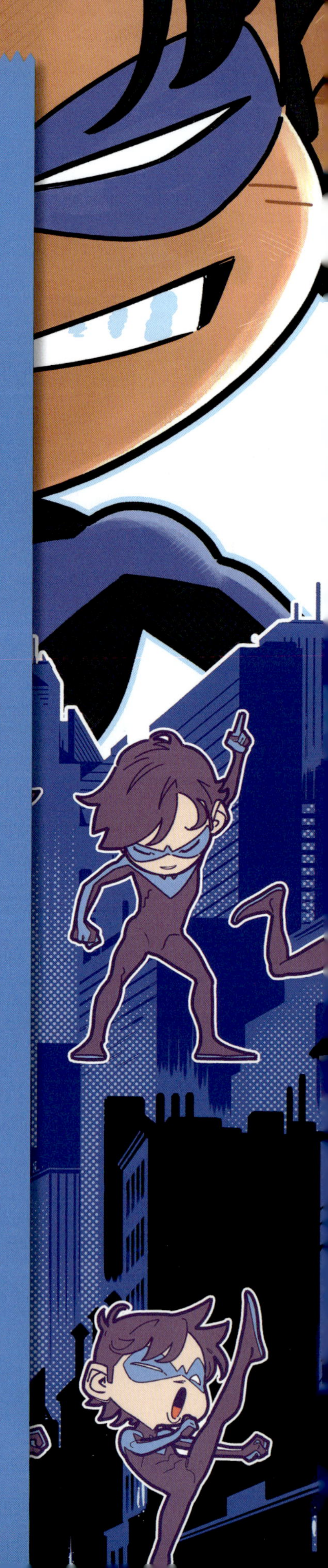